高等职业教育铁道供电技术专业"十三五"规划教材
全国高职院校专业教学创新系列教材——铁道运输类

城市轨道交通
接触网设备结构与检修

主　编○詹思阳　张灵芝　窦婷婷　祁瑒娟
主　审○冯　骥

西南交通大学出版社
·成　都·

图书在版编目（CIP）数据

城市轨道交通接触网设备结构与检修 / 詹思阳等主编. —成都：西南交通大学出版社，2018.1（2024.7 重印）
高等职业教育铁道供电技术专业"十三五"规划教材
全国高职院校专业教学创新系列教材. 铁道运输类
ISBN 978-7-5643-5892-1

Ⅰ. ①城… Ⅱ. ①詹… Ⅲ. ①城市铁路－电气化铁道－接触网－检修－高等职业教育－教材 Ⅳ. ①U226.8

中国版本图书馆 CIP 数据核字（2017）第 277360 号

高等职业教育铁道供电技术专业"十三五"规划教材
全国高职院校专业教学创新系列教材 —— 铁道运输类

城市轨道交通接触网设备结构与检修

主编　詹思阳　张灵芝　窦婷婷　祁瑒娟

责 任 编 辑	李芳芳
助 理 编 辑	张文越
封 面 设 计	何东琳设计工作室
出 版 发 行	西南交通大学出版社 （四川省成都市二环路北一段 111 号 西南交通大学创新大厦 21 楼）
发行部电话	028-87600564　028-87600533
邮 政 编 码	610031
网　　　址	http://www.xnjdcbs.com
印　　　刷	四川森林印务有限责任公司
成 品 尺 寸	185 mm × 260 mm
印　　　张	19.75
字　　　数	493 千
版　　　次	2018 年 1 月第 1 版
印　　　次	2024 年 7 月第 2 次
书　　　号	ISBN 978-7-5643-5892-1
定　　　价	54.00 元

课件咨询电话：028-87600533
图书如有印装质量问题　本社负责退换
版权所有　盗版必究　举报电话：028-87600562

前　言

城市轨道交通具有运量大、速度快、安全、准点、环保、节能和节约土地资源等特点。以城市轨道交通系统为中心来解决城市交通拥堵问题已成为共识。根据中国城市轨道交通协会统计，截止至 2016 年末，我国累计 30 个城市建成投运城轨交通线路 134 条，运营线路 4153 千米，比 2015 年末新增 18 条运营线路共 535 千米，创历史新高。

接触网是延轨道线路架设用来为电动列车供电的一种特殊的输电线路。城轨接触网运行、管理、维护等工作需要大量接触网检修工，进行线路检测、故障分析与维修处理，目前我国这方面的人才缺口较大。为了适应对从业人员进行职业教育、岗前培训、岗位培训以及技能考核的迫切需要，我们组织编写了《城市轨道交通接触网设备结构与检修》。

本书在保证知识体系完整的基础上，力求在教学思想和教学方法上进行更新。在接触网结构上引入目前最新型的设备进行介绍，图文并茂，并将设备的检修内容融入其中，以工作过程为导向，结合工作情境，全面培养学生的职业能力。以接触网工岗位工作过程为主线，根据轨交企业《接触网安全工作规程》《接触网设备检修工作规程》为要求，以接触网系统在城轨供电系统当中的作用与地位及对该系统的要求为先导，进而对三种形式的接触网设备结构进行讲解，同时将对各设备的检修工作融入其中，突出情境教学的特点。在设备介绍的同时穿插进行接触网运行与检修及管理的讲解，为学生将来的职业发展做好铺垫。最后介绍接触网常用工具及仪器仪表使用、接触网平面图识图等内容，培养学生的实际工作能力。

本书可供高等职业教育供电专业学生作教材，也可供现场及相关专业从业人员参考用书。

本书编写具体分工如下：绪论、第一章由湖北铁道运输职业学院詹思阳及山东职业学院窦婷婷编写；第二、三章由詹思阳及包头铁路职业技术学院祁瑒娟编写；第四章湖南铁路科技职业技术学院张灵芝及长沙地铁孔文龙编写；第五、六章由詹思阳编写；附录部分由祁瑒娟编写。本书由詹思阳、张灵芝、窦婷婷、祁瑒娟担任主编，孔文龙任副主编。詹思阳负责全书的统稿工作。

编写过程中参考了部分文献与资料，在此向所参考的文献与资料的编（著）者表示衷心感谢！

由于时间仓促，作者水平有限，书中难免有欠妥之处，敬请广大读者提出宝贵意见和建议。读者也可以通过邮箱 87750299@qq.com 和编者共同探讨本书相关的技术问题。

编　者
2017 年 11 月

目 录

绪 论 ·· 1
 第一节 城市轨道交通供电系统 ··· 1
 第二节 接触网的类型 ·· 4
 第三节 接触网的工作状态及基本要求 ·· 8

第一章 架空柔性接触网设备的维护 ·· 10
 第一节 架空柔性接触网的类型 ·· 10
 第二节 支柱和基础的维护与拉线安装 ··· 15
 第三节 支持装置的维护 ··· 20
 第四节 定位装置的维护 ··· 37
 第五节 接触悬挂的维护 ··· 49
 第六节 其他设备的维护 ··· 94
 复习与思考 ··· 105

第二章 架空式刚性接触网设备的维护 ··· 107
 第一节 刚性支持定位装置的维护 ··· 107
 第二节 接触悬挂的维护 ·· 112
 复习与思考 ··· 138

第三章 接触轨设备的维护 ··· 139
 第一节 接触轨维护 ··· 139
 第二节 接触轨其他设备的维护 ··· 149
 复习与思考 ··· 174

第四章 接触网运营管理 ··· 175
 第一节 接触网维修组织 ·· 175
 第二节 接触网作业方式及程序、计划 ·· 184
 第三节 接触网生产管理 ·· 192
 第四节 接触网检修台账 ·· 196
 第五节 接触网安全工作规定 ··· 203
 第六节 接触网事故抢修 ·· 209

第五章 接触网常用工具、仪表的认知 ··· 252

第六章 接触网平面图识图 ··· 265

知识拓展　城市轨道交通供电接触网类型的比较 …………………………… 270
附　　录 …………………………………………………………………………… 279
　　附录一　柔性接触网运行检修规程 ………………………………………… 279
　　附录二　刚性接触网运行检修规程 ………………………………………… 297
　　附录三　接触轨（第三轨）运行检修规程 ………………………………… 301
参考文献 …………………………………………………………………………… 310

绪 论

【学习目标】
1. 了解城市轨道交通牵引变电所向接触网的供电方式；
2. 了解城市轨道交通牵引供电系统中的牵引供电回路组成；
3. 掌握城市轨道交通接触网类型；
4. 掌握接触网基本要求。

第一节 城市轨道交通供电系统

城市轨道交通供电系统是为城市轨道交通运营提供所需电能的系统，它不仅为电动列车提供牵引用电，还为城市轨道交通运营服务的其他设施提供电能。

城市轨道交通供电电源一般取自城市电网，通过城市电网一次电力系统和城市轨道交通供电系统实现输送或变换，最后以适当的电压等级一定的电流形式（直流或交流电）供给列车通风、空调、照明、通信、信号、自动售检票、屏蔽门、给排水、防灾报警、电梯、电动扶梯及监控系统等用电设备。

城市轨道交通供电系统，一般包括外部电源、主变电所（或电源开闭所）、牵引供电系统、动力照明供电系统、电力监控系统。

一、牵引供电系统的组成

地铁电动列车本身不携带牵引电源，因此必须依靠外部供电装置供给其牵引动力。牵引变电系统的功能，正是将主变电站输送过来的交流电经降压整流为直流电源后通过接触网提供给电动列车的。

城市轨道交通电动列车供电多采用直流电，通常有直流 750 V、直流 1 500 V 等供电电压。牵引供电回路，是由牵引变电站、馈电线、接触网、电动列车、钢轨、回流线、牵引变电站等组成的闭合回路，由接触网、馈电线、轨道和回流线组成的供电网络总称为牵引网，如图 0-1 所示。钢轨除了作为走行轨外，还兼作直流供电系统的负极。

电动列车的集电装置，如受电弓、集电靴等从接触网取流后，电流要通过回流系统回流到牵引变电所，从而形成电流的回路，保证电客车的正常运行。回流系统一般由回流电缆、均流电缆、单向导通装置、钢轨及附属物组成，主要为牵引电流提供回路通道。

从牵引供电系统的组成看，接触网是向电动列车供电的重要组成部分，是直接影响电动列车安全运行的重要环节。因此，必须使接触网始终处于良好的工作状态，安全可靠地向电动列车供电。

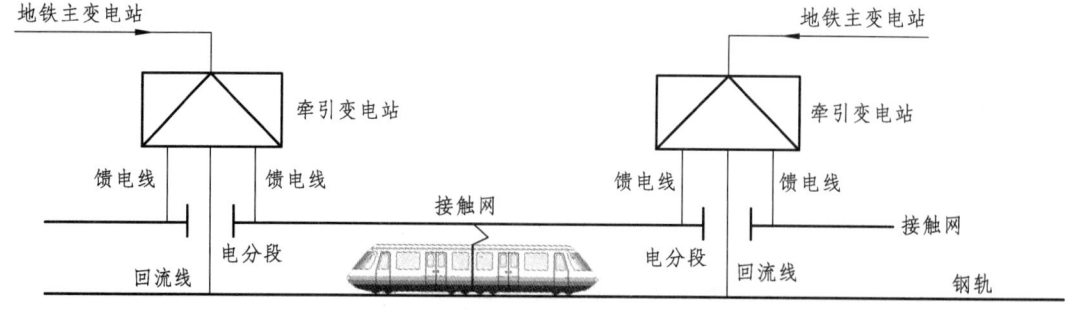

图 0-1 城市轨道交通牵引供电回路

二、牵引供电方式

牵引变电所通过接触网向电动列车供电,接触网在每个牵引变电所附近断开,分成两个供电区段。每个牵引变电所仅对其两侧的区段供电。供电距离越长,牵引电流在接触网上的电压降越大,使末端电压过低及接触网上电能损耗过大;供电距离过短,牵引变电所数目增多,投资增加。供电距离以及接触线截面等与接触网供电方式有关。牵引变电所向接触网供电有单边供电和双边供电两种方式。

1. 单边供电

每个供电区段也称为一个供电臂,如电动列车只从所在供电臂上的一个牵引变电所获得电能,这种供电方式则称为单边供电。

单边供电时,若有故障,影响范围小,牵引变电所内的保护也较简单。但电动列车所需牵引电流全部由一边流过牵引网,因此,牵引网电压降和电能损耗大。

2. 双边供电

如一个供电臂同时从相邻两个牵引变电所获得电源,每个接触网区段均由相邻两个牵引变电所并联供电,则称为双边供电。双边供电时,牵引电流按比例由两边流过牵引网,牵引网电压降和电能损耗相对小,但有故障时,影响范围也较大,保护较复杂。

正常双边供电时,牵引变电所馈线开关内设置双边联跳保护装置。一旦接触网发生短路故障,靠近短路故障点的牵引变电所保护动作,馈线开关迅速跳闸,与此同时联动跳开另一侧牵引变电所的相应馈线开关,及时切除故障。

3. 大双边供电

当某一牵引变电所有故障时,该变电所退出运行,此时该区段接触网就改为单边供电,或可通过闭合故障牵引变电所所处接触网的联络隔离闸刀,实施越区供电,此时称为大双边供电。两座牵引变电所的馈线开关仍有联跳功能。

在大双边供电方式下运行,供电区域扩大,牵引变电所的负荷增大,线路损耗增大,因此视情况要适当减少同时处在该供电区段的电动列车数,但一旦接触网发生短路故障,其保护装置灵敏度降低。因此,大双边供电只是在牵引变电所故障情况下运行的一种特殊运行方式。

车辆段一般采用单边供电的方式,只有当车辆段的牵引变电所退出运行后,才通过闭合越区上网隔离开关，由正线变电所对车辆段接触网进行供电。

三、集电装置

电动列车是运送旅客的载体，由于自身不带牵引电源，因此其运行主要依靠车顶的受电弓，或转向架侧边的集电靴从架空式接触网或第三轨上滑动取流。例如，当受电弓升起工作时，以 100~140 N 的接触压力紧贴接触线摩擦滑行，通过受电弓炭板取流，将电能引入电客车主断路器，再经过变压器后提供给牵引电动机，电动机驱动电客车运行。地铁受电弓结构示意图如图 0-2 所示，集电靴示意图如图 0-3 所示。

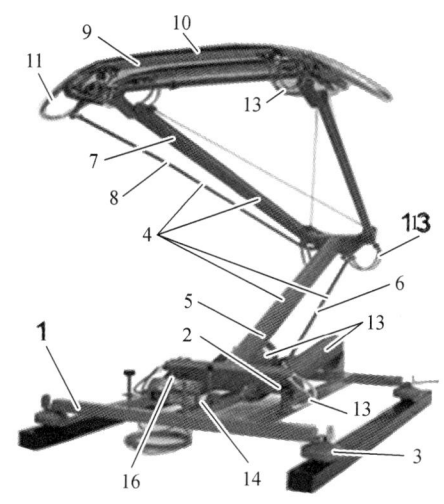

图 0-2 受电弓结构示意图

1—底架；2—高度止挡；3—绝缘子；4—构架；5—下臂；6—下导杆；7—上臂；8—上导杆；9—弓头；10—接触炭滑板；11—端角；12—升降装置；13—电流传输装置；14—锁钩；15—最低位置指示器

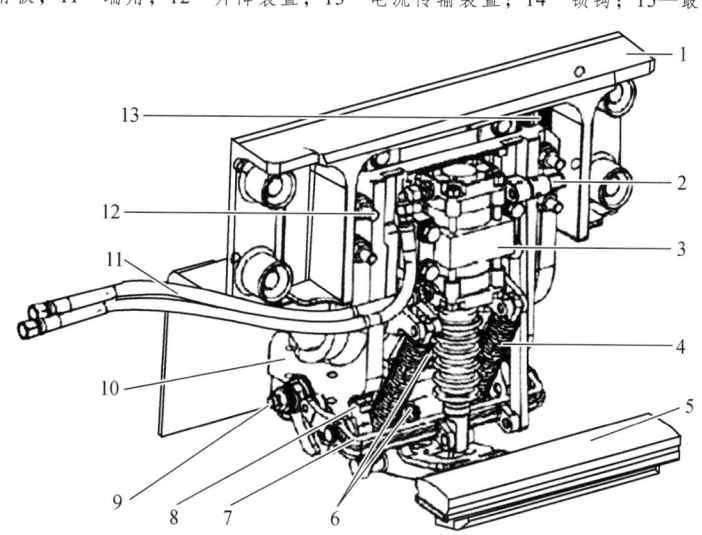

图 0-3 集电靴系统示意图

1—绝缘底座；2—手动回退装置；3—气动升降装置；4—拉簧压力系统；5—炭滑板；6—集电靴止挡；7—回退柄；8—硬止动件；9—臂轴；10—机架；11—气管；12—调整螺栓；13—调整齿板

某型地铁受电弓主要技术参数如下：弓头长度 1 700 mm，弓头安装 2 条碳滑板，每条滑板宽度 60 mm，长度 1 050 mm，厚度 22 mm。降弓高度为 3 810 mm，最大升弓高度为 6 303 mm，最低工作高度为 3 888 mm，额定静态接触压力 120 N，额定电压 DC 1 500 V，网压变化范围 DC 1 000～1 800 V，额定电流 1 050 A，最大电流 1 650 A。

某型地铁集电靴主要技术参数如下：与第三轨的接触作用力（120±24）N；集电靴的接触表面面积 184.5 cm^2；电靴升靴时高于轨顶面的距离（260±2）mm；集电靴降靴时高于轨顶面的距离（145.5±2）mm；集电靴臂轴高度高于轨顶面（183±2）mm；集电靴质量 32 kg；熔断器盒质量 7.8 kg。

第二节　接触网的类型

接触网按其结构可分为架空式、接触轨式和跨座式三大类型。架空式接触网可分为柔性接触网和刚性接触网；接触轨式接触网又称为第三轨，跨座式接触网也称为独轨形式。各种类型接触网在我国的使用情况，如表 0-1 所示。

表 0-1　各种类型接触网在我国的使用情况举例

序号	类型		使用城市
1	架空式	柔性	广州 1 号线、上海 1 号线、深圳龙华线
		刚性	广州 2 号线、南京、苏州、上海 8 号线
2	接触轨式	第三轨	北京、武汉、无锡 1 号线、青岛 3 号线
3	跨座式独轨		重庆 2 号线、3 号线

*注：架空式刚性和柔性的区分只考虑隧道中的情况；北京 6 号线使用架空式接触网。

架空式接触网沿铁路线上方架设，通过与电动列车受电弓可靠地直接滑行接触，将电能持续不断地传送给电动列车，再经过走行轨道回到牵引变电所。架空式接触网是一个庞大的空间机械系统，它用线、索及零部件实现有序地连接和接续，把接触线、支持装置、定位装置、绝缘元件、电气设备以及支柱等连接成一个能传递电能并且有支持功能，同时具备相应机械强度和良好电气性能的整体系统。架空式接触网如图 0-4 所示。

图 0-4　架空式接触网

接触轨式接触网是沿线路敷设的与轨道平行的附加轨，故也称为第三轨。接触轨通过与电动列车侧面或底部伸出的受电靴摩擦提供给电动列车电能，如图 0-5 所示。

图 0-5　接触轨式接触网

一、柔性接触网

根据柔性接触网在地面上与地下隧道内的架设方法不同，可分为地面架空式和隧道架空式。

1. 地面架空式柔性接触网

地面架空式柔性接触网（图 0-6），主要由接触悬挂、支持装置、定位装置、支柱和基础等几部分组成。

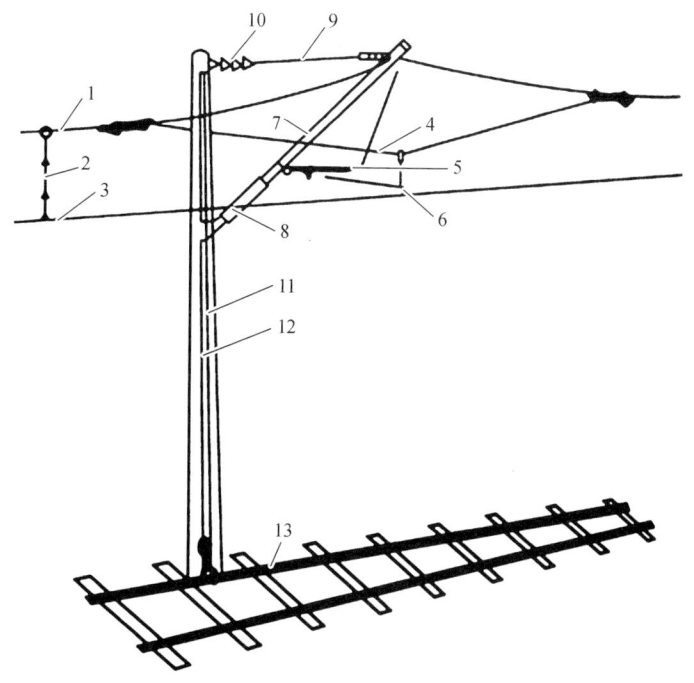

图 0-6　地面架空式柔性接触网

1—承力索；2—吊弦；3—接触线；4—弹性吊索；5—定位管；6—定位器；7—斜腕臂；
8—棒式绝缘子；9—水平拉杆；10—悬式绝缘子；11—支柱；
12—接地引线；13—钢轨

（1）接触悬挂：包括承力索、吊弦、接触线。其作用是直接供给电动列车电流，使其正常运行。与电动列车受电弓直接接触的是接触线。接触悬挂方式很多，地面段主要有简单链形悬挂、简单悬挂。

（2）支持装置：用以支持接触悬挂并将其负荷传给支柱或其他建筑物的机构。支持装置包括水平拉杆（水平压管）、绝缘子、腕臂。腕臂安装在支柱上，用以支持接触悬挂，对地有绝缘并起传递负荷的作用。腕臂通过旋转底座固定。接触导线固定在定位器的定位线夹上，定位器装配在定位管上。

（3）定位装置：包括支持器、线夹和定位管。定位装置固定接触线的平面位置，保证接触线与受电弓的相对位置在受电弓滑板运行轨迹范围内，并将接触线水平负荷传给支持装置。定位装置包括定位管和定位器。

（4）支柱和基础：支柱是接触网中最基本、应用最广泛的支撑设备，承受接触悬挂、支持装置、定位装置的负荷，并将接触悬挂固定在规定高度。基础是保持受力支柱稳固的基石，应有足够的深度和长宽尺寸。

城市轨道交通接触网因牵引电流大，地面架空式接触网的主线采用双接触线及双承力索，辅助馈线与接触线和承力索平行布置，使整个系统具有适当的电流分配。

2. 隧道架空式柔性接触网

隧道架空式柔性接触网与地面架空式柔性接触网有所不同。因隧道内不能立支柱，支持装置直接设置在洞顶或洞壁；同时必须考虑隧道断面、净空高度、带电体对接地体的绝缘距离、导线的弛度等因素的限制。为了充分利用有限的净空高度改善接触网的工作性能，一般使用弹性支座悬挂装置。

部分城市地铁采用的弹性支座悬挂装置，如图0-7所示。

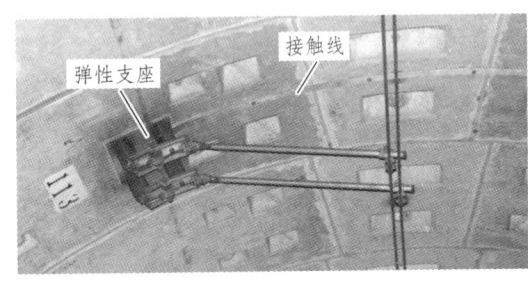 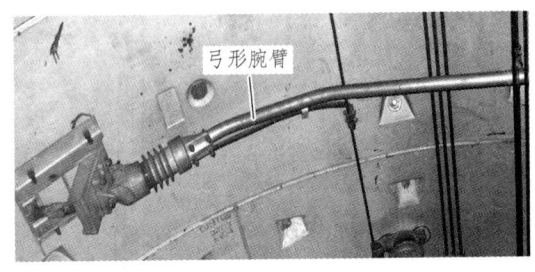

图0-7 隧道内采用的弹性支座悬挂装置

在隧道内，车辆限界、带电体与接地体的绝缘距离、弛度和安装误差等因素对接触悬挂高度有影响。在有限的净空高度内，欲使悬挂高度降低，可通过缩短跨距、减小弛度来调整。

在有条件的隧道内，可采用简单链形悬挂，以增加弹性，用有张力补偿装置实现张力补偿，减小弛度，使之不受环境温度变化的影响。

二、刚性接触网

刚性接触网由支持装置、绝缘子、汇流排和与受电弓接触的接触面或接触线组成（见图0-8），一般用于隧道段。刚性接触网是将传统的接触线夹装在汇流排中，汇流排取代了承力索，并靠它自身的刚性保持接触线的恒定位置，使接触线不因重力而产生弛度，不必担心因接触线过度磨损而导致的断线问题。

图 0-8　刚性接触网的组成

刚性悬挂接触导线一般采用铜银导线，与柔性接触悬挂所采用的接触导线相同。接触导线通过特殊的机械镶嵌于Π形汇流排上，或通过专用线夹固定于T形汇流排上，与汇流排一起组成接触悬挂。刚性悬挂的最大优点在于可以省去柔性悬挂中的承力索和辅助馈线，取消张力补偿装置，使接触网的结构变得简单紧凑，极大地方便运营管理和维修。刚性悬挂在地面与隧道交汇段设刚柔悬挂以过渡。

三、接触轨

接触轨式接触网按电动列车侧面或底部伸出的受电靴与接触轨摩擦方式，分为上接触式、下接触式和侧面接触式三种。

上接触式接触轨安装在专用绝缘子上，工字形轨底朝下；受电靴自上与之接触受电。上接触式的优点是固定方便，缺点是受电靴在其上面滑行，无法加防护罩。下接触式接触轨底朝上，由绝缘体紧固在弓形肩架上，肩架固定装在轨枕一侧；其优点是可以加装防护罩，对工作人员较为安全。侧面接触式就是接触轨轨头端面朝向走行轨，受电靴从侧面受流。三种接触轨的类型如图 0-9 所示。

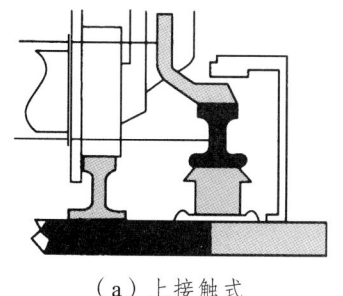

（a）上接触式　　　　　（b）下接触式　　　　　（c）侧面接触式

图 0-9　接触轨的类型

第三节　接触网的工作状态及基本要求

架空式接触网是通过安装在电动列车顶部的受电弓给列车供电的。受电弓与接触线的工作状态，如图 0-10 所示。

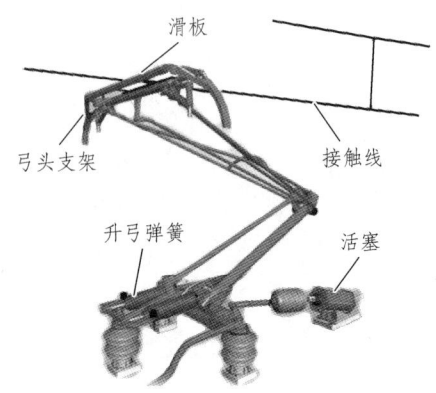

图 0-10　受电弓与接触线的工作状态

受电弓顶部有滑板，滑板上安装有碳条，受电弓升弓时，接触线与碳条相接触供给列车电能。为了给列车提供稳定的电能，滑板与接触线应在动态情况下保持一定的压力。否则容易发生离线、脱弓，甚至断线等事故。

由于接触网是一种既无备用又易损耗的露天供电装置，受环境和气候条件的影响较大，一旦发生故障中断牵引供电，将影响电动列车正常运行，因此，接触网应满足以下工作条件和基本要求：

（1）接触线距钢轨面的高度尽量相等。接触线的悬挂高度在区间或车站要求尽量相同，需要变化时不应出现陡坡，并且悬挂点之间高度力求一致。

（2）接触悬挂应有较均匀的弹性。在受电弓压力不变情况下，接触悬挂各点的接触线升高应当相同，力求消灭硬点。

（3）接触悬挂应有良好的稳定性。在受电弓压力作用下接触线升高值比较小，避免在受电弓滑动过程中出现上下振动以及在横向风力作用下出现的摆动。

（4）适应气象条件的变化并能保持接触悬挂的上述三个特性不应有很大的变化。接触网是沿铁路线架设的露天设备，受气候变化的影响较大，其结构应能适应气候变化之要求。

（5）接触网结构及零部件应力求巧简单，做到标准化，以便检修和互换，方便施工和运行维修，并且要求具有一定的抗腐蚀能力。接触线要有足够的耐磨性，以延长使用寿命。

总之，要求接触网无论在任何条件下，都能良好地供给电动列车电能，使电动列车在线路上安全、可靠运行。并在符合上述要求的情况下，尽可能地节省投资、结构合理、维修简便、便于新技术的应用。

复习与思考题

1. 城市轨道交通供电系统由哪些部分组成？
2. 简述牵引供电回路的组成。

3．什么是牵引网？
4．接触网分为哪些类型？
5．地面架空式柔性接触网由哪几部分组成？
6．按电动列车受电靴与接触轨摩擦方式分类，接触轨分为哪三种？
7．结合本章内容，你认为作为一名接触网工需要具备哪些职业素质和职业能力？

第一章　架空柔性接触网设备的维护

【学习目标】

1. 熟悉架空柔性接触网的类型与结构；
2. 掌握接触悬挂根据结构的分类；
3. 掌握链形悬挂根据接触线和承力索在空间的位置关系的分类；
4. 掌握接触网悬挂根据下锚类型的分类；
5. 熟悉架空柔性接触网支柱的类型与型号；
6. 熟悉架空柔性接触网支持装置、定位装置的作用与结构；
7. 掌握定位管、定位器的作用、结构和型号；
8. 掌握常见定位方式；
9. 掌握接触线曲线拉出值和直线之字值的计算及调整方法；
10. 熟悉架空柔性接触网隔离开关、分段绝缘器、避雷装置等设备的作用和维护。

第一节　架空柔性接触网的类型

一、接触悬挂的类型

接触网的分类大多以接触悬挂的类型来区分。在一条接触网线路上，接触线和承力索在延伸一定长度后，为了满足供电和机械方面的要求，总是将接触网分成若干一定长度且相互独立的分段，这就是接触网的锚段。我们所讲的接触悬挂分类是针对架空式接触网中的每个锚段而言。根据其柔性接触悬挂结构的不同分成简单接触悬挂和链形接触悬挂两大类。

1. 简单接触悬挂

简单接触悬挂（以下简称简单悬挂）系由一根接触线直接固定在支柱支持装置上的悬挂形式。它在发展中经历了未补偿简单悬挂、季节调整式简单悬挂和目前采用的带补偿装置及弹性吊索式简单悬挂。其结构分别如图 1-1、图 1-2 所示。

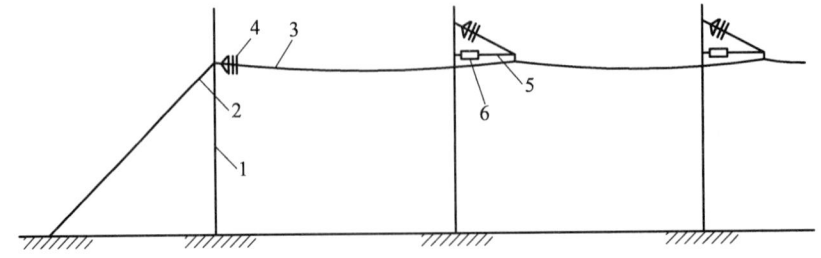

图 1-1　未补偿简单悬挂结构示意图

1—支柱；2—拉线；3—接触线；4—绝缘子串；5—腕臂；6—棒式绝缘子

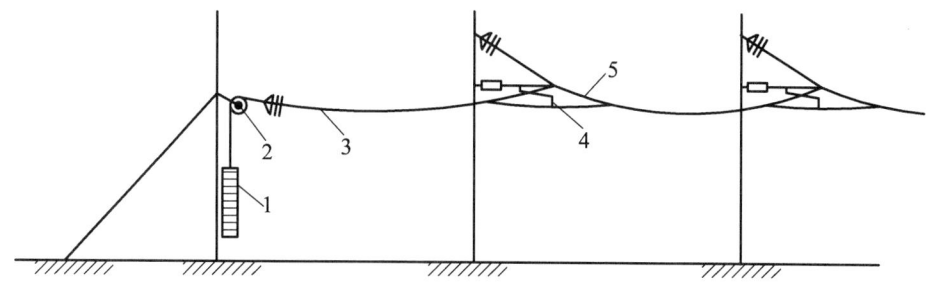

图 1-2　带补偿简单悬挂结构示意图

1—坠砣；2—补偿滑轮；3—接触线；4—定位器；5—弹性吊弦

接触线（或承力索）端头同支柱的连接称为线索的下锚。下锚分两种方法：一种是将线索端头同支柱直接固定连接，称为硬锚或者未补偿下锚；另一种是加装补偿装置，以调整线索的弛度和张力，称为补偿下锚。

未补偿的简单悬挂结构简单，要求支柱高度较低，因此建设投资低，施工和检修方便。其缺点是导线的张力和弛度随气温的变化较大，接触线在悬挂点受力集中，形成硬点，弹性不均匀，不利于电力机车高速运行时取流。

近年来，国内外对简单悬挂做了不少研究和改进。例如，在简单悬挂的接触线下锚处装设张力补偿装置。具体做法是，在悬挂处加装 8～16 m 长的弹性吊索，通过弹性吊索悬挂接触线，这样增加了悬挂点，适当缩小跨距，减小了悬挂点处产生的硬点，以调节张力和弛度的变化，改善取流条件。根据使用试验，这种弹性简单悬挂在行车速度 90 km/h 时，弓线接触良好，取流正常，所以在多隧道的山区和行车速度不高的线路上可采用。中国在部分线路上采用了这种悬挂形式。

2. 链形悬挂

链形悬挂是一种运行性能较好的悬挂形式。它的结构特点是接触线通过吊弦悬挂在承力索上，承力索通过钩头鞍子、承力索座或悬吊滑轮悬挂在支持装置的腕臂上；使接触线在不增加支柱的情况下增加悬挂点，通过调节吊弦长度使接触线在整个跨距中对轨面的高度基本保持一致；减小了接触线在跨中的弛度，改善了接触线弹性，增加了接触悬挂的重量，提高了稳定性；可满足电力机车高速运行时取流的要求。

1）按悬挂链数的数量分类

链形悬挂分类方法较多，按悬挂链数的多少可分为单链形、双链形（又称复链形）和多链形（又称三链形）。目前我国主要采用单链形悬挂。

单链形根据悬挂点处吊弦的形式不同分为简单链形悬挂和弹性链形悬挂两种，如图 1-3 所示。弹性链形悬挂在支柱悬挂点处增设了一根弹性吊弦。弹性吊弦由长 15 m 的辅助绳和一根（或二根）短吊弦构成。安装时，辅助绳两端分别固定在承力索上，短吊弦上端用 U 形滑动夹板同辅助绳连接，下端与接触线定位器相连，当温度变化时，可避免短吊弦产生过大偏斜。

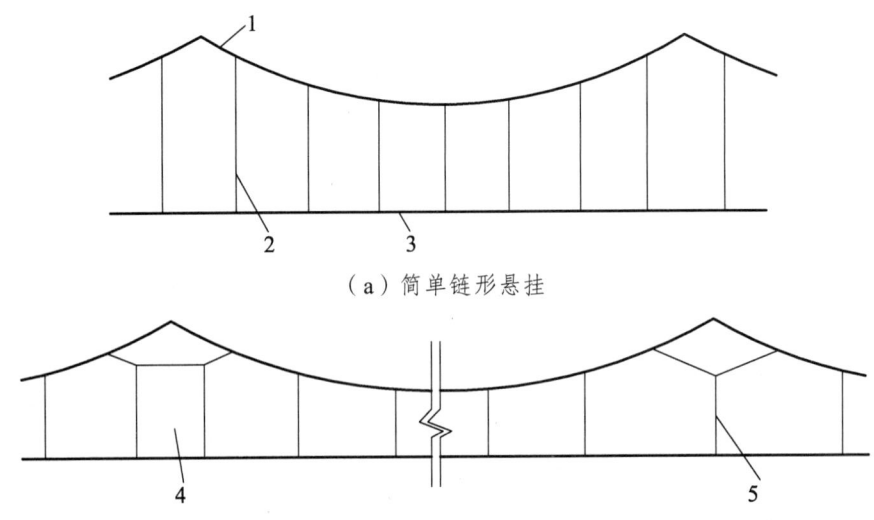

（a）简单链形悬挂

（b）弹性链形悬挂

图 1-3 链形悬挂示意图

1—承力索；2—吊弦；3—接触线；4—π形弹性吊弦；5—Y形弹性吊弦

弹性吊弦的作用是增加支柱处接触线固定点（又称定位点）的弹性，使其弹性均匀，有利于机车受电弓取流。

简单链形悬挂结构简单，造价较便宜，运行、检修经验丰富。目前，简单链形悬挂是我国电气化铁道使用的主要悬挂类型。双链形悬挂的接触线经短吊弦悬挂在辅助吊索上，辅助吊索又通过吊弦悬挂在承力索上，如图 1-4 所示。

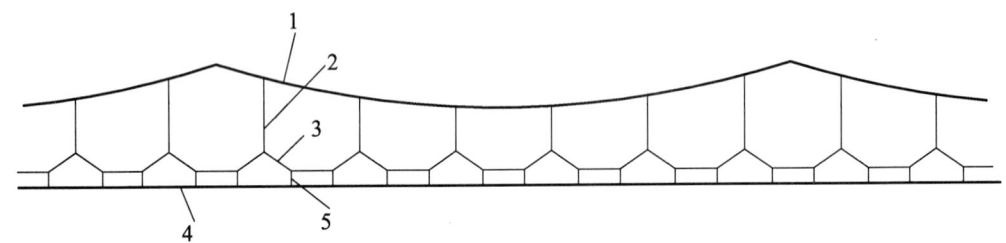

图 1-4 双链形悬挂示意图

1—承力索；2—吊弦；3—辅助吊索；4—接触线；5—短吊弦

双链形悬挂接触线弛度小，受流稳定性和风稳定性都比较优越，弹性均匀度好，有利于电力机车高速运行取流。但结构较复杂，投资及维修费用高，我国仅在个别地段试用。

多链形悬挂及其他悬挂类型由于结构复杂、不易施工、维修困难、设计繁琐、造价高等原因，目前没有得到广泛应用。

2）按线索的锚定方式分类

链形悬挂根据线索的锚定方式（即线索两端下锚的方式），可分为下列几种形式：

（1）未补偿链形悬挂。

这种悬挂方式的承力索和接触线两端无补偿装置，均为硬锚。在大气温度变化时，因为承力索和接触线的热胀冷缩，承力索和接触线的张力、弛度变化较大，造成受流状态恶化，一般不采用。其结构形式如图 1-5 所示。

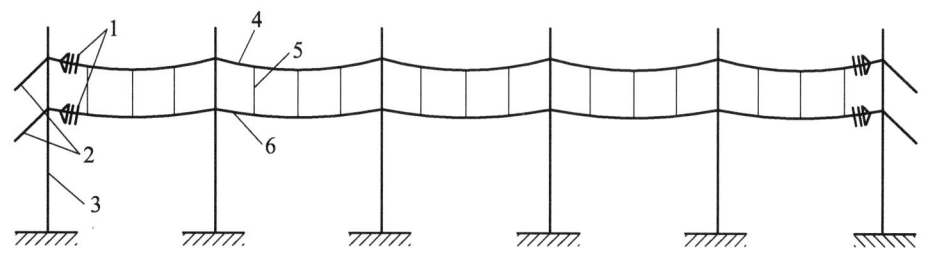

图 1-5 未补偿简单悬挂示意图

1—绝缘子；2—拉线；3—支柱；4—承力索；5—接触线；6—吊弦

（2）半补偿链形悬挂。

在半补偿简单链形悬挂中，接触线两端设张力补偿装置，承力索两端为硬锚，如图 1-6 所示。

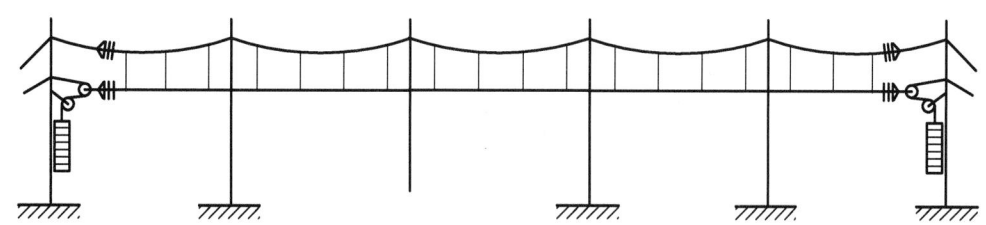

图 1-6 半补偿链形悬挂示意图

1—承力索；2—吊弦；3—补偿装置；4—接触线

半补偿链形悬挂比未补偿链形悬挂在性能上得到了很大改善，但由于承力索为硬锚，当温度变化时，承力索的张力和弛度随之发生变化，对接触线产生一定影响。同时，在温度变化时，承力索的弛度变化使吊弦上端产生上、下位移，而吊弦下端随接触线发生顺线路方向偏斜。由于各吊弦的偏斜，造成接触线纵向张力不均匀，特别是在极限温度下，使接触线在锚段中部和下锚端之间出现较大张力差。接触线张力和弹性不均匀，在支柱悬挂点处产生明显的硬点，不利于电力机车高速运行取流。因此，这种悬挂只用于行车速度不高的车站侧线和支线上。

根据链形悬挂结构不同，半补偿链形悬挂又有半补偿简单链形悬挂和半补偿弹性链形悬挂之分。

（3）全补偿链形悬挂。

全补偿链形悬挂，即承力索和接触线两端下锚处均装设补偿装置，如图 1-7 所示。全补偿链形悬挂在温度变化时由于补偿装置的作用，承力索和接触线的张力基本不发生变化，弹性比较均匀，承力索和接触线均产生同方向纵向位移，因而吊弦偏斜大大减小（接触线和承力索为相同材质时，偏斜更小，几乎可以忽略），有利于机车高速取流。因此，得到广泛使用。

全补偿链形悬挂也分为全补偿简单链形悬挂和全补偿弹性链形悬挂两种形式。区别这两种悬挂形式的方法同半补偿链形悬挂一样。全补偿链形悬挂是目前我国电气化铁道使用的主要悬挂类型。

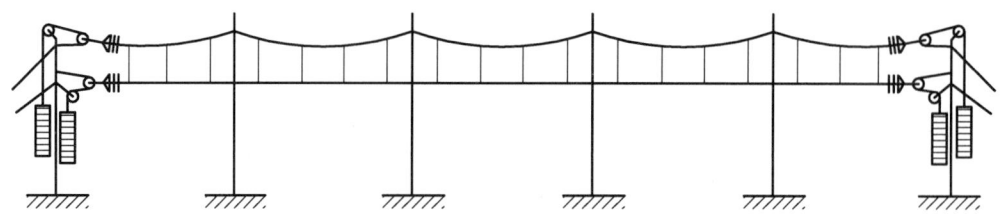

图 1-7　全补偿链形悬挂示意图

3）按其承力索和接触线的相对位置分类

链形悬挂按其承力索和接触线的相对位置不同，可分为下列几种形式：

（1）直链形悬挂。

直链形悬挂承力索和接触线布置在同一垂直平面内，它们在水平面上的投影是一条直线。

直链形悬挂的风稳定性较差（和半斜链形悬挂相比），在大风作用下接触线易产生横向摆动，造成接触线与受电弓脱离而发生事故（简称脱弓事故）。在很长一段时间内，我国电气化铁道只在曲线区段采用这种悬挂形式，即只在曲线处承力索布置在接触线的正上方（需要说明的是，对于直链形悬挂，接触线和承力索在曲线上有垂直与轨面和垂直与水平面两种布置方式，不同线路都有所采用）。如图 1-8 所示。

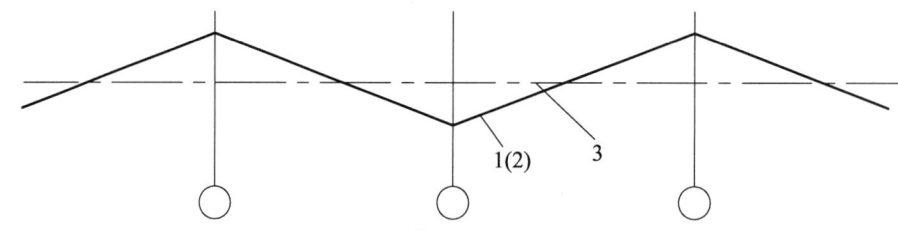

图 1-8　直链形悬挂示意图

1—接触线；2—承力索；3—线路中心线

近年来研究发现，当采用直链形悬挂时，可使接触线、承力索在水平面投影重合，便于吊弦长度计算（采用整体吊弦后，吊弦长度计算非常重要），并可以提高施工精度，避免接触线在吊弦存在纵向倾斜时出现的接触线偏磨甚至是线夹与受电弓的碰撞。因此，新建电气化铁道和提速改造线路应采用直链形悬挂（行标 TB 10009—2005 第 5.1.1 条）

（2）半斜链形悬挂。

在半斜链形悬挂中，承力索沿线路中心线布置，接触线在每一支柱定位点处，通过定位装置被布置成"之"字形，承力索与接触线不在同一垂直平面内，它们在水平面上的投影有一个较小的偏移如图 1-9 所示。

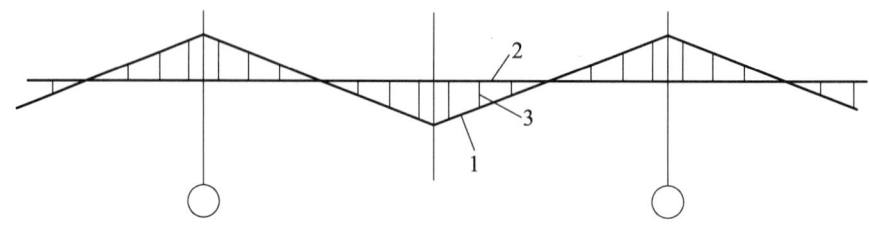

图 1-9　半斜链形悬挂示意图

1—接触线；2—承力索；3—吊弦

半斜链形悬挂风稳定性好,我国在时速≤160 km/h 直线区段大量采用这种悬挂方式。

(3)斜链形悬挂。

斜链形悬挂是指接触线和承力索相互呈相反方向布置成"之"字形,接触线和承力索在水平面上的投影有一个较大的偏移。在直线区段如图 1-10 所示。

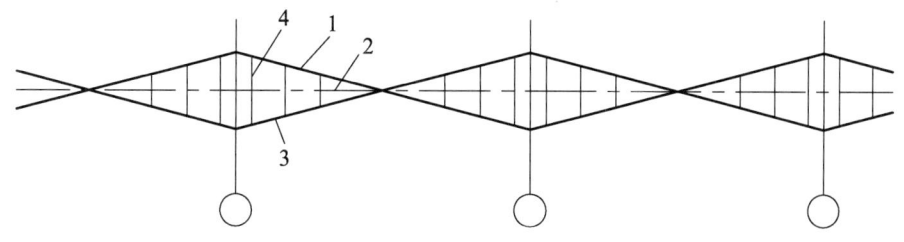

图 1-10 斜链形悬挂示意图

1—承力索;2—线路中心线;3—接触线;4—吊弦

在曲线区段,承力索对线路中心线向外侧有一个较大的偏移,吊弦的倾斜角较大。这种悬挂的优点是风稳定性好,可增大两支柱之间的距离(简称跨距),但其结构复杂,设计计算繁琐,施工和检修困难,造价较高。主要用于时速≥160 km/h 的高速铁路直线区段。

第二节 支柱和基础的维护与拉线安装

一、支柱的作用与分类

1. 支柱的作用

支柱是接触网中最基本、应用最广泛的支撑设备,用于承受接触悬挂、支持设备和定位装置的负荷。

2. 支柱的分类

1)按材料分类

支柱按材料分类,可分为预应力钢筋混凝土支柱和钢柱两种。

(1)预应力钢筋混凝土支柱。

预应力钢筋混凝土支柱,简称为钢筋混凝土支柱,采用高强度的钢筋,在制造时预先使钢筋处于受拉状态,而混凝土处于受压状态。当支柱承受负载后,混凝土里将出现拉应力,它等于弯矩引起的拉应力与预压应力之差,这样,采用混凝土的负载能力就可使支柱的负载能力大大提高。在同等容量情况下预应力钢筋混凝土支柱与普通钢筋混凝土支柱相比,具有节省钢材、强度大、支柱轻等优点。钢筋混凝土支柱本身是一个整体结构,图 1-11、图 1-12 为两种钢筋混凝土支柱。

预应力钢筋混凝土支柱,其型号表示如下:

$$H\frac{38}{8.7+2.6}$$

式中 H——钢筋混凝土支柱；
　　 38——垂直于线路方向的支柱容量，kN·m；
　　 8.7——支柱露出地面以上的高度，m；
　　 2.6——支柱埋进地下的深度，m。

图 1-11　H 型横腹杆式预应力钢筋混凝土支柱　　图 1-12　圆柱形预应力钢筋混凝土支柱

用于下锚的钢筋混凝土支柱，其型号表示如下：

$$H\frac{48-25}{8.7+3}$$

式中 48——垂直于线路方向的支柱容量，kN·m；
　　 25——顺线路方向的支柱容量，kN·m；
　　 8.7——支柱露出地面以上的高度，m；
　　 3——支柱埋进地下的深度，m。

（2）钢柱。

钢柱是由角钢焊接成的立体桁架结构式支柱，具有质量小、容量大、耐碰撞、运输及安装方便等优点。但存在用钢量大，造价高，耐腐性差，需定期除锈、涂漆防腐，维修不便等缺点。现在钢柱的涂漆防腐已改为热镀锌防腐，提高了防腐性能，延长了维修周期。

钢柱主要用于跨越股道比较多、需要支柱高度较高、容量较大的软横跨柱，其次用作桥梁墩台上安装的支柱。现在作为软横跨钢柱的高度有 13 m 和 15 m 两种。钢柱需要用基础固定在地面上，如图 1-13 所示。

钢柱的型号表示如下：

$$G\frac{50}{9.5}$$

式中 G——钢柱；
　　 50——支柱垂直于线路方向的支柱容量，kN·m；

图 1-13　钢柱与基础

9.5——钢柱本身的高度，m。

下锚柱表示如下：

$$G\frac{250-250}{15}$$

式中　第一个250——支柱垂直于线路方向的支柱容量，kN·m；

　　　第二个250——支柱顺线路方向的支柱容量，kN·m；

　　　15——钢柱本身的高度，m。

2）按用途分类

支柱按用途分类，可以分为中间支柱、转换支柱、中心支柱、锚柱、定位支柱、道岔支柱、软横跨支柱、硬横跨支柱等。支柱的安装位置，如图1-14所示。

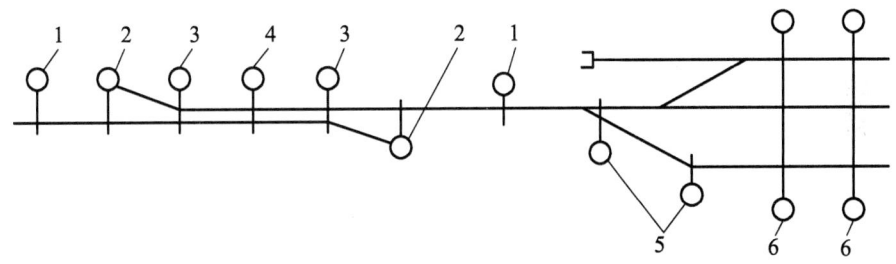

图1-14　支柱的安装位置

1—中间支柱；2—锚柱；3—转换支柱；4—中心支柱；5—道岔支柱及定位支柱；6—软横跨支柱

（1）中间支柱。

中间支柱用于区间和站场，布置在两相邻锚段关节之间，承受工作支接触悬挂的重力及作用于悬挂上的水平分力。其承受力矩比较小。

（2）锚柱。

在接触网锚段关节处或其他接触网下锚地方需设锚柱。锚柱能承受两个方向的负荷：

在垂直线路方向，起中间支柱的作用；在顺线路方向，承受接触悬挂下锚的全部拉力。锚柱需要打拉线。

（3）转换支柱。

转换支柱位于锚段关节的两锚柱之间，承受接触悬挂下锚支和工作支线索的重力和水平力。

（4）中心支柱。

在四跨锚段关节处，位于两转换支柱中间的支柱称为中心支柱。它同时承受两工作支接触悬挂的重力和水平力，两工作支接触线在此处定位点呈水平。

（5）道岔支柱及定位支柱。

道岔和定位这两种支柱是当接触线由于某种原因对受电弓中心偏移过大时，为确保电力机车受电弓正常工作而设立的。一般多设于站场道岔或曲线处。

（6）软横跨支柱。

软横跨支柱用于软横跨上，多用于站场。由于受力较大，多选用容量较大的支柱，跨越五股道及以下的可用钢筋混凝土支柱，跨越五股道以上的用钢柱。

3. 门形架

地铁在高架段还大量使用门形架代替支柱来支持固定接触网其他设备，如图 1-15 所示。

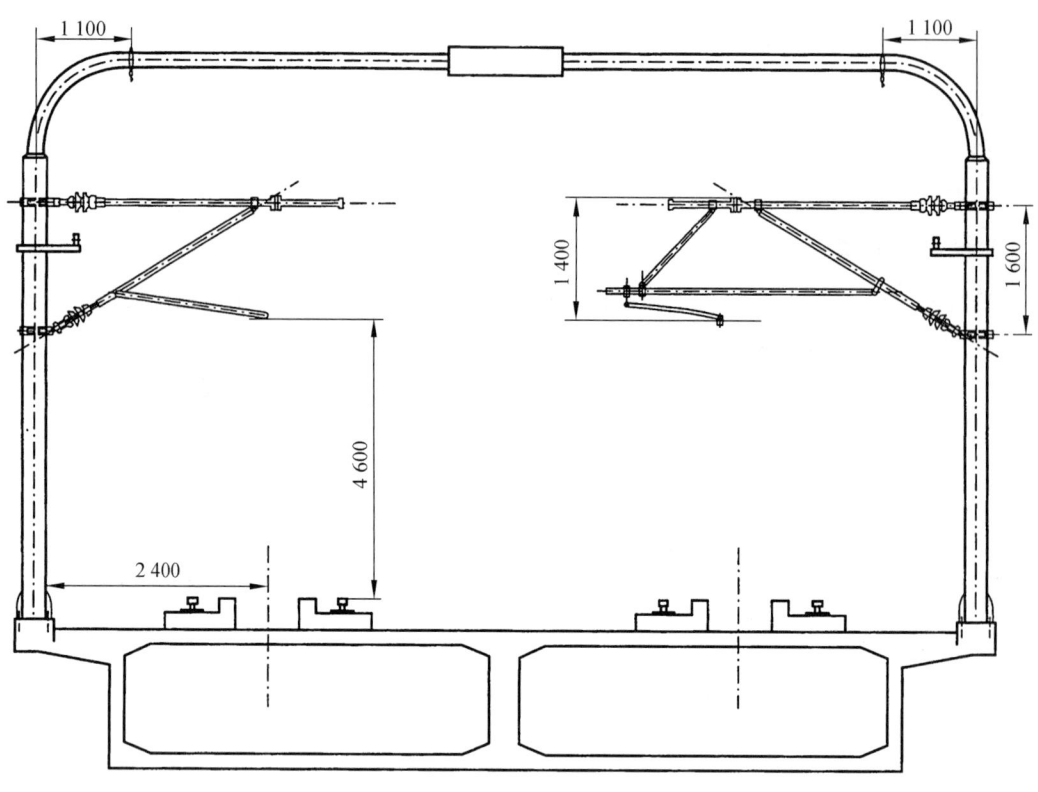

图 1-15　高架段链形悬挂门形架形式

门形架由横梁梁段、梁柱接头、左梁、预埋地脚螺栓、横梁连接套管和右柱组成，如图 1-16 所示。

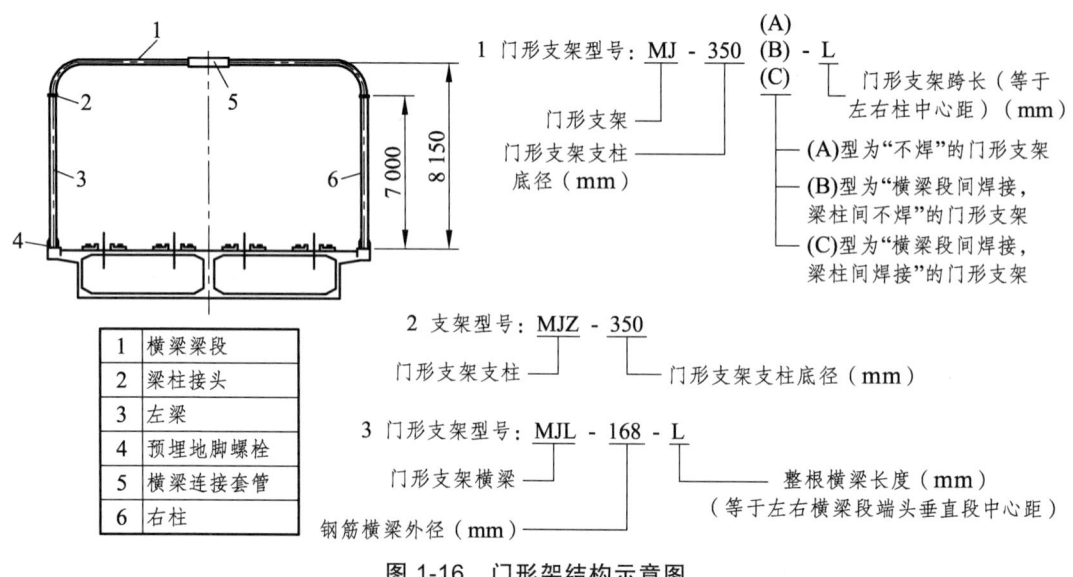

图 1-16　门形架结构示意图

与传统悬挂形式相比，门形架具有以下特点：

（1）接触网线索在电气上相互独立，但上、下行接触网设备因挂在同一门架，所以发生设备事故时，会同时影响两股道使事故影响范围变大。

（2）门形架施工难度较大，门形架自身质量较大，两支柱中心连线应与线路中心线垂直，对桥梁预留的基础螺栓的精度要求高。

（3）门形架支柱受力均匀，整体景观效果好。

门形架也常用于站场和车辆段，固定多股线路上的接触悬挂设备，如图1-17、图1-18所示。

图1-17 站场带隔离开关的门形架布置方式

图1-18 车辆段门形架布置形式

二、支柱与基础的维护

1. 支柱

（1）各种支柱均不得向线路侧受力方向倾斜，无明显受力方向的支柱，顺线路方向应保持铅垂状态，其斜率不超过支柱高度的0.5%；锚柱应向拉线方向倾斜，其斜率不超过1%。曲线外侧及直线上的支柱要向线路外侧倾斜，钢筋混凝土支柱的斜率为0.5%（即支柱外缘垂直于地面）；金属支柱的斜率为0.5%～1%。

软横跨支柱的斜率：钢筋混凝土支柱为1%（即外缘保持垂直）；金属支柱（15 m以上）为1%～2%。

（2）钢筋混凝土支柱局部破损和露筋时，应及时修补。支柱翼缘横向、斜向裂纹长度超过翼缘宽度或裂纹宽度超过0.15 mm时应更换。

钢柱表面应光洁，防腐层应完好，无锈蚀，无裂缝。定期进行除锈和涂漆保养工作。金属支柱角钢焊缝不得有裂纹，主角钢弯曲不超过5‰；支柱漆面剥落超过支柱总面积的10%时应补漆。

（3）支柱侧面限界为3 m，最小不得小于2.3 m，任何情况下不得侵入限界。

（4）支柱斜率测量：

用线坠、盒尺测量支柱顺线路、垂直线路斜率，如图1-19所示，步骤如下：

① 在线坠线上标画出 1 000 mm 两处标记；
② 线坠稳固放在距离支柱被测面一定距离处；
③ 盒尺（即钢卷尺）测出 h_1、h_2 的距离，单位 mm；
④ 支柱斜率 $\Delta = (h_2 - h_1)/1000$。

注意：在测量横腹式混凝土支柱和钢支柱时，要考虑支柱本身形状的斜率。

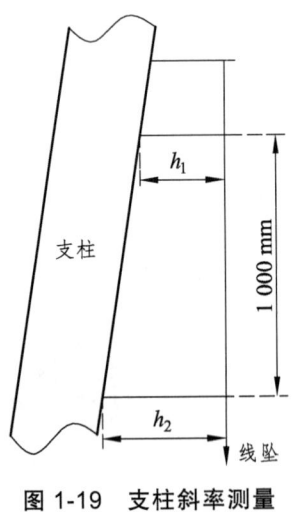

图 1-19 支柱斜率测量

2. 基础

检查基础附近是否积水，检查基础破损、基础坑塌陷情况，检查边坡是否符合标准。钢柱基础顶面要高出地面 100～200 mm。基础外缘外露 400 mm 以上时应进行培土，每边培土的宽度为 500 mm，培土边坡与水平面成 45°。

钢柱基础周围 500 mm 范围内地面应平整，不得有杂草、杂物；基础帽用低强度混凝土砌筑。

3. 拉线的作用与结构

拉线将接触网线索的下锚张力通过锚板传递给大地，以平衡支柱的受力，防止支柱在下锚张力的作用下发生偏斜。锚柱拉线应在线索下锚方向的延长线上，允许向田野侧偏差 150 mm，向线路侧不准有偏差。一般情况下，拉线与地平面的夹角为 45°，困难条件下也不得大于 60°。

拉线由楔形线夹、下锚拉线、UT 型线夹、锚杆及锚板组成，其结构如图 1-20 所示。

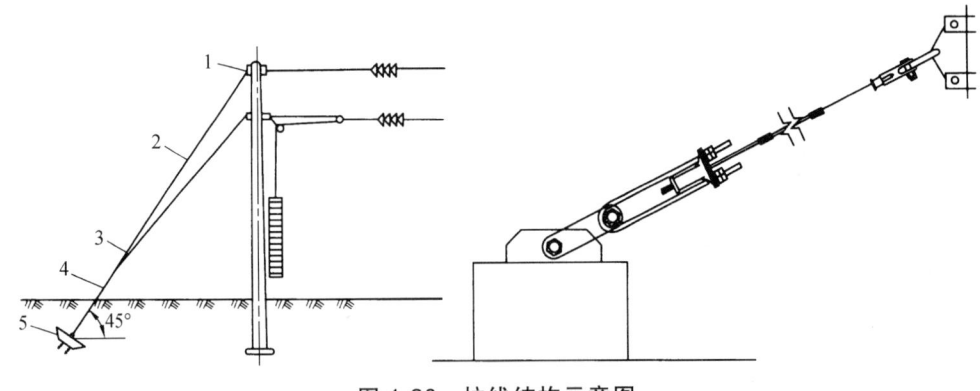

图 1-20 拉线结构示意图

1—楔形线夹；2—下锚拉线；3—UT 型线夹；4—锚杆；5—锚板

第三节 支持装置的维护

一、支持装置作用与结构

支持装置用以支持接触悬挂并将其负荷传给支持或其他建筑物的结构。它包括水平拉杆或水平压管、绝缘子、腕臂和连接零件。腕臂安装在支柱上，用以支持接触悬挂；对地有绝缘，并起传递负荷的作用。

二、腕臂的分类

1. 腕臂的作用与要求

腕臂一般安装在支柱上部，常使用圆形钢管、铝合金管或槽钢、角钢加工制成，用以支持接触悬挂，并起传递负荷的作用。

接触线悬挂点高度是指定位点处，接触线无弛度时，接触线距轨面垂直高度（也称为导高）。结构高度是指在定位点处接触线与承力索间的垂直高度。

对腕臂的要求是具有足够的机械强度、结构应尽量简单、轻巧，易于施工安装和维修更换。

腕臂的选用应保证其技术要求，并力求经济合理。腕臂的长度与其所跨越线路股道的数目、接触悬挂的结构高度、支柱侧面限界和支柱所在位置（即支柱设在直线上还是设在曲线区段；是在曲线内侧还是在曲线外侧）等因素有关。腕臂跨越股道数目越多，接触悬挂结构高度越高，支柱侧面限界越大，则腕臂的选用规格就应该大些。

腕臂应配合拉杆或压管使用，至于何种情况下采用拉杆或压管，则应根据支柱装配情况视腕臂受拉还是受压而确定。拉杆只能承受拉力，压管则应承受压力，但也可以承受较小的拉力，若难以判断是受拉还是受压时，可选用压管。

2. 腕臂的分类

腕臂按其与支柱之间是否绝缘，可分为绝缘腕臂和非绝缘腕臂。

1）绝缘腕臂

目前我国在接触网上普遍采用绝缘腕臂，安装结构如图 1-21 所示。

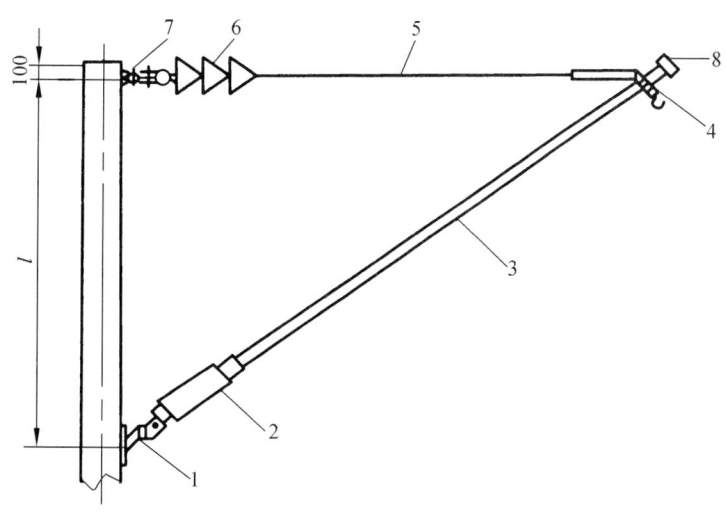

图 1-21 绝缘腕臂

1—旋转腕臂底座；2—棒式绝缘子；3—绝缘腕臂；4—套管铰环与钩头鞍子；5—水平拉杆；
6—悬式绝缘子串；7—拉杆底座；8—管套

绝缘腕臂用外径 48 mm 或 60 mm 圆形热镀锌钢管或铝合金管加工而成，其根部通过棒式绝缘子与安设在支柱上的腕臂底座相连，顶端经套管铰环、调节板、水平拉杆（或压管），并通过悬式绝缘子串（或棒式绝缘子）固定在支柱顶部水平拉杆底座处。当水平拉杆受压时可采用水平压管，悬式绝缘子则改为棒式绝缘子。

由于腕臂与水平拉杆均通过绝缘子对地绝缘，故称为绝缘腕臂。

绝缘腕臂结构灵巧简单，技术性能好，施工维修和安装方便，由于绝缘子安装在靠支柱侧，减少了对支柱容量和高度的要求，从而降低了成本；同时在内电混合牵引区段不易被污染，减少了清扫和维护绝缘子的工作量。因腕臂和拉杆（或压管）与接触悬挂处于同等电位，现场开展带电作业时和接地部分有足够的安全距离。当腕臂受力较大时，可采用套管型腕臂，用字母 TG 表示。为防雨水或雪水流入，腕臂顶端可配用管帽，防止管内生锈。

2）非绝缘腕臂

非绝缘腕臂通过悬吊在腕臂上的绝缘子串来悬挂承力索。腕臂和支柱间不绝缘，因此称为非绝缘腕臂。非绝缘腕臂结构比较笨重，要求支柱高度和支柱容量大，安装维修困难，绝缘子容易脏污，不便开展带电作业，应尽量减少使用。目前非绝缘腕臂多存在于 2~3 股道受限不能为每条线路单独布置支柱时使用（也称为跨线腕臂）。结构如图 1-22 所示。

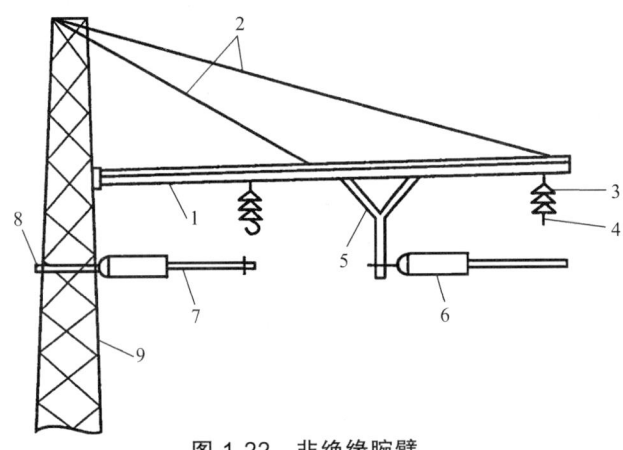

图 1-22　非绝缘腕臂

1—直腕臂；2—斜拉杆；3—悬式绝缘子；4—承力索；5—定位支架；
6—棒式绝缘子；7—定位器；8—定位肩架；9—钢柱

按照不同的分类标准，腕臂有多种形式。如按腕臂结构分类，则有带拉杆的水平腕臂、带支撑的平腕臂、带拉杆（或压管）的斜腕臂等；按腕臂在支柱上的固定方法分，则有固定腕臂、半固定（或旋转）腕臂、旋转腕臂等；按照腕臂跨越的股道数分有单线路腕臂、多线路腕臂等。

三、腕臂支柱装配

腕臂支柱装配根据悬挂类型的不同分为简单悬挂、半补偿链形悬挂、全补偿链形悬挂等支柱装配。根据支柱用途的不同分为中间柱、转换柱、道岔定位柱、锚柱和中心柱的装配，以及直线与曲线支柱装配。

1. 影响腕臂支柱装配的参数

要根据线路需要来决定腕臂采用哪种装配形式，要求腕臂既有足够的机械强度，结构尽量简单、轻巧，易于施工安装、维修更换，还要满足一定的技术要求：包括腕臂跨越线路股道的数目、接触悬挂的结构高度、接触线高度、支柱侧面限界和支柱所在位置（即支柱设在直线上还是设在曲线区段；是在曲线内侧还是在曲线外侧）等因素。腕臂跨越股道数目越多，接触悬挂结构高度越高，支柱侧面限界越大，则腕臂就应长大些。在曲线上，腕臂还要根据受力状况决定应配合拉杆或压管使用。

1）导高

导高是接触线悬挂点高度的简称，是指接触线无弛度时定位点处（或悬挂点处）接触线距轨面的垂直高度，一般用 H 表示。我国城市轨道交通架空式接触网导高，地上段一般在 4 400 ~ 5 350 mm，地下段一般为 4 040 mm。

2）支柱侧面限界

支柱侧面限界是指轨平面处，支柱内缘至线路中心的距离，一般用 CX 表示。电气化铁路接触网是沿铁路架设的，接触网支柱的安装必须符合相关的要求。为了确保行车安全，要求接触网支柱及其他电气装置的建筑不得侵入接近限界，为了安全起见，支柱侧面限界的设计取值比建筑接近限界规定值要大。

我国城市轨道交通架空式接触网支柱侧面限界，直线区段一般不小于 2 300 mm。曲线区段，受外轨超高的影响，侧面限界应按规定加宽。

3）结构高度

链形悬挂的结构高度是指接触网悬挂点处承力索和接触线的铅垂距离，用符号 h 表示。确定一个技术、经济都合理的结构高度，一般应考虑几个方面的因素：

（1）最短吊弦长度不要过小，在极限温度时，其顺线路方向的偏角不超过 30°；

（2）在条件许可时，尽可能减少支柱高度；

（3）选择适当的悬挂类型，全补偿比半补偿要求较低的结构高度；

（4）考虑适当的调整范围，如起道的影响；

（5）便于调整和维修。

设计中所指的结构高度是指接触线无弛度时，在悬挂点处承力索至接触线的垂直距离，一般地面段正线规定为 1 000 mm，地上车站结构高度为 500 mm。可由下式表示

$$h = F_0 + C_{min} \tag{1.1}$$

式中　h ——结构高度，mm；

　　　F_0 ——接触线无弛度时承力索弛度，mm；

　　　C_{min} ——最短吊弦长度，mm。

由式（1.1）可知，结构高度与承力索的弛度有关。在已知 F_0 时，就可以确定结构高度 h。最小的结构高度必须满足最短吊弦（一般不小于 500 mm）在最高温度时，其顺线路方向的偏角不超过 30°（全补偿链形悬挂不超过 20°）。最短吊弦的计算是以选择最长的锚段为依据的，在满足上述条件的情况下，结构高度的取值以偏大为好。

隧道内的结构高度一般为 235 ~ 270 mm。结构高度过小，会在吊弦处形成硬点，甚至在受电弓通过时，在跨中使接触线与承力索相碰撞。同时，结构高度偏低，欲改善悬挂工作状态，必然会增加滑动吊弦的使用数量。因此，在条件许可时，增大结构高度会相应地改善悬挂的运营条件。

2. 常见腕臂支柱装配

1）简单悬挂中间柱的装配

在中间支柱上，只安装一个腕臂，悬吊一支接触悬挂，并把承力索和接触线定位在所要求的位置上，这种支持装置称为中间柱支持装置。区间中除锚段关节处的支柱外，其余均为中间柱，所以中间柱支持装置是用量最大的支持结构形式。在线路的直线区段，支柱一般立于线路的同一侧，但是接触线需要按"之"字形布置，其拉出值一般在支柱点处要变换方向，所以定位为一正一反，保证定位器处于受拉状态。

简单悬挂无承力索，一般中间支柱的装配由水平腕臂、拉杆、腕臂绝缘子等组成。如图 1-23 所示。

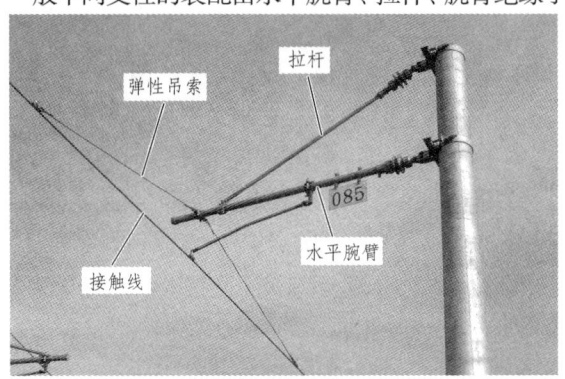

图 1-23 带弹性吊索的简单悬挂中间柱现场图

2）链形悬挂中间支柱腕臂装配

近年来，支柱装配趋向于使用平腕臂结构。平腕臂结构和水平拉杆（压管）腕臂结构相比，抗风性能好、结构稳定、受力合理、强度大。可以提高接触网的稳定性，降低接触网的故障率，并有利于改善弓网受流质量，如图 1-24 所示。平腕臂中间柱现场图如图 1-25 所示。

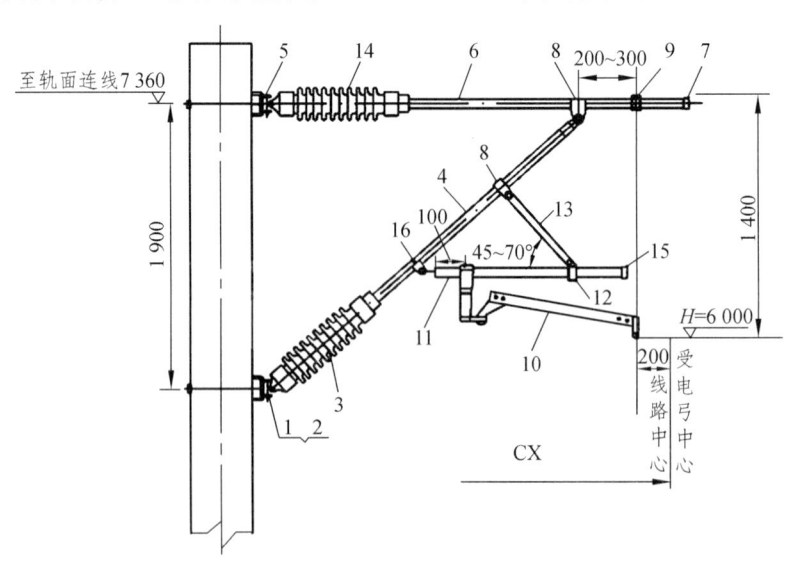

（a）平腕臂中间柱装配图（正定位）

1，2—斜腕臂底座；3，14—棒式绝缘子；4—斜腕臂；5—上腕臂底座；6—平腕臂；7—管帽；8—套管双耳；9—承力索座；10—定位器；11—定位管；12—套管双耳；13—定位管支撑；15—管帽；16—定位环

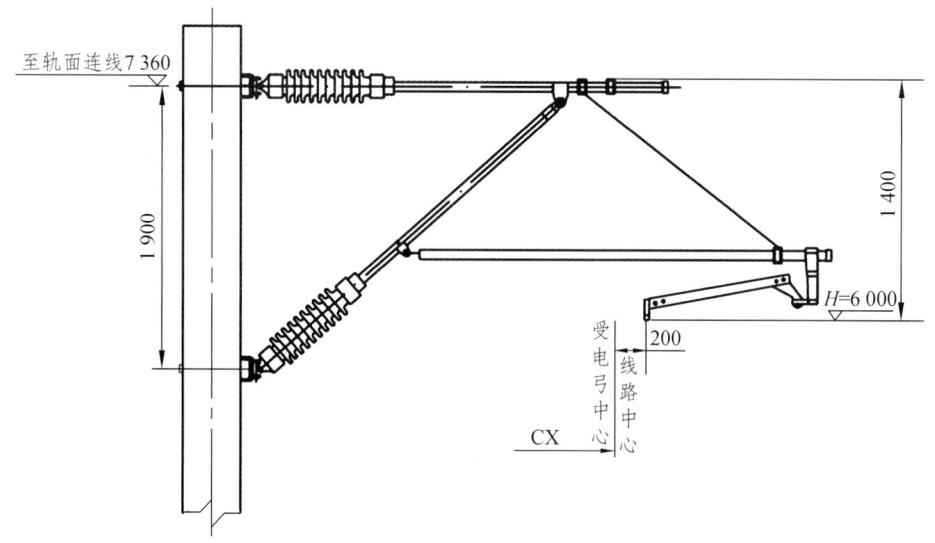

（b）平腕臂中间柱现场图

图 1-24　平腕臂中间柱装配图

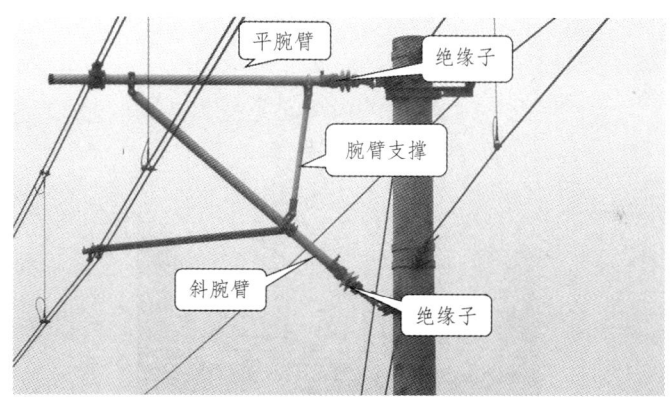

图 1-25　平腕臂中间柱现场图

平腕臂中使用平腕臂和单耳腕臂构成了结构稳定的三角形，定位管用定位管支撑代替了原来的双股 4 mm 铁线，具有良好的结构稳定性，减少了高速行车或大风时腕臂、定位管的振动。同时，单承力索座可以沿平腕臂移动，比调节板更加精确地满足不同侧面限界时承力索定位的要求，安装调整方便。平腕臂既能承受拉力，又能承受压力，统一了曲内、曲外腕臂的装配形式，简化了设计和施工。通过现场测量后进行预配计算，确定腕臂结构尺寸，提高了施工安装的精度。在线路曲线半径为 900～4 000 m 时，其支柱装配形式和直线类似。

当支柱处于曲线外侧时接触线曲线水平力较大，超过 200 N 时，需要采用软定位方式，如图 1-26 所示为曲线半径 300～800 m 时的平腕臂装配图。现场图如图 1-27 所示。

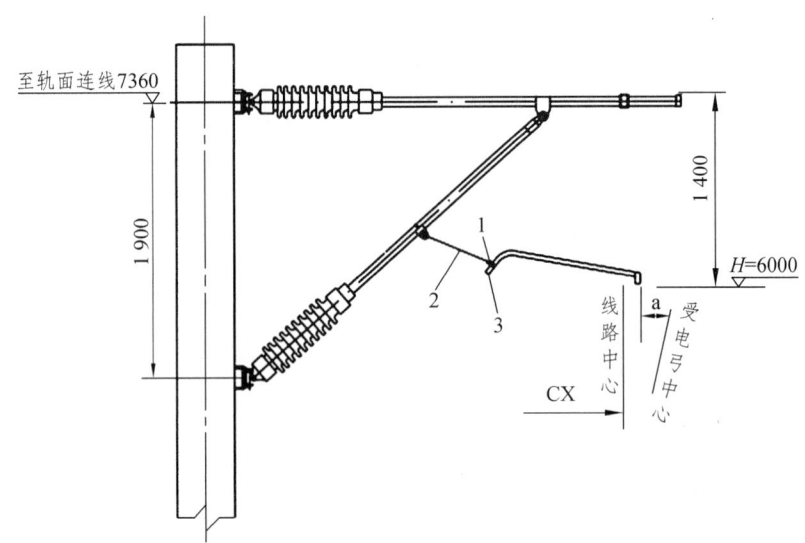

图 1-26 曲外平腕臂中间柱装配图

1—1 型定位环；2—吊线；3—1 型软定位器

图 1-27 曲外平腕臂中间柱安装效果图

3）非绝缘转换柱支持装置

对于三个跨距的非绝缘锚段关节，中间的两根支柱称为转换柱，它悬吊两支接触悬挂，其中一支为工作支，另一支为非工作支。工作支的接触线与受电弓接触；非工作支的接触线抬高约 200 mm，不与受电弓接触，通过转换柱拉向锚柱抬高下锚。因此，转换柱需要安装两组定位器。两支接触悬挂的接触线在平面上平行，水平距离保持 100 mm，两支接触悬挂在电气上是连通的，在靠近锚柱一侧用电连接线连接起来。转换柱的悬挂形式有两种：一种称为 ZF_1 转换柱，工作支靠近支柱侧，非工作支远离支柱侧；另一种称为 ZF_2 转换柱，工作支远离支柱侧，非工作支靠近支柱侧。其中 Z 表示直线，F 表示非绝缘，下标 1 与 2 分别表示两种类型。

直线非绝缘转换支柱 ZF₁ 的装配形式如图 1-28 所示。

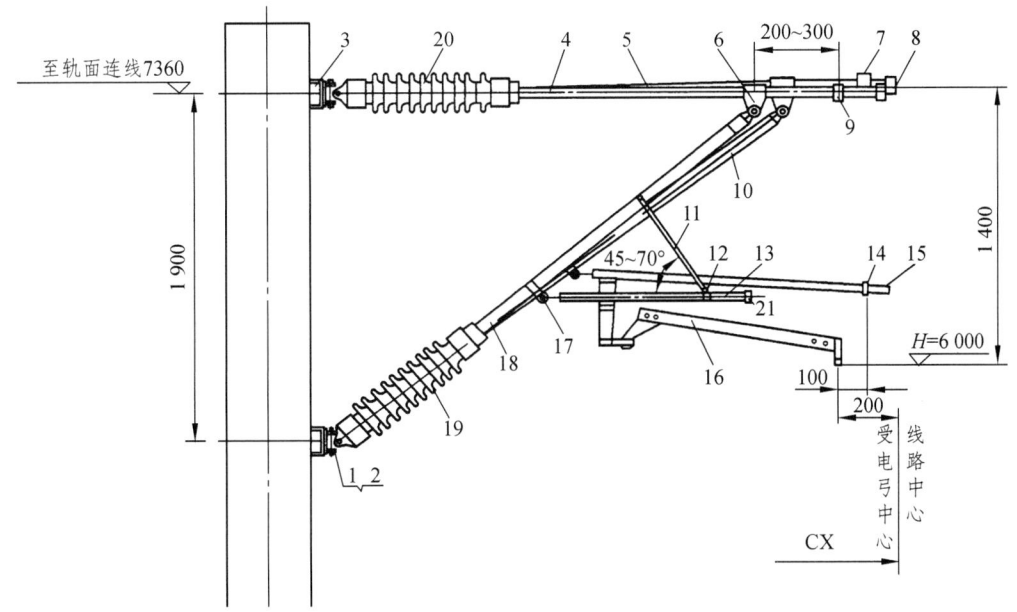

图 1-28 非绝缘转换支柱（ZF₁）装配图

1—双底座槽钢；2—旋转腕臂底座；3—双压管底座；4、5—腕臂；6—套管双耳；7、9—承力索座；
8、21—管帽；10、18—支撑腕臂；11—定位管支撑；12—定位管卡子；13、15—定位管；
14—长支持器；16—限位定位器；17—定位环；19、20—棒式绝缘子

非绝缘转换支柱，在直线区段和曲线区段的装配形式也不相同，其曲线区段的装配，定名为 QF1 及 QF2，其中 Q 表示曲线之意。F1 及 F2 的含义与前述相同。ZF₁、ZF₂、QF₁ 和 QF₂ 在正常工作时，特别是在温度发生变化时，应能保证线索顺线路方向移动。对于全补偿链形悬挂，工作支承力索放于承力索座（或钩头鞍子）内，靠腕臂转动实现顺线路方向位移，非工作支承力索使用悬吊滑轮，保证其能向相反方向移动。对于半补偿链形悬挂，使用双鞍子，因为承力索是不移动的，接触线都是靠定位器实现顺线路方向位移。

4）绝缘转换柱支持装置

在四跨绝缘锚段关节处，悬吊两支接触悬挂，其中一支为工作支，另一支为非工作支。工作支的接触线与受电弓接触，非工作支的接触线抬高约 500 mm，不与受电弓接触，通过转换柱拉向锚柱下锚。两支悬挂的接触线在平面图上平行，空气间隙为 500 mm，电气上能互相分开。转换柱上设有一台隔离开关，以实现相衔接的两个锚段在电气上连接或断开。转换柱的悬挂形式也有两种：一种称为 ZJ₁ 转换柱，工作支远离支柱侧，非工作支靠近支柱侧；另一种称为 ZJ₃ 转换柱，工作支靠近支柱侧，而非工作支远离支柱侧。

四跨绝缘锚段关节也有两个转换支柱，名为 ZJ₁ 和 ZJ₃、QJ₁ 和 QJ₃，其中 J 表示绝缘转换支柱，下标 1 及 3 表示不同的装配形式。如图 1-29 所示为直线绝缘转换柱 ZJ₁ 装配图。

绝缘转换支柱的装配应能满足被衔接的两个锚段，在电气上应是互相绝缘的，所以工作支和非工作支的接触线之间、承力索之间在垂直方向和水平方向的投影都必须保持 500 mm 的绝缘距离，以保证在风力作用下以及导线振动、摆动情况下，均不得小于最小的绝缘空气

间隙。同样，在直线区段和曲线区段，其装配形式也是略有不同。

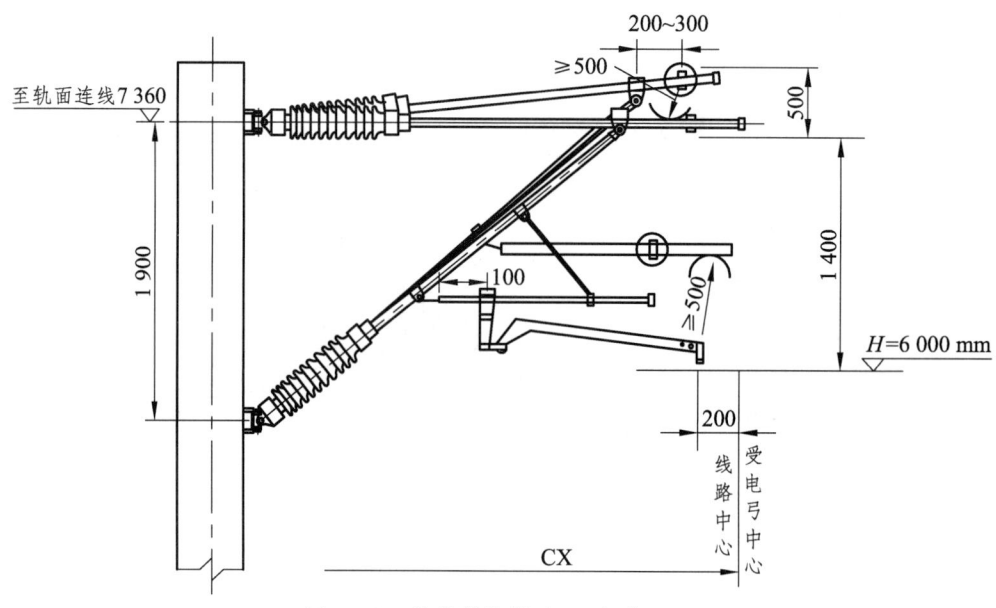

图 1-29　绝缘转换柱（ZJ_1）装配图

根据不同线路状况和不同的用途，腕臂支柱装配形式多种多样，这里不再一一列举。

5）支持装置的检查

（1）检查内容。

① 查看腕臂是否有锈蚀、永久性弯曲变形等情况。

② 检查管帽是否齐全，露头过长对线路是否产生影响。

③ 观察腕臂是否有裂纹与被撞击现象。

④ 水平腕臂受压状况，是否与底座连接产生扭曲变形。

⑤ 周围非带电部分物体对腕臂的绝缘距离是否符合标准。

⑥ 腕臂与底座以及各个连接部分的螺栓紧固情况。

（2）质量标准。

① 腕臂不能有弯曲、永久性变形、严重锈蚀和裂纹。

② 无温度变化时腕臂是否垂直于线路。

③ 各个零部件不能有裂纹、锈蚀和短缺。

④ 水平腕臂仰高不能超过 50 mm。

⑤ 腕臂绝缘子无破损和严重放电痕迹，绝缘子瓷釉拨落面积不能超过 300 mm^2。

⑥ 各个连接部分不能有松动。

⑦ 导高和"之"值应符合设计要求。

四、绝缘子的维护

绝缘子是接触网中广泛应用的重要部件之一，绝缘子用以悬吊和支持接触悬挂并使带电体与接地体间保持电气绝缘。

绝缘子质量及其性能的优劣对接触网的工作状态有着很大影响。绝缘子在使用中将承受高电压（包括过电压）、各种负载、振动等机械和电气方面的影响，同时环境污染、尘埃等都会影响绝缘子工作状态。因此，对绝缘子性能及技术状态应引起足够的重视。

1. 绝缘子的构造

接触网上用的绝缘子一般为瓷质，即在瓷土中加入石英和长石烧制而成，表面涂有一层光滑的釉质。要求绝缘子质地紧密均匀，任何一个断面上不能有裂纹或气孔，表面涂釉后可防止水分的渗入。因为绝缘子不仅要承受电气负荷，而且要承受机械负荷，所以绝缘子的钢连接件和瓷体之间应用不低于 425 号硅酸盐水泥胶合剂黏接成一个整体，以增加其机械强度。

由于绝缘子承受接触悬挂的负载且经常受拉伸、压缩、弯曲、扭转、振动等机械力，在短路时又承受电动力，故在制造时其机械破坏负荷均应留有裕度，一般安全系数按 2.0～2.5 选取。

2. 绝缘子的分类

接触网上使用的绝缘子按结构分成悬式绝缘子、棒式绝缘子及针式绝缘子三大类，按绝缘子表面泄漏距离又可分成普通型和防污型两种。

1）悬式绝缘子

悬式绝缘子在电气化铁道中使用较为广泛。主要用于绝缘承受张力的场合，如用于线索下锚、水平拉杆、软横跨绳索、隧道内悬挂、锚段关节以及馈电线、并联线等处的对地绝缘。

目前所采用的悬式绝缘其机械破坏负荷分为 40 kN、70 kN、100 kN、160 kN 四级。电气化铁道中主要使用 40 kN、70 kN 级悬式绝缘子，悬式绝缘子结构如图 1-30 所示。

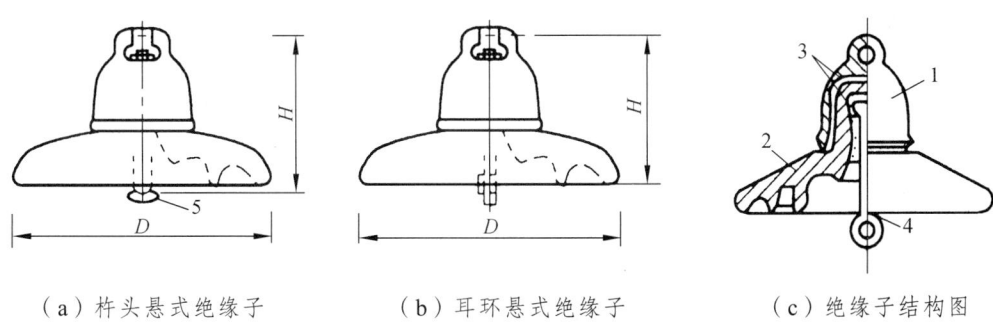

（a）杵头悬式绝缘子　　（b）耳环悬式绝缘子　　（c）绝缘子结构图

图 1-30　悬式绝缘子结构图

1—钢帽；2—瓷体；3—水泥浇注物；4—耳环；5—杵头

悬式绝缘子符号意义：

X——表示悬式绝缘子；

P——表示按机械破坏值表示绝缘子；

数字——机械破坏负荷，kN；

C——表示槽形连接（球形连接不表示）。

2）棒式绝缘子

在需要承受压力、张力和弯矩的场合使用棒式绝缘子，电气化铁道接触网使用棒式绝缘子主要用于斜腕臂、压管、平腕臂及隧道定位和隧道悬挂等场合。绝缘子按安装方式分为悬挂、定位和腕臂支撑式三种。隧道用悬挂、定位式，区间，站场用腕臂支撑式。城轨接触网中一般用棒式绝缘子作为线索下锚绝缘子。

按绝缘子的使用环境又分为普通型和防污型两种。目前采用的棒式绝缘子为 QX、QB、QXN、QBZ、QBN 等几种型号。其型号表示方法为：

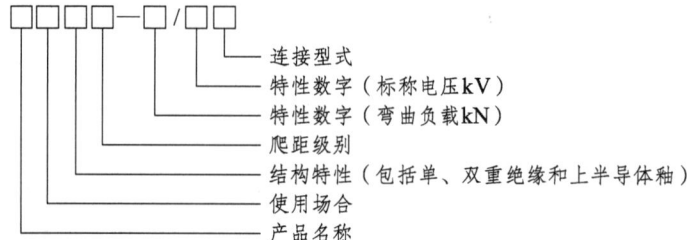

符号含义：

Q —— 电气化铁路用棒式瓷绝缘子；

X —— 隧道悬挂；

E —— 隧道定位；

B —— 区间、站场腕臂支持；

N —— 耐污型绝缘子；

S —— 上半导体釉；

Z —— 双重绝缘（单绝缘不表示）；

A —— 下附件安装为双孔（单孔不表示）；

D —— 上附件安装为管径；

1、2、3 —— 分别表示爬距为 1 000 mm、1 200 mm、1 500 mm 的产品。

棒式绝缘子结构及主要参数分别如图 1-31 所示。

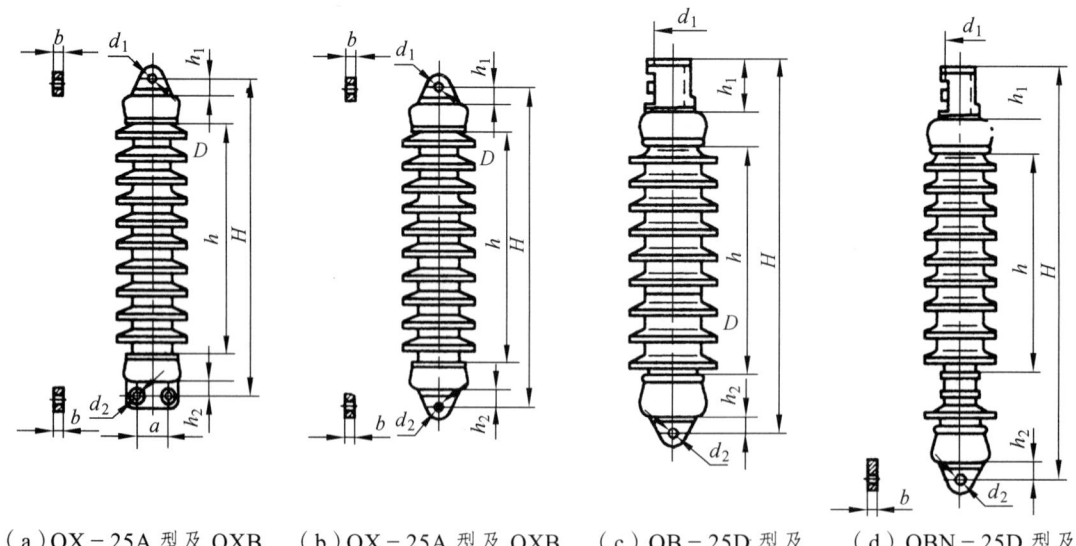

（a）QX-25A 型及 QXB-25A 型棒式瓷绝缘子　　（b）QX-25A 型及 QXB-25A 型棒式瓷绝缘子　　（c）QB-25D 型及 QB-25 型棒式瓷绝缘子　　（d）QBN-25D 型及 QBN-25 型棒式瓷绝缘子

图 1-31　棒式绝缘子结构图

3）针式绝缘子

多用于回流线，保护线及跳线处，它承受线索不同方向的负荷，将线索固定，并对地起电气绝缘，一般采用 P-10T 型针式绝缘子。其结构如图 1-32 所示。城轨接触网中，针式绝缘子主要用于刚性悬挂处。

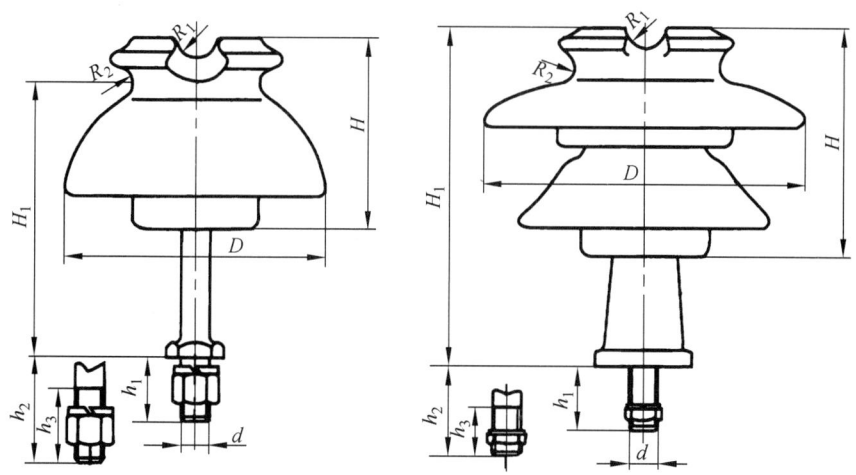

图 1-32　针式绝缘子结构图

绝缘子按照材料进行分类，主要有瓷绝缘子、钢化玻璃绝缘子与合成绝缘子三种，在我国电气化铁道中都有不同程度的应用。

4）瓷绝缘子

绝缘子生产成本低，价格便宜，有良好的绝缘性能，耐热性能好，运行经验丰富，是我国电气化铁道中主要采用的绝缘子类型。其缺点是重量过大，缺乏弹性，防污和可靠性方面有待提高，运营维护费用较大。

5）钢化玻璃绝缘子

近年来，钢化玻璃悬式绝缘子在我国电气化铁道中有所应用。这种绝缘子由铁帽、钢化玻璃绝缘件和钢脚组成，并用水泥胶合剂胶合为一体。其特点为：

（1）零值自破、便于检测。

钢化玻璃绝缘子具有零值自破的特点。即当绝缘子失去绝缘性能或机械过负荷时，伞裙就会自动破裂脱落，容易发现，可及时进行更换。无需登杆逐片检测，降低了工人的劳动强度。

（2）耐电弧和耐振动性能好。

在运行中，玻璃绝缘子遭受雷电烧伤的新表面仍是光滑的玻璃体，并有钢化内应力保护层，因此，它仍保持了足够的绝缘性能和机械强度。

（3）自洁性能好、不易老化。

玻璃绝缘子不易积污和易于清扫，人工清扫的周期比瓷绝缘子长，降低了维护费用。对典型地区线路上的玻璃绝缘子定期取样测定运行后的机电性能，统计数据表明 35 年后的玻璃绝缘子的机电性能与出厂时的基本一致，未出现老化现象。

（4）主电容大，成串电压分布均匀。

玻璃的介电常数为 7～8，使玻璃绝缘子具有较大的主电容，成串的电压分布均匀，有利于降低导线侧和接地侧附近绝缘子所承受的电压，从而达到减少无线电干扰、降低电晕损耗和延长玻璃绝缘子的寿命的目的。

限制钢化玻璃绝缘子推广使用的主要原因是其自爆率较高（0.02%～0.04%），影响到线路运行的可靠性。

普通钢化玻璃绝缘子型号为 LX-4.5。

6）复合绝缘子

较为理想的新型绝缘子是复合绝缘子。这种绝缘子的基本绝缘部件由芯棒和伞套组成，芯棒用玻璃纤维束经树脂浸渍而成，具有很高的抗拉强度；芯棒外部的护套和伞裙一般由硅橡胶或乙丙橡胶材料制成，护套包覆在芯棒外表面，一方面提供良好的外绝缘性能，另一方面保护芯棒免受大气侵蚀。其外形如图 1-33 所示，主要技术参数见表 1-9。

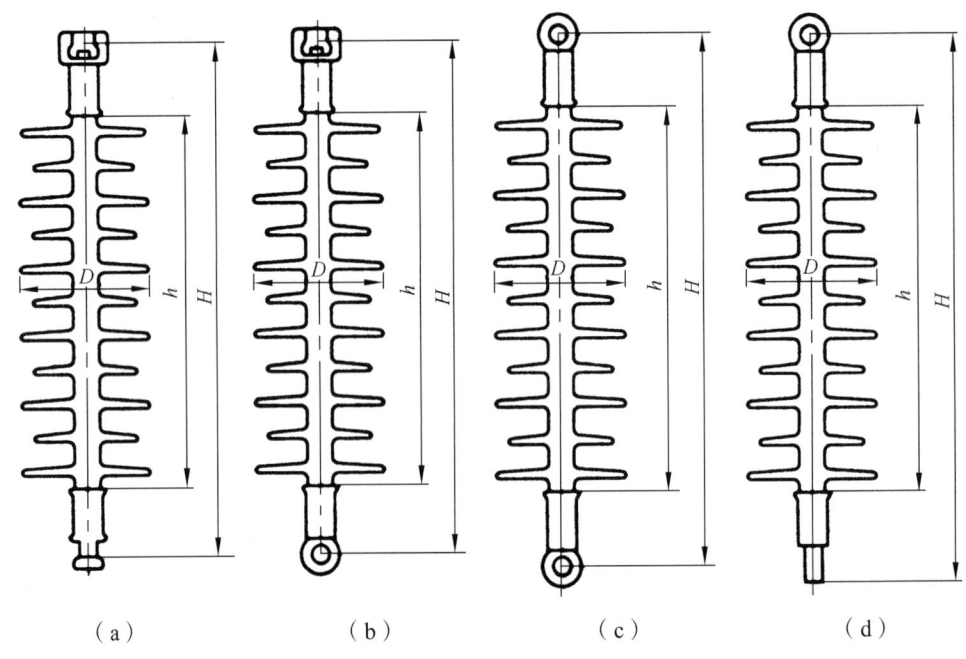

图 1-33 复合绝缘子

表 1-9 复合绝缘子主要技术参数

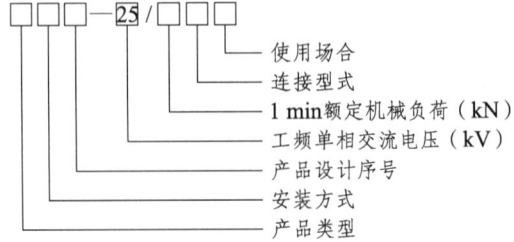

符号含义为：

产品种类：F——复合材料；Q——电气化铁路用绝缘子；

安装方式：X——悬挂、耐张式；D——隧道定位式；

产品设计序号：由工厂自定；

25：25——工频单相交流电压25 kV；

1 min 额定机械拉伸负荷：100——100 kN；

连接形式：球窝系列：QT——球窝－球头；QH——球窝－单耳；

单耳系列：HH——单耳－单耳；HY——单耳－圆管；

使用场合：G——高原型（普通地区不表示）；

合成绝缘子的优点为：

① 机械强度大，抗拉、抗弯、耐受冲击性能好；

② 自身重量较轻，只有瓷绝缘子重量的1/10左右，方便运输、安装；

③ 绝缘性能好，硅橡胶是憎水性材料，特别是在严重污染和大气潮湿情况下的绝缘性能十分优异，从而减少防污清扫工作量。

④ 耐电弧性能好。

合成绝缘子在电气化铁道中应用较为广泛。限制合成绝缘子使用的原因主要有：

① 其价格较为昂贵；

② 缺乏简便有效的现场检测技术，大面积使用时矛盾尤为突出。用于合成绝缘子检测的主要手段有：用超声波检测绝缘子中存在的气隙和裂纹，用红外检测局部绝缘缺陷带来的局部温升，其检测手段较复杂。

目前这种绝缘子主要用于：隧道内净空条件受限场合；粉尘污染严重地区；减少接触悬挂集中性负载（如：分段绝缘器承力索的绝缘、锚段关节处）；易受击打破坏场合代替瓷、钢化玻璃绝缘子使用。

接触网用绝缘子的受力情况复杂，对芯棒、金具的要求较电力系统高，应用中要考虑抗拉强度、抗弯、抗剪等机械性能。要求合成绝缘子强度安全系数不小于5.0。

3. 绝缘子的电气性能

接触网绝缘子一般安设在户外，其表面破损、脏污受潮、受到各种机械力的作用以及绝缘子正常工作时承受着工作电压和各种过电压等，均会导致绝缘性能下降，产生沿表面的气体放电现象，通常称沿面放电，这种放电发展到表层空气绝缘击穿时，称为闪络。

绝缘子的电气性能常用干闪电压、湿闪电压、击穿电压和绝缘泄漏距离等表示。

（1）干闪电压绝缘子表面干燥状态时，使其表面闪络所需的最低电压。

（2）湿闪电压雨水降落方向与水平面呈45°角淋在绝缘子表面时，使其闪络的最低电压值。

绝缘子闪络会引起牵引变电所继电保护动作跳闸而中止供电。由于闪络后空气绝缘恢复，绝缘子瓷体尚未受到破坏，可维持使用，所以跳闸后往往能自动重合成功，恢复供电。但闪络后不及时处理则会引起绝缘老化，发生裂纹、渗水，使内部绝缘性能下降而引起再一次闪络。因此，绝缘子闪络后应及时清扫、更换。

（3）击穿电压当绝缘老化，绝缘元件被破坏甚至炸裂，完全失去绝缘性能时称绝缘子击穿。击穿电压是指绝缘子绝缘元件被击穿损坏而失去绝缘作用的最低电压。绝缘子击穿后应立即进行更换。

（4）绝缘泄漏距离 绝缘泄漏距离是指绝缘元件表面的曲线长度，即两电极间绝缘表面的爬电距离，俗称"爬距"。泄漏距离是反映绝缘子绝缘水平的重要参数。

接触网绝缘水平应符合如下规定：AC 27.5 kV 电气化铁路接触网的绝缘泄漏距离，轻污区不应小于 960 mm，重污区不应小于 1 200 mm；在实现 V 形综合维修天窗的双线电气化区段，上、下行正线间分段绝缘子串的绝缘泄漏距离可相应增大为 1 200 mm 和 1 600 mm，在有条件的车站，上、下行正线间绝缘子串宜分段设置。在无确切污秽资料的条件下，应按重污区的要求设计。DC 1 500 V 城轨接触网，绝缘子绝缘泄漏距离不少于 250 mm。

4. 绝缘子的防污

绝缘子表面污秽的主要原因有：环境污染；货物装载运行中煤、炭、化学粉尘；内燃电力混合牵引时内燃机排放的烟尘；列车闸瓦磨损产生的金属屑等。使接触网绝缘子表面污秽造成闪络的事故频繁发生，而接触网中绝缘子安设高度又比一般输电线路低，污染就更严重，绝缘子污闪问题已成为影响接触网供电可靠性的重要因素。

目前，为了解决污闪问题主要措施有：

（1）采用防污绝缘子，对减少绝缘子污闪事故效果显著。如目前大量推广采用的 XWP-60 型防污绝缘子（又称双伞绝缘子），引进日本的 NGK 防污绝缘子，和 LXWP 型钢化玻璃绝缘子都具有良好的防污闪性能。其结构如图 1-34 所示。

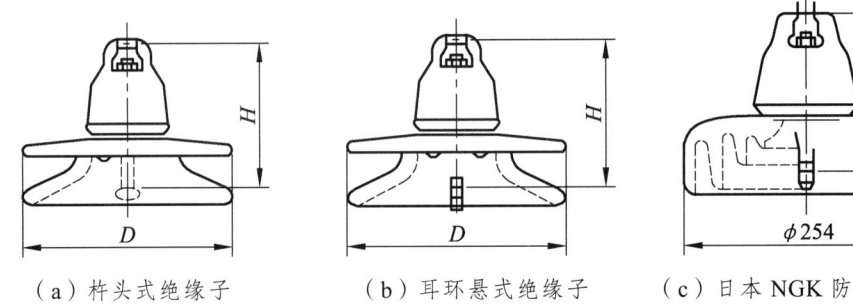

（a）杵头式绝缘子　　　　（b）耳环悬式绝缘子　　　（c）日本 NGK 防污型悬式绝缘子

图 1-34　防污型悬式绝缘子图

（2）采用半导体釉绝缘子，可以大幅度延长绝缘子清扫周期，提高供电的可靠性，试用效果良好。但也存在泄漏电流较大、半导体釉面易腐蚀等缺点。

（3）采用新型合成绝缘子。

（4）在绝缘子表面涂憎水性油脂，如硅橡胶防污涂料等。

（5）在绝缘子防污上除了以上措施以外，增加绝缘子表面的泄漏距离（爬距）、片数，合理安排清扫周期等都可以有效提高绝缘子绝缘可靠性。

5. 绝缘子电压分布测量

绝缘子的电气性能随着使用时间的推移，其绝缘强度会逐渐下降，因此，在使用中每年至少应进行一次绝缘子电压分布测量，以检查绝缘子绝缘性能是否正常可靠。电压分布测量方法如图 1-35 所示。

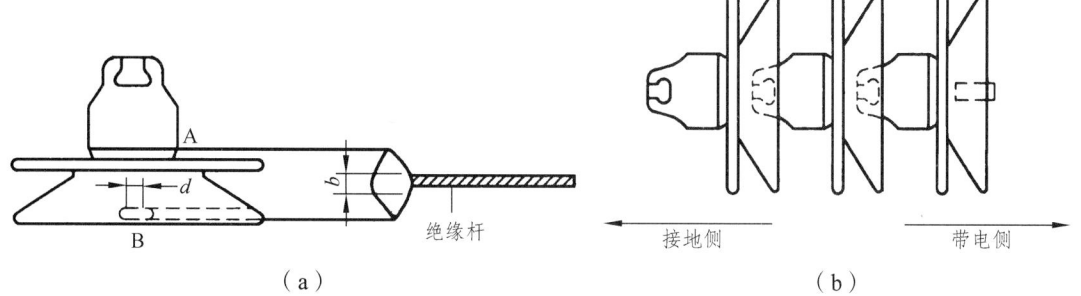

图 1-35 电压分布测量示意图

电压分布测量要求如下：

（1）电压分布测量用电压分布测量仪器进行，绝缘杆要有足够的绝缘长度，其长度不小于 1 000 mm，保证人体（包括所持非绝缘工具）距带电设备之间不得小于 600 mm。

（2）测量仪器的放电间隙 b 调至 1~3 mm。

（3）测量仪的两个金属探针分别接触绝缘子两侧金属体，即 A 点（钢帽）B 点（杵头或耳环）。

（4）接触网电压在绝缘子串上的电压分布，是从带电侧到接地侧依次减小。因此，放电声音也相对减弱。当测量绝缘子串某一片绝缘子时，放电间隙放电说明该片绝缘子电气性能合格；在《绝缘子电压分布记录》的"电压分布"栏填写"合格"，否则为不合格，在"电压分布栏"填写"不合格"。《绝缘子电压分布记录》格式见表 1-1。

表 1-1 绝缘子电压分布记录

悬挂点号	绝缘子类型	电压分布（自接地侧依次）/kV					
		1	2	3	4	5

（5）测量绝缘子串电压分布时，应从接地侧依此向带电侧测量，当三片一组中有一片，四片一组中有二片绝缘子无间隙放电时，即停止测量，以保证设备运行和测量人员的安全。

6. 绝缘子的使用与检查

绝缘子瓷体易碎，安装、运输中应特别注意。绝缘子连接件不允许机械加工和热加工处理（如切削、电焊等）。绝缘子在安装使用前应严格检查，当发现绝缘子瓷体与连接件间的水泥浇注物有辐射状裂纹及瓷体表面破损面积超过 300 mm^2 时，应禁止使用该绝缘子。

悬式绝缘子串的连接，要注意弹簧销子不能脱落，绝缘子串接（3 个以上）后不准有严重的踢腰现象。棒式绝缘子在使用中应注意与配套部件的型号（腕臂型号）统一，且不准使棒式绝缘子承受弯曲力。

为了保证绝缘子性能可靠，应对每个绝缘子按具体情况进行定期或不定期的清扫和检查。特别是在雨、雪、雾、霜、霾天气以及混合牵引区段，更应经常观察绝缘子的状态及时清扫防患于未然。绝缘子脏污后的清扫工作，是在停电时间内集中进行，应注意防止损坏瓷体表面。

7. 绝缘子的更换

1）更换腕臂棒式绝缘子

使用专用腕臂绝缘子更换器，将其一端固定在支柱上，另一端固定在腕臂上，通过转动调节丝杆，使损坏的绝缘子处于不受力状态，将损坏的绝缘子取下后更换上同类型、同规格的合格绝缘子，紧固各部连接螺栓，撤下腕臂绝缘子更换器。直线和曲外的棒式绝缘子更换可采用作业车或手扳葫芦等进行更换。

腕臂绝缘子更换器如图1-36所示。

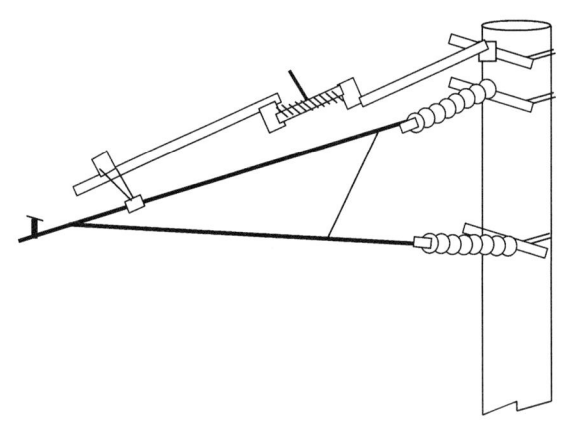

图1-36　直线和曲外的棒式绝缘子更换

2）更换下锚绝缘子

使用两个紧线器分别打在杵环杆和承力索上，通过钢丝套和手扳葫芦将绝缘子紧至不受力，将损坏的绝缘子更换后，补齐弹簧销，缓慢松开手扳葫芦，同时观察绝缘子受力状态，直至其完全受力。如图1-37所示。

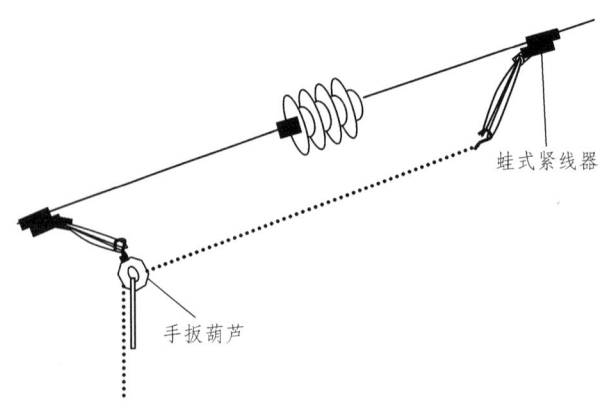

图1-37　直线和曲外的悬式绝缘子更换

第四节　定位装置的维护

定位装置是支持结构中的主要组成部分,它是在定位点处实现接触线相对于线路中心进行横向定位的装置。也就是说,定位装置的作用就是根据技术要求,把接触线进行横向定位,保证接触线始终在受电弓滑板的工作范围内,保证良好受流;在直线区段,相对于线路中心把接触线拉成"之"字形;在曲线区段,相对于受电弓中心行迹则拉成切线或割线。

使受电弓滑板磨耗均匀;同时,定位装置要承担接触线水平负载,并将其传递给腕臂。

对定位装置的技术要求:其一,动作要灵活,在温度发生变化,接触线沿顺线路发生移动时,定位装置应能以固定点为圆心,灵活地随接触线沿线路方向相应移动;其二,重量应尽量轻,在受电弓通过定位点时,在受电弓抬升力作用下,应上下动作自如,并且有一定的抬升量,不产生明显硬点,其静态弹性和跨距中部应尽量一致;其三,具有一定的风稳定性,在受风时,保证定位状态的稳定性。

一、定位装置结构

定位装置是由定位管、定位器、定位线夹及连接零件组成的。根据支柱所在位置不同及受力情况,定位装置采用不同形式,一般有硬定位、软定位、反定位、双定位及特殊定位方式。

1. 定位管

定位管有两种类型,普通定位管和特型(T型)定位管。普通定位管是用镀锌钢管加工制成的,尾部焊有定位钩,以便通过定位环连接在腕臂上使用。定位管安装后应呈水平状态,为保持其水平,可将其端部用φ4.0镀锌铁线吊在,为了保证定位管稳定性,现在多用定位管支撑代替铁线。

设置普通定位管目的是为了定位器在水平方向和坡度方向便于调节,使定位装置结构较灵活,增加定位点的弹性。定位管的长度和外径的选用是根据支柱所在位置和定位管受力情况而确定的。普通定位管结构如图1-38所示。

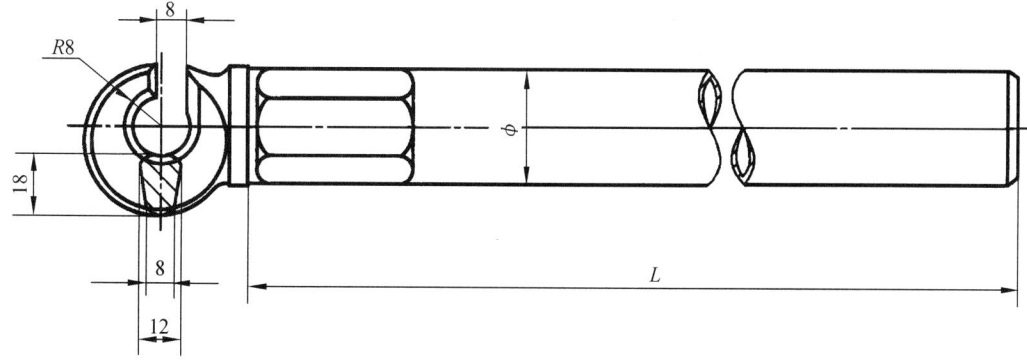

图1-38 普通定位管结构图

T型定位管又称套管式定位管,它仅与普通定位管的尾部不同,加焊了一段套管来代替定位钩,便于与棒式绝缘子配套并增加其尾部的机械强度。T型定位管多用于隧道定位和多线路腕臂支柱装配使用。由棒式绝缘子、T型定位管、支持器、定位线夹及其他连接零件构成了特殊定位装置,如图1-39所示。T型定位管如图1-40所示。

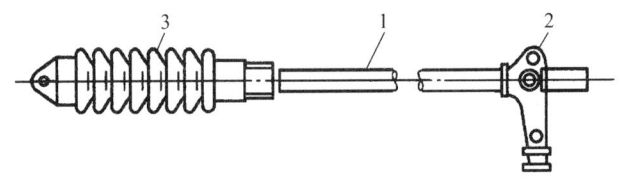

图1-39 带支持器的定位器

1—T型定位管;2—长支持器(或支持器);3—TB-25型棒式绝缘子

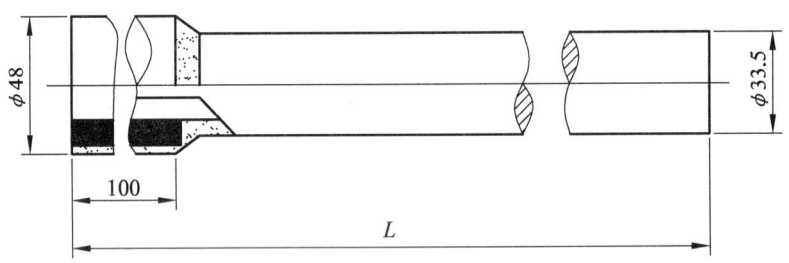

图1-40 T型定位管结构图

2. 定位器

定位器是定位装置中关键的部件,其作用是通过定位线夹把接触线按设计标准拉出值的要求,通过线夹把接触线固定在一定位置,保证接触线工作面平行于轨面,并承受接触线的水平力。定位器是由镀锌钢管、套筒、定位销钉焊接而成。定位器从形状上可分为直管定位器、弯管定位器等几种常用的定位器,如图1-41所示。

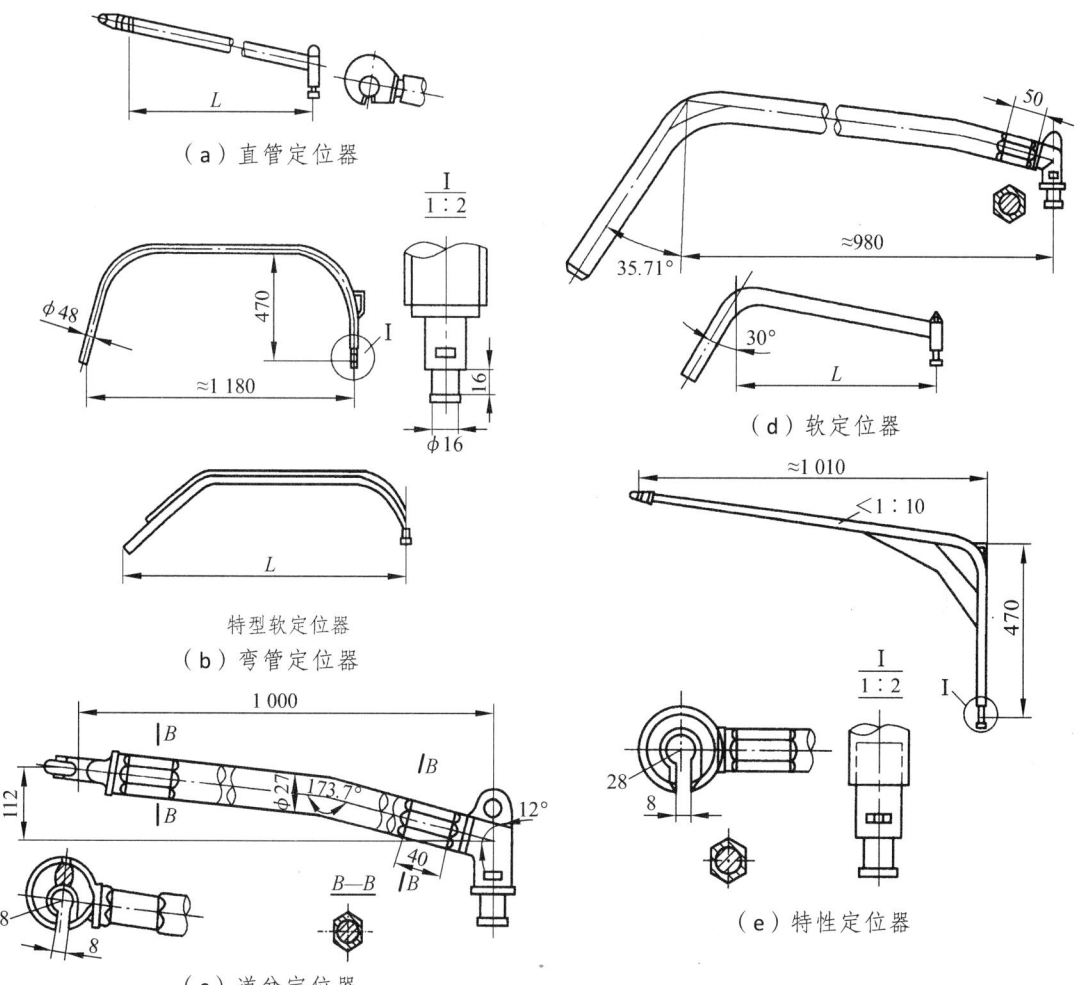

图 1-41 各种定位器结构图

为了适应高速电气化铁路的要求，定位器的重量要轻，一般采用轻型铝合金材料，在定位点处不产生硬点或集中重量。保持定位点的弹性系数尽量和跨距中部的状态接近或一致。同时，在铅垂方向应有足够的灵活性及能适应受电弓较大的抬升量。

为了避免定位器碰撞运行中电力机车受电弓，特别是在曲线区段，由于电力机车车身随线路的外轨超高而向内轨侧倾斜，机车的受电弓也呈倾斜状。为了防止定位器碰撞受电弓，要求定位器安装后应有一定的倾斜度（现场称定位坡度），即定位器根部在安装后要适当抬高一些，其倾斜度要求为 1∶5～1∶10 之间。

定位器在平均温度时，应该垂直于线路中心线，温度变化时，沿接触线纵向偏移在极限温度下，不得超过定位器管长的 1/3。

二、定位方式

1. 正定位

在直线区段或曲线半径 $R = 1\,200 \sim 4\,000$ m 区段，采用这种定位方式。该定位装置由直管定位器和定位管组成。定位器的一端利用定位线夹固定接触线；另一端通过定位环与定位管衔接，定位管又通过定位环固定在腕臂上。结构见图1-42，现场图见图1-43。

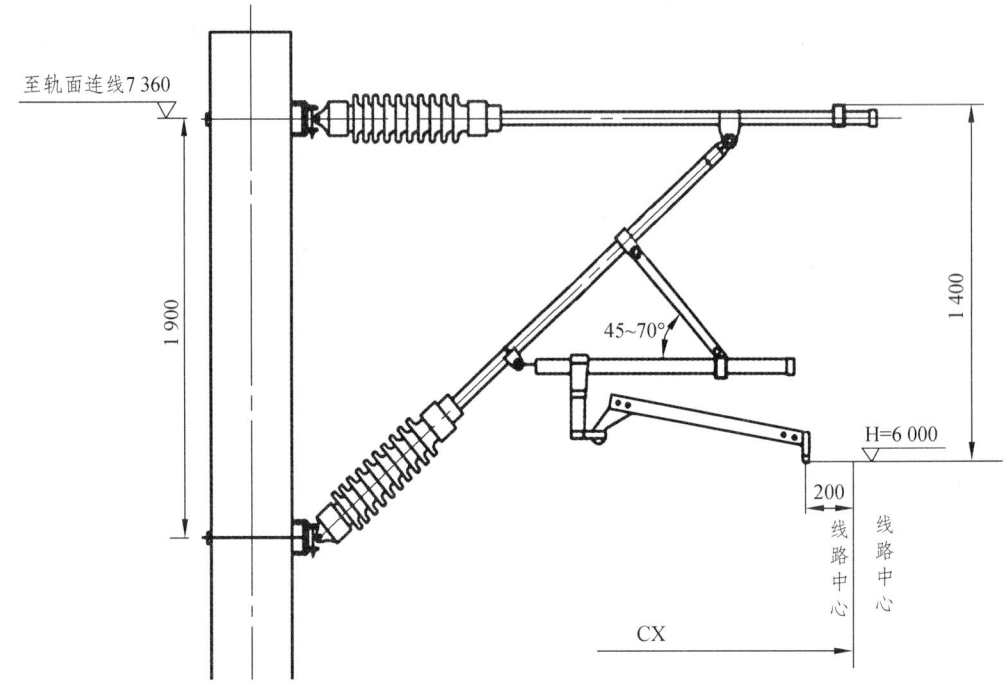

图1-42 正定位安装图

图1-43 正定位现场图

2. 反定位

反定位一般用于曲线内侧支柱或直线区段之字值方向与支柱位置相反的地方。定位器附挂在较长的定位管上，呈水平工作状态。定位管受压力较大，为保证其稳定性，反定位管一般用一英寸、一英寸半或二英寸的镀锌钢管制成；为了使定位管保持水平，一般用两条斜拉线将定位管吊住，固定在承力索上。为了保证定位器与主定位管之间保持有一定的距离（大于或等于 300 mm），定位器通过长支持器与主定位管连接。结构见图 1-44，现场图见图 1-45。

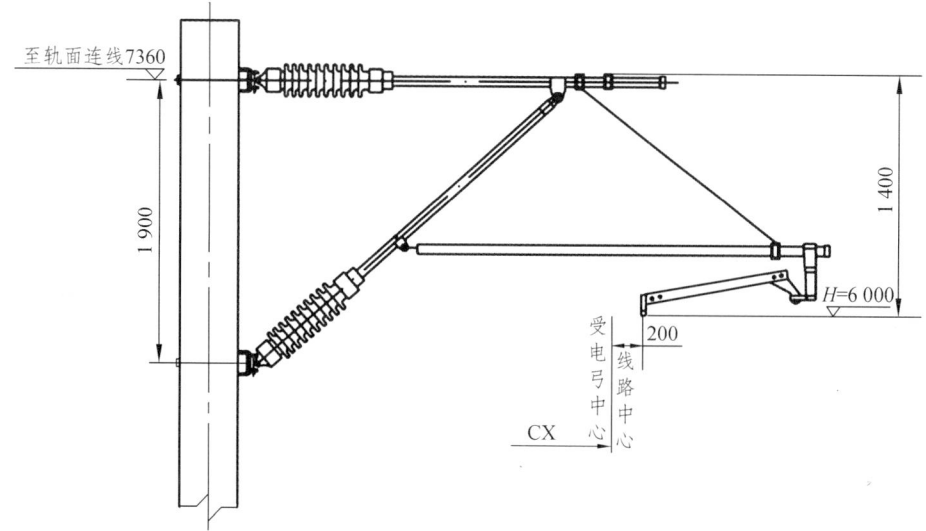

图 1-44　反定位安装图

图 1-45　反定位现场图

3. 软定位

这种定位装置只能承受拉力，而不能承受压力，因而它用于曲线半径 $R<1\,000$ m 的区段，为避免在某些特殊情况下拉力过小，经过计算，在曲线力抵消反方向的风力之后，拉力需保持 0.2 kN 以上方能使用这种方式，如图 1-46 所示，弯管定位器通过两股 $\phi 4.0$ mm 锌铁线拧成的定位拉线（现场称为软尾巴）固定在绝缘腕臂上的定位环里，定位拉线活固定端在定位管侧，死固定端在腕臂侧。

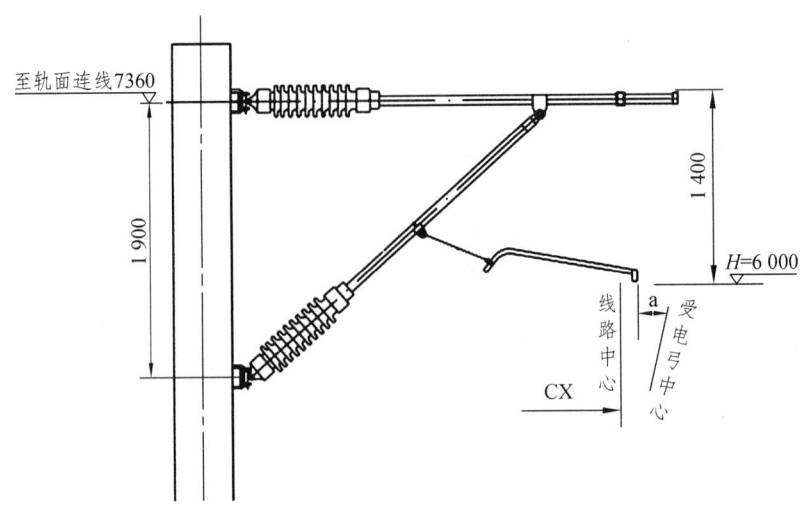

图 1-46 软定位安装图

4. 组合定位

组合定位装置用于锚段关节的转换支柱、中心支柱及站场线岔处的定位,这些地方均有两组悬挂在同一支柱处,分别固定在所要求的位置上(如图 1-47 所示)。组合定位的方式较多,各种组合定位的作用也不相同,这主要是根据各种各样的地形条件及悬挂条件决定的,其结构见图 1-48(a)、(b)、(c)、(d),其中图(a)为组合定位器的拉(L)定位,所谓拉定位,就是两支接触线的受力方向都指向支柱的反方向,定位器把接触线拉向支柱,这种形式多用于道岔柱处的定位,其特点是两支接触线等高;图(b)为组合定位器的拉压(LY)定位,其一支接触线拉向支柱,另一支接触线拉向支柱的反方向(反定位),且两支接触线等高,都处于工作状态,这是道岔定位最常用的定位形式;图(c)为非绝缘转换柱使用的组合定位,它是的一组接触悬挂为工作支,通过定位器实现定位,另一组接触悬挂为非工作支,其抬高下锚;图(d)为中心柱使用的组合定位,通过二组定位器实现对二支接触悬挂的定位。

图 1-47 组合定位现场图

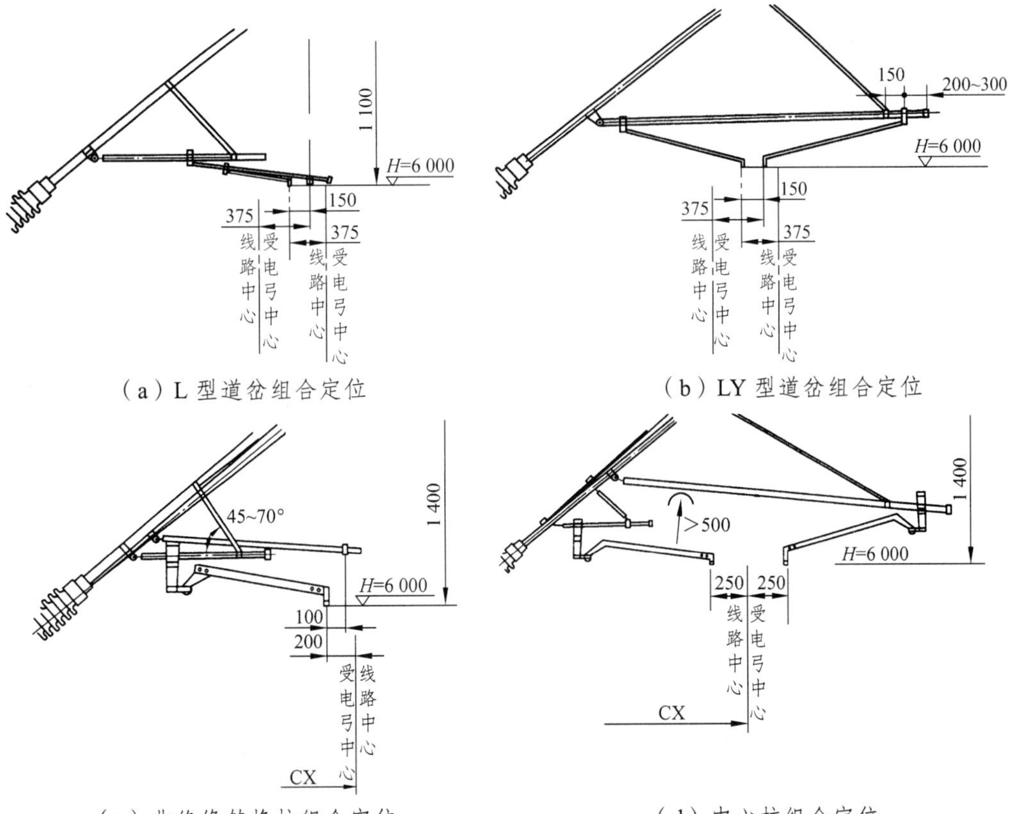

(a) L型道岔组合定位

(b) LY型道岔组合定位

(c) 非绝缘转换柱组合定位

(d) 中心柱组合定位

图 1-48　组合定位安装示意图

5. 单拉定位

这种定位的特点是没有腕臂,将软定位器直接通过绝缘子固定到支柱上,如图 1-49 所示。它一般用在导曲线处或因跨距较大,接触线的偏移达不到设计技术要求的简单悬挂。

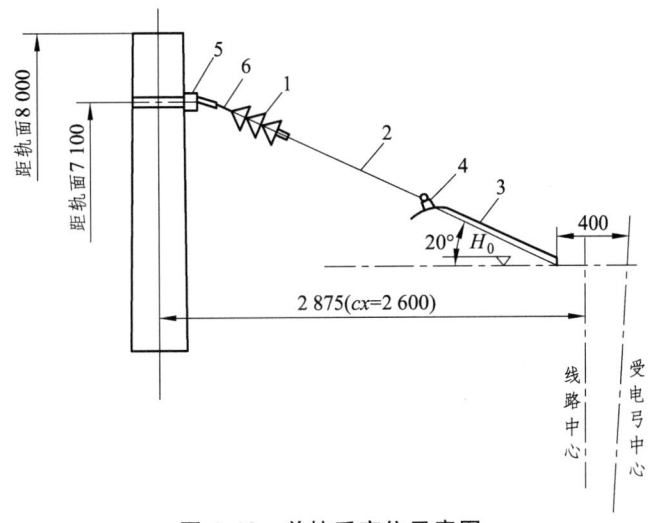

图 1-49　单拉手定位示意图

1—悬式绝缘子；2—拉线；3—软定位器；4—定位环；5—拉杆底座；6—球球挂环

三、接触线"之"字值（拉出值）的确定

接触线直接与电力机车受电弓接触且发生摩擦，为了保证受电弓和接触线可靠接触、不脱线和保证受电弓磨耗均匀，要求接触线在线路上按技术要求固定位置，即在定位点处保证接触线与电力机车受电弓滑板中心有一定距离，这个距离在直线区段叫作接触线的"之"字值，在曲线区段称拉出值，一般用符号"a"表示。

接触线的"之"字值或拉出值可以使在运行中的电力机车受电弓滑板工作面与接触线摩擦均匀（否则会使滑板工作面某些部分磨出沟槽，降低受电弓使用寿命），保证接触线与受电弓接触，不发生脱弓，避免因脱弓造成的弓网事故。

接触线"之"字值和拉出值区别是使用场合不同，"之"字值用于直线区段，拉出值用于曲线区段，它们从本质上说都是接触线在定位点处距受电弓中心的距离。

1. "之"字值（拉出值）的大小

接触线的"之"字值（拉出值）的大小由电力机车受电弓最大允许工作范围（下文以950 mm为例）、线路情况、行车速度等因素决定。在直线区段，线路中心线与机车受电弓中心线重合，接触线沿线路中心线上空成"之"字形对称布置，即所谓直线区段，接触线拉出值也称"之"字值的原因，其标准值为±300 mm（当定位点位于线路中心线和支柱之间时，记为正，否则记为负），在线路行车速度大于120 kN/h线路上，考虑到车速提高后机车受电弓左右摇摆量及高速下接触线的摆动量的增加，"之"字值一般选定为±200 mm，允许误差范围为±30 mm。

曲线区段电力机车车身随线路的外轨超高向曲线内侧（简称曲内）倾斜，受电弓也呈倾斜状，线路中心线与受电弓中心不重合，曲线区段上随曲线半径不同拉出值有差异，一般在150～400 mm。拉出值的允许误差为±30 mm。

如果地理环境受限或设备特殊，拉出值也可适当增大（或减小），但拉出值最大不超过受电弓滑板允许工作范围（950 mm）的二分之一，即拉出值最大不得大于450 mm。之字值（拉出值）的选用必须保证最大风偏移时，跨距中任一点接触线产生的最大水平偏移不超过规定的受电弓允许工作范围。

2. "之"字值（拉出值）的施工与检调

现场对接触线"之"字值（拉出值）施工或检修时，借助于线坠和道尺，可以方便地确定接触线与线路中心线之间的水平距离。在直线区段，由于线路中心线和受电弓中心重合，定位点处接触线的垂直投影距线路中心线的距离也就是定位点处接触线距受电弓中心的距离。故在直线区段接触线的"之"字值就是定位点处接触线距线路中心线的距离。在对接触线"之"字值施工或测量检修时，可以直接通过接触线对线路中心线间距离来确定"之"字值。

在曲线区段，为平衡列车在转弯时产生的离心力，将曲线外侧轨道抬高，称为外轨超高，外轨超高值由线路曲线半径和线上列车允许通过的最大时速而定，可按下列公式计算：

$$h = \frac{7.6 V_{\max}^2}{R} \qquad (1\text{-}2)$$

式中 h——外轨超高值，mm；

R——线路曲线半径，m；

$V_{\max}^2$——线路允许最大行车速度，kN/h。

为了应用方便，外轨超高值也可以查表 1-2。在现场，超高值一般标记在曲线内轨内侧。

表 1-2 曲线外轨超高参考表

半径/m	列车最大时速 v/（km/h）与外轨超高值/mm									
	30	40	50	60	70	80	90	100	110	120
300	25	40	65	90	125	—	—	—	—	—
400	15	30	50	70	95	120	—	—	—	—
500	15	25	40	50	75	95	120	—	—	—
600	10	20	30	45	60	80	100	125	—	—
700	10	15	25	40	55	70	90	110	—	—
900	—	15	20	30	40	55	70	85	100	120
1 200	—	10	15	25	30	40	50	65	75	90
1 600	—	—	10	15	25	30	40	50	60	70
1 800	—	—	10	15	20	25	35	40	50	60
2 000	—	—	10	15	20	25	30	35	45	55

曲线上，由于线路外轨超高，使机车车身向曲线内侧方向倾斜，机车受电弓随之偏斜，受电弓中心线与线路中心线有一定偏斜距离。施工检调中，无法直接测量接触线距受电弓中心线的水平距离（即 a 值）。在确定曲线拉出值时，要通过定位处接触线对线路中心线投影的位置（即 m 值）间接确定对受电弓中心的位置，如图 1-50 所示。

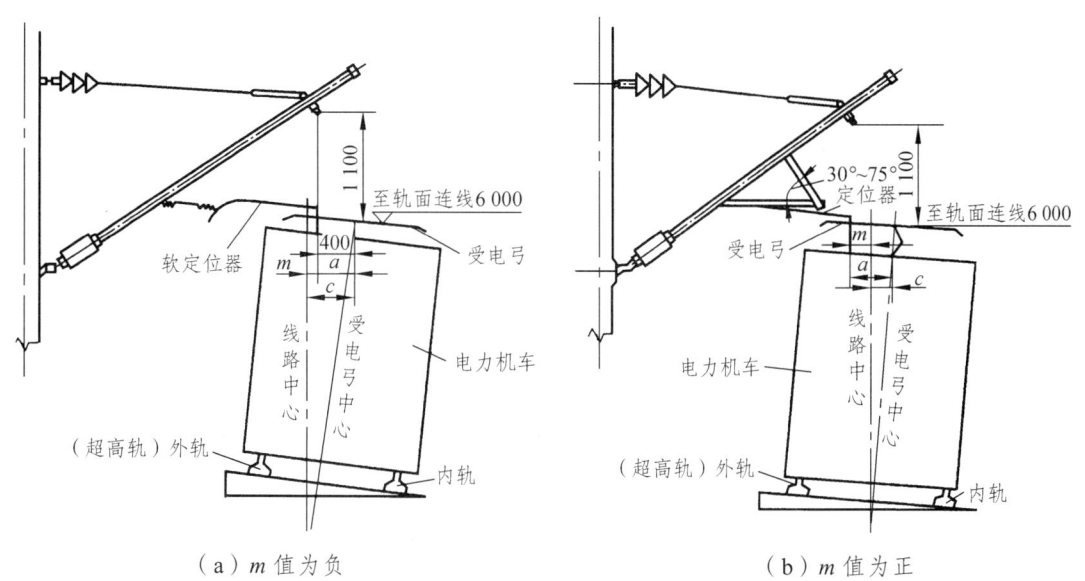

（a）m 值为负　　　　　　　　　　（b）m 值为正

图 1-50　曲线区段外轨超高对受电弓位置的影响及 a、m、c 的关系

定位点处接触线距受电弓中心的水平距离（拉出值）用符号"a"表示。定位点处接触线距线路中心的距离用符号"m"表示。

线路中心线距机车受电弓中心的偏斜值用符号"c"表示，三者的关系为：

$$a = m + c \tag{1-3}$$

公式中的 m 值有正、负之分，当接触线定位点投影在线路中心线与外轨间时 m 值为正值，如图1-32（b）所示。当在线路中心线与内轨间时，m 值为负值，如图1-32（a）所示。

式中的 c 值可以根据图中的几何关系求得。

$$c = \frac{Hh}{L} \tag{1-4}$$

式中 c ——受电弓中心对线路中心偏移值，mm；

　　　h ——曲线外轨超高，mm；

　　　H ——接触线至轨面的高度（导高），mm；

　　　L ——轨距，mm。

现场进行简化计算，当导高为 6 000 mm 时，

$$c \approx 4h \tag{1-5}$$

曲线外轨超高 h 值可在现场接触线拉出值检调时用轨道尺实际测量得到。虽然工务施工或检修时一般将超高值标记在曲线内轨的内侧，但由于线路在运行中外轨超高略有变化，故在计算偏移值 c 时，应用实际测得的外轨超高值（曲线内侧标记值仅供参考）；接触线的高度 H 值可在现场实际测量得到；轨距 L 值系指钢轨轨顶下面 16 mm 处的两轨之间的距离，可以用轨道尺测量得到。我国铁路直线区段轨距为 1 435 mm，称为标准轨距，在曲线上考虑机车车辆转弯，轨距需加宽，曲线区段轨距情况如表1-3所示。

表 1-3　曲线区段轨距表

曲线半径 R/m	651 以上或直线	650～451	450～351	350 以下
轨距 L/mm	1 435	1 440	1 445	1 450

曲线拉出值的施工与检调，其主要计算就是根据现场实际情况求标准 m 值。过程为：

1. 确定计算条件

a 值——设计标准拉出值，一般可以在接触网平面图中查到。如果图纸中没有标注，可以参考表1-4。

h、H、L 可以通过现场实测得到。

表 1-4　拉出值参考表

	列车时速 $v \leqslant 120$ km/h			
曲线半径/m	$180 \leqslant R \leqslant 1\ 200$	$1\ 200 < R < 1\ 800$	$R \geqslant 1\ 800$	直线
拉出值 a/mm	400	250	150	±300

续表

列车时速 $v \geqslant 120$ km/h					
曲线半径/m	$3\,000 \leqslant R \leqslant 4\,000$	$1\,800 \leqslant R \leqslant 2\,000$	$1\,200 \leqslant R \leqslant 1\,500$	$900 \leqslant R \leqslant 1\,000$	直线
拉出值 a/mm	100	250	150	300	±200

（1）计算标准 m 值（$m_{标}$）。

$$m_{标} = a - c \tag{1-6}$$

（2）利用 $m_{标}$ 指导施工、检调施工时，利用 $m_{标}$ 确定接触线的水平位置。

检调时，$m_{标}$ 和现场实际测得的 m 值（$m_{实}$）相比较，如果 $m_{标}$ 和 $m_{实}$ 误差小于 ±30 mm 时可以不检调（规程规定接触线拉出值允许误差 ±30 mm）；误差大于 ±30 mm 时应该进行检调。

$$\Delta m = m_{标} - m_{实} \tag{1-7}$$

式中　Δm——定位点实际位置和标准位置的差值。

在拉出值检调中，将定位点向曲线外侧移动，称为拉；将定位点向曲线内侧移动，称为放。Δm 当为正时，需要将定位点向曲外拉$|\Delta m|$，Δm 当为负时，需要将定位点向曲内放$|\Delta m|$，现场简称为"正拉、负放、零不动"。在检调过程中，特别要注意的是 $m_{实}$、$m_{标}$ 的符号，当接触线定位点垂直投影在线路中心线至外轨间时 m 为正值，在线路中心线至内轨间时 m 为负值。代入上式计算时，要带符号进行运算。下面举例说明曲线拉出值检调的运算过程。

例 1-1：某区间接触网定位点处接触线高度（导高）$H = 6\,000$ mm，所处区段为曲线，曲线半径 $R = 600$ m，外轨超高为 $h = 60$ mm，设计拉出值 $a = 400$ mm，求该定位处接触线的位置。若现场实测该定位处接触线投影在线路中心线距外轨间，距线路中心线距离为 100 mm 时，是否应该调整？

解：求定位点处接触线的位置就是求该处接触线相对线路中心线的位置，也就是求 m 标值。

① 已知：$H = 6\,000$ mm，$R = 600$ m，$h = 60$ mm，$a = 400$ mm，根据 R 查表 1-17 得：$L = 1\,440$ mm。

$$c = \frac{Hh}{L} = \frac{60 \times 6\,000}{1\,440} = 250 \text{（mm）}$$

由公式（1-6）得：

$$m_{标} = a - c = 400 - 250 = 150 \text{（mm）}$$

即该定位点处接触线的位置应在线路中心线至外轨之间且距线路中心线距离为 150 mm 处。

② 现场实际定位处接触线投影在线路中心线距外轨间且距线路中心线为 100 mm，即 $m_{实} = 100$ mm。

$$\Delta m = m_{标} - m_{实} = 150 - 100 = 50 \text{（mm）}$$

所以应使定位处接触线位置向外轨侧"拉"50 mm，才能符合设计定位要求。当曲线区段检调定位时，不满足标准要求可能造成严重后果。

例 1-2：甲作业组在某区间 90# ~ 108# 支柱间综合检修，调整拉出值，当检调到 104# 支柱定位时，实测接触线定位点距线路中心距离为 80 mm，且接触线定位投影在线路中心至外轨之间，测得外轨超高为 115 mm，查接触网平面图可知该定位标准拉出值为 400 mm，工作领导人让操作人将该定位向外轨侧再拉 140 mm。结果作业组作业结束消令后，第一趟电力机车通过时即发生了弓网事故，请分析弓网事故发生的原因。

解：已知：$m_{实测} = 80$ mm，$h = 115$ mm，$a_{标} = 400$ mm，$\Delta m = 140$ mm，检调后现场实际 m 值 $m_{实} = m_{实测} + \Delta m = 80 + 140 = 220$ mm。

调整后的定位实际拉出值为：

$$a_{实} = m_{实} + c \approx 220 + 4h = 220 + 4 \times 115 = 680 \text{ (mm)}$$

调整后的定位实际拉出值 $a_{实} = 680$ mm，大于受电弓允许最大工作范围的一半 475 mm（接触网拉出值最大值规定为 450 mm，当拉出值大于 450 mm 时，必须降弓，惰行滑过）。所以，事故原因是拉出值超标造成弓网事故。

该处拉出值正确检调方法如下：

该定位处距线路中心的标准距离 $m_{标}$ 为：

$$m_{标} = a_{标} - c \approx a_{标} - 4h = 400 - 4 \times 115 = -60 \text{ (mm)}$$

$m_{标} = -60$ mm 说明该定位处接触线距离线路中心标准距离应该为 60 mm，且投影位置应在线路中心线至内轨之间。

$$\Delta m = m_{标} - m_{实测} = (-60) - 80 = -140 \text{ (mm)}$$

正确的检调应该是将接触线定位点向内轨侧放 140 mm。

上例提醒大家，在进行曲线拉出值检调的时候，一定要注意 m 值的符号和检调方向。在测量、计算、检调每一个步骤中认真记录好符号。

例 1-3：某线路曲线半径 $R = 400$ m，接触线高度 $H = 6\,000$ mm，外轨超高 $h = 75$ mm，轨距 $L = 1\,450$ mm，相邻两跨距长度均为 30 m，当中间一支柱折断后，将定位甩开。导线高度足够送电需要，相邻两支柱处拉出值保持 400 mm 不变，问送电后电力机车是否需要降弓通过？

解：设当中间 71# 支柱折断后，该处定位相对原来偏移为 y，$y = QA$，根据图 1-51 所示：

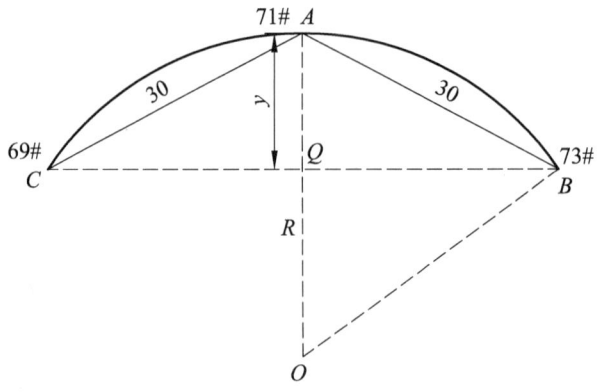

图 1-51 曲线中间柱折断后示意图

$$QB^2 = OB^2 - OQ^2 = R^2 - (R-y)^2$$
$$QB^2 = AB^2 - QA^2 = l^2 - y^2$$

所以，$l^2 - y^2 = R^2 - (R-y)^2$，整理可得：$y = \dfrac{l^2}{2R}$

当中间支柱折断后，相当两个跨距合成一个大跨距，原来中间支柱定位处相当于支柱折断后大跨距的跨中，此时跨中导线对受电弓中心偏移值设为 x，则

$$x = y - a = \frac{l^2}{2R} - a = \frac{30^2}{2 \times 400} - 0.4 = 0.725 \text{ (m)}$$

因为跨中导线对受电弓中心偏移 $x = 725$ mm，大于受电弓允许最大工作范围的一半 475 mm。所以机车通过时，必须降弓通过。

第五节　接触悬挂的维护

一、接触线与承力索的维护

接触线是接触网中直接和受电弓滑板摩擦接触取流的部分，电力机车从接触线上取得电能。接触线的材质、工艺及性能对接触网起着重要作用，要求它具有较小的电阻率、较大的导电能力；要有良好的抗磨损性能，具有较长的使用寿命；要有高强度的机械性，具有较强的抗张能力。

接触线制成上部带沟槽的圆柱状，沟槽是为了便于安装固接触线的线夹，同时又不影响受电弓取流。接触线底面与受电弓接触的部分呈圆弧状。

1. 接触线

1）接触线按照材质的分类

按照材质主要分为铜接触线、钢铝接触线和铜合金接触线。

（1）铜接触线。

我国电气化铁路建设初期，采用的是铜接触线，主要型号为 TCG-110、TCG-100 和 TCG-85 型。

其中：T——材质为铜；

　　　C——电车线；

　　　G——沟槽型；

　　　110——数字部分表示接触线的截面面积，mm^2。

TCG-110、TCG-100 主要用于分别用于站场正线和区间，TCG-85 主要用于站场侧线。其截面形状如图 1-52（a）所示。

（2）钢铝接触线。

为了减少有色金属铜的使用量，20 世纪 70 年代我国研制了以铝代铜的 $\text{GLCA}\dfrac{100}{215}$ 和

GLCB$\frac{80}{173}$型钢铝复合接触线,以及内包钢的 GLCN 型钢铝接触线。其截面形状如图 1-52(b)(c)所示。

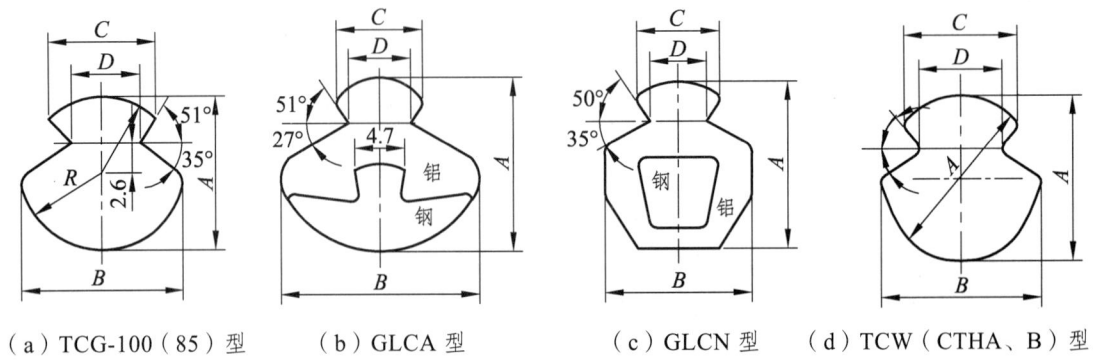

(a) TCG-100(85)型　　(b) GLCA 型　　(c) GLCN 型　　(d) TCW(CTHA、B)型

图 1-52　常见接触线类型

其中：G —— 材质为钢；

L —— 材质为铝；

C —— 电车线；

A —— 截面形状；

N —— 内包；

100 —— 分子数字表示相当于 100 mm^2 截面的铜接触线的导电能力，mm^2；

215 —— 分母数字部分表示导线的几何截面积，mm^2。

它是由导电性能较好的铝和机械强度较高的钢滚压冷轧而成，钢的部分用于保证应有的机械强度和耐磨性能，铝的部分用于导流。钢铝接触线具有很好的机械强度，不容易断线，安全性较好，并具有价格便宜、材料来源广泛的优点。缺点是其刚度和截面积较大，形成的硬弯和死弯不易整直，影响受流。另外，钢的部分耐腐蚀性能差，特别是气候潮湿或酸雨地区，接触线与受电弓滑板接触的摩擦面易锈蚀，若有电弧烧伤，锈蚀速度更快，且会形成恶性循环。

20 世纪 90 年代以前，我国有色金属比较紧缺，对采用铜接触线较为谨慎，因此钢铝接触线应用较多。但运营经验表明，钢铝接触线的安全可靠性较差，且其本身回收再利用价值较低。随着社会的不断发展和进步，人们对铁路运输质量的要求越来越高，任何一次弓网事故都将中断列车运行，打乱正常的运输秩序，影响铁路的信誉。目前已不推荐使用钢铝接触线。

(3) 铜合金接触线。

随着电气化铁路的大幅度提速和高速电气化铁路的建设，进入 90 年代以后，我国研制了 CTHA-110 型、CTHB-120 型银铜合金接触线（也称为 AgCu110、AgCu120），其截面形状如图 1-52(d) 所示。铜合金接触线以其抗拉强度高、耐高温性能好的优势逐渐被人们所认可。2008 年我国颁布了电力牵引用接触线的最新国家标准《电力牵引用接触线 第 1 部分 铜及铜合金接触线》(GB-T 12971.1-2008)，其中铜银合金接触线表示法为 CTA，高强度铜银合金接触线为 CTAH，高强度铜镁合金接触线为 CTMH。目前城轨接触网常用接触线类型有 CTAH120、CTAH150 和 CTMH150 等。

2）接触线的主要技术要求

高速接触网要求受流性能好、稳定性能好、抗张性能好、导电性能好、电流强度大的接触线，因而要求具备下述主要技术性能：

① 抗拉强度高。

为了提高接触线的波动速度，因此需相应提高接触线的张力，要求抗张强度在 500 N/mm^2 左右。在考虑选择高强度材料以提高其应力的同时，还要注意其线密度要低。提高接触线张力，是目前各国普遍采取的技术措施，它可以有效地提高接触线的波动速度，同时相应地提高列车运行速度。提高接触线的张力以后，可以得到两个附加效果：第一，可以相应地限制高速运行时的动态抬升量；第二，可以提高弹性系数的不均匀度，使跨中的弹性得以有效降低，约为 0.5 mm/N，而悬挂点处约为 0.4 mm/N，从而使弹性在整个跨距内趋于一致，大大降低了弹性不均匀系数。

② 电阻系数低。

高速接触网中电流强度较大，为此，必须要求接触线的电阻率要低，一般在工作温度20 ℃时，电阻率应在 0.017 68～0.020 0 Ω·mm^2/m 范围内以适应流经大电流的需要。通过增大接触线截面积满足负载电流增大的要求是有局限性的。虽然增大接触线截面积可以有效提高拉断力，增大载流量，相应地降低温升。但是过大地增大接触线的横截面积会产生两个负面效果：其一是使接触线线密度增加，从而降低了波动速度，最终限制了行车速度，这是极为有害的；其二是架设时的不均匀性及平直性的危险增加，出现硬弯、扭转后很难取直、整正。所以，德国在研制 Re330 型接触悬挂时，仍然把接触线的截面积限制在 120 mm^2 以下。

在有限的横截面积条件下，提高载流能力的途径是尽量提高导电率，还要兼顾导线的抗拉强度。

③ 耐热性能好。

高速接触网一般都具有列车运行速度高、密度大、持续时间长的特点。因而，接触线内长时间流经大电流，在持续流过较大的载流量以后，自然引起导线发热，在温升达到一定程度时，导线的材质会软化，强度会降低，严重时，接触线会产生因温度影响形成的蠕动性伸长，从而破坏正常的受流。因此，选择的接触线材质应具有较好的耐热性能，一般要求软化点在 300 ℃ 以上，以适应较高载流量。

④ 耐磨性能好。

接触线和受电弓是滑动接触的，接触压力大，速度高，要求接触线具有良好的耐磨性能，同时注意其抗腐蚀性能，尽量延长接触线的使用寿命。

⑤ 制造长度长。

为了保证高速电气化区段的良好受流，消除硬点及断线隐患，一般要求在一个锚段内不允许有接头，这就要求接触线的制造长度在 1 800～2 000 m，以适应锚段长度的需要。

近年来研制的银铜合金接触线、镁铜接触线和铬锆铜接触线都有比较优秀的性能指标。纯铜接触线具有导电性能和施工性能好的优点，但是存在抗拉力差、耐磨性能差和高温易软化等诸多缺点，无法适应高速度、大载流量的要求。铜合金可以提高接触线机械强度、软化点、耐磨性能等。但是在铜内不管渗进什么金属，都会相应提升其电阻率，所以研制高强度耐磨性能好的铜合金接触线，是以有限地牺牲导电性能为代价的。如在铜中渗入 0.4%～0.7% 的镁可以大幅度地提高抗拉强度，使其应力达到 490 N/mm^2，其导电率只有纯铜的 68.1%。

常见接触线规格和物理参数见表 1-5、表 1-6 所示。

表 1-5 接触线规格表

接触线型号	标称截面/mm²			尺寸规格及允许偏差/mm				单位质量/(kg/km)
				A	B	C	D	
GLCA$\frac{100}{215}$	215	148	67	$16.5^{+0.66}_{-0.33}$	$19.6^{+0.78}_{-0.39}$	$8.4^{+0.4}_{-0.2}$	5.7 ± 0.25	925
CLCA$\frac{180}{173}$	173	119	54	$16.7^{+0.66}_{-0.33}$	$13.2^{+0.52}_{-0.25}$	$8.05^{+0.20}_{-0.40}$	$5.7^{+0.20}_{-0.40}$	744
TCG-110	110			12.3 ± 0.22				979
TCG-85	85			10.8 ± 0.22	11.76 ± 0.23			760
AgCul20	120			$13^{+0.13}_{-0.26}$	$13^{+0.13}_{-0.26}$	9.75 ± 0.2	6.85	1 070

表 1-6 接触线物理性能表

主要物理性能 \ 接触线型号	GLCA$\frac{100}{215}$	GLCB$\frac{80}{173}$	TCG-110	TCG-85	AgCul20
抗拉强度/(N/mm²)				306	365
综合拉断力不小于/N	40 000	30 150		30 600	43 800
钢铝间结合强度不小于/N	2500	2000			
20 ℃时, 导线有效电阻/(Ω/km)	0.184	0.23		0.21	0.144
载流量（铜 100 ℃、铝 80 ℃）（A）	520	440		550	485(80 ℃) 760(150 ℃)
线胀系数 α/(1/℃)	17.4×10^{-6}	17×10^{-6}	17.4×10^{-6}	17.4×10^{-6}	17.4×10^{-6}
弹性系数 E/(N/mm²)	98 000	100 000	130 000	130 000	113 000
最高使用温度/℃	+80	+80	+100	+100	
制造长度/m	550~2 500	550~3 000	550~1 800	650~2 000	650~2 500

3）接触线的接头和磨耗

（1）接触线接头。

为了保证整个接触网线路质量，在新架设的车站正线及区间干线上规定：每个锚段中接触线的接头数目，正线不应超过 1 个，站线不应超过 2 个（不包括下锚处非工作支上接头）。

接头间距不应小于 150 m。接触线接头处应平滑，不打弓，螺栓紧固，扭距应符合有关标准的要求。在接头线夹上应安装普通吊弦（目前进口的铜接头线夹不带吊弦），将线夹吊起避免出现硬点。

运行中的接触线可能因为磨耗、损伤和断线而使锚段中的接头数量增加，一个锚段内的接触线和承力索接头、补强和断股的总数应符合如下规定：锚段长度在 800 m 及以下时，不超过 4 个；锚段长度超过 800 m 时，铜合金及铜线不超过 8 个，钢线、铝线、钢铝复合线不超过 6 个。接头距悬挂点应不小于 2 m，两接头之间距离应不小于 80 m。

（2）接触线磨耗。

接触线在运行中，受电弓和接触线的摩擦会造成接触线截面积减小，称为接触线磨耗。接触线的磨耗使接触线截面积减小，会影响到接触线的强度安全系数。运营中，要求每年至少进行一次接触线磨耗测量，当接触线磨耗达到一定限度时应局部补强或更换。如发现全锚段接触线平均磨耗超过该型接触线截面积的 20% 时，应全部更换。局部磨耗超过 30% 时可进行补强。当局部磨耗达到 40% 时应切换做接头。

接触线磨耗测量一般一年一次，测量点通常选在定位点、电连接线、导线接头、中心锚结、电分相、电分段、锚段关节、跨距中间等处。测量磨耗要利用游标卡尺，测量磨耗后接触线的直径残存高度。根据直径残存高度可以计算得到接触网线接触网磨耗截面积，如图 1-53 所示。

$$a = 2\left[\pi R^2 \frac{\theta}{360} - \frac{R-x}{2}y\right] = \pi R^2 \frac{\theta}{180} - (R-x)y$$

将 $y = \sin\theta$ 代入上式得：$a = \pi R^2 \dfrac{\theta}{180} - (R-x)R\sin\theta$

式中　a ——接触线的磨耗面积，mm^2；
　　　R ——接触线下圆截面半径，mm；
　　　x ——实际磨耗高度。

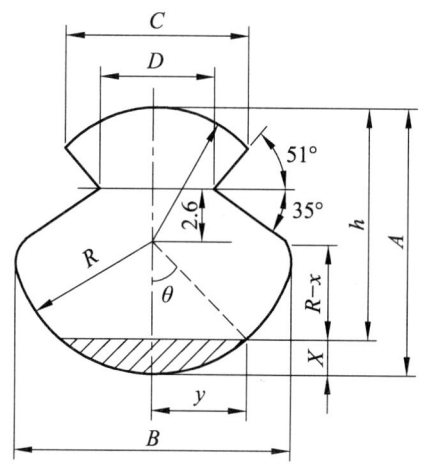

图 1-53　接触线磨耗

随着磨耗面积加大，又未达到更换程度时，为了改善其运行条件，逐渐减少接触线的实际张力，可减少坠砣数目，使接触线内的实际张力保持约 100 N/mm（对铜接触线而言的数据），调整时可按图 1-54 进行。新行标（TB 10009—2005）对磨耗和张力的规定为：铜或铜合金接触线在最大允许磨耗面积 20% 的情况下，其强度安全系数不应小于 2.0。

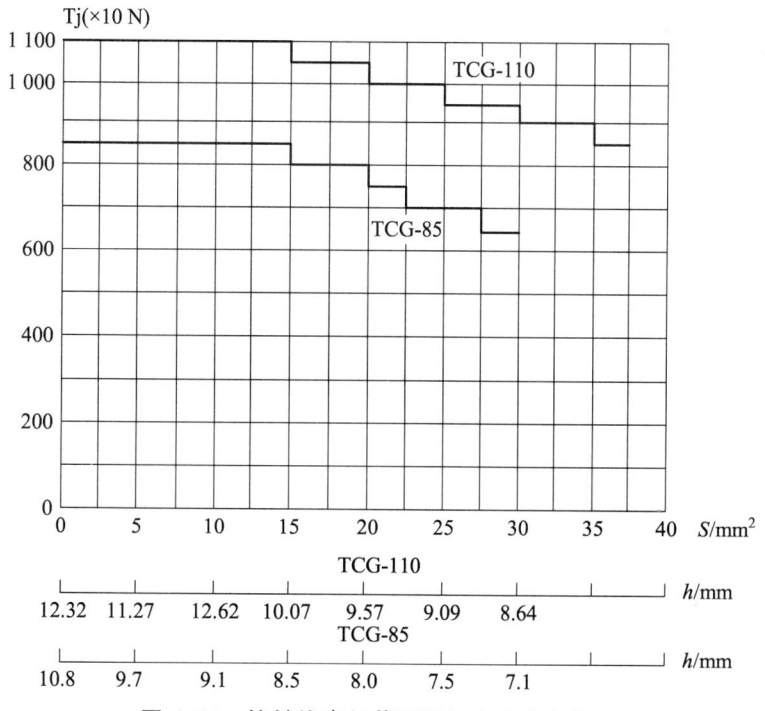

图 1-54　接触线磨耗截面及相应张力变化图

S—磨耗截面面积（mm^2）；h—导线残存高度（mm）

现场应用中，一般不采用计算的方法来求磨耗面积，而是根据接触线的直径残存高度，对照该型号接触线磨耗换算表，查出该点接触线磨耗截面面积（磨掉的截面面积）。

2. 承力索

承力索的作用是通过吊弦将接触线悬挂起来。要求承力索能够承受较大的张力和具有抗腐蚀能力，并且在温度变化时弛度变化较小。承力索根据材质一般可分为铜承力索、钢承力索、铝包钢承力索三类多种规格。按照设计时承力索是否通过牵引电流，可以将承力索分为载流承力索和非载流承力索。

1）铜承力索

铜承力索导电性能好，可做牵引电流的通道之一，和接触线并联供电，降低压损和能耗，且抗腐蚀性能高。但铜承力索消耗铜多，造价高且机械强度低，不能承受较大的张力，温度变化时弛度变化也大。规格型号有 TJ-95、TJ-120 等几种。TJ 表示铜绞线，数字表示截面积，规格如表 1-7 所示。

表 1-7 铜承力索型号规格表

型号	截面积 /mm²	股数与单股直径 /mm²	计算直径 /mm²	有效电阻 /（Ω/km）	单位质量 /（kg/km）	制造长度 /km
TJ-70	70	19×2.14	10.6	0.28	618	1 500
TJ-95	95	19×2.49	12.4	0.20	837	1 200
TJ-120	120	19×2.80	14.0	0.158	1 058	1 000
TJ-150	150	19×3.15	15.8	0.123	1 388	800

1997 年我国研制了新型铜镁合金承力索；铜合金承力索允许工作温度高、载流能力强，在高速、重载电气化线道上有广阔应用前景。常见型号为 THJ-95、THJ-70。目前，我国普遍执行电气化铁道用铜及铜合金绞线行业标准（TB/T 3111—2005 标准），依据该标准，城轨接触网方面使用的承力索主要是 JT150。

2）钢承力索

钢承力索用镀锌钢绞线制成，强度高、耐张力大，安装弛度小且弛度变化也小，节省有色金属又造价低。但电阻大，导电性能差，一般为非载流承力索。钢承力索不耐腐蚀，使用时还要采用防腐措施。常用规格有 GJ-100、GJ-80、GJ-70 等类型，GJ 表示钢绞线，数字是绞线的截面积。GJ-100 用于 3T 系悬挂 GJ-70 用于 2.5T 系悬挂（接触线与承力索张力之和为 3 吨或 2.5 吨）。

3）铝包钢承力索

铝包钢承力索是铝覆钢线和铝线绞合而成，主要以铝覆钢线中的钢芯部分承受张力，覆铝层和铝线载流，导电性能好，机械强度和抗腐蚀性能较好。铝包钢承力索一般用符号 GLZ 表示，G 表示钢芯，L 表示铝包钢绞线，Z 表示载流承力索。

承力索目前使用的类型较多，其技术性能差异也较大。从国外情况来看，承力索的类型均较单一，普遍采用铜或铜合金绞线。从技术角度来分析，承力索与接触线采用同类材质，可改善接触网的性能,简化施工,提高施工精度,免去电气连接类线夹的特殊处理程序,并可降低运营维护的工作量。我国的运营实践也表明:铜或铜合金材质的承力索技术性能可靠、安全性好。为了提高系统的安全可靠性,干线电气化铁路承力索一般采用铜或铜合金绞线,一些次要线路(如矿山铁路、地方专用线等)承力索可采用其他材质的绞线。

4) 钢绞线的防腐

钢绞线的弱点是易生锈腐蚀,虽然出厂时表面镀了一层锌,但因污染外表镀锌层很快就会脱落。为了延长寿命,使用时一律应涂防腐油脂,一般规定每 3~4 年涂防腐油一次,在夏秋季节进行。

防腐油配方为中性工业凡士林占 77%,松香占 15.4%,煤油占 7.6%。配制方法是先将凡士林油脂加热稀释并将松香碾成粉末状,按比例倒入煤油中搅拌。过两个小时后,待松香溶于煤油中,再加入凡士林油中搅拌均匀即可使用。

进行涂油时,先用钢丝刷子将钢绞线上的锈和污垢除掉,然后用毛刷清扫干净,再涂防腐油,油脂完全覆盖钢索表面。雨雾天不能进行涂油,否则影响质量,带来隐患。

二、吊弦的维护

吊弦是链形悬挂的重要组成部件之一,接触线通过吊弦挂在承力索上,调节吊弦的长度可以保证接触悬挂的结构高度和接触线距轨面的工作高度,增加了接触线的悬挂点,提高电力机车受电弓的取流质量。为了满足不同的需要,吊弦从材质、形式上多种多样。

1. 普通环节吊弦

普通环节吊弦在链形悬挂中应用相当广泛,采用 φ4 mm(或称为 8 号线)的镀锌铁线制作环节型,为增加悬挂弹性,每根吊弦不少于两节,吊弦制作成两端带环孔的形状,环孔直径为线径的 5~10 倍(20~40 mm),成水滴形环孔的高宽比应约为 3:2;环孔收口处尾线要缠绕主线两圈半,尾线要缠紧主线,不留缝隙,制作过程不能损伤镀锌层;两节连接处的环孔应互相垂直。与接触线相连的一节吊弦,一端制成环孔,另一端成直线状,安装时可穿过固定在接触线上的吊弦线夹,多余的回头拧成 8 字形状,如图 1-55 所示。

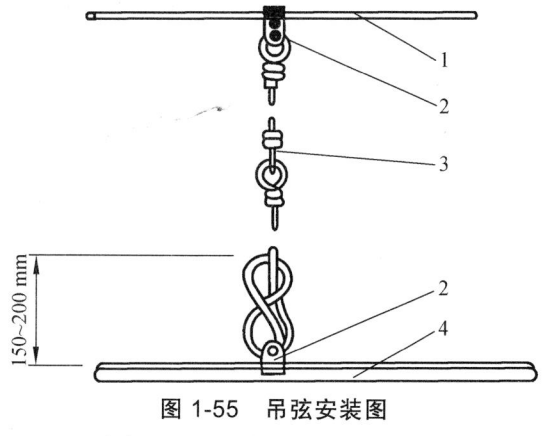

图 1-55 吊弦安装图

1—承力索;2—吊弦线夹;3—吊弦;4—接触线

普通环节吊弦一般分为四种类型，其尺寸和结构见图 1-56 和表 1-8。

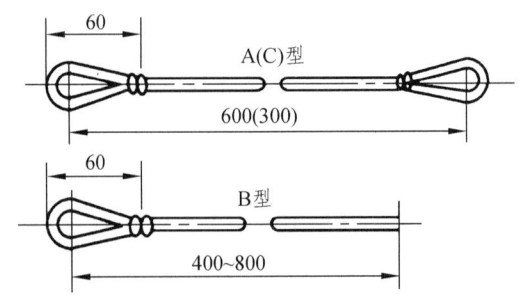

图 1-56　吊弦的型号、尺寸

表 1-8　普通环节吊弦型号规格

类　型	组合情况	长度/mm	节　数
Ⅰ	A+A+B	1 450～1 650	3
Ⅱ	A+C+B	1 150～1 450	3
Ⅲ	A+B	900～1 150	2
Ⅳ	C+B	700～900	2

环节吊弦安装技术要求：

（1）环节吊弦应根据实际跨距及设计要求均匀布置，吊弦位置施工偏差为 ±300 mm；

（2）吊弦与承力索用承力索吊弦线夹作永久联结，吊弦与接触线用接触线吊弦线夹临时固定，吊弦回头应均匀迂回，吊弦线夹必须安装端正、牢固，曲线区段与导线倾斜度一致。

2. 支柱定位处吊弦

支柱定位处吊弦按悬挂类型的不同分为简单支柱吊弦和弹性支柱吊弦两种。

简单链形悬挂时，支柱定位吊弦根据结构高度通过长度计算选用表 1-17 上的普通环节吊弦，在定位点两侧各 4m 处安装一组吊弦，其结构如图 1-57 所示。

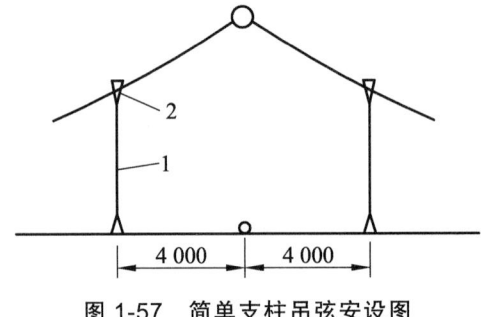

图 1-57　简单支柱吊弦安设图

1—吊弦；2—吊弦线夹

当为弹性链形悬挂时，应安设弹性支柱定位吊弦，亦称弹性吊弦，如图 1-58 所示。

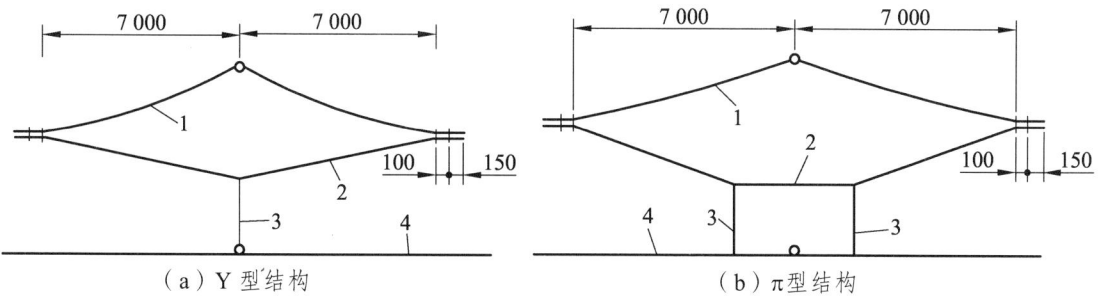

图 1-58 弹性支柱吊弦安设图
1—承力索；2—辅助绳；3—Ⅲ型环节吊弦；4—接触线

弹性吊弦由一根弹性吊弦辅助绳、短环节吊弦和钢线卡子组成，辅助绳长约 15 m，采用 GJ-10 型 7 股镀锌钢绞线制成，安装时的张力约 1 000 N，当用于正定位或软定位时为 Y 型结构，用于反定位及软定位时为 π 型结构。该吊弦形式可增加定位弹性和稳定性，减少定位器重量对受电弓通过定位点时的作用力，有利于消除硬点。

弹性吊弦辅助绳的两端，在承力索上通过两个相互倒置的钢线卡子固定，间距 100 mm，绳头距卡子 20～50 mm 并绑扎。在带电检修作业时，应防止该处线索脱落造成短路和人身伤亡事故。固定点距悬挂点约为 7 m，跨中靠近弹性吊弦的第一根吊弦距定位点的水平距离为 8.5 m。

弹性吊弦辅助绳应拉紧，不得有松股、断股缺陷；以悬挂点为中心左右两侧平均布置，两端应分别用两个相互倒置的钢线卡子固定；π 型弹性吊弦的两根环节吊弦装在定位点两侧各 2 m 处。

电分段锚段关节内有因弹性吊弦造成两接触悬挂的各带电部分间的空气绝缘距离不足时，应将弹性吊弦撤除，并适当增设环节吊弦。

3. 软横跨直吊弦

软横跨是多股道站场的横向支持装置，软横跨直吊弦安设在软横跨横向承力索与上部固定绳之间，不分环节，采用两股 $\phi 4$ mm 的镀锌铁线拧合而成，根据技术要求，最短不小于 0.4 m。软横跨直吊弦应保持垂直，在直线区段应在线路中心线处，曲线区段应在纵向承力索的正上方。软横跨直吊弦也可以采用软不锈钢绞线，可以提高直吊弦的耐腐蚀能力，但成本较高。

4. 整体吊弦

随着接触网施工安装精度要求越来越高，牵引电流越来越大，运行表明，用镀锌铁线制作的环节吊弦，普遍存在安装精度差，接触线高度需经常调整，在有电分段处（如绝缘锚段关节处），因吊弦分流而发生烧断吊弦的事故。在接触悬挂结构上，对导线高度要求十分严格，即各悬挂点导线高度必须等高，其相对误差越小越好，吊弦要有较高的可靠性，采用载流承力索后，横行电流会造成环节吊弦各环节连接处明显的烧蚀，整根由耐腐蚀铜合金软铜绞线制成的整体吊弦逐步替代了传统的环节吊弦。

整体吊弦主要有两种形式，即：压接式整体吊弦和可调式整体吊弦。连接零件主要由接触线吊弦线夹、承力索吊弦线夹、心形环、压接管、连接线夹及吊弦线、调整螺栓等组成。

其最大拉伸工作荷重不小于 1 kN，与承力索、接触线间的滑动荷重不小于 1.0 kN，吊弦综合拉断力不小于 4.0 kN。整体吊弦施工精度、工艺要求较高，必须准备充分、测量准确、精确计算、严格控制安装精度和工艺，如图 1-59 所示。

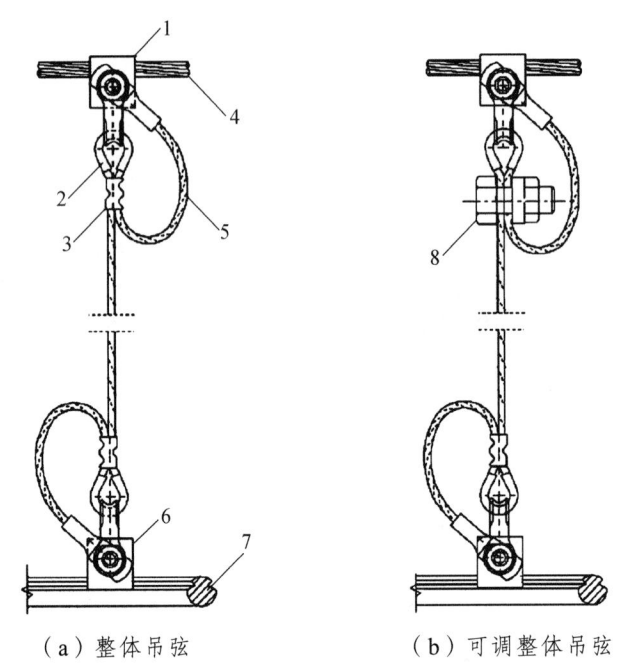

图 1-59 整体吊弦

1—承力索吊弦线夹；2—心形环；3—压接管；4—承力索；5—导流尾线；
6—接触线吊弦线夹；7—接触线；8—可调螺栓

整体吊弦具有如下特点：

（1）采用整体导流式吊弦结构由于吊弦与线夹间为压接连接工艺，接续可靠，工艺简单，机械强度高，整体导流式结构，避免了环节吊弦产生的磨损和电火花烧蚀等情况；

（2）耐腐蚀、寿命长，适于机械化加工制作，有利于批量生产；

（3）经过精确计算后，一次性安装不需调整，减轻了维修工作量。

5. 吊弦的计算

1）吊弦的布置

吊弦一般是均匀布置在跨中，吊弦间距规定为 8～12 m，吊弦在跨中的布置如图 1-60 及 1-61 所示。

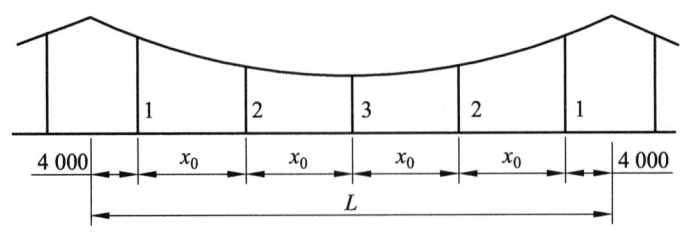

图 1-60 简单链形悬挂吊弦布置图

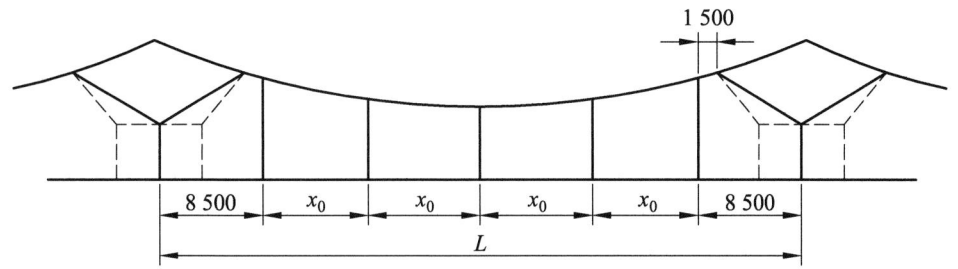

图 1-61 弹性链形悬挂吊弦布置图

根据吊弦间距确定吊弦的根数 K,不同跨距下吊弦间距 X_0 由下式计算。

弹性链形悬挂: $X_0 = \dfrac{L - 2 \times 8.5}{K - 1}$

简单链形悬挂: $X_0 = \dfrac{L - 2 \times 4}{K - 1}$

式中 X_0——吊弦间距,m;
  L——跨距长度,m;
  K——跨距中吊弦根数。

2)吊弦长度的计算

吊弦长度可根据悬挂类型、结构高度、承力索张力、弛度及吊弦所在位置由下式计算:

$$C = h - \dfrac{4x(L-x)}{L^2} F_0$$

式中 C——所求吊弦的长度,m;
  L——跨距长度,m;
  h——悬挂的结构高度,m;
  x——所求吊弦距定位点的距离,m;
  F_0——接触线无弛度时承力索的弛度,m。

还可由另一个公式计算:

$$C = h - \dfrac{gx(L-x)}{2T_{\text{CP}}}$$

式中 g——每米悬挂的负载(N/m);
  T_{CP}——承力索在平均温度时的张力(N)。

经过大量的计算,不同悬挂类型吊弦长度可参照表 1-9 和表 1-10。

表 1-9 简单链形悬挂吊弦类型及数量选用表

跨距/m	35~39		40~49			50~59			60~65			
吊弦编号	1	2	1	2	3	1	2	3	1	2	3	4
长度/mm	1 650	1 500	1 600	1 450	1 400	1 600	1 350	1 250	1 550	1 300	1 200	1 100
类型及数量	Ⅰ×4		Ⅰ×4		Ⅲ×1	Ⅰ×2	Ⅱ×4		Ⅰ×2	Ⅱ×4		Ⅲ×1

表 1-10　弹性链形悬挂吊弦选用表

跨距 l/m		35～39		40～49		50～59			60～65		
编　　号		1	2	1	2	1	2	3	1	2	3
h = 1 300 mm	长度/mm	1 130	1 050	1 100	1 100	1 050	650	650	1 050	600	750
	类型及数量	Ⅲ×3		Ⅲ×4		Ⅲ×5			Ⅲ×4		Ⅳ×2
h = 1 500 mm	长度/mm	1 400	1 300	1 350	1 250	1 300	1 200	1 100	1 250	1 100	1 000
	类型及数量	Ⅱ×3		Ⅱ×4		Ⅱ×4			Ⅲ×1	Ⅱ×2	Ⅲ×3
h = 1 700 mm	长度/mm	1 600	1 500	1 550	1 450	1 500	1 350	1 300	1 450	1 300	1 250
	类型及数量	Ⅰ×3		Ⅰ×4		Ⅰ×2	Ⅱ×3		Ⅰ×2	Ⅱ×4	

3）吊弦偏移的计算

在设有补偿装置的链形悬挂中，当气温变化时，线索因热胀冷缩的物理特性，顺线路方向产生移动。当为半补偿链形悬挂时，承力索不设张力补偿装置，只产生垂直方向的弛度变化。而接触线在张力补偿装置作用下，顺线路移动使吊弦出现偏移，检修规程规定，吊弦偏移后与其垂直方向的夹角，顺线路不得超过 30°横线路方向不得超过 20°。为保证吊弦偏斜角不超过上述标准，在安装吊弦时，应根据当时的气温计算出吊弦偏移值，根据偏移值装设吊弦，只有这样才可以确保在极限温度下，吊弦的偏移不超过规定值。

半补偿链形悬挂偏移值由下式计算：

$$E = L\alpha_J(t_x - t_p) \quad (m)$$

式中　E——所计算吊弦的偏移值，m；

　　　L——计算吊弦距中心锚结的距离，m；

　　　α_J——接触线的线胀系数，1/℃；

　　　t_x——安装时的温度，℃；

　　　t_p——设计采用的平均温度，℃。

全补偿链形悬挂，由于承力索和接触线在气温变化时，均产生顺线路方向移动，因此相对半补偿链形悬挂吊弦的偏移较小，当线材不同时由下式计算：

$$E = L(\alpha_J - \alpha_C)(t_x - t_p)$$

式中　α_C——承力索的线胀系数，1/℃。

当承力索和接触线采用相同的材质时，吊弦无论在什么温度安装，都应该垂直安装。

4）吊弦的检修要求

环节吊弦和整体吊弦的技术状态应符合下列要求：

（1）吊弦的长度要能适应在极限温度范围内接触线的伸缩和弛度的变化，否则应采用滑动吊弦。

环节吊弦：至少应由两节组成，每节的长度以不超过 600 mm 为宜。吊弦回头应均匀迂回，长度为 150～180 mm。吊弦环直径应为其线径的 5～10 倍。吊弦磨耗的面积不得超过原面积的 50%。

整体吊弦：吊弦预制长度应与计算长度相等，误差应不大于 ±2 mm。吊弦截面损耗不得超过 20%。

吊弦线夹在直线处应保持铅垂状态，曲线处应与接触线的倾斜度一致。

（2）吊弦偏移：

标准值：在无偏移温度时处于铅垂状态。

安全运行值：在极限温度时，顺线路方向的偏移值不得大于吊弦长度的 1/3。

限界值：同安全运行值。

（3）吊弦间距：

标准值：设计值。

安全运行值：160 km/h 及以下区段 ≤12 m；160 km/h 以上区段 ≤10 m。

限界值：160 km/h 及以下区段 ≤15 m；160 km/h 以上区段 ≤12 m。

（4）吊弦高差：

标准值：相邻吊弦高差 ≤10 mm。

安全运行值：v≤120 km/h 时，相邻吊弦高差 ≤50 mm。

120 km/h<v≤160 km/h 时，相邻吊弦高差 ≤20 mm。

160 km/h<v≤250 km/h 时，相邻吊弦高差 ≤10 mm。

限界值：同安全运行值。

（5）弹性吊弦辅助绳和简单悬挂吊索的技术状态应符合下列要求：

① 辅助绳和吊索须用绞线制成并保持一定的张力。

② 在无偏移温度时两端的长度应相等，允许相差不超过 400 mm。

③ 辅助绳和吊索不得有断股和接头。

④ 弹性吊弦辅助绳两端与承力索各用两个线夹连接，线夹间距 100 mm，辅助绳头伸出线夹 20~50 mm。

5）吊弦常见故障分析

在弹性简单悬挂中，由于吊索的特殊地位，经常造成吊索折断、烧断及压接强度不够、抽脱等事故中断供电时间较长。这类事故多发生在三、四跨锚段关节转换支柱处。

在链形悬挂中，吊弦折断故障极易发生，在三、四跨锚段关节处，尤其是载流承力索区段更易发生此类故障，虽然破坏程度较小，但易碰撞受电弓。

吊弦线夹安装后容易发生偏斜，受电弓通过该吊弦点时及易发生剐碰事故，在检修时要注意吊弦线夹的偏斜。

6. 整体吊弦的预制施工要求

1）整体吊弦的工厂化预制工艺

（1）工前检查：

来料检查：确定零件是否与线材相匹配，吊弦线夹尺寸是否正确，有无断股、散股、磨伤等现象。

工装检查：检查压接模的尺寸、表面质量以及有无影响正常压接的缺陷；检查压接模与压接钳是否连接良好；检查量具及尺寸标定装置是否准确；检查设备及其他辅助装置的安全防护。

（2）预拉：

根据预制场地大小，每次从线盘中放出 30~50 m 长的 JT10 吊弦线，在线索两端串接紧线器和拉力计，按 1.5 kN 张力对吊弦线进行预拉。

（3）吊弦线下料：

按照《吊弦预制安装表》中吊弦下料长度，将吊弦线头部无散股处用细铜线绑扎，用断线钳截取线索，截断后线头无松散、毛刺等现象。

（4）穿线：

取掉吊弦线上的铜扎线，将吊弦线穿过压接管，并放在压接装置护环的圆弧槽内，压接管尽量靠近护环，拉紧吊弦线，吊弦线剩余长度 20 mm，防止单线未穿入及伤线现象。

（5）压接：

将穿好的吊弦线放入工装，按高度方向垂直放置，压接管中心应与型腔中心重合，将吊弦一端合模压接；将压好的一端套在压制平台的固定钢筋柱上，把吊弦拉直，用钢板尺复核吊弦的长度；合模压接另一端回头，压接时应使线鼻子与心形环在同一断面内。

（6）检查：

对压接完毕的吊弦尺寸进行校核，确保工装达到设计要求，压接部位应光滑。

（7）标识、包装：

将吊弦实际长度打印在吊弦线夹背面，并按照跨距分类，装箱。

2）整体吊弦的施工要求

（1）整体吊弦布置应符合设计要求，整体吊弦安装位置的测量应从悬挂点向跨中测量，其偏差应在跨中调整，施工偏差为 ±100 mm；整体吊弦制作长度偏差应不大于 1.5 mm。

（2）吊弦安装上端可部分采用临时固定方式，下端均采用永久固定方式，吊弦长度按计算值确定，同一跨距吊弦应按计算编号安装，悬挂点高度符合设计要求，允许偏差 ±30 mm；相邻吊弦点接触线高度施工偏差为 ±10 mm。

（3）吊弦上、下端安装应符合设计要求，吊弦不得有散股。断股、硬变等缺陷；

（4）在平均温度时，吊弦顺线路方向应垂直安装，温度变化时，吊弦顺线路方向的偏移量：承力索、接触线采用不同材质时，应按设计提供的曲线表安装，或按计算公式计算的偏移量安装，顺线路方向施工偏差不应大于 20 mm；承力索、接触线采用同一材质时，在任何温度下均应垂直安装。

三、补偿装置的维护

接触网补偿装置，又称张力自动补偿器，它安装在锚段的两端，并且串接在接触线承力索内，它的作用是补偿线索内的张力变化，使张力保持恒定。因为在大气温度发生变化时，接触线或承力索会发生伸长或缩短，从而使线索内张力发生变化，这时就会影响到接触线或承力索的弛度也发生变化，因而使受流条件恶化。为改变这种情况，一般在一个锚段两端，在接触线及承力索内串接张力自动补偿装置后，再进行下锚。

接触网补偿装置有许多种类，有滑轮式、棘轮式、鼓轮式、液压式及弹簧式等。

对张力自动补偿装置的要求有二：其一，补偿装置应灵活，在线索内的张力发生缓慢变化时，应能及时补偿，传送效率不应小于97%；其二，具有快速制动作用，一旦发生断线事故或其他异常情况，线索内的张力迅速发生变化时，补偿装置还应有一种制动功能。一般对于全补偿的承力索内的补偿装置，如不具备这种功能时，还需专门增加断线制动装置，以防止在一旦发生断线时，坠砣串落地而造成事故扩大、恢复困难。

我国使用最广泛的是滑轮式和棘轮式补偿装置。

1. 滑轮式补偿装置

1）主要组成部分

我国广泛采用滑轮式补偿装装置，它由补偿滑轮（滑轮组）、补偿绳、杵环杆、坠砣杆、坠砣、连接零件组成。补偿滑轮分为定滑轮和动滑轮（构造相同），定滑轮改变受力方向，动滑轮除改变受力方向外还可省力和移动位置。滑轮一般都装有轴承，其结构如图1-62所示。我国电气化铁道补偿滑轮早期为的130 mm小直径可锻铸铁滑轮，补偿绳为50 mm²（19股）镀锌钢绞线 GJ-50。补偿滑轮半径较小，造成补偿绳易因为弯曲疲劳而断股。目前，铝合金滑轮补偿装置是可锻铸铁滑轮组的替代产品。铝合金滑轮补偿装置是由滑轮组、不锈钢丝绳、连接框架及双耳楔型线夹组成，备有1∶2，1∶3，1∶4三种规格，可满足不同标准张力要求，其结构形式见图1-63。滑轮轮体按不同组合要求，备有270，205，165 mm三种直径，材质为ZL114A铝合金，制造工艺为国际先进的金属模低压铸造，轮体与轴连接采用2个滚动轴承，补偿绳为不锈钢丝绳，最大工作荷重：1∶2型为12 kN、1∶3型为18 kN、1∶4型为22 kN。

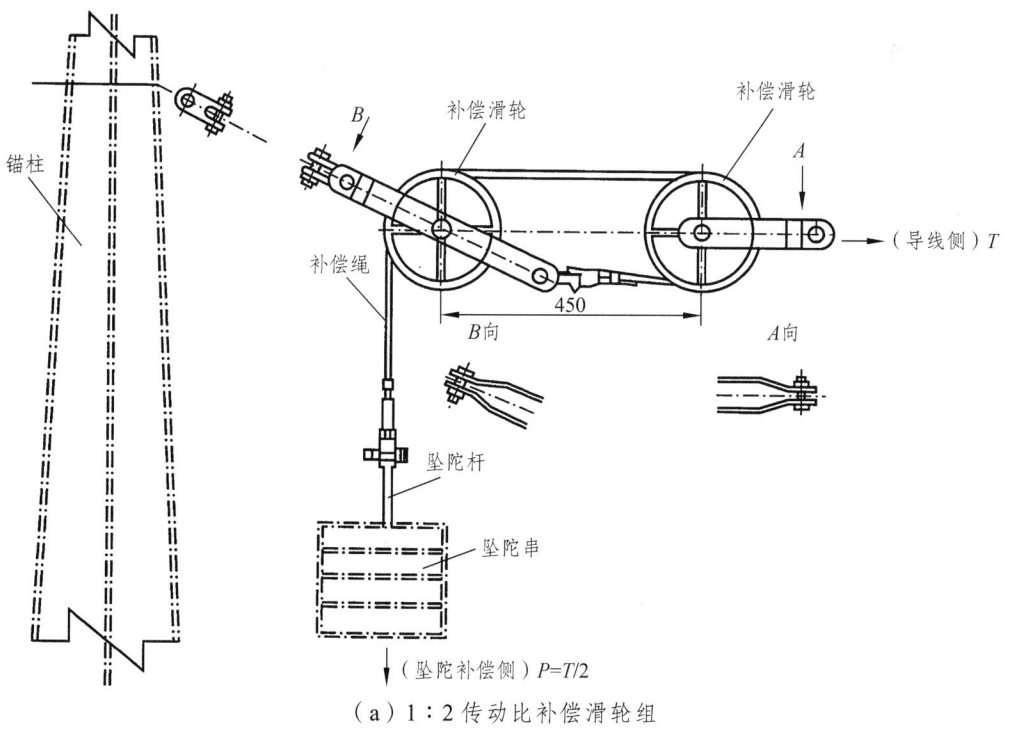

（a）1∶2传动比补偿滑轮组

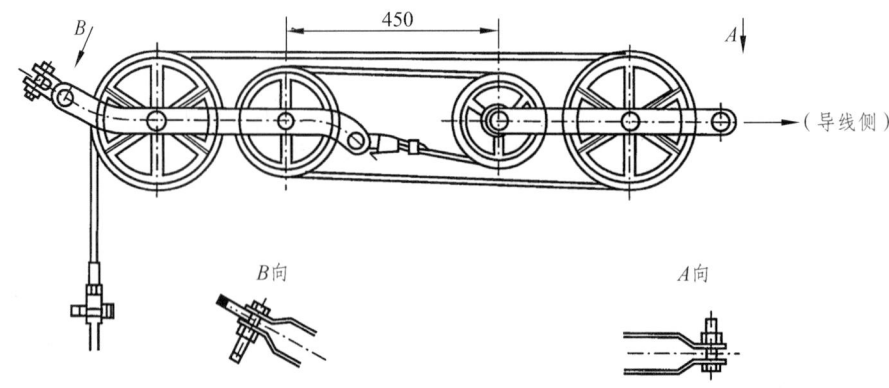

（b）1∶3 传动比补偿滑轮组

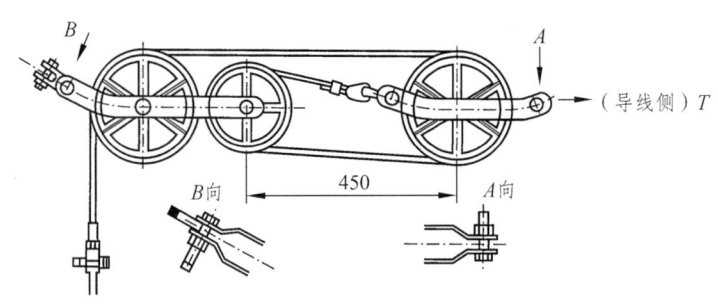

（c）1∶4 传动比补偿滑轮组

图 1-63 补偿滑轮组

与可锻铸铁滑轮相比，铝合金滑轮重量轻、强度高、耐腐蚀性能好、轮径大；柔韧的不锈钢丝绳与大直径的轮槽贴合密切，是镀锌钢绞线和小轮径滑轮无法比的；2 个滚动轴承比一个滚动轴承受力更加均匀、转动平稳、灵活；加上在结构、设计、制造方面都精良的连接框架，保证了铝合金滑轮补偿装置具有较高的机械强度和传动效率，且重量轻、寿命长。铝合金滑轮补偿装置的主要缺点是随着变比的增大，整套装置的体积和重量也明显增加，在空间受限制的隧道等处安装困难。

坠砣块一般采用混凝土或灰口铸铁制成，每块约重 25 kg，重量误差不大于 3%，呈中间开口的圆饼状。铸铁坠砣和混凝土坠砣相比，坠砣串的长度较短，可以获得更大的补偿范围，在锚段长度较长（比如大于 1 600 m）时，能足补偿坠砣移动范围要求。但是造价较高，易丢失。坠砣杆一般为直径 16 mm 圆钢加工制成，上端有单孔焊环，底部焊有托板。坠砣杆的型号规格，根据其放置坠砣块数量的不同分为三种：17 型、20 型和 30 型。型号中的数字表示坠砣杆所悬挂坠砣的数量。坠砣如图 1-64 所示。

补偿装置重量允许偏差为额定重量的 ±2%，坠砣串重量应包括坠砣杆、坠砣抱箍及连接的楔型线夹重量。运行速度在 160 ~ 200 km/h 时，对补偿坠砣重量提出了更严格的要求，补偿坠砣串的质量允许偏差为 ±1%。同一锚段两坠砣串质量的相对偏差不大于 1%。

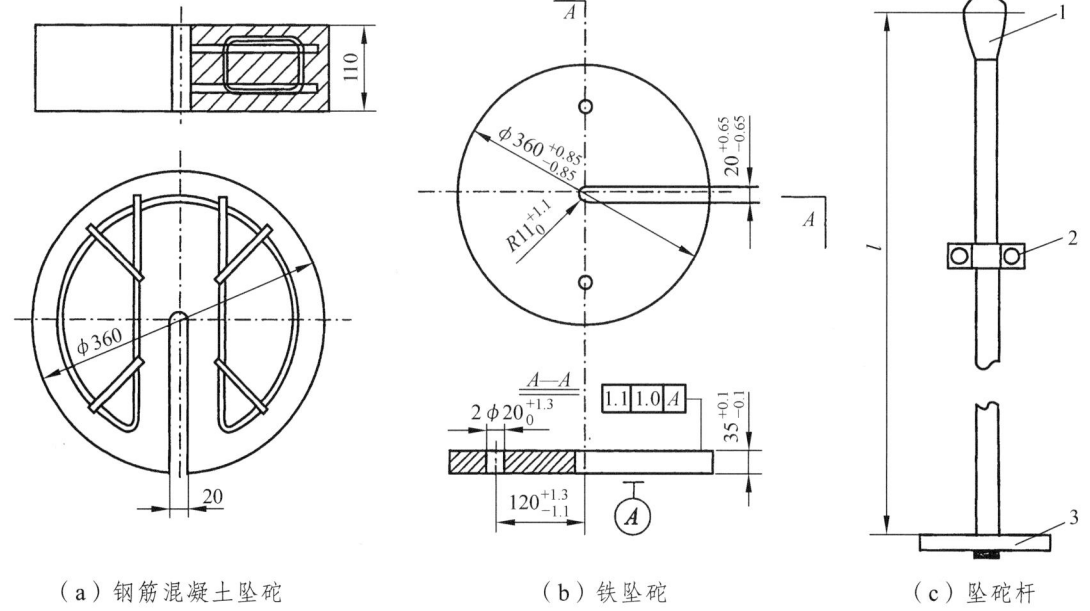

(a) 钢筋混凝土坠砣　　　　（b) 铁坠砣　　　　（c) 坠砣杆

图 1-64　坠砣及坠砣杆

1—单环杆；2—夹板；3—底托板

2）补偿器的安设与要求

补偿器串接在锚段内线索两端与支柱固定处，根据接触悬挂类型的不同有不同的补偿器结构。

半补偿时，接触线带补偿器，多采用两滑轮组结构，滑轮组的传动比为1:2，即坠砣块的重力为接触线标称张力的一半，如图 1-65 所示。

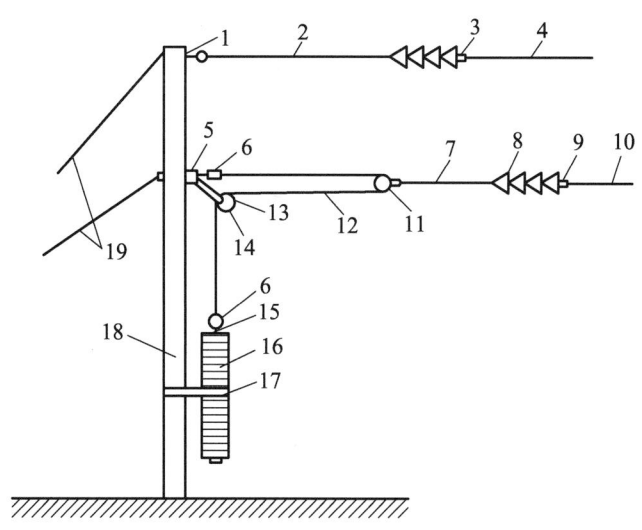

图 1-65　半补偿下锚结构图

1—承锚角钢；2—多节杵环杆；3—杵座楔形线夹；4—承力索；5—线锚角钢；6—双耳楔形线夹；7—杵环杆；
8—悬式绝缘子串；9—终端锚结线夹；10—接触线；11—动滑轮；12—补偿绳；13—叉形连接板；
14—定滑轮；15—坠砣杆；16—坠砣；17—限界架；18—锚柱；19—下锚拉线

全补偿时，接触线与承力索两端均带补偿器，接触线补偿器的安设与半补偿相同。承力索补偿器则采用三滑轮组式，传动比为 1∶3。采用传动比比较大的滑轮组时坠砣串的块数减少了，这是有利的一面，但坠砣串上升和下降的距离也会按倍数增大，减小了补偿器的补偿范围，不利于施工和维修。

在运营线路上，当接触线因磨耗其截面逐渐减小时，坠砣串块数也相应地减少，使接触线维持一定的张力防止出现断线事故，线索的张力是根据线索的抗拉断力除以安全系数决定的。铜或铜合金接触线在最大允许磨耗面积 20%的情况下，其强度安全系数不应小于 2.0。

承力索的强度安全系数，铜或铜合金绞线不应小于 2.0；钢绞线不应小于 3.0；钢芯铝绞线、铝包钢和铜包钢系列绞线不应小于 2.5。

不同材质、不同截面积线索，选用张力不同时，坠砣的重量（片数）和传动比会有所不同。

早期接触网全补偿安装采用了接触线、承力索在支柱异侧下锚的安装方式。

运行表明，这种安装方式下，支柱顶端的定滑轮顺线路方向上的偏角不可调整，造成补偿绳和滑轮轮槽发生偏磨，严重时补偿绳可能从轮槽中脱出。目前，补偿装置的安装趋于使用同侧下锚，即接触线、承力索在支柱同侧下锚，如图 1-66 所示。同侧下锚时，补偿滑轮在补偿绳的拉力作用下，和补偿绳在一条直线上，可以减少偏磨。同侧下锚时，要注意防止承力索补偿绳和接触线补偿滑轮上的双环杆相磨。

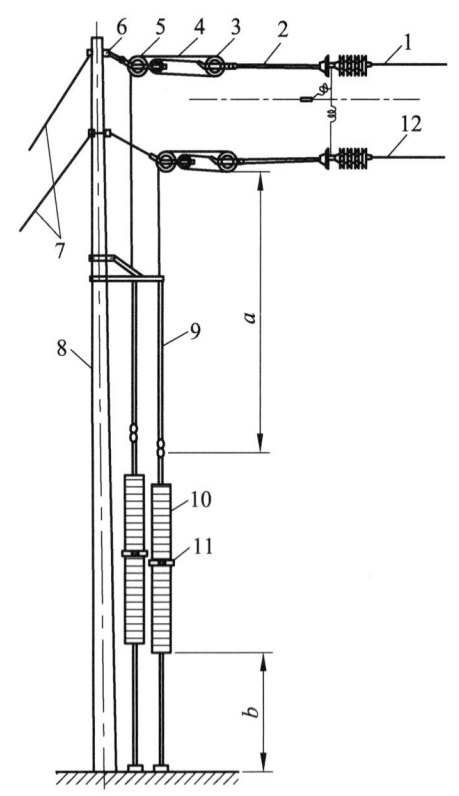

图 1-66　全补偿下锚结构图

1—承力索；2—杵环杆；3—动滑轮；4—补偿绳；5—定滑轮；6—承锚角钢；7—拉线；8—锚柱；9—限制导管；10—坠砣；11—坠砣抱箍；12—接触线

为了防止在外力作用下（比如：风力），坠砣串摆动侵入行车限界，补偿装置装设有限界架。提速以后，对限界架进行了改进，在坠砣上加装坠砣抱箍，使坠砣只能沿着坠砣限制导管方向上下移动。增强了坠砣稳定性，但是要注意防止坠砣抱箍卡滞限制导管的发生。

为了平衡锚柱承受的线索顺线路方向张力，锚柱要设置下锚拉线。拉线的固定有两种方法，一种是埋设锚板固定，一种是混凝土现浇地锚。

3）补偿器的 a、b 值

（1）a、b 值。

补偿器靠坠砣串的重力使线索的张力保持平衡。当温度变化时，线索的伸缩使坠砣串上升和下降，当坠砣串升降超出允许范围时（如下降过多使坠砣串底面接触地面或上升过多使坠砣杆耳环孔卡在定滑轮槽中），都会使补偿器失去补偿作用。因此用补偿器的 a、b 值来限定坠砣串的升降范围。

坠砣杆耳环孔中心至补偿（定）滑轮下沿的距离为 a 值。坠砣串最下一块坠砣的底面至地面（或基础面）的距离称为补偿器的 b 值。补偿器 a、b 值随温度变化而发生变化，接触线和承力索补偿器的 a、b 值不相等。

为了使补偿器不失去补偿作用，对补偿器 a、b 值提出以下要求：

在最低温度时，a 值应大于零，最高温度时 b 值应大于零。铁道部颁发的"接触网运行检修规程"规定，补偿器 a、b 值的最小值不小于 200 mm，在进行接触网设计时，a、b 值不小于 300 mm。

（2）a、b 值的计算及坠砣安装曲线。

在不同温度时，补偿器 a、b 值不同，其计算方法如下：

$$a = a_{min} + nL\alpha(t_x - t_{min})$$
$$b = b_{min} + nL\alpha(t_{max} - t_x)$$

式中 a_{min}——设计时规定的最小 a 值，mm；

b_{min}——设计时规定的最小 b 值，mm；

t_{min}——设计时采用的最低气温，°C；

t_x——安装或调整作业时的温度，°C；

t_{max}——设计时采用的最高气温，°C；

n——补偿滑轮传动系数（即传动比的倒数）；

L——锚段内中心锚结至补偿器间距离，mm；

α——线索的线胀系数，°C^{-1}。

为了施工和维修的方便，利用上述公式，根据不同的温度和中心锚结至补偿器间距离，可以计算出多组 a、b 值，如图 1-67 所示为某型线索的安装曲线。将计算结果标注在图中，通过描点作图绘制出补偿器安装曲线，供施工和维修人员参照调整，准确控制坠砣串的高度。

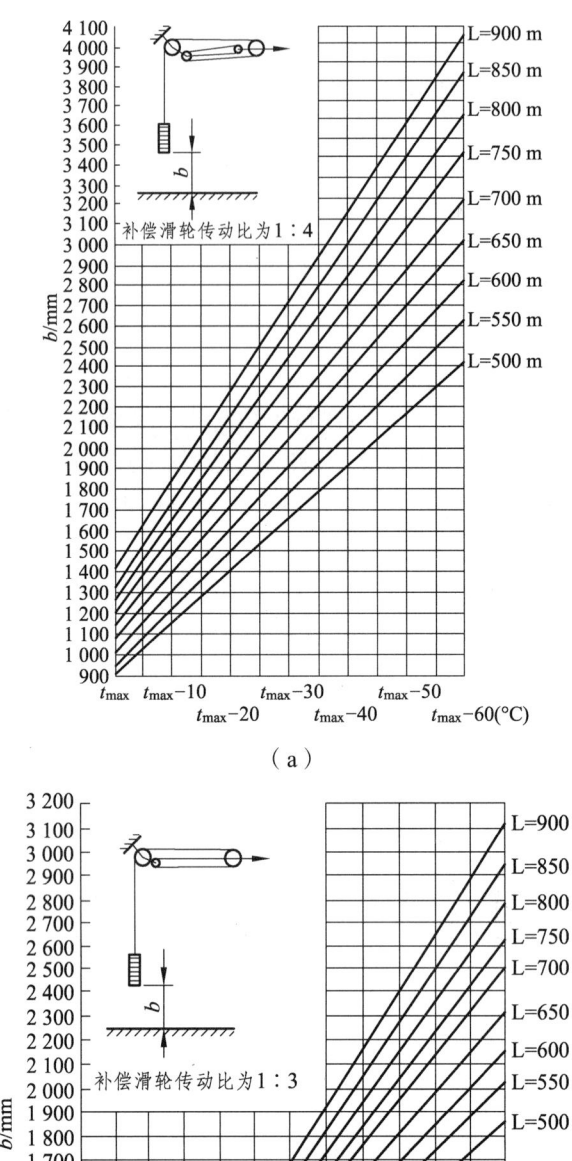

(a)

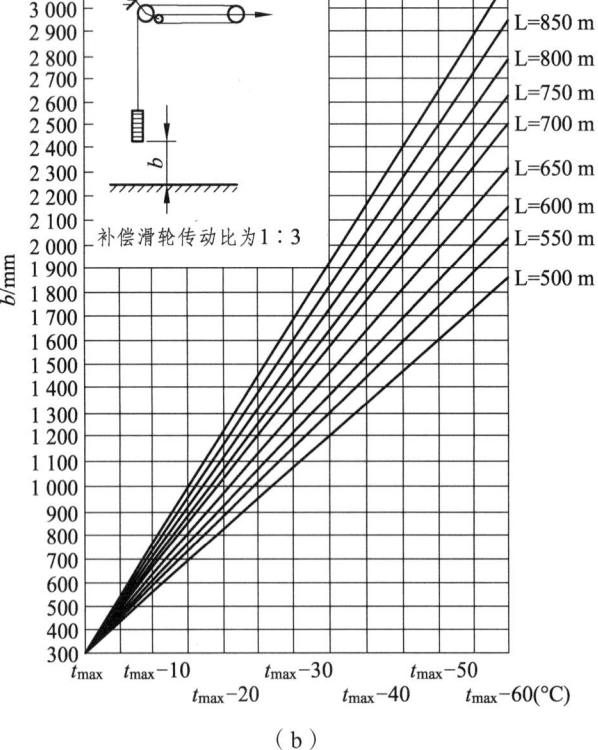

(b)

图 1-67 CHTA-120 银铜合金接触线补偿器安装曲线

新线架设时，接触网线索存在初伸长问题，即线索承受张力后，会蠕变延伸。线索的初伸长会影响到接触网施工时补偿器 b 值。新线考虑线索延伸时，其 a、b 值的计算公式为：

$$a = a_{min} + n\theta L + nL\alpha(t_x - t_{min})$$
$$b = b_{min} + n\theta L + nL\alpha(t_{max} - t_x)$$

式中 θ ——新线延伸率，承力索为 3.0×10^{-4}，接触线取 6.0×10^{-4}。

新线的延伸会影响到补偿装置的安装曲线，安装时应考虑线索超拉伸长后坠砣位置符合设计要求。

2. 棘轮式补偿装置

我国哈（尔滨）—大（连）线电气化技术改造，引进了德国棘轮补偿装置，外形及结构如图 1-68 所示。棘轮装置的棘轮与其他工作轮共为一体，没有连接复杂的滑轮组，安装空间比铝合金滑轮补偿装置小很多，可以解决空间受限时的补偿问题。棘轮本体大轮直径为 566 mm，小轮直径为 170 mm，传动比为 1：3，补偿绳为柔性不锈钢丝绳，比普通不锈钢丝绳性能更好，工作荷重有 30 kN、36 kN 两种，主要优点是具有断线制动功能，正常工作状态下，棘齿与制动卡块之间有一定间隙，棘轮可以自由转动；当线索断裂后，棘轮和坠砣在重力作用下下落，棘齿卡在制动卡块上，从而可以有效地缩小事故范围、防止坠砣下落侵入限界。

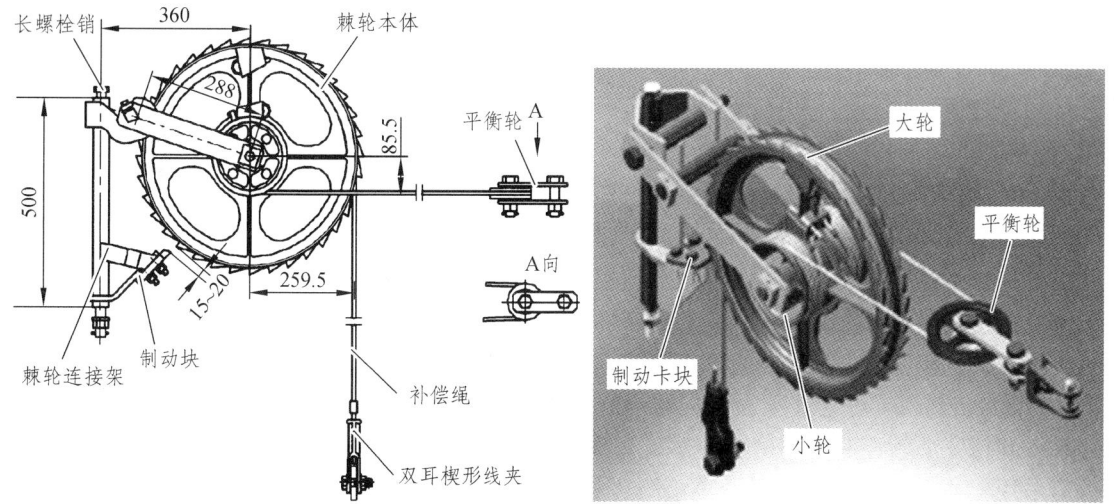

图 1-68 棘轮式补偿装置

棘轮装置具有转动灵活、传动效率高（与铝合金滑轮补偿装置相当）、防腐性能好、使用寿命长等优点，但价格较高。由于棘轮本体形状复杂、轮径大、薄壁部位多，因而制造上对设备的要求很高，同时对铸造技术水平的要求也很高。因其良好的性能，目前为地铁接触网所广泛使用。

图 1-69（b）图中所示的棘轮补偿安装曲线，下面标注的 300～800 m 数字是半个锚段的长度（中心锚结到补偿器距离），左侧数字从上到下是对应温度下坠砣的安装高度。安装曲线右侧对应的安装温度是 –40 ℃～80 ℃，这一点与中国原来采用的计算最高温度不一样，中国的最高温度从南到北一律采用 40 ℃。这里采用 80 ℃，实际上是在最高计算温度上加了

40 ℃，它是考虑承力索和接触线在满电流负荷运行中，线索可能产生的最高温度。在这种情况下，承力索和接触线伸长所形成的位移不会导致坠坨串的底部着地。

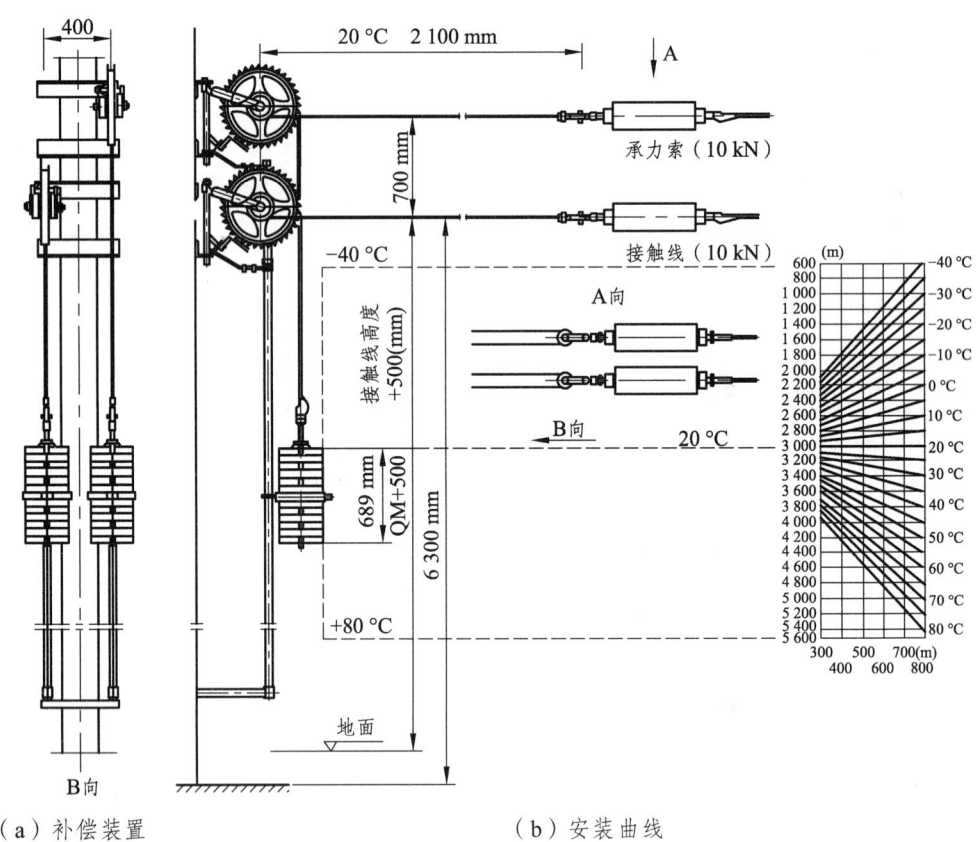

（a）补偿装置　　　　　　（b）安装曲线

图 1-69　棘轮补偿器装置及安装曲线

棘轮补偿装置在应用中有多种安装形式，图 1-69（b）中所示的接触线、承力索补偿棘轮为上下布置，这种布置对支柱高度、容量要求较高；另外一种为承力索、接触线下锚棘轮水平布置，分别安装在支柱的两侧；还有承力索、接触线共用一个棘轮的并联棘轮补偿装置，在实际工程中都有采用。注意补偿绳在棘轮上的绕行方向，如图 1-70 所示。

3. 弹簧补偿装置

近年来国内部分企业开发了接触网正线使用的平板涡卷式弹簧补偿装置，弹簧补偿器结构及安装效果如图 1-71，1-72 所示。相比于滑轮组式及棘轮式补偿装置，恒张力弹簧补偿装置具有无坠坨、体积小、安装维护方面等优点。

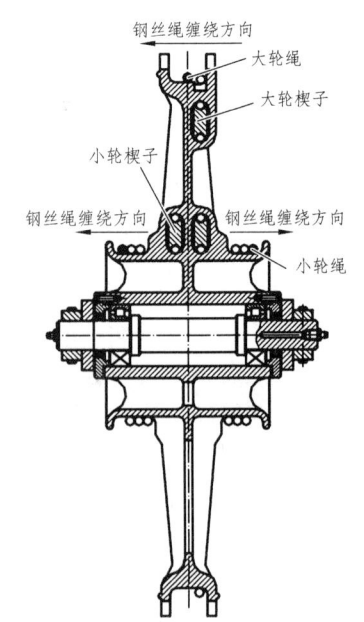

图 1-70　补偿绳缠绕后的效果图

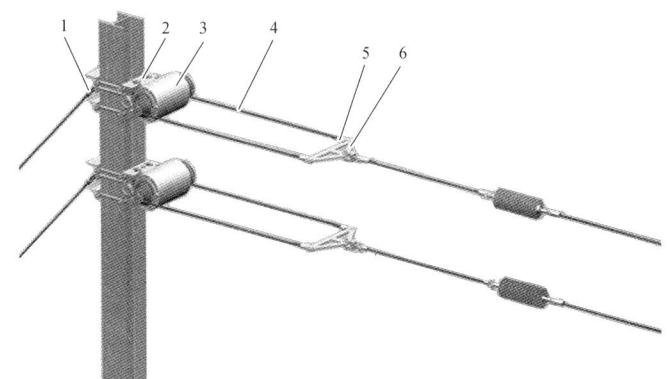

图 1-71 恒张力弹簧补偿器安装图

1—承锚（线锚）角钢；2—固定销轴；3—弹簧补偿装置（本体）；4—钢丝绳；5—双耳楔形线夹；6—平衡板

图 1-72 恒张力弹簧补偿器现场图

恒张力弹簧补偿器本体由若干组平面涡卷弹簧并联组成（结构如图 1-73 所示），中间由轴承连接并和本体外两侧的渐开线轮连接。接触网的承力索或接触线通过补偿绳连接在渐开线轮上，当环境温度变化时，承力索或接触线热胀冷缩，导线长度发生变化，渐开线轮驱动预紧储能的平面涡卷弹簧卷紧或释放，促使补偿绳缩短和伸长。

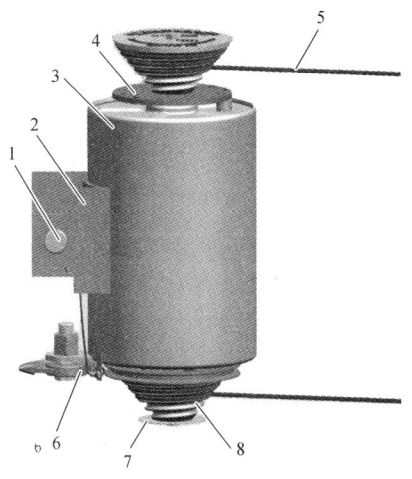

图 1-73 弹簧补偿装置典型结构

1—固定销轴；2—连接板；3—补偿器本体；4—锁定装置；5—补偿绳；
6—制动装置；7—刻度牌；8—渐开线轮

为了保证输出张力的恒定,补偿器选用的涡卷弹簧为进口产品。涡卷弹簧工作在最佳弹性变化范围内,在与渐开线轮配合后张力输出基本呈线性变化。当发生断线事故时,补偿端将会冲击回缩。为了减小事故影响范围,利于尽快修复,利用楔形制动的原理,设置了安全制动装置。当穿过固定销轴的拨叉卡被拨动时,止动装置迅速回缩,使最大制动距离控制在100 mm 以内。

4. 横承力索张力补偿

多年来,我国电气化铁道一直未对软横跨进行过补偿。在气温升高时,软横跨会因此松弛,造成接触网下坠;或是钢柱承受额外的大张力,严重威胁接触网安全。哈大线处于东北地区,全年气温变化悬殊,如不对软横跨进行补偿,无法保证接触网的安全。弹性补偿器是哈大线采用的软横跨定位绳补偿装置,如图 1-74 所示。6 kN 弹性补偿器安装曲线图如图 1-75 所示。

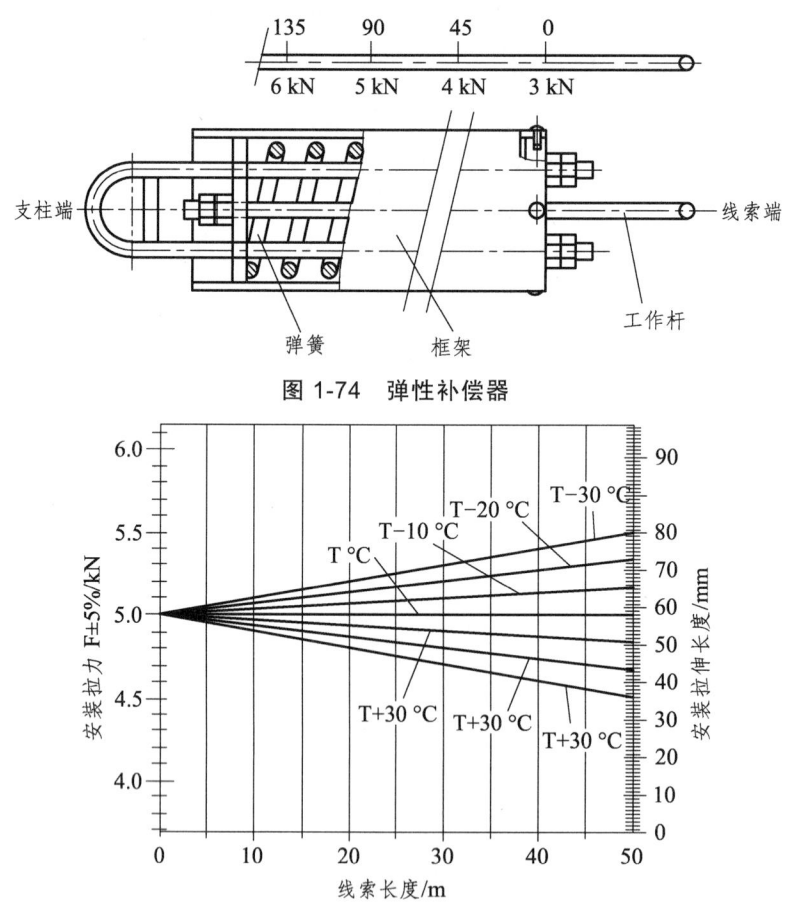

图 1-74 弹性补偿器

图 1-75 6KN 弹性补偿器安装曲线

弹性补偿器工作原理为胡克定律,其内部固定有一个弹簧,弹簧具有一定的初始压缩力。

当软横跨定位绳伸长时,弹簧被释放,工作杆收回拉紧软横跨定位绳;当软横跨定位绳收缩时，弹簧被压缩，工作杆伸出，使软横跨定位绳的张力保持在一定范围内。目前弹性补偿器有 0~3 kN、3~6 kN 2 种型号。弹性补偿器具有结构简单、安装方便、价格低廉等优点。

5. 补偿器检调

1）棘轮式补偿装置检调

（1）作业准备。

（2）作业程序：

① 要令；

② 验电接地；

③ 下锚补偿装置检调：

a. 测量补偿装置的 a、b 值并做好记录；

b. 记录制动板至棘轮的距离；

c. 用黄油枪对准棘轮注油孔加入黄油；

d. 观察补偿绳是否有断股、散股、重叠等现象；

e. 检查大、小轮补偿绳是否有摩擦棘轮现象；平衡轮是否处于水平平衡状态；

f. 检查坠砣是否上下活动灵活；

④ 人员、工器具及材料进行清点；

⑤ 拆除接地线，撤离现场；

⑥ 消令登记；

⑦ 回基地填写相应的报表。

2）棘轮式补偿装置更换

（1）作业准备

（2）作业程序

① 要令；

② 验电接地；

③ 进行下锚补偿装置更换：

a. 将线索张力转到支柱上；

b. 用手板葫芦把坠砣提起，使得棘轮装置不受力；

c. 取出旧钢丝绳；

d. 根据当时温度的下锚安装曲线图要求进行补偿绳圈数缠绕；补偿绳缠绕时不得有重叠；

e. 转动球头挂环，使得两根导线水平和保持平衡轮水平；

f. 拆除手板葫芦；

g. 调整 A、B 值和制动距离；

④ 人员、工器具及材料进行清点；

⑤ 拆除接地线，撤离现场；

⑥ 消令；

⑦ 填写报表。

3）质量标准

（1）补偿装置的 a、b 值应符合安装曲线；
（2）大小轮补偿绳圈数应符合设计要求；不得重叠，棘轮转动应灵活；
（3）制动装置应可靠，其制动板与棘轮齿间的距离为 15～20 mm；
（4）坠砣应完整，坠串排列应整齐、升降自如，其缺口应互相错开 180°；
（5）补偿绳不得有接头、松股、断股、锈蚀等缺陷；
（6）所有连接螺栓必须按要求紧固。

四、中心锚结的维护

1. 中心锚结的作用和安设

1）中心锚结的作用

在链形悬挂的中部，将接触线和承力索（半补偿时将接触线固定在承力索上）在支柱上进行可靠固定，称为中心锚结，线索在中心锚结处的固定点在任何情况下不会出现偏移，因此当温度变化时，锚段内线索的热胀冷缩便发生在中心锚结与两端的补偿器间，有效缩短了线索的伸缩范围。

中心锚结具有以下作用：

（1）缩短了补偿器补偿范围，使锚段线索张力比较均匀，保证接触悬挂处于良好工作状态。

（2）设立中心锚结后可以缩小事故范围，即当中心锚结一侧发生断线事故时不至影响另一侧悬挂线路，有利于抢修事故和缩短事故抢修时间。

（3）可防止线索在外力作用下向一侧窜动，如风力、受电弓摩擦力、因坡道和自身重力引起的窜动力。

2）中心锚结的安设

在两端装设补偿器的接触网锚段中，必须加设中心锚结。每个锚段中心锚结安设位置应根据线路情况和线索的张力增量计算确定。一般布置原则是使中心锚结固定点两侧线索的张力尽量相等，并尽可能靠近锚段中部。

当锚段全部在直线区段或整个锚段布置在曲线半径相同的曲线区段时，该锚段中心锚结应设在锚段的中间位置。

当锚段布置在既有直线又有曲线且曲线半径不等时，该锚段的中心锚结应设在偏离锚段中间位置靠近曲线多、曲线半径小的一侧。在特殊情况下，锚段长度较短时（一般定为锚段长度 800 m 以下），可不设中心锚结，将锚段一端硬锚，另一端线索安装补偿器，此时的硬锚就相当于中心锚结。

2. 中心锚结的结构及要求

中心锚结的形式和结构，根据接触网的悬挂类型和安装地点而有所不同。

1）半补偿链形悬挂中心锚结

半补偿链形悬挂中心锚结的结构如图 1-76 所示。

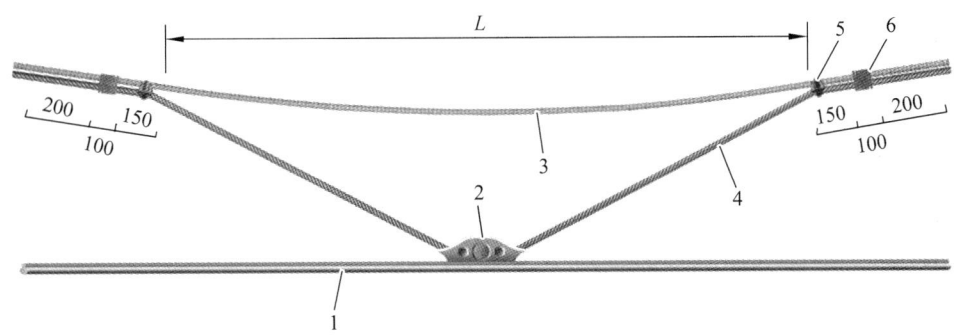

图 1-76　半补偿链形悬挂中心锚结的结构图

1—接触线；2—中心锚接结线夹；3—承力索；4—辅助绳；5—钢线卡子；6—绑扎线段

由于接触线安设补偿器，因此应装设中心锚结，其中心锚结辅助绳采用 GJ—50 镀锌钢绞线（19 股）制成，在线索张力大时（如 3T 系接触悬挂）时，锚结绳根据需要选择 GJ—70 等线索。辅助绳中间用中心锚结线夹与接触线固定，辅助绳两端分别用两个相互倒置的钢线卡子紧固在承力索上。当一侧接触线断线后，另一侧接触线在中心锚结辅助绳的拉力下，不发生松动现象，起到了缩小事故范围的作用。

中心锚结绳的长度为所在跨距中心处接触线与承力索间距的 20 倍，但不应小于 15 m。若太短，当两侧张力不均匀时，接触线会向张力较大的一侧偏移，导致中心锚结线夹处接触线被抬高，出现较大的负弛度，使受电弓取流情况变坏，造成该处接触线磨耗严重。半补偿中心锚结及辅助绳长度见表 1-11。

表 1-11　半补偿中心锚结及辅助绳长度

跨距 l/m	≤40	41~50	51~65
中心锚结长 L/m	15	20	25
辅助绳长 M/m	16	21	26
弹性链形悬挂 b/m	2	0.5	
简单链形悬挂 b/m	0.5		

半补偿中心锚结安装要求：

（1）中心锚结线夹两侧辅助绳长度应相等，安装后两侧张力均匀不出现弛度。

（2）辅助绳两端与承力索连接处，各通过两个相互倒置的钢线卡子紧固在承力索上，两钢线卡子间距为 100 mm，剩余中心锚结辅助绳头用同材质小绑线绑扎在承力索上，绑扎长度为 100 mm，最外端留出约 100~150 mm 的绳头。绳头应用 $\phi 1.6~2.0$ mm 镀锌铁线缠绕绑牢，距邻近弹性吊弦线夹不小于 1 m。

（3）中心锚结线夹处接触线高度比相邻吊弦高出 20~60 mm，避免线夹处的接触线出现硬点，但不能形成明显的负弛度。

（4）中心锚结线夹安装后不得偏斜，以免挂碰受电弓。

(5)中心锚结结构内不得安设普通吊弦,中心锚结结构也不得侵入邻近弹性吊弦内。

(6)由于有中心锚结,使所在跨距受风面积增大,为防止接触线受风力影响偏移过大而出现脱弓事故,设计中要求中心锚结所在跨距长度比设计规定跨距缩短10%。

2)全补偿链形悬挂的中心锚结

全补偿链形悬挂的承力索和接触线两端都是补偿下锚,均可能因两端张力不平衡而产生移动,所以承力索和接触线都要设置中心锚结进行固定,其固定形式相当于由半补偿链形悬挂中心锚结与承力索中心锚结两部分组成。接触线的中心锚结绳在跨距中间与承力索固定,而承力索的中心锚结是在接触线中心锚结所在的跨距内增加一根承力索中心锚结辅助绳,在该跨距两端的腕臂上固定后,再延长一个跨距拉向另一支柱锚固,使该跨距的承力索不产生位移,因此承力索中心锚结由三个跨距组成。考虑到线索断线时承力索中心锚结绳可能有较大张力,中心锚结绳下锚支柱要设置拉线。全补偿链形悬挂中心锚结形式如图1-77所示。

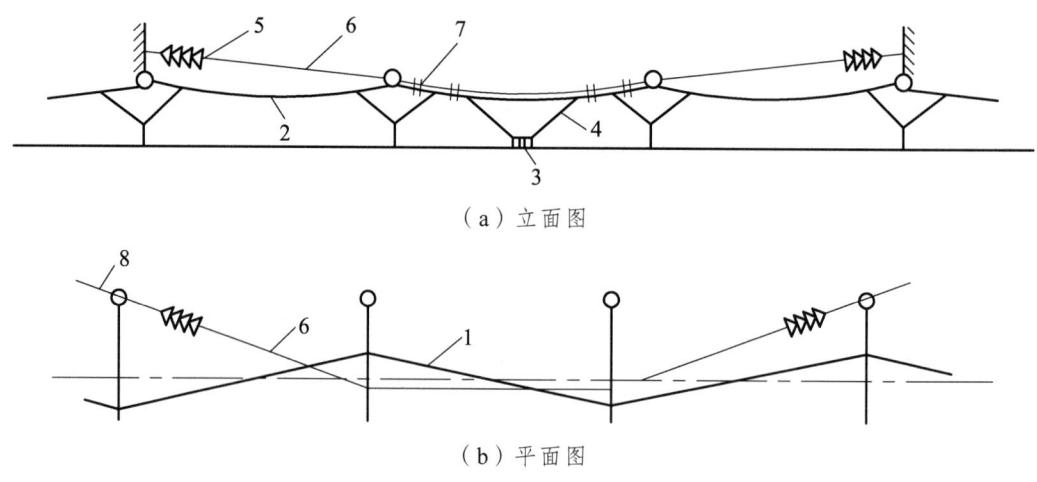

(a)立面图

(b)平面图

图 1-77 全补偿悬挂中心锚结的结构图

1—接触线;2—承力索;3—中心锚结线夹;4—辅助绳;5—绝缘子串;
6—承力索辅助绳;7—钢线卡子;8—拉线

全补偿悬挂时,接触线中心锚结结构、安装要求与半补偿相同。承力索中心锚结辅助绳一般采用和承力索相同的线索制成,承力索中心锚结辅助绳应在该跨距中部及相邻两悬挂处与承力索用钢线卡子固定,跨距中部用3个,悬挂点两侧各2个,相互倒置,间距为100 mm;在中间一跨,中心锚结辅助绳的弛度应等于或略小于跨距承力索的弛度,辅助绳两端应分别固定在设有拉线的支柱上,辅助绳下锚时不宜低于承力索高度,应抬高下锚;中心锚结跨距内,不得有接触线接头,中心锚结线夹在直线区段应端正,曲线区段应与导线倾斜度一致。

在引进学习哈大线德国 RE200C 接触网技术以后,目前全补偿链形悬挂中心锚结出现了新两跨式中心锚结,如图 1-78 所示。承力索中心锚结由两个跨距组成,接触线中心锚结绳分别在 2 个跨距中,呈"人"字形布置。在采用弹性链形悬挂时,接触线中心锚结绳在跨中布置,称为"Z"型固定绳(简称"Z"索)。

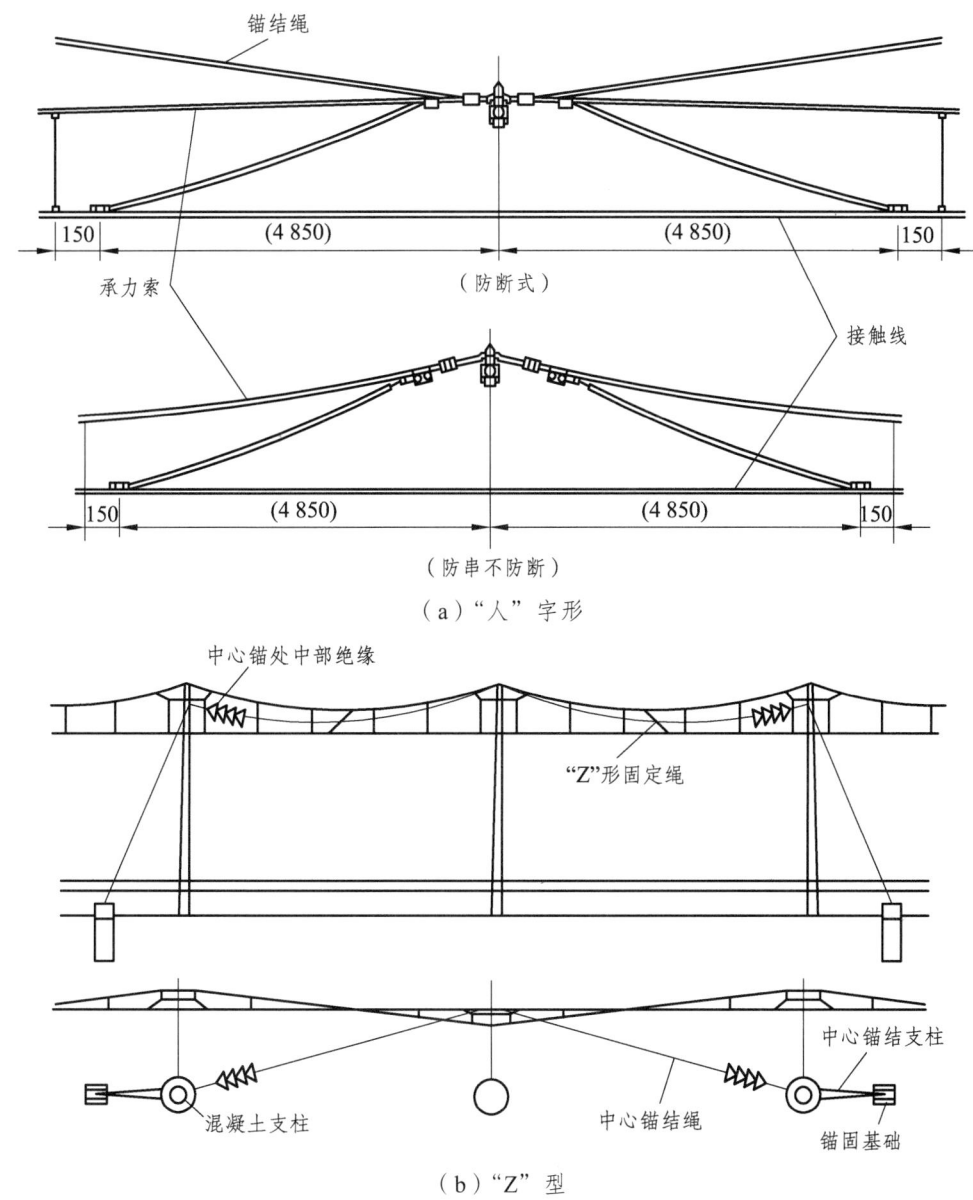

图 1-78 两跨式中心锚结

3）接触网防串中心锚结

前面介绍的两种中心锚结，在接触悬挂线索出现断线时，可以可靠保证锚结处的可靠固定，因此也称为防断中心锚结，在站场上的接触网均为全补偿链形悬挂时，如承力索全部设中心锚结是不可能的，早期电气化铁路是在站场上设立能够安装中心锚结的硬横梁，它不利于施工和维修。电气化铁道的运行实践表明，站场上承力索断线事故较少。为了避免设计结构复杂的承力索中心锚结结构，设计了防止接触悬挂窜动的全补偿中心锚结。其优点是结构简单，安装方便；缺点是不防断线事故。称为防串不防断中心锚结，简称为"防串"中心锚结，在软横跨站场的正线及站线防串中心锚结为软横跨节点 14，结构如图 1-79 所示。

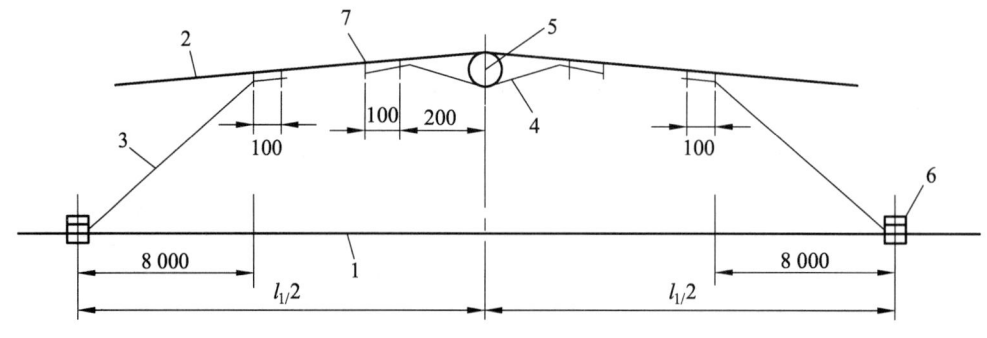

图 1-79 站场防窜中心锚结

1—接触线;2—承力索;3—GJ—50 钢绞线;4—GJ—70 钢绞线;5—上部固定绳;
6—中心锚结线夹;7—钢线卡子

接触悬挂"窜动"的主要原因有:接触悬挂在线路坡道处,由于悬挂本身的重量沿下坡方向产生作用于悬挂的分力,曲线内侧因旋转腕臂偏转,出现对线索向某一方向的分力作用,风力和受电弓对接触线的滑动摩擦力等,都能诱发接触悬挂向某一方向产生窜动。上述各种原因,有时可能会重叠出现。

防串中心锚结,依靠两段辅助绳将承力索和接触线固定在软横跨上,安装时应注意,辅助绳在承力索上靠一正一反两个钢线卡子固定,与接触线连接的辅助绳张力要相等,中心锚结线夹应紧固并不得偏斜,各部螺栓涂油防腐。

4)简单悬挂中心锚结

设置简单悬挂中心锚结时,需增设一条中心锚结辅助索,辅助索采用 GJ–50 镀锌钢绞线制成,辅助索的两端分别通过一串悬式绝缘子硬锚在中心锚结所在跨距两侧的支柱上(即等于在该跨距中增加了一段承力索)。该支柱为锚柱,应打拉线以保持受力平衡。

在直线上,其中心锚结结构与半补偿悬挂中心锚结的结构相似,只不过简单悬挂中心锚结绳较短(一般不超过 5 m),采用 GJ–50 制成,两侧分别用 3 个钢线卡子紧固在辅助绳上,其结构如图 1-80 所示。

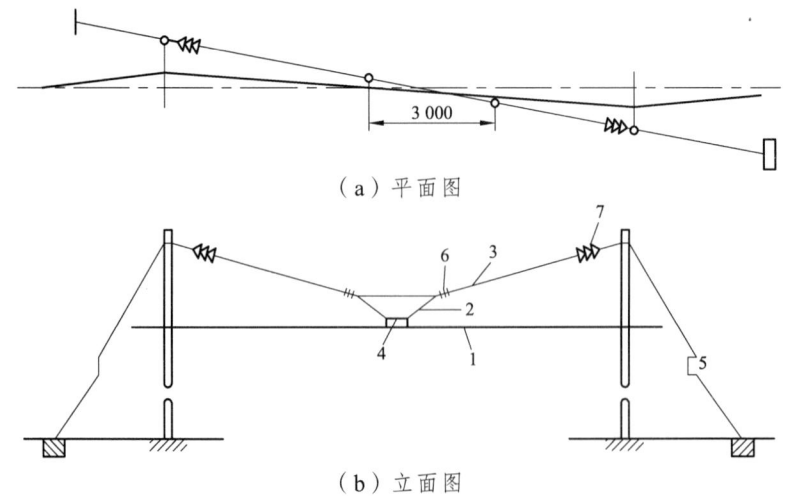

(a)平面图

(b)立面图

图 1-80 直线简单悬挂中心锚结

1—接触线;2—中心锚节绳;3—辅助索;4—中心锚结线夹;5—拉线;6—钢线卡子;7—绝缘子

在曲线区段时,其中心锚结设置不同于直线区段,其结构看上去像一个倒装的中心锚结,分布在相邻的两跨中,其结构如图 1-81 所示。

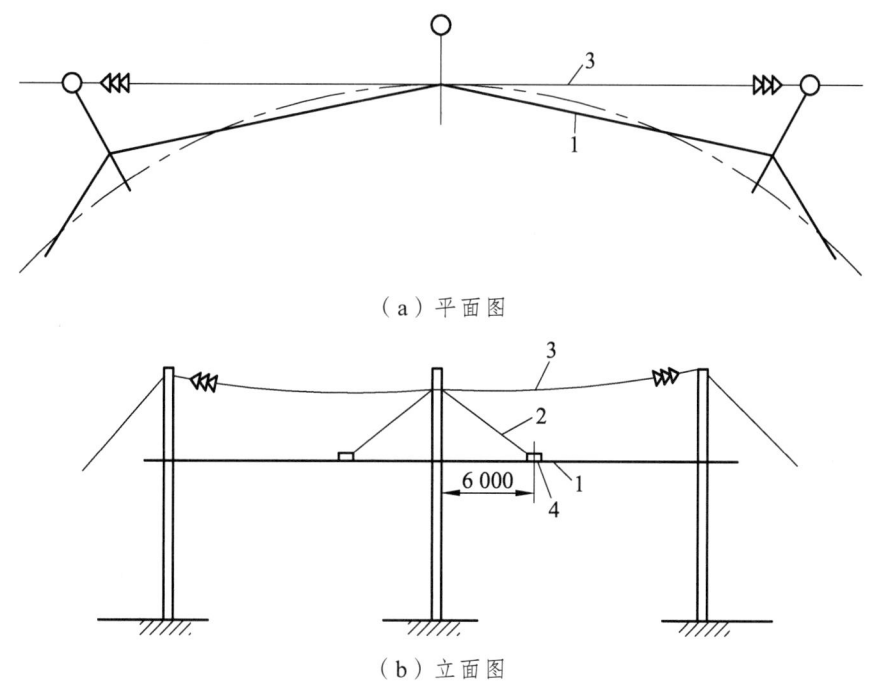

(a)平面图

(b)立面图

图 1-81　曲线简单悬挂中心锚结

1—接触线;2—中心锚节绳;3—辅助索;4—中心锚结线夹

曲线上中心锚结绳也采用 GJ – 50 制成,其中间通过平直腕臂并用线夹固定在腕臂上。

钢丝绳两端各用一个中心锚结线夹固定在接触线上。曲线区段,中心锚结辅助索较长,其中部与中心锚结辅助绳固定在腕臂上,两侧各通过一串悬式绝缘子硬锚于相邻的支柱上。这两根支柱应打拉线。中心锚结绳在接触线上的固定点距悬挂定位点 6 m,中心锚结构高度一般为 0.5 m。

采用简单悬挂的站场上一般不需另设中心锚结,而是在应设置中心锚结处把定位吊索放置在钩头鞍子中紧固代替中心锚结结构(悬挂点一般将吊索放在悬吊滑轮中)。当发生断线事故时,接触线不至过于松动,起到中心锚结的作用。

3. 中心锚结检调及故障分析

1)中心锚结检调

中心锚结检调分为以下几步:

(1)检查中心锚结线夹安装是否端正,有无裂纹缺陷、螺栓紧固状态是否良好、是否有油。

(2)检查中心锚结绳有无防腐油层、锈蚀、断股,两侧张力、长度是否相等,有无松弛现象。

(3)检查钢线卡子安装是否正确,螺栓是否紧固、有油、锚结绳露头是否绑扎。

（4）测量中心锚结线夹处接触线高度是否符合要求。

2）常见故障分析

（1）中心锚结线夹安装不正，导致刮坏受电弓的事故。
（2）钢线卡子松动，中心锚结辅助绳脱落引发弓网事故。
（3）中心锚结线夹处接触线有硬点，接触线磨耗严重容易出现断线事故。
（4）中心锚结辅助绳松弛，当受电弓通过时因接触线升高造成刮弓事故。

五、线岔的维护

在站场上，站线、侧线、渡线、到发线总是并入正线的。如果线路设一个道岔，接触网就必须设一个线岔（也称架空转辙器），道岔的形式多种多样，因而线岔的形式也多种多样。

线岔的作用是保证电动列车受电弓安全平滑地由一条接触线过渡至另一条接触线，达到转换线路的目的。

1. 交叉线岔的结构

交叉线岔在两接触线交叉处用限制管固定，并限制两相交接触线位置的设备，称为接触网线岔。

当受电弓从一股道通过线岔时，由于受电弓有一固定宽度，因此在未运行到两导线交叉点时，即已接触到另一股道接触线，该处被称为线岔始触点。在接触瞬间，本股道接触线因受电弓抬升力的作用已有一升高值，而相邻股道接触线仍保持原有高度，此时会出现两导线不等高现象，为保持两导线在始触点基本等高，使受电弓在始触点处不发生刮弓和钻弓事故，两导线交叉点处应安装一个限制管。

接触网交叉线岔是由两相交接触线、一根限制管和固定限制管的定位线夹、螺栓组成。

限制管两端，用定位线夹固定在下面的接触线上，通过限制管将两相交接触线互相贴近，当上面接触线升高时，可利用限制管带动下面的接触线同时升高，以消除始触点两导线的高差。

限制管用 3/8 英寸镀锌钢管加工制成，两端扁平有圆孔用以固定定位线夹。其长度根据所安装接触线处至中心锚结的距离确定，当距离小于 500 m 时，采用 500 型，大于 500 m 时，选用 700 型，结构如图 1-82 和表 1-12 所示。

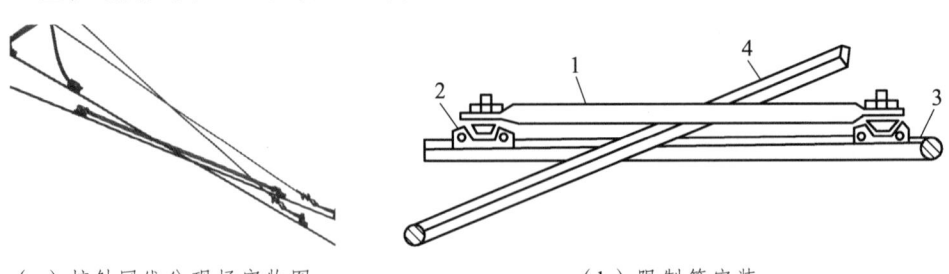

(a) 接触网线岔现场实物图　　(b) 限制管安装

图 1-82　线岔

1—限制管；2—定位线夹；3—正线接触线；4—侧线接触线

表 1-12　限制管参考尺寸

线岔至中心锚结的距离/m	500 以下	500 以上
限制管长度/mm	1 300	1 550

如在平均温度安装时，限制管中心重合于接触线交叉点，安装温度高于平均温度，应略偏于下锚方向，低于平均温度，应略偏于中心锚结方向。有必要进行精确定位的时候，可以通过线索线膨胀公式计算出限制管的准确安装位置。

2. 线岔的定位

线岔定位是指两导线交叉点的投影点，在道岔导曲线两内轨轨距的位置，其位置与道岔类型有关，如表 1-13 所示。

表 1-13　线岔定位位置

道岔类型	道岔号	示意图	D	拉出值
单开道岔	$\frac{1}{9}$		1 164	375
	$\frac{1}{12}$		1 552	
对称（双开）道岔	$\frac{1}{9}$		1 047	375
复式交分道岔	$\frac{1}{9}$		1 500	对直线
	$\frac{1}{12}$		1 500	对直线

1）单开道岔

这种线岔处接触线的定位有两种形式，即标准定位和非标准定位。

标准定位是其交点处于最合理位置。对于单开道岔，标准定位时，两接触线相交于道岔导曲线两内轨距为 745 mm 处。标准定位的合理位置是由定位支柱决定的，而定位支柱应设在距接触线交点 1 000～1 500 mm 处，最好是在道岔导曲线两内轨距为 835 mm 处，即两线路中心距离为 600 mm 处的位置上。处于标准定位时，接触线在支柱处的拉出值为 350～400 mm 之间，通常取其平均值为 375 mm。

非标准定位时,定位支柱位于道岔导曲线两内轨距为 735～935 mm 处,即两线路中心距为 500～700 mm 的范围内。

施工检修中规程规定,对于单开道岔的标准定位,两接触线相交于道岔导曲线两内轨轨距(即岔心轨距)630～760 mm 的横向中间位置处,其对横向中心线(即辙叉角平分线)误差不得超过 50 mm,标准定位时道岔柱中心位置应在道岔导曲线外轨外缘至基本轨内缘为 600 mm 的延长线上,如图 1-83 所示。

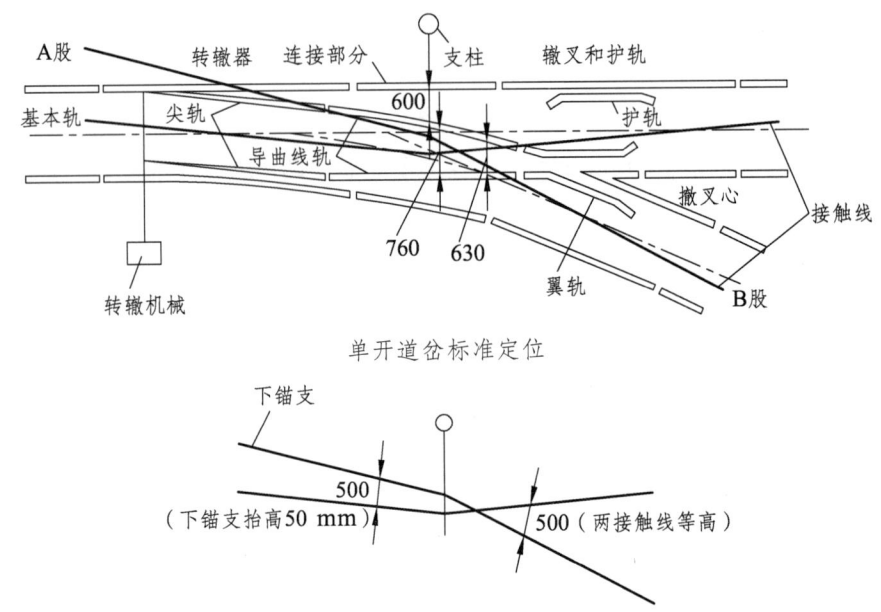

图 1-83 单开道岔线岔定位

因受条件限制无法实现标准定位时,可考虑非标准定位,非标准定位两导线交叉处的投影点,应在道岔导曲线两内轨轨距 735～935 mm 的横向中心位置处。车站正线道岔均应设标准定位。

2)对称和复式交分式道岔

单开道岔是铁路最多也是基本的形式,同样线岔也是这样。对于对称(双开)及复式交分道岔,其线岔的布置形式类似单开道岔,复式交分道岔标准定位接触线应相交于道岔对称中心轴的上方。

3)交叉渡线

相邻的两条正线或主要站线用专设渡线连接起来的称为交叉渡线。它由两条线和四组单开道岔组成。对于接触悬挂则设五组线岔,如图 1-84 中的 a、b、c、d、e 所示。对于常速道岔的要求是:第一首先要使限制管嵌住的接触线能自由伸缩、纵向移动;第二是考虑到温度变化,在调整时,以平均温度计算,侧线接触线应在限制管中间;第三要考虑到限制管、线夹以及双悬挂的集中重量,两接触线应相交于两渡线中心线的正上方,且侧线接触线高出正线(或较重要线)的接触线 10～20 mm;非工作支要按照设计要求抬高。

图 1-84 交叉渡线的线岔定位

3. 单开线岔技术要求

根据"接触网运行检修规程"规定，线岔检修周期为 3 个月，在没有开展带电作业的区段，应按检修周期进行带电测量，发现超标时应及时检修调整，检修后的线岔应达到以下标准：

① 在标准温度下，其线岔中心点与钢轨交叉点相差 200 mm。并在其中心线上分岔两线间距 500 mm 处等高。
② 双线带桥线岔必须由八个线夹：无烧伤、无松动，紧固件完好；
③ 导线在线岔中不碰上下导线，伸缩自由、无卡滞；
④ 线岔电连接线安装位置正确，无垂落、烧伤现象；
⑤ 线岔线夹无烧伤、松动、打、碰弓现象；
⑥ 线岔非工作支抬高尺寸，符合设计要求；
⑦ 双线和单线的线岔，500 mm 处单线导高抬高 20 mm。

六、锚段关节的维护

1. 锚段和锚段长度确定

为满足供电和机械受力方面的需要，将接触网分成若干一定长度且相互独立的分段，这种独立的分段称为锚段。

1）锚段的作用

设立锚段可以限制事故范围。当发生断线或支柱折断等事故时，由于各锚段间在机械受力上是独立的，不影响其他线段的接触悬挂，则使事故限制在一个锚段内，缩小了事故范围。

设立锚段便于在接触线和承力索两端设置补偿装置，以调整线索的弛度与张力。

设立锚段有利于供电分段，配合开关设备，满足供电方式的需要。可实现一定范围内的停电检修作业。

2）锚段长度确定

接触网每个锚段包括若干个跨距。在确定锚段长度时，要考虑发生事故的影响范围；当温度变化时,因线索伸缩引起吊弦、定位器及腕臂的偏斜不超过允许值;补偿形式和补偿坠砣应有足够的上下移动空间(即补偿范围);要保证在极限温度下中心锚结处和补偿器端线索张力差不超过规定值。

温度变化时,线索热胀冷缩的伸长和缩短,使每一吊弦、定位器和腕臂固定点处产生偏斜,导致线索在中心锚结和补偿器间线索出现张力差,补偿器处为零,中心锚结处最大。另外,接触线承力索的弹性变形也会引起张力变化。对于半补偿链形悬挂设计规定其张力差不超过接触线额定张力的±15%;全补偿链形悬挂,除满足接触线张力差外,要求承力索张力差不超过承力索额定张力的±10%。

锚段长度一般采用两种方法确定:经验取值法和计算法。经验取值可根据铁道部颁发的"铁路电力牵引供电设计规范"中经验取值表确定,计算法则通过对线索张力差的计算,确定锚段长度。

正线双边补偿时的最大锚段长度,一般情况下不大于 2×800 m,困难情况下不宜大于 2×900 m。单边补偿的锚段长度,应为上述值的 50%。

站场最大锚段长度一般不宜大于 2×850 m,困难时不宜大于 2×950 m。

隧道内一般不分锚段,但隧道长度超过 2 000 m 时,应划分锚段,锚段长度确定原则与上述方法相同。对新建隧道,当预留锚段关节断面及下锚洞时,锚段长度不宜大于 2 000 m;对既有线隧道,当未预留锚段关节断面及下锚洞,宜改建困难时,锚段长度不宜大于 3 000 m。

2. 锚段关节

两个相邻锚段的衔接区段(重叠部分)称为锚段关节。锚段关节结构复杂,其工作状态的好坏直接影响接触网供电质量和电力机车取流。电力机车通过锚段关节时,受电弓应能平滑、安全地由一个锚段过渡到另一个锚段,且弓线接触良好,取流正常。

锚段关节按用途可分为非绝缘锚段关节和绝缘锚段关节两种。按锚段关节的所含跨距数可分为二跨、三跨、四跨、五跨锚段关节等几种不同形式。目前,常用的是三跨和四跨锚段关节。

1)非绝缘锚段关节

非绝缘锚段关节仅用作接触悬挂在机械方面的分段,电气方面仍然相联结。即两个锚段在电气上不绝缘,又称电不分段锚段关节。

非绝缘锚段关节一般由三个跨距组成,又称三跨锚段关节。三跨非绝缘锚段关节结构如图 1-85 所示。相互连接的两个锚段分别在锚段关节最外侧二支柱处下锚,受电弓在中间两支柱间实现从一个锚段向另一锚段的转换,故锚段关节中间的二支柱称为转换柱。为了保证两锚段在电气上的可靠连通,在两锚段间使用电连接线连接。

图中转换柱命名为 QF、ZF,其中 Z 表示直线区段;Q 表示曲线区段;F 表示非绝缘锚段关节;下标 1、2 表示转换支柱装配的形式。

在锚段关节内,同时存在两个锚段的两组接触悬挂。其中接触线与受电弓接触实现受流的称为工作支;另一组接触悬挂的接触线通过抬高脱离受电弓接触后下锚,称为非工作支(简称"非支")。

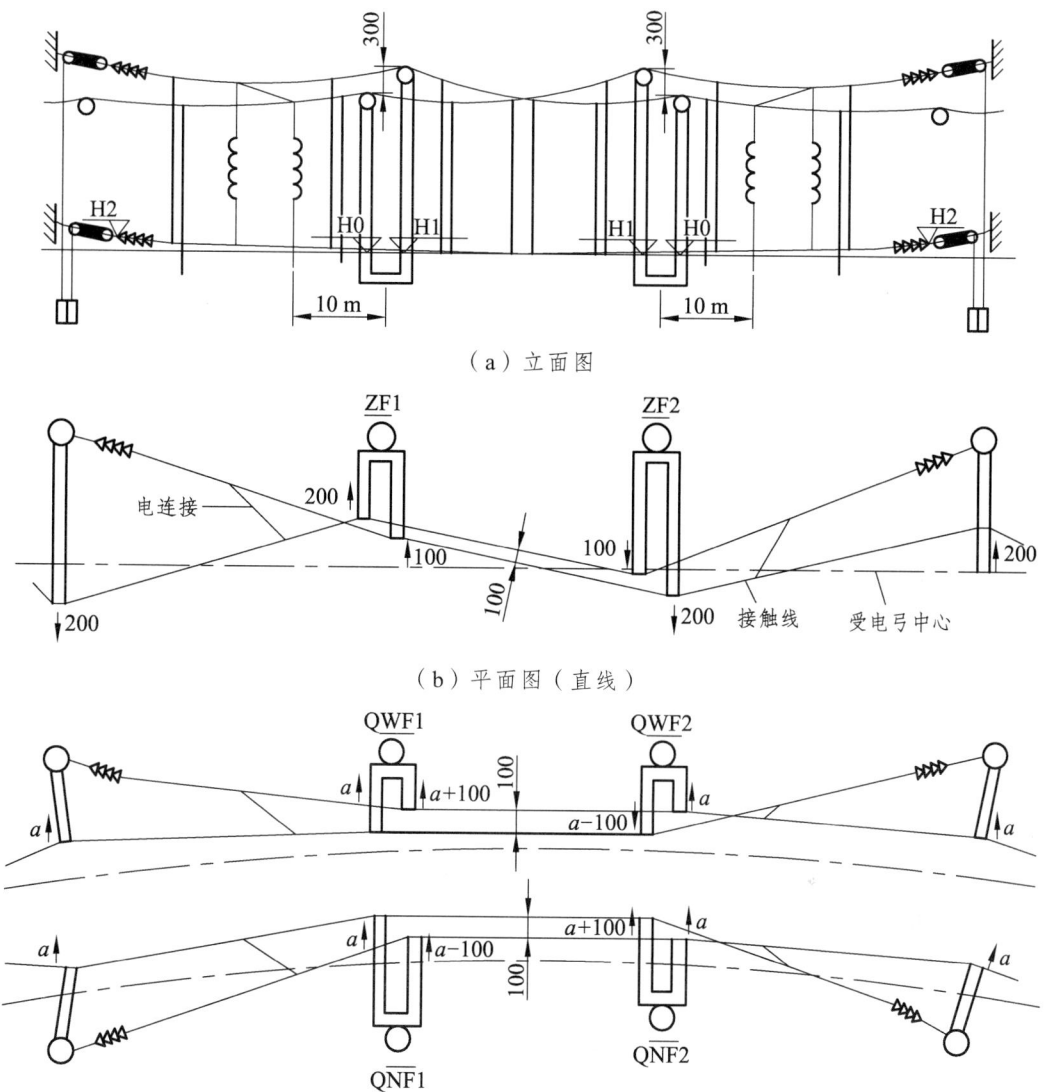

图 1-85 三跨非绝缘锚段关节结构

三跨非绝缘锚段关节技术要求：

（1）锚段关节内，两转换柱间的两条接触线在水平面上的投影应平行，线间的距离为 100 mm。在立面图中，两接触线的交叉点应在该跨距中心处，即两接触线在跨距中心处等高。

（2）转换支柱处，非工作支接触线比工作支接触线抬高 200~250 mm。下锚处非工作支比工作支抬高 500 mm。

（3）下锚支接触悬挂在转换柱水平面处改变方向时，其偏角一般不应大于 6°，困难情况下不得超过 12°（提速区段不宜大于 10°）。

（4）两转换柱与锚柱间，在距转换柱 10 m 应安装电连接线。

（5）电不分段锚段关节转换柱处，两接触线间垂直、水平距离允许误差 ± 20 mm。

在特殊的隧道群地带，隧道间距离较短，无法设置三跨时，可利用两跨锚段关节代替三跨锚段关节。但两跨锚段关节机车运行取流条件较差,应尽量避免采用。三跨非绝缘锚段关节是我国接触网实现锚段间机械分段的主要形式,但是必须指出的是,随着我国电气化铁道提速,在行车速度大于 160 km/h 时,三跨非绝缘锚段关节难以满足接触线坡度、受电弓动态接触力等高速受流的要求,行车速度达到 200 km/h 时,锚段关节跨数不宜小于 4 跨,加大转换柱间距离,可以使接触线抬高坡度变缓。

2)绝缘锚段关节

绝缘锚段关节除机械分段外,可以实现同相电分段,多用于站场和区间的衔接处。电分段锚段关节,一般由四个跨距配合一台隔离开关组成,其接触线、承力索在垂直方向和水平方向都彼此相距 500 mm,以保持其电气绝缘。它包括两棵锚柱、两棵转换柱和一棵中心支柱形成四个跨距,所以,又称四跨绝缘锚段关节。电力机车受电弓在中心支柱处实现两锚段的转换和过渡,两锚段靠安装在转换支柱上的隔离开关实现电气连接。四跨绝缘锚段关节结构如图 1-86 所示。

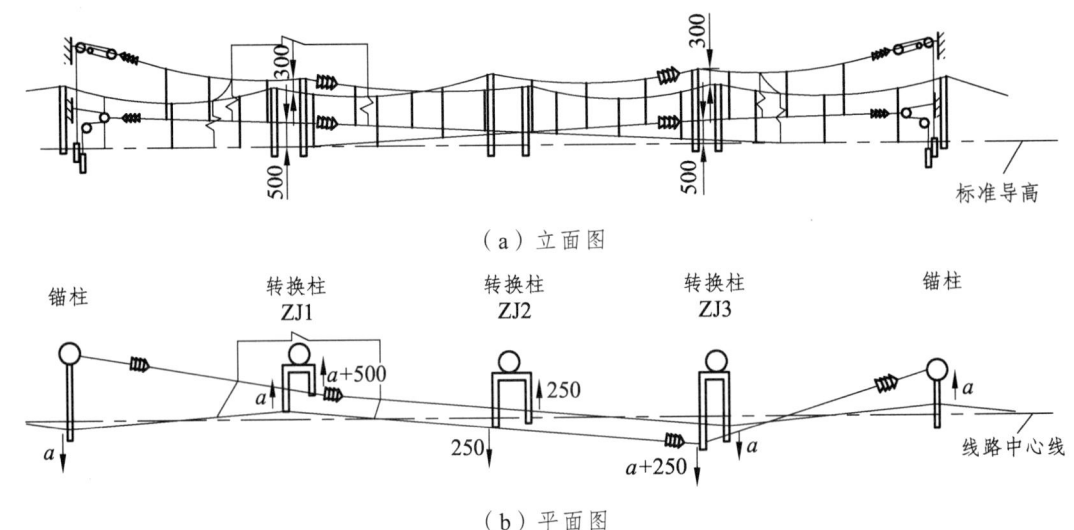

图 1-86 四跨绝缘锚段关节结构

图中 J 表示绝缘锚段关节;ZJ2、Q2J 为中心支柱装配形式;ZJ1、ZJ3 及、QJ1、QJ3 表示直线区段和曲线区段的转换柱装配形式。

我国在部分电气化铁道中,采用了三跨绝缘锚段关节,这种锚段关节的在两转换柱之间接触线坡度较大,只能用于低速或特别困难情况下(如隧道内无法设置四跨绝缘锚段关节时)。

无论是三跨或四跨绝缘锚段关节,其结构特点和技术要求基本相同。

(1)在两转换柱间,两接触线的投影应保持平行,线间距离为 500 mm,误差 ± 50 mm。

(2)在转换柱处,非工作支接触线比工作支接触线抬高 500 mm,允许误差 ± 50 mm。

(3)四跨绝缘锚段关节在中心柱处两接触线距轨面等高,允许误差 ± 10 mm;三跨绝缘锚段关节在两转换柱跨距中间处两接触线距轨面等高(为受电弓转换点)。

(4)非工作支接触线和下锚支承力索在转换柱靠中心柱处加装一串(4 片)绝缘子(为分段绝缘子)。

(5)在两转换柱与锚柱间距转换柱 10 m,设电连接线各一组。

（6）两个锚段的电路连通或断开由隔离开关控制。

在四跨绝缘锚段关节中，中心支柱需装设双腕臂，在曲线区段中心支柱和两棵转换支柱均设置双腕臂。

五跨绝缘锚段关节是锚段关节中含有五个跨距，主要在高速电气化铁路中应用。因为四跨锚段关节在受电弓由一个锚段过渡到另一个锚段时，是在中心支柱处转换的，在此处，虽然可以控制并实现两支接触线等高，但在定位点处，由于有两个定位器，其弹性性能明显变差，在此不仅会加大接触线的磨损，而且影响受流。所以在时速为 160 km 及以上的电气化线路上，绝缘锚段关节可采用五跨绝缘锚段关节，在技术要求上和四跨绝缘锚段关节相同，两组悬挂的接触线之间和承力索之间必须保持 500 mm 的绝缘距离。很明显，其两组悬挂的转换点在中间跨距的中心，这样就可以保证弹性良好、过渡平稳，五跨锚段关节在保证抬高的情况下，延长了接触线坡长，降低了接触线坡度。如图 1-87 所示。图中 Z、Q 的意义和前述相同，图中 W 字符表示曲线外侧的意思。显然，对于复线也有在曲线内侧设立转换支柱的情况，这种情况用 QNJ 表示。

五跨绝缘锚段关节的缺点为结构上相对较复杂，造价较高，安装检调难度较大。

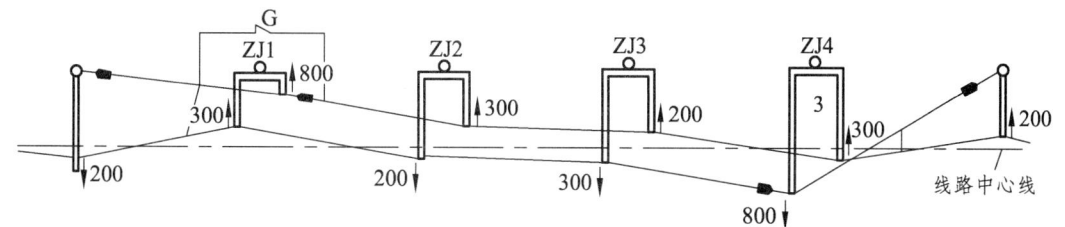

图 1-87　五跨绝缘锚段关节结构

3. 锚段关节处常见故障分析

锚段关节是两个相邻锚段的衔接部分，结构比较复杂，技术要求高。特别是小半径曲线区段，由于外轨超高、车辆摆动等原因易发生弓网事故，一旦发生弓网事故，不仅会造成锚段关节处接触网设备损坏，而且会同时影响两相邻锚段接触网无法正常运行，事故抢修工作量大，恢复时间长。因此，抢修锚段关节接触网事故时，一般采用在保证导线高度的条件下临时供电，机车受电弓降弓通过，尽量缩短停电时间，制定抢修方案要根据实际情况灵活运用。

锚段关节常见弓网事故有以下几个方面：

（1）锚段关节工作支与非工作支承力索或接触线间距不符合规定。当锚段关节处隔离开关打开，锚段关节一端停电并接地后，而另一端有电，两组接触悬挂由于线间绝缘距离不够，使空气间隙击穿放电烧坏部件；如未及时检修，则隔离开关合上送电后，电力机车受电弓通过时，发生接触网设备故障。

（2）绝缘锚段关节在转换柱处，非工作支接触线抬高不够，受电弓碰撞分段绝缘子串出现刮弓事故，或者发生受电弓钻入非工作支导线上方而出现钻弓事故。该事故会造成受电弓和接触网设备损坏，如机车司机未及时采取措施，让受损伤的受电弓继续运行，会刮坏接触网其他设备造成更大弓网事故。

（3）锚段关节电连接线夹处，如发生接触不良、松动、偏斜等原因，易引发烧断电连接线、吊弦、接触线、承力索及刮弓事故。

（4）锚段关节内两工作支接触线拉出值（或"之"字值）超标，致使某一支接触线发生受电弓脱弓和钻弓事故。

（5）当绝缘锚段关节设在小半径曲线区段时，在转换柱与中心柱间容易发生脱弓事故。

因此要求在检调该处锚段关节时，应注意检查跨中工作支接触线相对受电弓中心的偏移值。受电弓在发生脱弓事故后，由于自身抬升力的作用，其滑板升高而超过接触线高度，随着机车向前运行，受电弓滑板进入导线上方，出现刮坏吊弦、腕臂、定位装置等重大弓网事故，一般称钻弓事故，因此脱弓和钻弓事故是同时发生的。

绝缘关节检修周期为六个月，检修范围包括锚段关节、锚段关节处的隔离开关和电连接器。检修之前应对锚段关节进行测量，填写记录。

七、电连接的维护

电连接的作用是，将接触悬挂各分段供电间的电路连接起来，保证电路的畅通，通过电连接可实现并联供电，减少电能损耗提高供电质量。在电气设备与接触网之间，用电连接线进行可靠的连接，使设备充分发挥作用，避免出现烧损事故，完成各种供电方式和检修的需要。

电连接线用导电性能好的材料制成，在铜接触线区段采用铜绞线 TJ-95。在钢铝接触线区段，采用 LJ-150 多股铝绞线。为减少电连接线与接触线连接处的硬点，保持接触网弹性，要求电连接线做成螺旋弹簧状，当电连接线在连接处意外烧损时，还可放开几圈继续使用，以便节约材料。

1. 电连接的分类

电连接按其使用位置不同，分为横向电连接和纵向电连接。

1）横向电连接

横向电连接的主要作用是，能实现并联供电，如在载流承力索区段，为使承力索上的电流通过接触线流向受电弓，需要每隔 200~250 m 在承力索与接触线间，安装一组电连接线，如图 1-88 所示。承力索与接触线电连接线夹分别如图 1-89、1-90 所示。

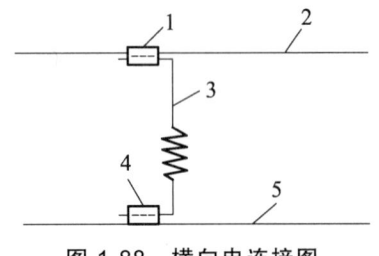

图 1-88　横向电连接图

1—电连接线夹；2—承力索；3—电连接线；4—接触线电连接线夹；5—接触线

图 1-89　承力索电连接线夹

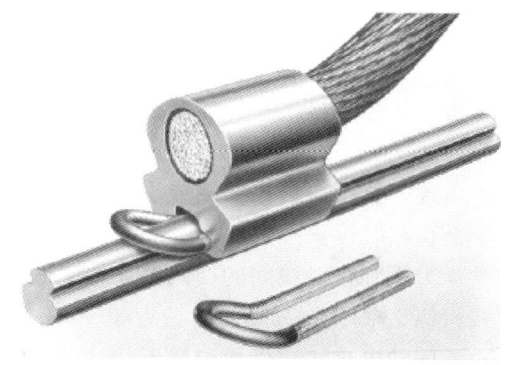

图 1-90　接触线电连接线夹

当隧道内为简单悬挂隧道外为链形悬挂时,应在隧道口承力索与接触线间安装电连接线,这样可以避免承力索电流经吊弦流向接触线,防止吊弦烧损。

为满足站场上电力机车启动时所需的大电流,在各股道间安装股道电连接线,实现几股道接触网并联供电,可减少能耗并提供较大电流,股道电连接线结构如图 1-91 所示。

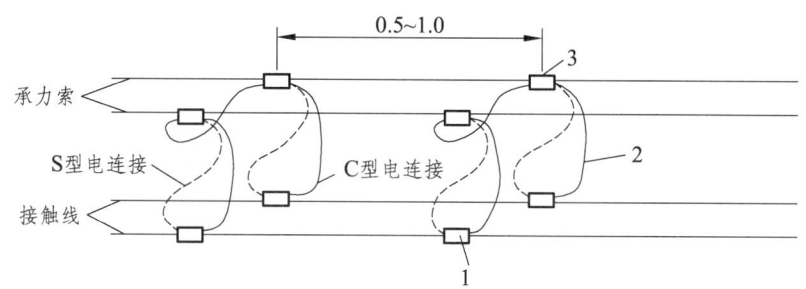

图 1-91　股道电连接图

1—接触线电连接线夹；2—电连接；3—承力索电连接线夹

2）纵向电连接

纵向电连接的作用是,使供电分段或机械分段处两侧接触悬挂实现电的连通,在检修和事故处理时,可通过隔离开关达到电分段的目的,如绝缘锚段关节和非绝缘锚段关节,转换柱靠锚柱侧安装的电连接线。电分段处隔离开关与接触悬挂间的电连接线,线岔处的电连接线等都称为纵向电连接。

2. 电连接检修技术标准

1）安装检修标准

（1）电连接应装在设计规定的位置,施工偏差为 ±500 mm；电连接线夹与导线接触面应平整、光洁；电连接线载流截面应与被连接导线载流截面相当,并应完好,无松散、断股等现象；铜接触线与铝连接线连接时应采用铜铝过渡措施。

（2）电连接线与导线连接应符合下列规定：不同材质承力索、接触线与电连接线夹连接时,导线与线夹接触面均用细钢丝刷清除表面氧化膜,并用汽油清洗,清洗长度不应少于连接长度的 1.2 倍,导线接触面涂电力复合脂；钢铝接触线与铝电连接线夹连接时,线夹型号与接触线型号相符；接触线与电连接线夹及楔子的接触面，均用细钢丝刷清除表面氧化膜，并用汽油清洗，清洗长度不应少于连接长度的 1.2 倍，接触面涂一层电力复合脂；楔子要安紧，岔头劈开；电连接线夹螺栓受力均匀，安装时逐个拧紧，其螺栓的拧紧扭矩符合设计要求。

（3）电连接长度应根据实测或以设计要求确定，股道间的电连接应弧形，预留因温度变化而产生的位移长度。

（4）承力索和接触线间的横向电连接应做成弹簧形状，弹簧圈铝电连接线可绕 3 圈，铜电连接线可绕 2 圈，弹簧圈的内径为 80 mm，其底圈于接触线的距离为 200~300 mm，承力索与承力索间的电连接线做成弹簧形状，弹簧圈可绕 3~4 圈，弹簧圈的内径为 80 mm，弹簧圈应设置在承力索中间，预留两承力索随温度变化时不同方向产生的相对位移长度。

（5）多股道的电连接在平均温度时，应垂直于正线，如无正线时应垂直于较重要的一条线路；任意温度安装电连接时，全补偿链形悬挂承力索与接触线采用同材质应垂直安装，不同材质应按吊弦计算偏移值安装或按设计提供的吊弦安装曲线安装；半补偿链形悬挂同吊弦安装。

（6）隔离开关电连接线距瓷裙的间距，不得小于 150 mm，与地部分不得小于 400 mm。引线跨带电导线的高度不小于 400 mm。

2）电连接的检调

（1）按检修标准检查，紧固螺栓并涂油，整理电连接弹簧圈。对损伤处进行局部绑扎、补强，严重时予以更换。

（2）检修线夹时，应用钢丝刷子或砂纸滁去污垢和氧化物，对烧痕进行打磨处理。安装后线夹表面涂工业凡士林油，承力索与线夹连接处涂导电膏。

（3）电连接线截面积应符合要求，其额定载流量不小于被连接接触悬挂和馈电线的额定载流量。

3. 电连接常见故障

电连接设备故障，将直接影响供电质量，严重时造成停电、刮弓、机车车辆损坏等事故。
（1）电连接线夹接触不良，引起局部发热烧断电连接线、接触线和承力索。
（2）因电连接线载流量不够或接触不良，使附近吊弦因分流被烧坏。
（3）接触线电连接线夹安装位置不正，造成导线偏磨或出现刮弓事故。
（4）电连接线夹安装处的导线，因弹性较差造成硬点，使导线磨耗严重应注意检查。
（5）电连接线最下方弹簧圈距导线间距太小，当气温高电连接线松弛时，造成碰弓和刮弓事故。

八、软横跨与硬横跨的维护

1. 软横跨

多股道的接触悬挂借助数根线索悬挂到布置在这些线路两侧的两根支柱上，这种装置称为软横跨。

1) 软横跨的结构

软横跨由站场线路两侧支柱和悬挂在支柱上的横向承力索，上、下部固定绳以及支持和连接它们的零部件组成，如图 1-92 所示。横向承力索是软横跨的主要构件，承受链形悬挂的垂直负荷。横向承力索有单根承力索组成的单横承力索软横跨和两根承力索组成的双横承力索软横跨。为了将悬挂的线索固定在水平位置上，在横向承力索的下部还装有上、下部固定绳。横向承力索通过直吊弦承受着全部悬挂的垂直重量，故横向承力索多采用 GJ—70 镀锌钢绞线。上部固定绳的作用是固定各股道的纵向承力索，并将纵向承力索的水平负载传递给支柱。下部固定绳的作用是固定定位器，以便对接触线按技术要求进行定位，并将接触线的水平负载传递给支柱。由于上、下部固定绳只能承受水平力，且负载不大，故上、下部固定绳多用 GJ—50 镀锌钢绞线或铜绞线。

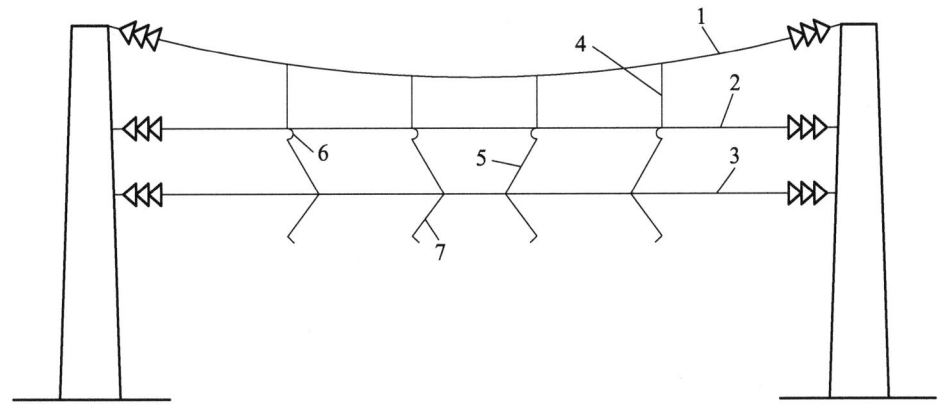

图 1-92 软横跨结构示意图

1—横向承力索；2—上部固定绳；3—下部固定绳；4—直吊弦；5—斜拉线；
6—纵向承力索；7—定位器；8—悬式绝缘子串；9—软横跨支柱

根据软横跨与支柱的绝缘情况分，可分为绝缘软横跨和非绝缘软横跨。软横跨各线索与支柱间通过绝缘子绝缘的结构称为绝缘软横跨；软横跨各线索与支柱间没有绝缘子绝缘的则称为非绝缘软横跨。

绝缘式软横跨有很多优点，它的各条线索对地都是绝缘的，这样便于带电作业。它的对地绝缘的绝缘子都装在线路两侧，可减轻绝缘子的污损程度，从而减少了保养绝缘子的工作量。

软横跨绝缘子，不管是接地侧绝缘子还是上、下行股道间的横向电分段绝缘子，它们一方面起绝缘作用，另一方面起连接作用。因此，对软横跨绝缘子机械性能和绝缘性能要求都比较高，在安装、检修、检查时，要严格检查软横跨两侧绝缘子，确保安全供电。

2) 软横跨的节点

软横跨所采用的结构视其所设地点的线路情况而定，其结构形式可用节点的组合方式来表示。软横跨的节点形式共有 14 种。各节点示意图如图 1-93 所示。

（1）节点 1、2 适用于：13 m、15 m 钢柱，节点 2 用于站台上。当 $C_x>6$ m 时，节点 2 的横向承力索绝缘子串应下移，且与上、下部固定绳绝缘子串在同一垂直平面内。

（2）节点 3、4 适用于地面以上 12 m 的钢筋混凝土支柱。节点 4 用于站台上。

节点 1、2、3、4 通过绝缘子使软横跨各线索保持对地绝缘。

（3）节点 5 相当于一个中间柱装置。不等高轨面处软横跨定位器的安装采用加装调节立柱的措施安装。

（4）节点 6 相当于 L 型道岔定位柱安装、节点 7 相当于 LY 型道岔定位柱安装。

（5）节点 8 用于软横跨上、下行正线股道间的电分段绝缘。

（6）节点 9 的作用是在软横跨下部固定绳在跨越中间站台时将两端用绝缘子串隔开，中间形成无电中性区，保证车站工作人员及旅客生命安全。

（7）节点 10 相当于锚段关节中转换柱的装配。

（8）节点 11、12 用于对两组非工作支进行定位。对节点 11 处的导线（从下部固定绳下方穿过）进行定位，节点 12 处的导线（从下部固定绳上方穿过）进行定位。

（9）节点 13 即起到节点 8 的电分段作用，又起到节点 9 的形成无电中性区，保护人员生命安全的作用。

（10）节点 14 相当于站内软横跨处设防窜动中心锚结和中间柱的安装方式。

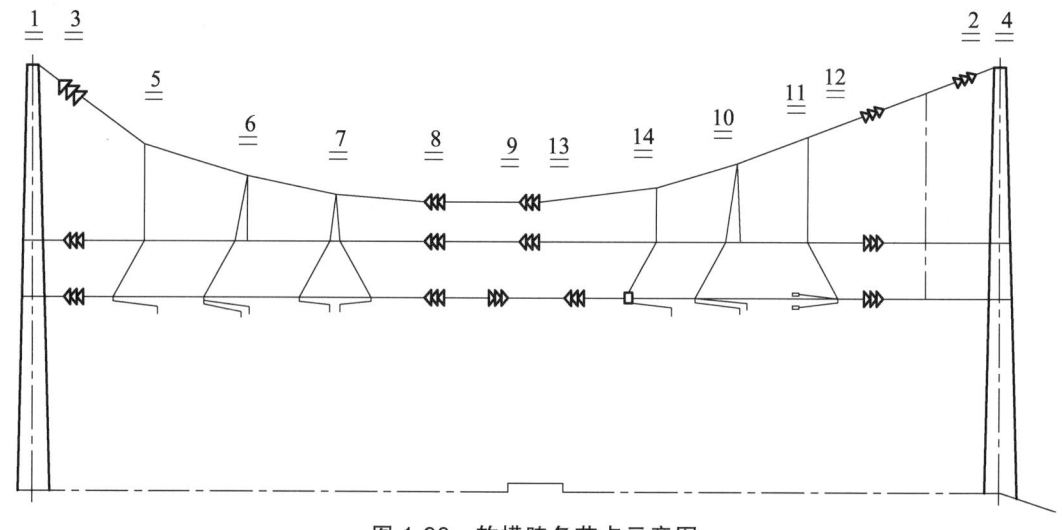

图 1-93　软横跨各节点示意图

3）软横跨的检修标准

（1）软横跨横向承力索（双横承力索为其中心线）和上、下部定位绳应布置在同一个铅垂面内。横向承力索的驰度应符合规定。吊弦应保持铅垂状态，其截面积和长度要符合规定，最短吊弦长度的误差不超过 50 mm。

（2）横向承力索和上、下部定位索均不得有接头、断股和补强，其机械强度安全系数符合下列规定：

① 软横跨横向承力索中的钢绞线或铜绞线安全系数不应小于 4。

② 上、下部定位绳中的钢绞线或铜绞线安全系数不应小于 3。

（3）横向承力索两条线的张力应相等，线夹应垂直于横向承力索。

（4）上、下部定位绳应水平，允许有平缓的负驰度，5 股道及以下者不超过 100 mm，5 股道以上者不超过 200 mm。下部定位绳距接触线的垂直距离不得小于 250 mm。

4）软横跨的常见故障

（1）绝缘子损坏。

（2）受流部件的烧伤。

（3）弹簧补偿装置的失效。弹簧补偿装置在运行时间长了以后会发生失效的现象，从而使接触线下垂，导致导高变低，造成硬点，对行车安全带来隐患。

（4）吊索卡滞引起的导高变化。动态运行的接触网经过震动后，吊索可能会发生卡滞的现象，当卡滞后，吊索会将接触线拉高，从而使导高发生变化。

2. 硬横跨

硬横跨结构如图 1-94 所示，硬横跨从结构上分为吊柱硬横跨和定位索硬横跨，吊柱硬横跨主要由硬横梁和吊柱组成，接触悬挂通过腕臂装置固定在吊柱上，如图 1-94（a）图所示。定位索硬横跨主要由硬横梁和上下部定位绳组成，如图 1-94（b）。弹性链形悬挂硬横跨结构示意图，如图 1-95 所示。在站场中使用硬横梁的主要优点为：采用硬横跨可以提高接触网的稳定性，减少列车高速通过时接触网震动对相邻线路的接触悬挂的干扰，明显改善了弓网的受流质量；硬横跨便于工厂化预制，提高了施工效率、减少了调整工作量；硬横跨结构可以降低对支柱高度、弯矩和基础承载能力的要求；在大型客站采用硬横跨结构比软横跨整齐、美观。其主要缺点为投资较大、结构较笨重、钢结构防锈成本高、横向跨距不易过大。

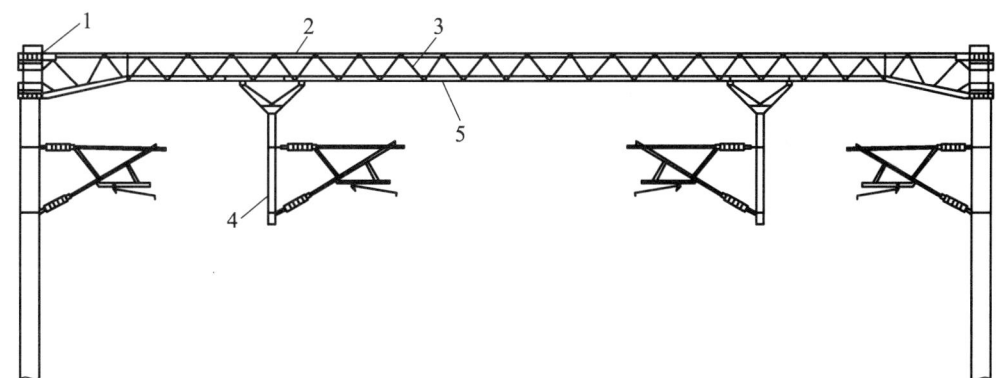

（a）吊柱式硬横跨

1—抱箍；2—上弦杆；3—斜腹杆；4—吊柱；5—下弦杆

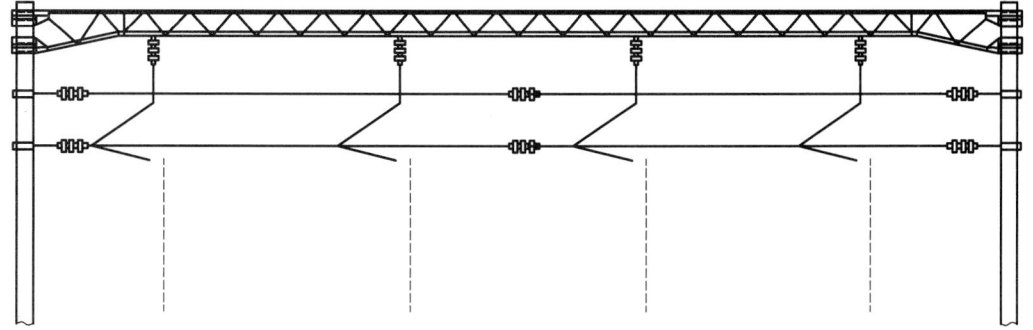

（b）带定位索的门型硬横梁结构

图 1-94 硬横跨结构

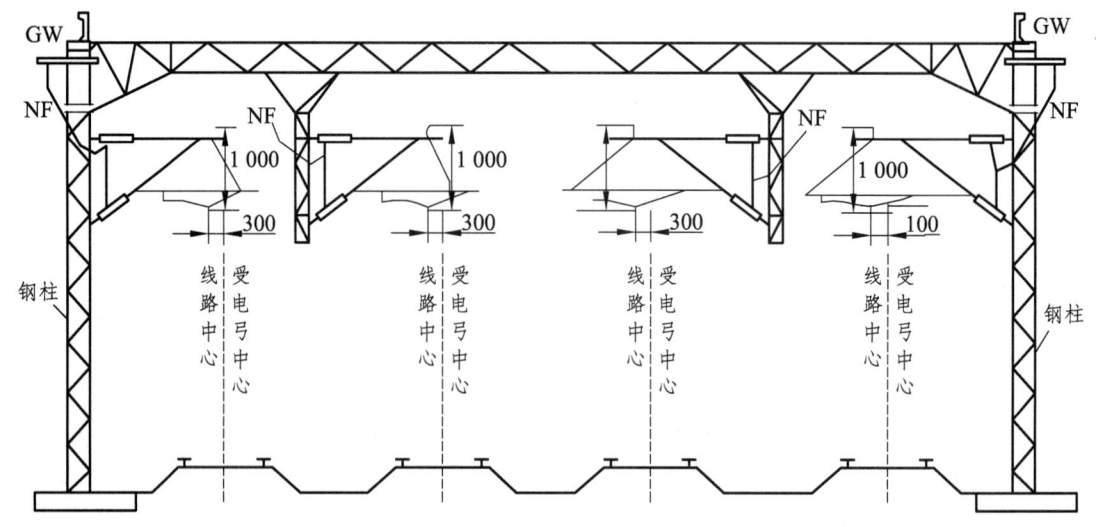

图 1-95 弹性链形悬挂硬横跨结构示意图

硬横梁一般使用格构式结构（跨距较小时，也可以使用实腹结构），主要有由角钢制成的矩形（截面为矩形）格构式硬横梁和钢管制成的三角形（截面为三角形）格构式硬横梁。

我国吊柱一般为"Y"形，吊柱的两柱脚间距一般为 1 300 mm，采用大柱脚间距可以减少吊柱对硬横梁产生的次应力，吊柱通过固定杆连接在在硬横跨的下弦杆上。

第六节 其他设备的维护

一、隔离开关的维护

1. 隔离开关的作用

隔离开关是接触网设备之一，接触网凡需要进行电分段的地方都应设置隔离开关，如车站、库线、车辆检修基地等处。另外，当供电线距离过长时也需设置隔离开关。隔离开关没有专门的灭弧装置，不能切断负荷电流和短路电流，但它具有明显的断开点。

其主要作用如下：

（1）隔离电源，将需要检修的电气设备用隔离开关与电源可靠隔离，有明显的断开点，以确保检修工作安全。

（2）改变线路的运行方式，用以增加接触网供电的灵活性和可靠性。

2. 隔离开关的结构

隔离开关主要由绝缘结构部分、导电系统部分、操作部分组成，需要时还带接地闸刀。

（1）绝缘结构部分：包括一般通过实心棒型支柱瓷绝缘子和操作绝缘子构成的对地绝缘，以保证不危及工作人员的安全。

（2）导电系统部分：通常包括导电触头和接线端子，另一端为闸刀，闸刀要有足够的压力和自清洁能力。

（3）操作部分：包括传动杆、操作机构及闭锁装置，操作机构安装在支柱下部，通过传动杆进行隔离开关状态操作。

（4）接地闸刀：按不同的隔离开关类型有带接地闸刀和不带接地闸刀的两种型号。装于带接地闸刀的隔离开关底座上，当主闸刀分开后，可操作接地闸刀使其接在处于分闸位置的主闸刀接地触头上，使停电侧接地，保证人身安全。合闸时先断开接地后合闸。

隔离开关的结构，如图1-96所示。

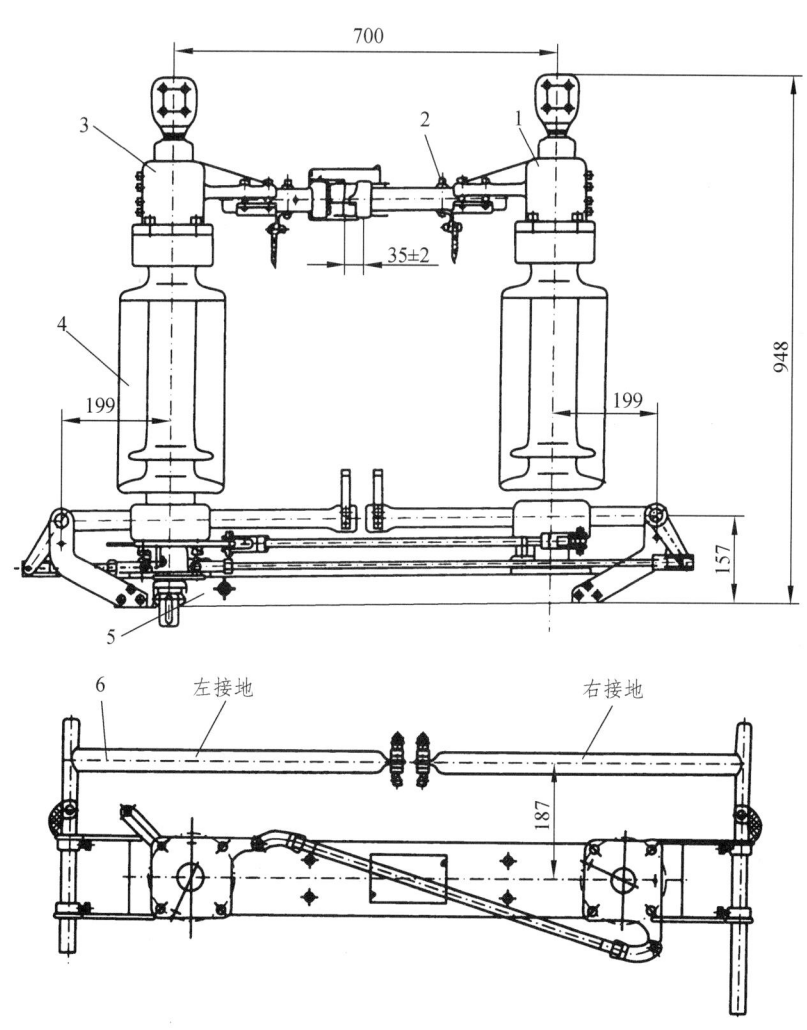

图 1-96 隔离开关的结构（尺寸单位：mm）

1—右接线座；2—接地静触头；3—左接线座；4—支柱绝缘子；5—底架；6—接地刀闸

3. 隔离开关的分类

地铁接触网上采用 1.5 kV 级双刀头隔离开关和四刀头隔离开关，可分为重型和轻型。

重型隔离开关主要应用于牵引变电站出线端的触网馈电开关。馈电开关间的联络开关，一般有手动和电动操作机构两种，能承受 4 kA 电流、3 kV 电压。

轻型隔离开关主要应用于车辆段的库线、专用线和库线间的联络开关，一般都是手动操作机构,库线和专用线(练兵线、装载线等)则应加装接地部件。能承受 1 kA 电流、3 kV 电压。

4. 隔离开关的检调、更换

1)隔离开关的检调

(1)作业准备。

① 作业人员:3人;
② 主要工具:触网常用扳手、开关摇手柄、开关钥匙、梯子、专用油脂、绳子;
③ 安全用具:接地棒、验电器、安全带、安全帽;
④ 测量工具:塞尺、卷尺。

(2)作业程序。

① 要令申请,向行车调度员申请允许作业命令。
② 行车调度员下达准许作业命令后进行验电接地。
③ 确认牵引所小车位置处于冷备用状态,确认隔离开关在合闸状态。
④ 进行隔离开关检调:检查隔离开关在分合闸时动静刀头是否有烧伤痕迹和绝缘子状态;检查分闸、合闸时动静刀闸是否到位;检查消弧棒分闸情况下间隙是否符合要求;检查各部分螺栓有无松动和放电情况;合闸位置时用 0.05~10 mm 的塞尺检查刀闸密合情况(塞入深度 20 mm);清洁动静刀闸和绝缘子(户内);涂抹专用油脂;联系总调度员所进行远动分合闸操作(或手动的信号),现场确认开关是否到位。
⑤ 工作结束,工作负责人对人员、工(器)具及材料进行清点。
⑥ 拆除接地线,作业人员撤离现场。
⑦ 消令登记。
⑧ 回基地填写相应的报表。

2)隔离开关的更换(图1-97)

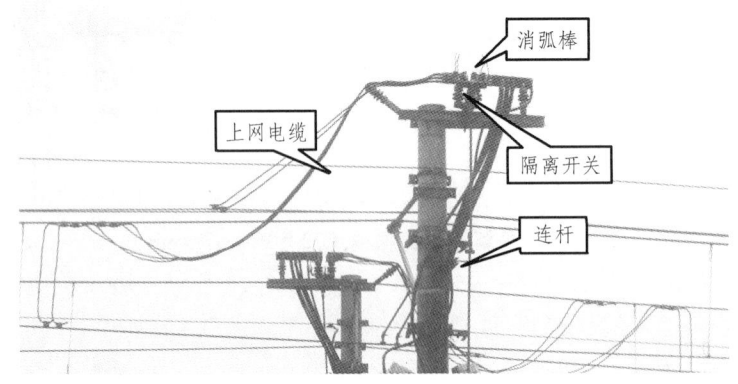

图1-97 隔离开关的结构

(1)作业准备。

① 作业人员:6人;
② 主要工具:触网常用扳手、开关摇手柄、开关钥匙、梯子、专用油脂、绳子;

③ 安全用具：接地棒、验电器、安全带、安全帽；
④ 测量工具：塞尺、卷尺；
⑤ 主要材料：隔离开关、动静刀头以及零配件。
（2）作业程序。
① 要令申请，向行车调度员申请允许作业命令。
② 行车调度员下达准许作业命令后进行验电接地。
③ 确认牵引所小车位置处于冷备用状态，确认隔离开关在合闸状态。
④ 进行隔离开关更换：

首先，拆除旧隔离开关。先拆除连杆；拆上网电缆；拆底座上固定螺栓；用绳子把隔离开关绑扎牢固，放到地面上。

其次，安装新隔离开关。新隔离开关在下面先进行预先调整；吊上柱顶；对准底座上螺栓孔，安装好固定螺栓，拧紧螺栓；装好上网电连接线；装好连杆。

最后，调整隔离开关。调整消弧棒间隙；用塞尺检查刀闸密合程度；清洁刀闸和绝缘子。
⑤ 工作结束，工作负责人对人员、工（器）具及材料进行清点。
⑥ 拆除接地线，作业人员撤离现场。
⑦ 消令登记。
⑧ 回基地填写相应的报表。

3）质量标准

（1）合闸后静、动刀闸到位；用 0.05～10 mm 的塞尺检查刀闸密合程度，塞入深度 20 mm。
（2）刀闸无烧伤、腐蚀等痕迹。
（3）电动操作机构的动作位置正确，不能有误动作出现；手动操作机构的连杆位置、紧定螺钉要紧固，整个操作机构要运作自如，无卡滞现象。
（4）各部件螺栓紧固情况良好。
（5）绝缘子外表面清洁，无烧伤、裂纹、破损、老化现象。
（6）隔离开关消弧棒在分合闸过程中与动静刀闸配合到位，分闸后保持 150 mm 以上的距离。
（7）每个隔离开关操作机构都需配置单独的挂锁，不得混淆。

二、分段绝缘器的维护

1. 分段绝缘器的作用

在车站、渡线、存车线、车辆厂等地，为了保证接触网供电的可靠性、灵活性，满足检修的需要，利用分段绝缘器将接触网分成独立的电分段。

分段绝缘器安设在接触网电分段的两端，其结构既能保证供电的分段，又能使受电弓平滑地通过该设备，如图 1-98 所示。分段绝缘器大多应配合隔离开关使用，以便使分段绝缘器两端的接触线当开关闭合时都能带电；当隔离开关打开时，独立的区段中则没有电，便于在该独立区段中进行停电作业。

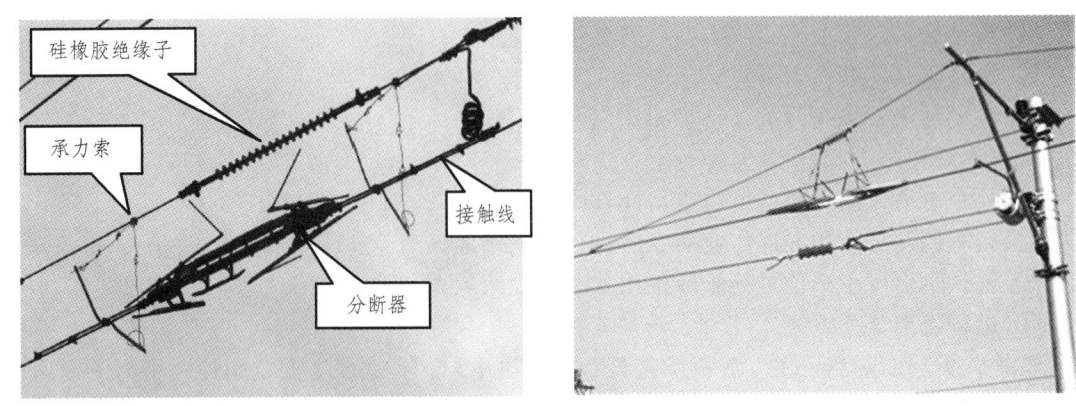

图 1-98 分段绝缘器的安装

2. 分段绝缘器的类型与结构

现在上海地铁使用的是西门子和 AF 公司生产的消弧分段绝缘器,分为重型分段和轻型分段两种。轻型分段适用于停车场和库线,其绝缘材料为绝缘板制成,如图 1-99 所示。重型分段适用于主线和主线交叉渡线,绝缘部件为爬电距离 440 mm、抗拉 130 kN 的绝缘子,其消弧棒便于大电流通过,如图 1-100 所示。

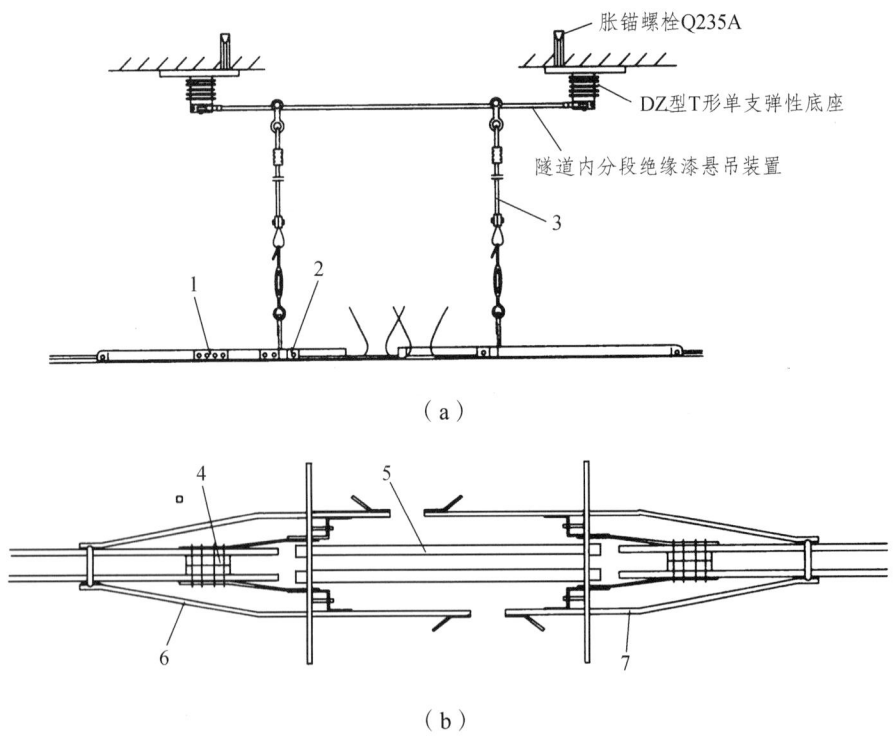

图 1-99 西门子 FDJYQ-CWL 轻型分段绝缘器

1—终锚线夹;2—滑道上下调整定位板;3—分段绝缘器吊弦;4—绝缘拉杆间距定位块;
5—绝缘拉杆;6—长滑道(长导滑板);7—短滑道(短导滑板)

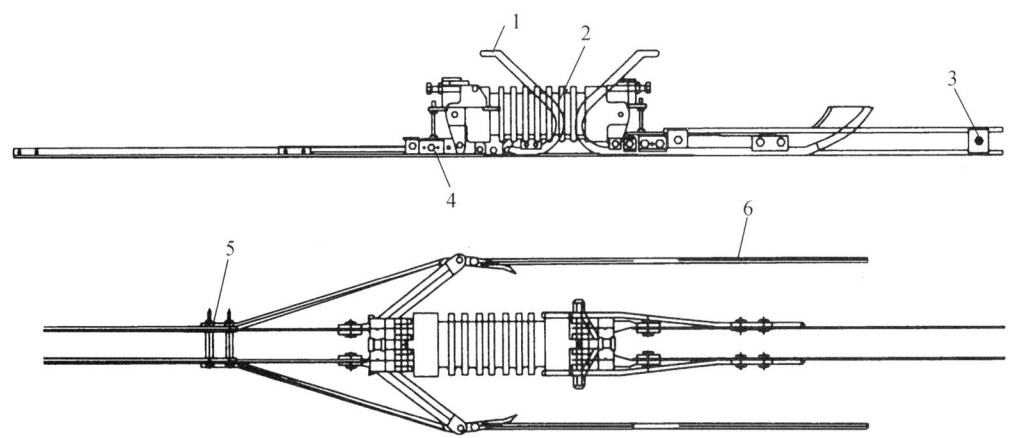

图 1-100 西门子 8WL5541-1 重型分段绝缘器
1—消弧棒；2—分段绝缘器绝缘子；3—接触线平行线夹；4—终锚线夹；
5—分段绝缘器接触线辅助长线夹；6—导滑板

3. 分段绝缘器的检调、更换

1）分段绝缘器的检调

（1）作业准备。

① 作业人员：4人。

② 主要工具：触网常用扳手、水平尺、锉刀、砂皮。

③ 安全用具：接地棒、验电器、安全带、安全帽。

④ 测量工具：激光测量仪、卷尺。

（2）作业程序。

① 要令申请，向行车调度员申请允许作业命令。

② 行车调度员下达准许作业命令后进行验电接地。

③ 进行分段绝缘器检调：测量并记录；测量相邻定位点以及分段的导高；外观检查；检查绝缘部件损坏情况和导流板烧伤情况以及其他异常情况；水平检查；用水平尺对分段绝缘器进行的纵向和横向水平检查；检查导流板进出口处是否与导线等高；检查导线到导流板是否平滑过渡；紧固螺栓按照产品要求进行复查紧固。

④ 工作结束，工作负责人对人员、工（器）具及材料进行清点。

⑤ 拆除接地线，作业人员撤离现场。

⑥ 消令登记。

⑦ 回基地填写相应的报表。

2）分段绝缘器的更换

（1）作业准备。

① 作业人员：6人。

② 主要工具：触网常用扳手、水平尺、锉刀、砂皮、直弯器、扭面器、手板葫芦、钢丝套、紧线器。

③ 安全用具：接地棒、验电器、安全带、安全帽。
④ 测量工具：激光测量仪、卷尺。
⑤ 主要材料：分段绝缘器、零配件和辅助件。

（2）作业程序。

① 要令申请，向行车调度员申请允许作业命令。
② 行车调度员下达准许作业命令后进行验电接地。
③ 进行分段绝缘器更换：测量该处的导高以及拉出值；在分段两端打上紧线器，安装上手板葫芦，对分段进行卸力；拆除悬吊装置；松动分段与导线连接部件螺栓，拆除旧分段；安装新分段；注意线夹要卡在导线槽里，螺栓紧固力矩达到产品要求；卸掉手板葫芦和紧线器；安装悬吊装置，根据曲线安装图表确定好滑轮最佳位置；安装导流板和其他零配件；调整分段绝缘器；调整分段的纵向和横向水平；调整分段进出口处与导线等高；调整导线到导流板接口平滑过渡；按照产品要求紧固螺栓；用直弯器消除紧线器安装位置的导线硬点。
④ 工作结束，工作负责人对人员、工（器）具及材料进行清点。
⑤ 拆除接地线，作业人员撤离现场。
⑥ 消令登记。
⑦ 回基地填写相应的报表。

3）质量标准

（1）分段绝缘器纵向和横向必须水平。
（2）受电弓滑行过分段绝缘器时候要能够平滑过渡，分段绝缘器与接触线连接点要略高于接触线 5 mm，消弧角间距为 50 mm，导流板间距为 293 mm。
（3）分段绝缘器上的所有螺栓应按产品要求紧固。
（4）绝缘部件完好，表面清洁，无裂纹、破损、老化现象。

4. 分段绝缘器的检修记录

分段绝缘器的检修记录，如表 1-14 所示。

表 1-14 分段绝缘器的检修记录表

序号	分段类型	车站区间	锚段/定位点	检查情况						检查负责人	检查日期	备注
				导滑板/水平	导线抬高	消弧棒	分段吊索	绝缘子/杆	导滑板/偏磨和烧伤			
1												
2												
3												
4												
5												

5. 分段绝缘器的常见故障

（1）分段绝缘器不水平，造成碰弓刮弓事故，如图 1-101 所示。
（2）分段绝缘器与导线接头线夹连接状态不良，形成硬点使接头处导线磨耗严重。
（3）分段绝缘器悬吊装置断裂，引起导线不水平造成弓网故障，如图 1-102 所示。

图 1-101 分段绝缘器不水平

图 1-102 分段绝缘器悬吊装置断裂

三、避雷装置的维护

1. 避雷装置的作用

避雷装置用于防止大气过电压对被保护设备（接触网和牵引变电所设备）的损害。大气过电压是指在接触网附近，发生雷击时接触网产生的过电压。这种峰值很高的过电压会发生绝缘子闪络、击穿、短路等事故，造成接触网设备损坏。安装了避雷装置后，它能及时地将雷电引入大地。

避雷装置种类很多，上海地铁常用带脱扣器金属氧化锌无间隙避雷器和放电间隙两种。

2. 金属氧化锌避雷器

金属氧化锌避雷器内部不带任何放电间隙，芯体为单柱式，由非线性特性的氧化锌电阻片组成；通流能力大、残压低。在正常运行电压下避雷器具有极高的电阻，避雷器基本处于绝缘状态。当过电压入侵时，避雷器工作在其伏安特性的低阻区域，冲击放电电流经过避雷器泄入大地。当过电压过后，避雷器又恢复到正常运行电压的工作状态。金属氧化锌避雷器伏安特性曲线，如图 1-103 所示。避雷器无任何火花间隙，可以直接与接触网并联，如图 1-104 所示。

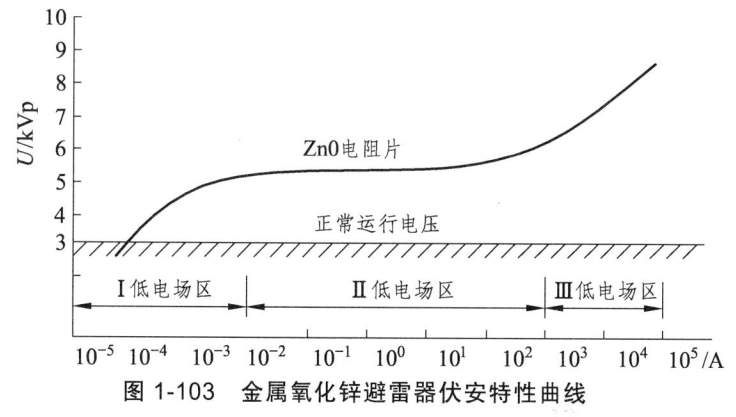

图 1-103 金属氧化锌避雷器伏安特性曲线　　图 1-104 金属氧化锌避雷器

1）避雷器的测量

每年雷雨季节前要按牵引变电所运行检修规程和有关规定对避雷器进行预防性试验，防止避雷器被击穿。击穿的避雷器，如图 1-105 所示。

（1）测量前准备。

检测前先要对避雷器进行外观检查，其引线和各部螺栓要紧固，绝缘子瓷釉光洁，干燥无水，无积灰，无破损；绝缘部件表面不得有裂纹和破损。

（2）测量程序。

① 避雷器直流参数测试仪（图 1-106）在电压高端输出红接线柱与避雷器高压端相连接，在电源电压低端输出黑接线柱与避雷器接地端相连接，并将试品置于绝缘体上，方能测量。

② 按下避雷器直流参数测试仪电源开关按键，指示灯亮，数字电压表、电流表显示均为 0 值。

③ 先按下测试仪 U_{1mA} 按钮，此时数字电压表所显示的避雷器 1 mA 参考电压，并记录下来，然后松开按键恢复原态。

④ 再按下测试仪测量 I。$0.75U_{1mA}$ 按键时，数字电流表指示的是 75%持续电流值；并记录下来，然后松开按键恢复原态。

⑤ 仪器使用完毕后，应关闭测试仪电源开关按键，再按一下测量按键，释放仪器内残余电压，保证安全。

图 1-105　被击穿的避雷器

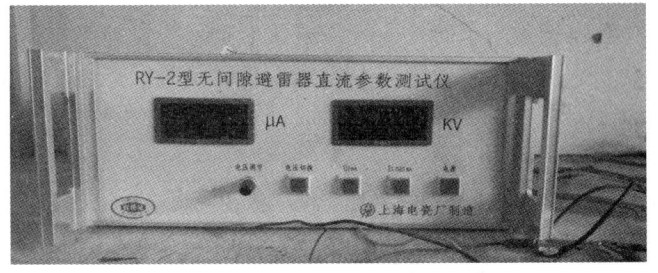

图 1-106　避雷器直流参数测试仪

⑥ 避雷器常规测试须达到 1 mA 直流参考电压 U_{1mA} 应大于 2.67 kV，75%持续电流应≤20 μA。

2）避雷器的安装

（1）杆上人员将避雷器提至杆上后，将其固定螺栓穿入底座，初步拧紧，再观察其是否竖直，竖直后将螺栓紧固。

（2）用卷尺测出上网引线及接地引线所需的长度。

（3）作业人员将预制好的上网引线（150 mm² 橡皮电缆）提至避雷器高度，一端与避雷器上桩用螺栓紧固，另一端则引至承力索端连接，引线沿支柱敷设，用抱箍等固定。

（4）将地线引线提至避雷器高度处，一端与避雷器接地螺栓接好，另一端则引至接地极。

3）避雷器的安装技术标准

（1）避雷器外观应符合要求，安装前经测试应符合技术要求。

（2）避雷器底座安装应水平，不得低头；避雷器绝缘子应竖直并固定牢靠。

（3）避雷器及引线的裸露部分必须满足距接地体 150 mm 以上。

（4）电缆引线在安装过程中，需要留有一定的余量，在任何情况下不受侧向的拉力。

(5)避雷器的接地电阻必须符合设计要求，不大于10Ω。
(6)电缆终端压接后应用热缩管包封。

4）避雷器的检查

(1)避雷器绝缘子状态。
① 检查绝缘子表面是否脏污。
② 表面有无裂纹、有无放电痕迹。
③ 复合绝缘子表面有无绝缘老化现象。
(2)接地线状态。
① 检查接地线与各部螺栓连接是否紧密。
② 检查接地线表面是否锈蚀。
③ 地线并沟线夹内是否有放电痕迹，接触是否良好。
(3)避雷器引线状态。
① 检查引线弛度是否过大或过小。
② 用水平尺和钢卷尺检查引线与钢轨相交处与接触线的高度差是否小于300 mm。
③ 用钢卷尺测量引线与接地体之间的最小绝缘距离。
④ 引线与承力索和接触线连接处电连接线夹的状态。

5）注意事项

(1)避雷器检修严禁在雷雨天气下进行。
(2)测量接地电阻时，要将地线断开，同时采取旁路措施。
(3)采取各种高空作业安全防护措施。
(4)绝缘测试时，人体不得接触绝缘子。

3. 放电间隙

某地铁使用的放电间隙，如图1-107所示。

当直流电气化铁道接触网架空地线遭雷击时，间隙击穿，雷电流流入大地。由于电动力和热的作用，间隙击穿后形成的工频电弧迅速拉长易于自动熄灭。即使电弧不易熄灭，也会因电弧上拉，电极被烧坏在羊角间隙的端部，在间隙距离最小处则不会严重烧伤，从而保证下一次正确动作。

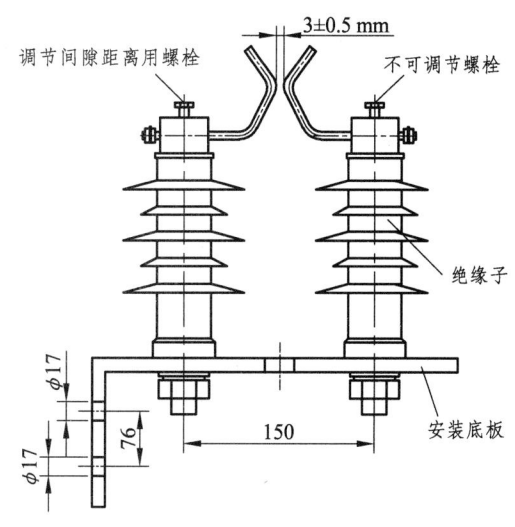

图1-107 放电间隙示意图（尺寸单位：mm）

1）放电间隙的安装

杆上人员将放电间隙拉上杆后，固定在支架上。上引线的一端连接在架空地线上，另一端与放电间隙固定，下引线的一段固定在放电间隙上，另一端与接地极连接。然后调节间隙距离，松开调节距离螺栓，将标尺塞入两个电极中间，移动可调节的电极将标尺夹在两电极中间，然后拧紧可调节螺栓，抽出标尺。

2）放电间隙的技术标准

（1）放电间隙投入运行前必须进行绝缘电阻测量，测量在复合绝缘支座外套表面干燥时进行。绝缘支座的绝缘电阻应不低于 5 000 MΩ，测试采用 2 500 VMΩ表。

（2）放电间隙在投入运行前及运行一段时间后应做预防性试验，测试放电间隙的直流放电电压，每台至少测取 3 次直流放电电压，其平均值应不小于 2.0 kV。

（3）两羊角间的间隙距离应在（3±0.5）mm。

3）避雷器与放电间隙的检修记录

避雷器与放电间隙的检修记录，如表 1-15 所示。

表 1-15　避雷器与放电间隙检修记录表

序号	车站区间	锚段/定位点	避雷器编号	接地电阻	1 mA 参考电压	75%持续电流	检查情况					检查负责人	检查日期	备注
							脱扣器	绝缘子	引线	接地线	放电间隙			
1														
2														
3														
4														
5														

四、架空地线的作用与材料

为使接触网设备安全运行，支柱上安装有接地线，在绝缘设备的绝缘能力下降时，为接触网漏电电流提供通路。架空地线的作用是在绝缘故障情况下保障人身和设备安全，它把接触网支持装置集中地与大地或钢轨相连接，一般使用金属绞线或单股的金属实心线作为地线。地线也可同时作为回流导体来使用。

架空地线一般采用硬铜绞线，正线采用 120 mm^2、车辆段采用 70 mm^2 的线材。硬铜绞线的外观与截面，如图 1-108 所示。

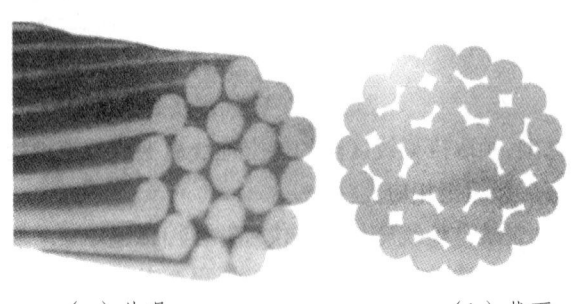

(a) 外观　　　　　　(b) 截面

图 1-108　硬铜绞线的外观及横截面

以下为各种悬挂的地线布置：如图 1-109、图 1-110 和图 1-111 所示。

图 1-109 柔性隧道地线布置方式

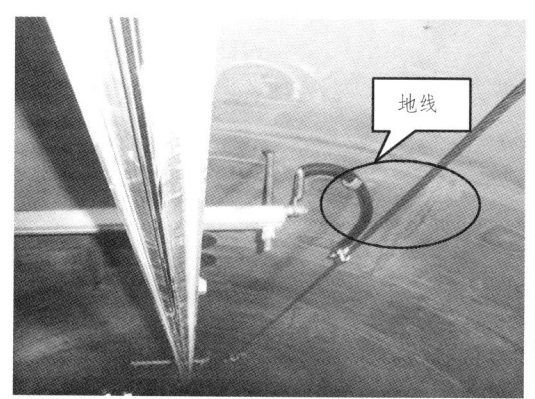

图 1-110 架空刚性悬挂地线布置方式

图 1-111 车辆段简单悬挂地线布置方式

复习与思考

1．支柱按用途可分为哪几种？
2．说明不同材质支柱的特点。
3．怎样测量支柱的斜率？
4．拉线的作用是什么？
5．拉线安装注意事项有哪些？
6．门形架的特点是什么？
7．门形架由哪几部分组成？
8．说明绝缘腕臂和非绝缘腕臂的结构特点。
9．说明腕臂的检修步骤和质量标准。
10．绝缘子有哪些电气性能？
11．说明绝缘子技术标准有哪些？
12．说明"之"字值与拉出值的概念。
13．说明"之"字值测量与调整步骤。

14．定位装置的定位形式有哪些?

15．说明定位装置检修标准。

16．弹性支座悬挂装置的作用是什么?

17．弹性支座悬挂装置检调后的质量标准有哪些?

18．根据线索的锚定方式接触悬挂可分为哪几种?分析温度对它们弹性均匀程度的影响。

19．简述接触线与承力索的作用和要求分别是什么?

20．接触线与承力索的检修标准有哪些?

21．简述接触线接头制作过程。

22．某全补偿简单链形悬挂的跨距为 65 m，要布置 7 根吊弦，结构高度 1.4 m，承力索弛度 0.78 m。试计算这段跨距的吊弦间距及每根吊弦的长度。

23．说明吊弦检调更换的质量标准。

24．什么是补偿器的 a、b 值? a、b 值的大小受接触网哪些参数的影响? a、b 值不符合规定会出现哪些故障?

25．说明棘轮式补偿装置检调的质量标准。

26．直线和曲线的锚段中心锚结该怎样布置?

27．中心锚结的检调的质量标准有哪些?

28．线岔处有哪些常见故障，分析其原因。

29．简述线岔调整的质量标准。

30．比较非绝缘锚段关节与绝缘锚段关节的不同。

31．说明非绝缘锚段关节和绝缘锚段关节的检修标准。

32．电连接有哪些类型?

33．电连接检调的质量标准有哪些?

34．软横跨由拿几部分组成?它们的作用分别是什么?

35．软横跨有哪些常见故障?

36．软横跨检修标准是什么?

37．隔离开关由哪几部分组成?各起什么作用?

38．说明隔离开关检调的质量标准。

39．分段绝缘器的作用是什么?

40．分段绝缘器的常见故障有哪些?

41．分段绝缘器的质量标准有哪些?

42．避雷器的检查包含哪些方面?

43．避雷器的检修技术标准有哪些?

44．避雷器检测时，1 mA 参考电压及 0.75%持续电流值各为多少?

45．架空地线的作用有哪些?

46．架空地线的架设流程有哪些?

47．架空地线的质量标准有哪些?

第二章　架空式刚性接触网设备的维护

【学习目标】

1. 熟悉架空刚性接触网的类型与结构；
2. 掌握刚性接触悬挂的布置方式；
3. 掌握刚性支持定位装置的分类；
4. 掌握刚性支持定位装置的维护检修内容；
5. 掌握刚性悬挂汇流排的作用、类型及常见故障；
6. 熟悉刚性悬挂中心锚结、锚段关节、线岔的作用与结构；
7. 熟悉刚性悬挂电连接、分段绝缘器的作用与结构；
8. 了解刚性架空地线及其他工具、设备的作用。

刚性接触网主要由接触悬挂、支持定位装置、绝缘部件以及架空地线等部分组成。

接触悬挂由汇流排、接触线、伸缩部件、中心锚结等组成。

接触悬挂的支持和定位装置安装在隧道顶或隧道壁上。整个悬挂一般布置成正弦波的形状（图2-1），一个锚段形成半个正弦波，各悬挂点与受电弓中心的距离一般不大于200 mm。目前，也有新建成线路如广州地铁7号线，采用之字形布置方式。

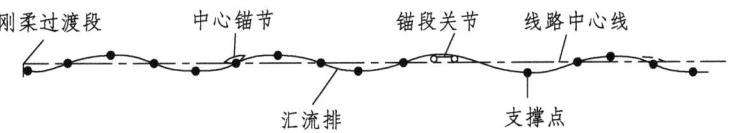

图 2-1　刚性悬挂布置示意图

第一节　刚性支持定位装置的维护

一、刚性支持定位装置的作用和分类

刚性接触网支持定位装置的作用，是通过绝缘子把铝合金汇流排接触线等固定在隧道顶或隧道壁的规定位置上。

支持和定位装置的结构，根据其安装位置的情况不同主要有以下几种形式。

1. 腕臂结构

腕臂结构（图2-2），主要由倒立柱或支柱、腕臂底座、绝缘子、可调节式绝缘腕臂、汇流排等组成。其特点是调节灵活、外形美观，但结构复杂，成本高。此种结构主要用于隧道较高或地面的线路。

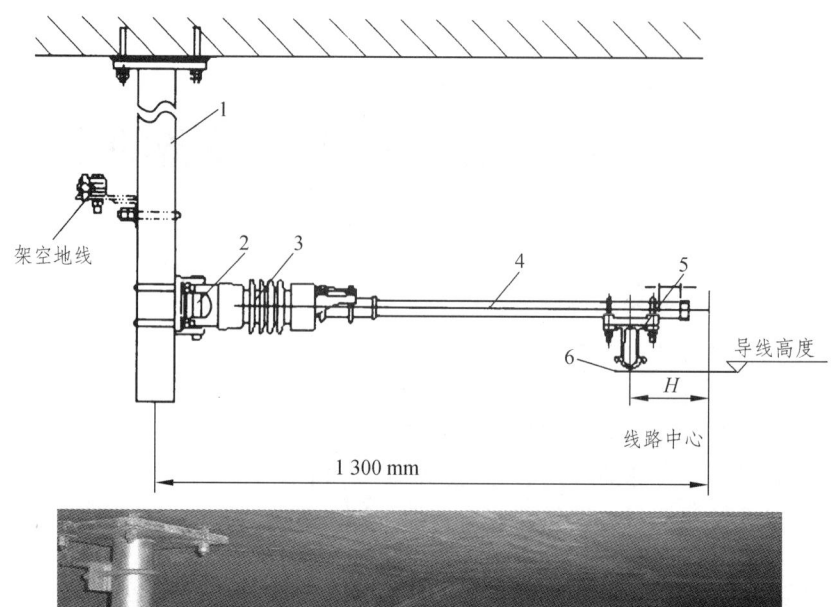

图 2-2 腕臂结构示意图及现场图

1—倒立柱；2—腕臂底座；3—绝缘子；4—绝缘腕臂；5—汇流排 C 型线夹；6—汇流排

2. 门形结构

门形结构（图 2-3），主要由螺杆锚栓、悬吊安装底座、T 形螺栓、单只悬吊槽钢、绝缘子及汇流排线夹等组成。其特点是结构简单、可靠，但调节较困难。此种结构大量用于隧道内。

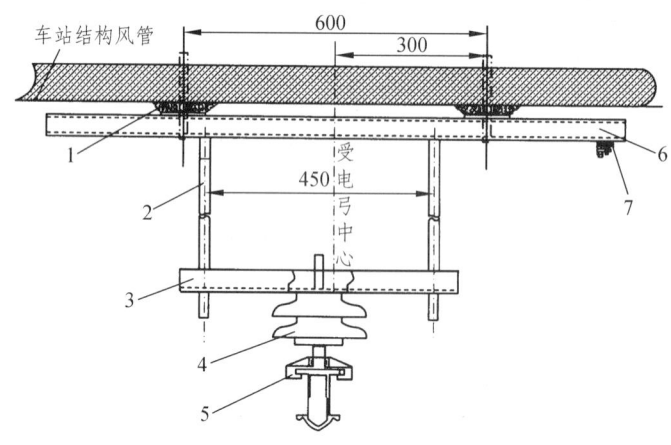

图 2-3 矩形隧道直线区段典型安装图及现场图（尺寸单位：mm）

1—螺杆锚栓；2—T 形螺栓；3—单支悬吊槽钢；4—刚性悬挂用针式绝缘子；
5—汇流排 B 型线夹；6—垂直悬吊安装底座；7—地线线夹

3. 低净空安装结构

低净空安装结构（图 2-4），由螺杆锚栓、绝缘横撑及定位线夹等组成，应用于净空小于 4 400 mm 的隧道。其特点是安装空间小、结构简单、可靠。

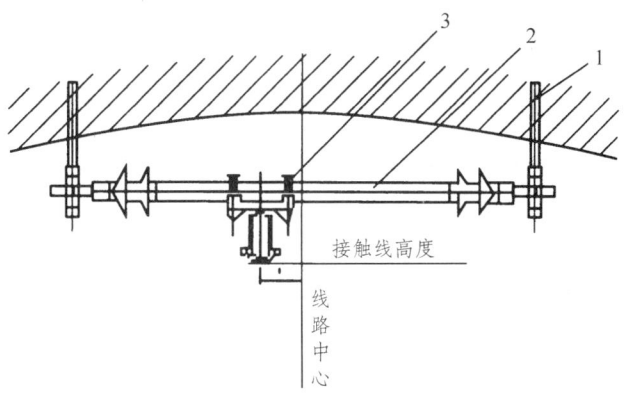

图 2-4 低净空安装结构示意图及现场图

1—螺杆锚栓；2—绝缘横撑；3—汇流排 C 型线夹

4. 高净空安装结构

高净空安装结构（图2-5）适用于各类形状隧道净空大于4 800 mm时的悬挂定位安装，在各类垂直悬吊安装底座上方增加吊柱即可。

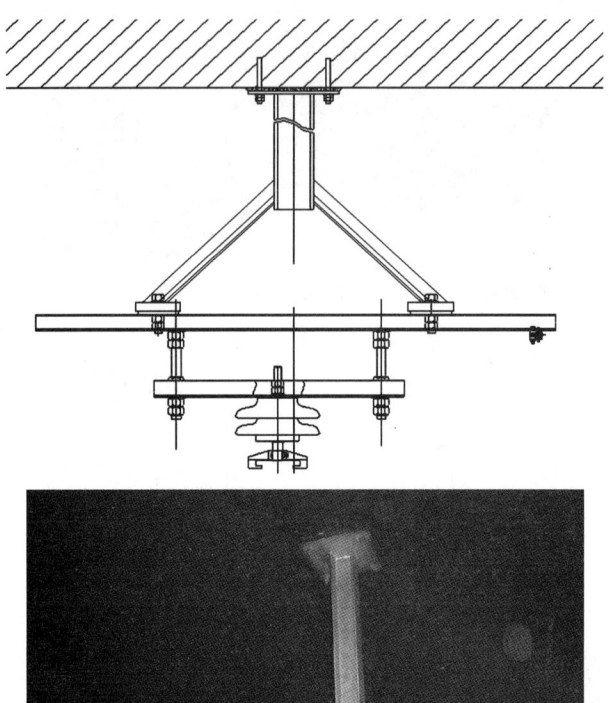

图2-5 高净空安装结构示意图及现场图

二、刚性支持定位装置的维护

1. 检修方法

1）作业准备

（1）作业人员：4人。

（2）主要工具：车梯1台、钢卷尺、水平尺、扭矩扳手、激光测量仪、火花塞扳手、内六角扳手、放线小车、常用五金工具若干。

（3）安全用具：刚性接地棒、刚性验电器、安全带、安全帽。

2）作业程序

（1）核对施工检修申请单与工作票是否符规定。

（2）要令申请，向行车调度员申请允许作业命令。
（3）行车调度员下达准许作业命令后进行验电接地。
（4）进行刚性悬挂定位点检调。
（5）检查单支悬吊槽钢外观有无变形、锈蚀。
（6）使用扭矩扳手紧固单支悬吊槽钢上紧固件。
（7）检查T形螺栓外观，T形头与槽钢须垂直。检查绝缘子的外观是否有破损，安装是否垂直于轨道平面。
（8）检查悬吊槽钢是否平行于轨道平面。检查接触线与汇流排随温度变化可有相对位移。
（9）工作结束，工作负责人对人员、工（器）具及材料进行清点。拆除接地线，作业人员撤离现场。
（10）消令登记。回基地填写相应的报表。

2. 质量标准

（1）单支悬吊槽钢无锈蚀。
（2）单支悬吊槽钢上紧固件牢固，无松动和晃动。
（3）T形螺栓要有调节余量，外露不小于15 mm。
（4）安装绝缘子的M16螺栓于竖直状态。
（5）绝缘子的瓷釉破损面积不得大于300 mm。
（6）单支悬吊槽钢应平行与轨道平面，倾斜度误差一般均不应大于1。
（7）接触线与汇流排随温度变化可有相对位移，确保汇流排的热胀冷缩。
（8）特富龙垫与汇流排是否有间隙。

3. 常见故障

（1）隧道漏水造成定位点绝缘子破损、定位装置腐蚀等现象，如图2-6、图2-7所示。

图2-6　隧道漏水造成定位点处绝缘子破损　　图2-7　定位点处隧道内漏水腐蚀的槽钢

上述故障显然是由于受到外界环境的影响而造成的，巡视时必须认真查看并及时上报调度员。
（2）站台风管楼板断裂造成的刚性支持定位装置脱落，如图2-8所示。
（3）受电弓的冲击力造成刚性悬挂本身的振动而引起锚段关节处定位线夹与汇流排脱落。由于刚性悬挂的连接点较多而且都是螺钉连接。所以对于刚性悬挂支持定位装置的检查将螺栓紧固作为工作的重点。

图 2-8　被楼板砸落的刚性定位装置

第二节　接触悬挂的维护

一、汇流排的维护

1. 汇流排的作用

刚性接触网是将传统的接触线夹装在汇流排中，汇流排取代了承力索，其作用是夹持固定接触线、承载和传输电能，并靠它自身的刚性保持接触线的恒定水平位置，使接触线不因重力而产生弛度。刚性悬挂的汇流排一般由铝合金制作，其当量铜截面为 1342 mm^2，相当于 9 根 150 mm^2 的铜导线，能满足大容量地铁车辆供电取流的要求。刚性悬挂另一个最大优点在于可以取消柔性悬挂中的承力索和辅助馈线以及张力补偿装置，使接触网的结构变得简单紧凑，极大地方便运营管理和维修。

2. 汇流排的类型

汇流排一般由铝合金材料制成，一般 10 多米一段，安装时用鱼尾板将其连接为一体。分为"Π"形结构和"T"形结构两种形式，如图 2-9 所示。

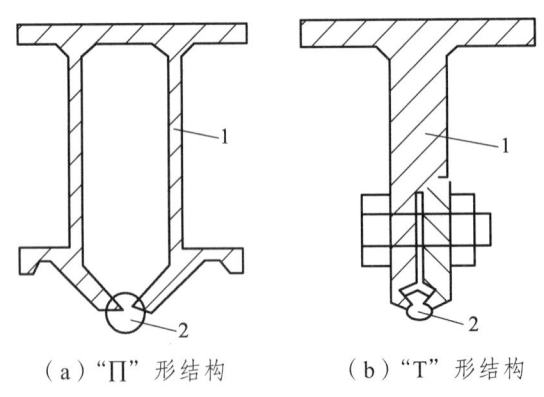

（a）"Π"形结构　　（b）"T"形结构

图 2-9　汇流排结构

1—汇流排；2—接触线

两种结构汇流排区别如下：

1）汇流排刚度自重不同

T形汇流排的垂直系数约为Π形的一半，而自重较Π形重1 kg/m。所以要保持相同的跨中垂度，T形悬挂跨距一般采用5 m，最大允许6 m；而Π形悬挂跨距100 km/h以下允许12 m，100 km/h以上还可允许8 m。

2）接触线的固定方式不同

T形采用连续的长线夹（长为1 m）固定接触线，而Π形靠汇流排自身固定接触线。T形放线时需对接触线施加较大的放线张力，否则易造成导线在线夹间形成V形或反V形而产生硬点。而且长线夹固定接触线在放线或换线时工效低，仅为Π形的1/8（3个小时仅能更换250 m，主要原因是要拆装1 000个左右螺母）。

3）成本差异

由于线夹螺母多，成本上T形较Π形高。综上所述，Π形较T形更合理。国内设计者的研究关注点也趋向于Π形结构。T形汇流排在我国重庆独轨线路中以侧面受流方式使用，本书主要侧重于Π形汇流排的介绍。

3. Π形结构汇流排

"Π"形结构汇流排包括标准型汇流排、汇流排终端及刚柔过渡元件。标准型汇流排一般有PAC110和PAC80两种，是刚性接触悬挂的主要组成部分，其长度一般制成10 m或12 m。

1）标准型汇流排

目前上海地铁采用的都是PAC110型汇流排，它是一种以铝合金为材料的导电轨，用于负载电流，在它的底部嵌有一根铜接触线，受电弓在铜接触线上滑动；其速度与跨距的关系如表2-1所示。

表2-1 PAC110型汇流排速度与跨距的关系表

速度/(km/h)	60	70	80	90	100	110	120
跨距/m	12	11	10	9	8	7	6

它的特殊形状使得接触铜导线可以被一个简单的弹性箍夹夹持住，箍夹力为10 N/cm。位于汇流排底部的两个导槽是专门设计用于架放放线小车，使放线小车能够便捷并迅速地安装和更换铜导线。

汇流排的外形尺寸及现场安装图，见图2-10、图2-11。

汇流排高度：110 mm；

汇流排顶部宽度：85 mm；

汇流排的最大电阻：1.55×10^{-7} Ω/m；

汇流排载流：3 700 A；

汇流排重量：5.9 kg/m。

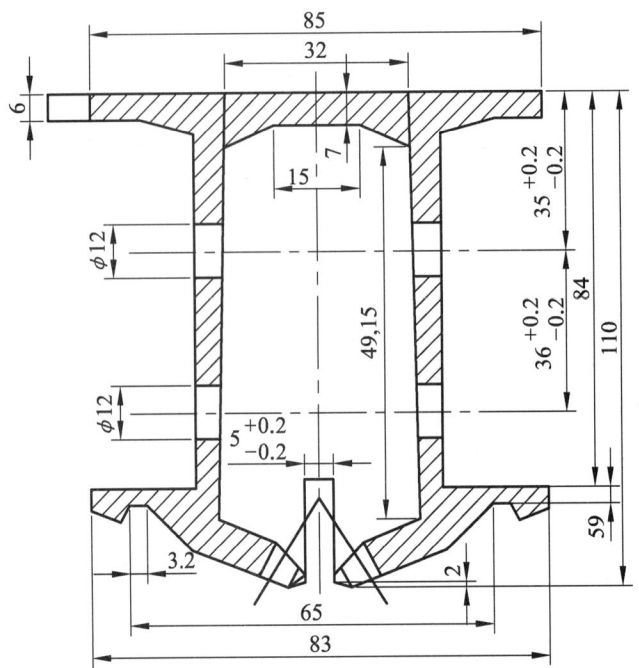

图 2-10 汇流排的外形（尺寸单位：mm）

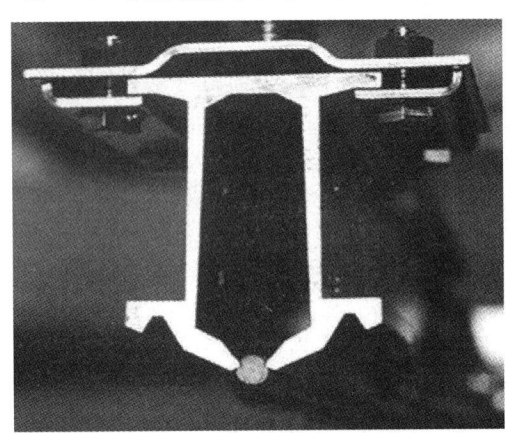

图 2-11 汇流排现场安装图

制造长度：单位制造长度为定尺长度（12+0.5）m，定尺长度制造允许偏差为 – 5 mm，其两端无切口余量。这种设计制造便于安装、维护。

汇流排化学成分：表 2-2。

表 2-2　6101B 铝合金材质的化学成分

	Si	Fe	Cu	Mn	Mg	Cr	Ni	Zn	B	Ti	其他	
											单个	合计
6101	0.30~0.7	0.5	0.1	0.03	0.35~0.8	0.03	/	0.1	0.06	/	0.03	0.1
6101A	0.30~0.7	0.4	0.05	/	0.4~0.9	/	/	/	/	/	0.03	0.1
6101B	0.30~0.6	0.10~0.30	0.05	0.05	0.35~0.6	/	/	0.1	/	/	0.03	0.1

汇流排表面质量要求如下：

（1）汇流排表面不允许有裂纹、腐蚀斑点和硝盐痕迹。

（2）汇流排表面允许有不超过缺陷所在部位壁厚公称尺寸 8%的起皮、气泡、表面粗糙和局部机械损伤，但最大深度不得超过 0.5 mm。

（3）汇流排需加工的部位，其表面上的允许缺陷深度不得超过加工余量。

（4）为了确保铝排的夹口可以牢固地夹住接触线，必须检查夹口能够被撑开放入接触线并且不会产生永久变形。一旦接触线嵌入之后，铝排的弹力足以使得接触线被夹紧。

2）终端汇流排

终端汇流排用于锚段关节、线岔及刚柔过渡处，如图 2-12 所示。其作用是使关节、线岔和刚柔过渡的平滑、顺畅过渡，其长度一般做成 7.5 m。弯头的斜面长 1 500 mm，端部抬高 70 mm，这是为了满足最大斜度不超过 1/20。弯曲处的半径是 6 m。弯曲时必须保证汇流排夹口的开口在 4.7～5.3 mm 之间。在弯头一段钻有汇流排终端夹紧螺栓用孔，在弯头另一端钻有连接用孔。

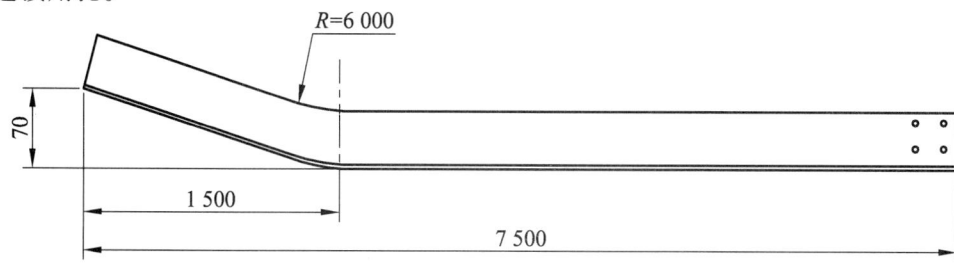

图 2-12 汇流排终端

弯头安装在每段的端部，用作膨胀接头、绝缘分段或者是道岔。斜面部分是出于安全的需要。实际上，例如在膨胀接头处的弯头按下面方法调整：受电弓从一段弯头的直线部分过渡到另一弯头的直线部分，不接触斜面部分。

3）刚柔过渡元件

刚柔过渡采用贯通式刚柔过渡，从柔性悬挂进入刚柔过渡元件前，两根柔性悬挂接触导线等高并列运行，然后一根接触导线导入刚柔过渡元件（可视为柔性悬挂进入或变为刚性悬挂，即所谓刚柔贯通）；另一根在刚柔过渡元件外面，两根柔性接触线等高并列运行进入刚柔过渡元件约 500 mm 后，在过渡元件外面的导线逐渐抬高脱离接触，其最终的抬高量不应小于 35 mm；在刚柔过渡元件向柔性方向接口处到 3 m 的范围内，柔性悬挂不能装设吊弦。刚柔过渡元件的各张力紧固螺栓要夹紧，紧固力矩为 50 N·m，螺栓应有垫圈（防松垫圈和平垫圈）。

贯通式刚柔过渡，如图 2-13 所示。

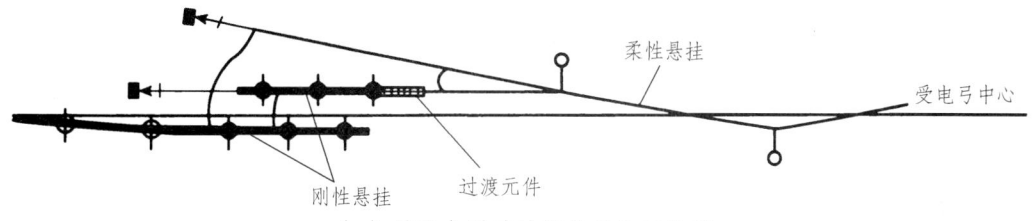

（a）贯通式刚柔过渡单悬挂示意图

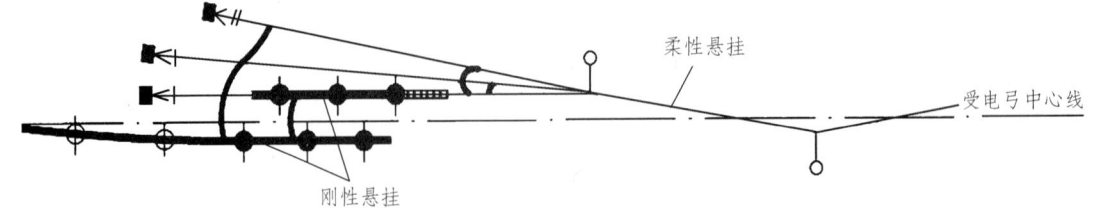

（b）贯通式刚柔过渡双悬挂示意图

图 2-13 贯通式刚柔过渡示意图

刚柔过渡元件的长度为 5 m，如图 2-14 所示。它是由普通铝排经过加工其顶面而制成。加工是为了减小惯量和增加末端的弹性，这些措施是为了使受电弓可以无硬点地从柔性网向刚性网过渡，同时又不削弱受电弓的接触压力。

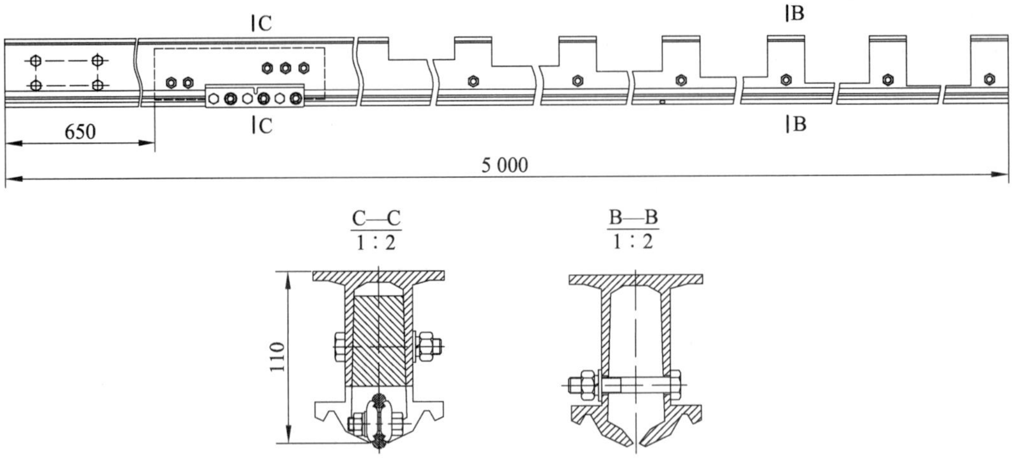

图 2-14 刚柔过渡元件（尺寸单位：mm）

然而这样加工又减小了铝排夹口夹持铜线的弹力。在铝排上间隔 480 mm 共钻了 7 个通孔，并用 15 N·m 的力矩紧固 7 个 M10 的不锈钢螺栓。安装这些螺栓之后，夹口的弹力就可以得到保证。

在过渡元件的底面有一个 60×200 的缺口用来放置接触线的固定夹。这个固定夹可以防止接触线因受到柔性网接触线的拉力而在铝排内滑动。

在另一端钻有 8 个用于安装连接板的孔。

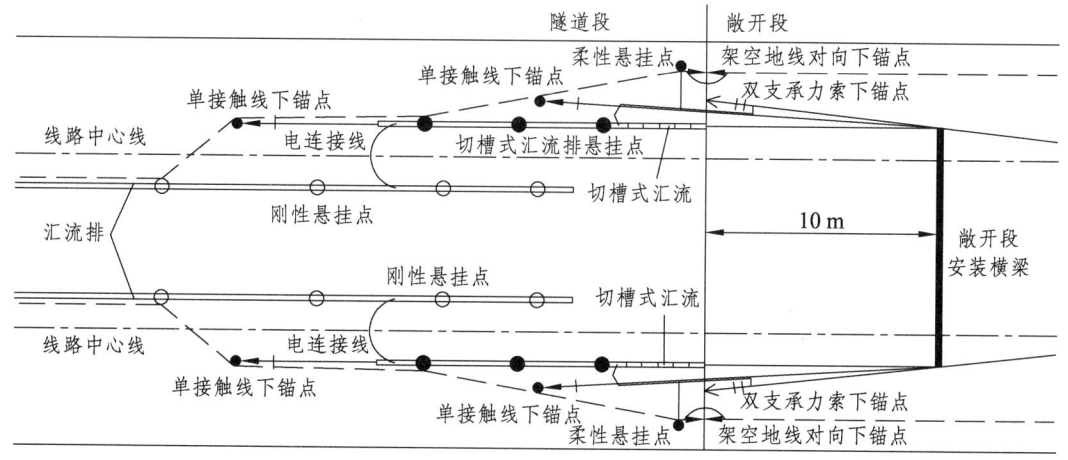

图 2-15 隧道口处刚柔过渡布置示意图

贯通式刚柔过渡的安装要求：

（1）贯通式刚柔过渡处刚性悬挂接触线应比柔性悬挂接触线高 20~50 mm。
（2）柔性悬挂升高下锚处绝缘子边缘应距受电弓包络线不得小于 75 mm。
（3）刚性悬挂带电体距柔性悬挂下锚底座、下锚支悬挂等接地体不应小于 150 mm。
（4）受电弓距柔性悬挂下锚底座、下锚支悬挂等接地体不应小于 100 mm。且在受电弓通过时应平滑无撞击及不应出现固定拉弧点。
（5）两支悬挂的间距为 200 mm，允许误差 ±20 mm。

4）中间接头

汇流排中间接头有内接式与外包式两种。内接式中间接头如图 2-16 所示，中间接头在每个面有 4×2 个 Φ10 无螺母式六角螺钉，接头时插入汇流排将汇流排从两边外侧面连接。

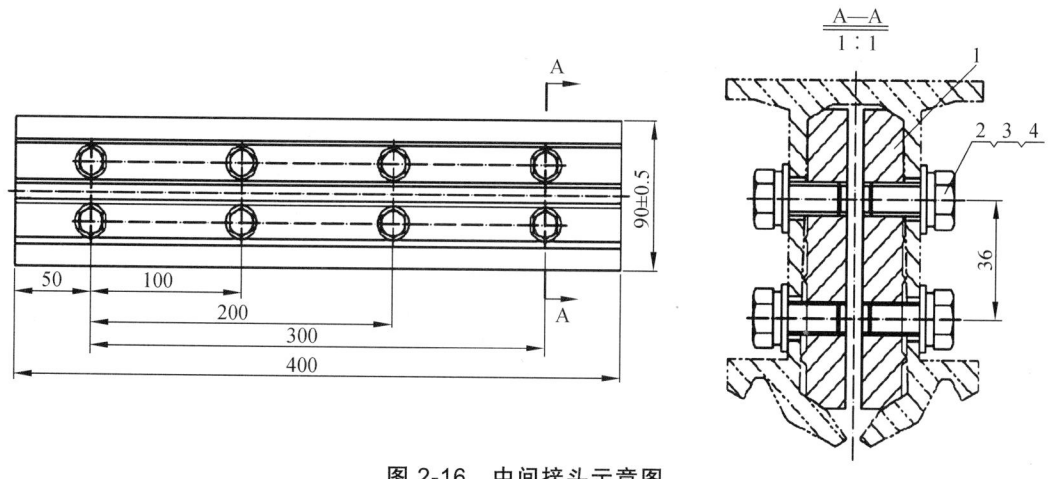

图 2-16 中间接头示意图

单接触线"Π"型汇流排接头主要由汇流排中间接头连接板和螺栓组成，用于两根汇流排之间的连接。如图 2-17 所示。要求被连接的两根汇流排既要保证可靠的机械连接，又要有足够大的接触面积,确保导电性能良好。

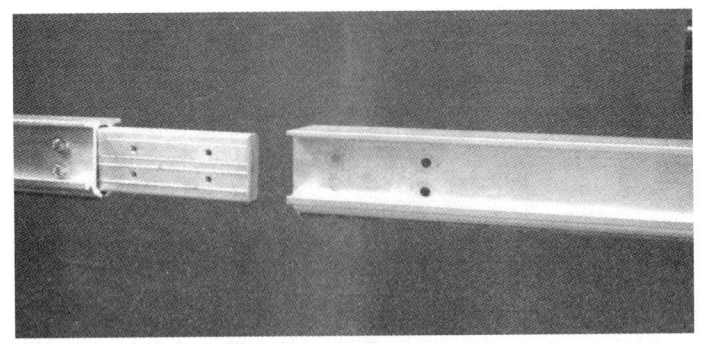

图 2-17　中间接头实物图

外包式中间接头用于人防隔断门处,便于紧急情况时快速拆卸汇流排以关闭人防密闭门。分为手动式和电动式(图 2-18)两种。其中手动式外包中间接头零件由左、右两个夹板组成(如图 2-19,2-20 所示),通过螺栓连接夹紧汇流排,将两段汇流排连接成为一个整体。外包中间接头的外形尺寸与汇流排的外表面相匹配,结合紧密。手动式汇流排外包式中间接头也可用于应急抢修时连接汇流排之用,可以减少安装内接式接头时的钻孔环节,节约抢修时间。

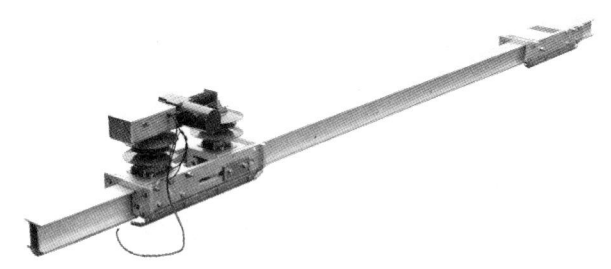　　　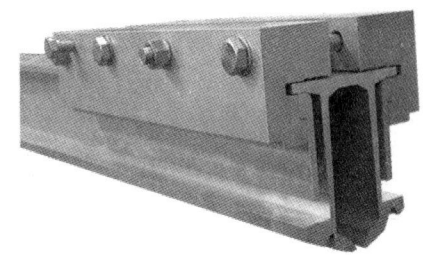

图 2-18　电动式汇流排外包式中间接头　　　图 2-19　手动式汇流排外包式中间接头

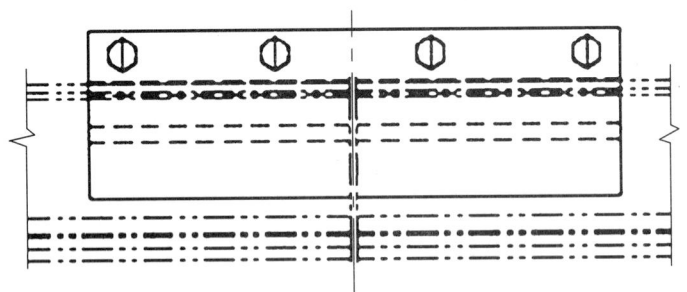　　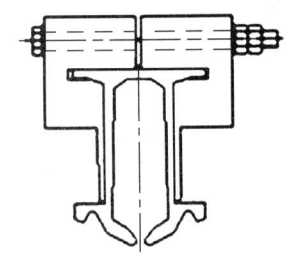

图 2-20　手动式汇流排外包式中间接头结构示意图

5)膨胀接头

膨胀接头也成膨胀元件,用于补偿汇流排系统因热胀冷缩而产生的长度变化,并保证电流良好接续,使得受电弓能平滑过渡。在需要机械分段处,设刚性悬挂非绝缘锚段关节,在不便设置非绝缘锚段关节的地方或行车速度较高(设计时速大于 120 km/h)的区段或曲线区段,采用膨胀接头取代非绝缘锚段关节。

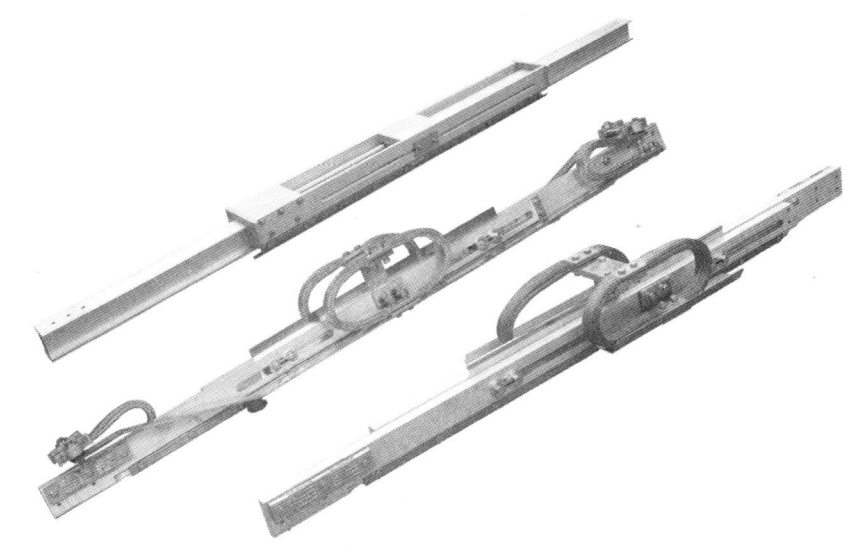

图 2-21 膨胀接头实物图

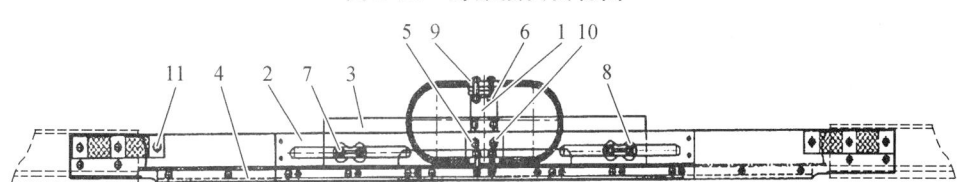

图 2-22 膨胀接头结构图

1—托架；2—膨胀接头汇流排；3—十字头；4—接触线线夹；5—角架；6—平衡板；7—滚柱；
8—接触板；9—平铜带；10—接触垫圈；11—铜软接触；12—护翼板

图 2-23 膨胀接头安装效果图

4. 汇流排常见故障

（1）因隧道漏水造成汇流排表面腐蚀、斑点，导致汇流排夹口力过小，接触线脱槽。

图 2-24　因腐蚀造成接触线脱槽

（2）汇流排线夹卡滞，无法随温度变化窜动。

（3）汇流排接头螺纹滑牙，缝隙大，打弓。

原因主要是刚性悬挂无抬升量，受电弓的接触压力和冲击力无法缓解，造成整个悬挂不断处于振动状态，其结果是最后所有的振动能量逐渐"消化"在刚性悬挂系统中，造成整个悬挂系统零部件松动，从而对行车安全造成很大威胁。

（4）T 型头螺栓偏转。

刚性接触悬挂的定位底座槽钢通过 T 头螺栓连接，当 T 头螺栓在振动的累积作用下会慢慢偏转，如果没有及时予以纠正，将会造成 T 头螺栓从定位槽钢中脱落，其结果也是很严重的，甚至会中断行车。

（5）汇流排终端调整不到位，接触线磨耗严重，打弓。

二、刚性中心锚结的维护

1. 刚性中心锚结的作用

刚性接触网系统中由于接触线不存在张力，也就不会出现断线事故，所以其中心锚结只起一个定位作用。每一段刚性接触网将在其锚段长度中点处安装中心锚结线夹，其目的是为了防止分段刚性接触网在热胀冷缩过程中产生的偏离或者是在受电弓的冲击作用力下向受电弓的运行方向的偏离。

为了保证吸收汇流排热膨胀量的需要，经研究确定最大膨胀段长度为 200 m，环境温度 −25°C ~ +40°C 情况下，膨胀量设计取值为 200 mm。所以在其中间部位安装中心锚结，防止刚性梁在热膨胀时向两侧自由、任意伸展或收缩。

2. 刚性中心锚结的结构

刚性中心锚结的结构，如图 2-25 所示。

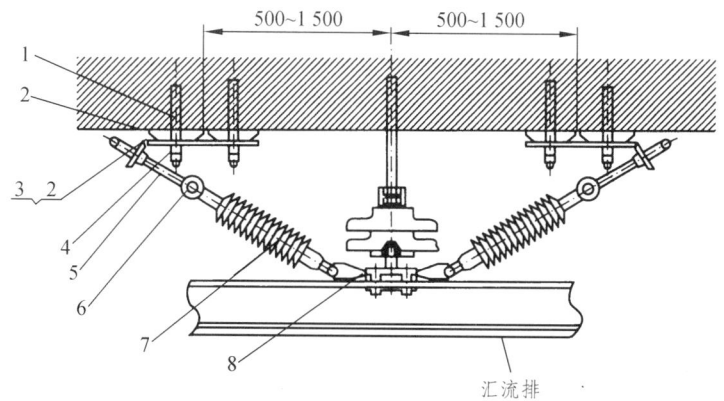

图 2-25　刚性接触网中心锚结的结构（尺寸单位：mm）

1—锚栓；2，3—调节螺栓；4—下锚底座；5—调整螺杆；6—销钉；7—绝缘子；8—中心锚结线夹

刚性悬挂中心锚结由调整螺栓、中心锚结绝缘子、中心锚结线夹、连接件组成。

中心锚结线夹主要包括线夹本体、线夹夹板、线夹连板、轴套、销轴等零件。与中心锚结下锚绝缘子、调节螺栓、中心锚结下锚底座等零部件相连接，组成一整套中心锚结下锚装置，如图 2-26 至图 2-29 所示。

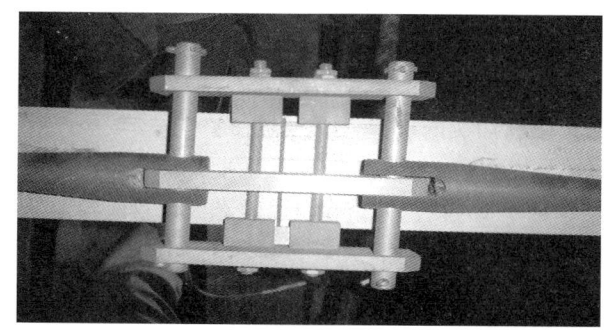
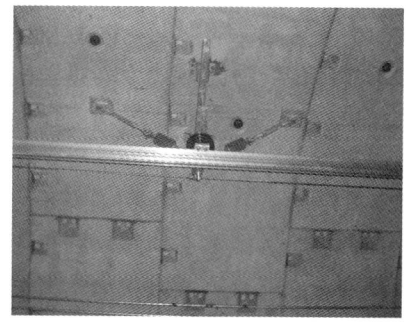

图 2-26　中心锚结下锚

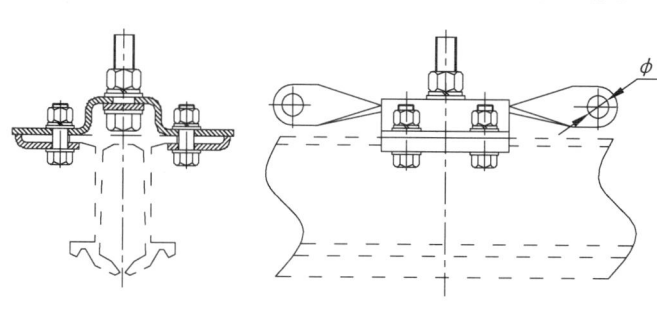
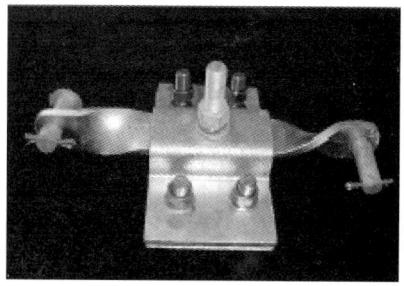

图 2-27　刚性接触网中心锚结线夹示意图

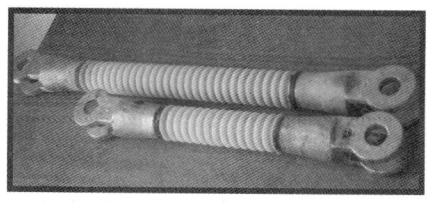
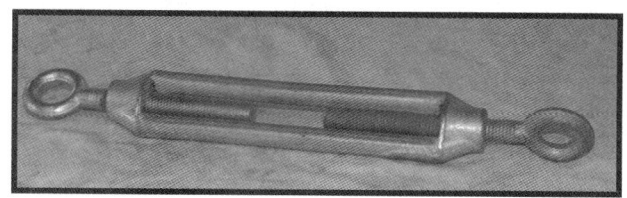

图 2-28　中心锚结棒式绝缘子　　　　**图 2-29　中心锚结调整螺栓**

3. 刚性中心锚结的安装

1）技术要求

（1）直线上，锚固底座中心线位于汇流排中心线的正上方；曲线上，锚固底座中心线位于中锚在汇流排上锚固线夹处汇流排圆切线延伸线的正上方。

（2）中锚两端底座距中心锚固点的距离应相等，其安装误差为±50 mm。

（3）中心锚结拉线拉力应均衡适度，两端拉力应一致，且不能使中锚点出现负弛度；可调节螺栓应有足够的调节余量，有锁紧螺母的要锁紧。

（4）中锚锚固线夹与汇流排的接触面应均匀涂抹导电油脂，与汇流排固定牢固，螺栓紧固力矩符合设计要求。

2）安装流程

安装流程如下：

（1）位置定测：刚性悬挂调整到位后，按施工图纸中心锚结位置，现场沿汇流排测量定出中心锚结锚固线夹位置（即该跨距中心）。测量汇流排至隧道顶的净空高度，根据中心锚结绝缘棒与汇流排夹角≤45°要求并且中心锚结绝缘棒接地端距汇流排的绝缘距离不小于150 mm的设计要求，确定中心锚结底座位置。

（2）中心锚结底座钻孔安装：套模进行钻孔安装和中心锚结底座安装。中心锚结底座应安装水平端正。直线上，中心锚结底座中心线应位于汇流排中心线正上方；曲线上，中心锚结底座中心线应在中心锚结锚固线夹处汇流排圆切线的正上方。

（3）安装中心锚结V形拉线：在汇流排与中心锚结锚固线夹的接触面均匀涂抹导电油脂，安装紧固中心锚结锚固线夹，连接安装中心锚结V形拉线。两端调整螺钉调节余量应预留充足。

（4）中心锚结状态调整：调整中锚两端拉线受力一致，并轻微拉住汇流排，检测锚固处导线高度，汇流排不能出现负弛度。

（5）中心锚结安装后，拆除所有临时锚固线夹。

4. 刚性中心锚结的维修

（1）中心锚结的锚固点应安装在汇流排的正上方。

（2）中心锚结线夹处接触线应平顺、无负弛度。

（3）汇流排中心锚结锚固线夹安装应与汇流排平行，保证悬挂两侧受力均匀。

（4）中心锚结绝缘子型号应符合设计和产品技术条件，表面无损伤，带电端至接地体距离，一般情况下应不小于150 mm；困难情况不应小于115 mm。中心锚结锚固线夹处接触线应平顺无负弛度。

（5）中心锚结与汇流排固定牢固，螺栓紧固力矩符合设计要求，调整螺栓处于可调状态。

（6）线夹无裂纹、折断现象，中锚线夹与汇流排夹连接应牢固，不能滑动，连接螺栓无锈蚀、紧固良好。

5. 刚性中心锚结的质量标准

（1）中心锚结形式基座中心偏离汇流排中心应控制在±30 mm。

（2）中心锚结绝缘子表面无损缺，中心锚结线夹处接触线应平顺，无负弛度。

（3）中心锚结绝缘子及拉杆受力均衡适度，与汇流排的夹角不能大于45°，中心锚结与汇流排要固定牢固，螺栓紧固力矩要符合设计要求，应调整螺栓，使其处于可调状态。

6. 刚性中心锚结的常见故障

（1）因温度变化，可能会造成调整螺栓不受力、松弛。

（2）因隧道潮湿，可能会造成中心锚结绝缘棒击穿或闪络。

（3）因施工安装或维护不到位，可能会造成中心锚结线夹紧固螺栓松动，汇流排随温度变化而发生少量位移。

三、刚性锚段关节的维护

1. 刚性锚段关节的作用

刚性悬挂一般用于隧道段，其要点为无弹性接触悬挂系统。刚性接触网锚段的设置主要是为了满足导线、铝合金汇流排的温度变化曲线要求。

刚性锚段长度一般为200～250 m。

2. 刚性锚段关节的结构与分类

刚性锚段关节的结构，主要由以下几部分组成：
（1）两根互为关节的汇流排及导线。
（2）刚性定位点装置。
（3）锚段关节电连接（仅限于非绝缘锚段关节）。
（4）汇流排终端夹紧螺栓。
（5）接地跳线。

受电弓在两个汇流排终端的悬挂夹之间等高部分过渡，弯头部分作为调整时的安全区域，用于防止列车通过刚性悬挂锚段关节时，不发生打弓、刮弓等事故，保证列车受电弓平稳过渡。

锚段关节，如图2-30所示。

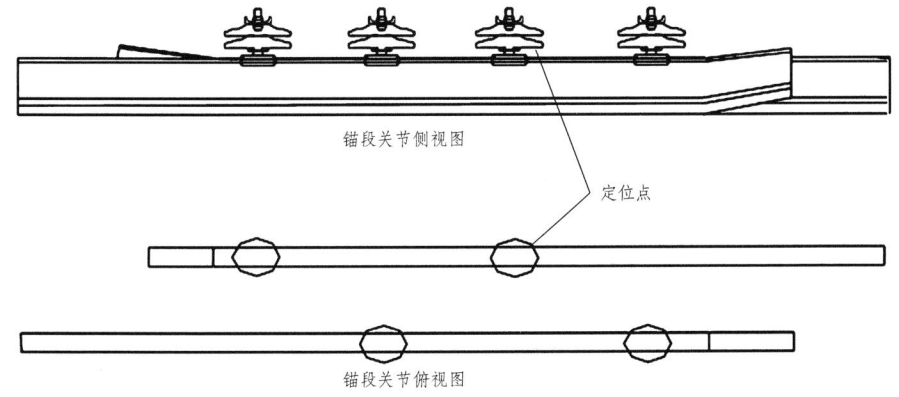

图2-30 刚性锚段关节示意图

刚性锚段关节一般分为绝缘锚段关节（图 2-31）、非绝缘锚段关节（图 2-32）以及刚柔过渡处于柔性悬挂形成的特殊关节形式。在刚性悬挂系统中，非绝缘锚段关节的数量一般较大；而绝缘锚段关节是作为电分段装置，一般应设置在端头井部位，同时在锚段关节的两端设置相应供电臂的上网电缆；在隧道与高架段的衔接部位，通过刚柔过渡装置实现刚性悬挂与柔性悬挂的转换，在此处便会形成由刚性和柔性悬挂形成的特殊的关节形式。

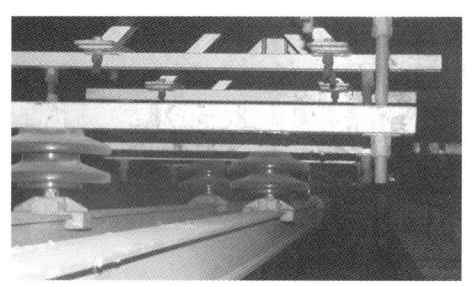
图 2-31　绝缘锚段关节

图 2-32　非绝缘锚段关节

3. 锚段关节的检修

1）锚段关节定位点绝缘子更换

当发现锚段关节内部的定位绝缘子断裂、存在放电闪络现象后，对相应的故障绝缘子进行更换。

（1）所需主要的工（器）具包括：绝缘子、常用组合工具、力矩扳手、水平尺、激光测距仪、棉布、导电膏、车梯等。

（2）拆卸故障绝缘子。先将故障的绝缘子取下。拆除与定位线夹连接螺栓；拆除与槽钢相连的螺栓（注意在该位置做一定的标记，以确定新绝缘子的位置），将故障绝缘子取出。注意：在拆除与定位线夹连接螺栓时，应适当将汇流排往上托起，以防止悬挂点的突然消失造成汇流排骤降，导致相邻定位点的绝缘子掰断。

（3）安装新绝缘子。先将新绝缘子与定位线夹连接；将汇流排适当托起，将绝缘子与槽钢进行固定，固定时以拆卸时做的标记为准，再用力矩扳手对所有的螺栓进行校验。更换完毕复核定位点的导高拉出值是否达标；复核关节的等高技术数据是否满足要求；检查定位线夹是否卡滞。若不符合要求，按照其他相应的标准进行反复的调整复核。此外，对有闪络放电痕迹的绝缘子，带到相应检测部门进行绝缘检测后分析数据。

2）锚段关节内定位线夹更换

当发现关节内定位线夹卡滞、腐蚀时，进行定位线夹的更换。

（1）更换需要携带的主要工（器）具包括：定位线夹、常用组合工具、水平尺、激光测距仪、棉布、导电膏、车梯等。

（2）拆卸、安装故障线夹。先将故障线夹取下。取下时将汇流排适当托起，以防止悬挂点的突然消失造成汇流排骤降，导致相邻定位点的绝缘子掰断。

对线夹附近的汇流排表明进行清洁打磨后安装新线夹。安装完毕后用激光测量仪校验定位点的导高拉出值是否符合要求，用水平尺校验关节的等高技术数据是否达标。若不符合要求，按照导高拉出值调整、关节等高区域调整进行反复调整复核。

3）锚段关节等高技术数据调整

当车梯巡视发现关节导线磨耗不正常如磨耗超标、导线偏磨等现象时，进行关节等高区域调整。

首先用激光测距仪测量关节内四个定位点的导高拉出值并做好记录，对数据进行分析，确定同一个锚段的最后两个定位点的导高是否匹配。锚段末端定位点的导高必须高于该锚段最近一个定位点 1～3 mm，若不符合要求进行末端定位点导高调整，若末端定位点导高在正常范围内，则对另一定位的导高进行调整，反复调整校验两定位点的导高拉出值，使其达到上述指标。调整完毕检查关节等高区域是否符合要求，若等高区域的宽度不能满足必要的长度，就重复进行上述步骤，直至锚段最后两个定位的导高相匹配同时关节的等高区域技术数据也能保证即可。

调整完毕对磨耗超标位置进行标记，在下次检修时对标记位置的导线磨耗进行观测，以确定上次关节调整是否到位。若未达到预期效果，对关节进行复调。

在进行关节调整时，必须考虑关节的位置，是否处在曲内、曲外或直线，是否处在变坡点等。

4）锚段关节区域漏水的处理

当车梯巡视、步行巡视发现关节区域漏水时。首先确认漏水的位置，是否漏在定位点槽钢、绝缘子线夹、汇流排、电连接及线夹、跳线及线夹等位置。将漏水位置的设备进行表面清洁，甚至打开设备进行清洁保养、打磨、涂抹导电膏等方式进行临时处理。处理完毕及时将漏水部位报相关部门，进入漏水处理程序，并对漏水处理完毕后的状态进行确认跟踪。

4. 锚段关节的检修质量标准

对于绝缘锚段关节、非绝缘锚段关节的检修标准如下：

（1）锚段长度符合设计要求，汇流排终端到相邻悬挂点的距离为 1 800 mm，允许误差：+200 mm；−100 mm。

（2）接触线在锚段末端汇流排外余长为 100～150 mm，沿汇流排终端方向顺延，一般情况对接地体的距离不应小于 150 mm；困难情况不应小于 115 mm。

（3）锚段关节处的两支接触线在关节中间悬挂点处应等高，转换悬挂点处非工作支不得低于工作支，可以比工作支高出 0～1 mm。且在冷滑试验中受电弓双向通过时应平滑无撞击，热滑试验中不应出现固定拉弧点。

（4）非绝缘锚段关节两支悬挂的拉出值应符合设计要求，一般分别为 ±100 mm，中心线之间距离为 200 mm，允许误差 ±20 mm。

（5）绝缘锚段关节两支悬挂的拉出值应符合设计要求，一般分别为 ±150 mm，中心线之间距离为 300 mm，允许误差 ±20 mm。

5. 常见故障

（1）定位点的绝缘子破损、表皮剥落、闪络放电痕迹。

（2）定位点的定位线夹卡滞现象。按照设计标准，线夹与汇流排之间有一定的活动余量，以保证铝合金汇流排能在温度变化情况下自由伸缩；用手沿线路方向推搡线夹，若能自由活动即为线夹状态正常。

（3）定位线夹腐蚀。一般线夹腐蚀都会导致线夹卡滞，而线夹腐蚀一般为潮湿或隧道漏水造成。

（4）隧道漏水造成绝缘子、定位槽钢、汇流排以及关节区域架空接地系统故障。

（5）锚段关节电连接状态是否正常，是否存在散股、烧伤或腐蚀的情况（图2-33）。

图 2-33　漏水造成的电连接线、线夹腐蚀

（6）电连接线夹松动。

（7）汇流排终端夹紧螺栓是否松动。

（8）导线有脱槽现象和拉弧痕迹。

四、刚性线岔的维护

1. 线岔的作用

列车在运行中，当运行到两股道交叉处，由一股道过渡到另一股道上运行时，要经过道岔设施转换。在隧道刚性悬挂系统中，采用无交叉线岔结构，正线接触悬挂不中断，单独一根侧线与正线接触悬挂侧向错开，其水平间距一般为 200 mm，使列车受电弓在此处时能平滑无撞击通过，进而实现转道，且不中断电气畅通。

2. 线岔的结构与分类

刚性线岔一般分布在隧道地下站台有存车线、渡线的地方，线岔的形成主要由正线与渡线、渡线与存车线、渡线与渡线等几种方式。其主要分为单开道岔、交叉渡线道岔（图2-34、2-35）形成的两种线岔形式。

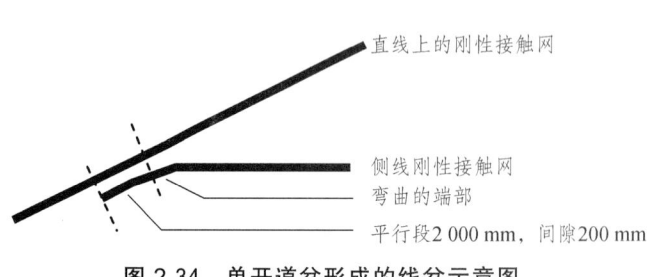

图 2-34　单开道岔形成的线岔示意图

图 2-35　刚性悬挂交叉渡线形成的线岔

1）单开道岔形成的线岔

单开道岔主要有正线与渡线、渡线与存车线两种方式，其主要组成部分如下：

（1）两根互为线岔的汇流排及导线。

（2）三组刚性定位点装置，其中正线1组定位，侧线2组定位（定位点装置的结构见刚性定位章节）。

（3）线岔电连接5组。其中铜铝过渡电连接线夹20件，120 mm² 电连接线10根，具体的长度根据现场确定。

（4）汇流排终端夹紧螺栓1支。用于渡线汇流排终端导线的夹紧。

（5）接地跳线3根。

2）交叉渡线道岔形成的线岔

交叉渡线道岔形成的线岔主要由以下几部分组成：

（1）两根互为线岔的汇流排及导线。

（2）两组刚性定位点装置，其中正线和侧线各1组（定位点装置的结构见刚性定位章节）。

（3）线岔电连接5组。其中铜铝过渡电连接线夹20件，120 mm² 电连接线10根，具体的长度根据现场确定。

（4）接地跳线2根。

3. 线岔的检修

1）定位点绝缘子更换

（1）所需工具。更换所需主要的工（器）具包括：绝缘子、常用组合工具、力矩扳手、水平尺、激光测距仪、棉布、导电膏、车梯等。

（2）拆卸故障绝缘子。先将故障的绝缘子取下。拆除与定位线夹连接螺栓；拆除与槽钢相连的螺栓（注意在该位置做一定的标记，以确定新绝缘子的位置），将故障绝缘子取出。

注意以下两点：

① 在拆除与定位线夹连接螺栓时，应适当将汇流排往上托起，以防止悬挂点的突然消失造成汇流排骤降，导致相邻定位点的绝缘子掰断。

② 渡线是刚性线岔的重要组成部分，但一般渡线的曲线半径较小（一般曲线半径小于100 m时，须安装预弯式汇流排），没有进行预弯的渡线汇流排靠铝合金本体挠度进行定位安装，在拆卸、安装此类定位点时必须采取相应的安全措施。

（3）安装新绝缘子。先将新绝缘子与定位线夹连接；将汇流排适当托起，将绝缘子与槽钢进行固定，固定时以拆卸时做的标记为准，再用力矩扳手对所有的螺栓进行校验。更换完毕复核定位点的导高拉出值是否达标；复核线岔的技术数据是否满足要求；检查定位线夹是否卡滞。

对有闪络放电痕迹的绝缘子，带到相应检测部门进行绝缘检测后分析数据。

2）线岔技术数据不达标的处理

当发现线岔导线磨耗不正常如磨耗超标、导线偏磨等情况时，进行线岔定位点导高拉出值调整，使线岔始触点的导高、拉出值达标。

首先用激光测距仪测量线岔内各定位点的导高拉出值并做好记录，对数据进行分析；用水平尺校验线岔始触点处的状态，测量该位置两支导线的导高拉出值，分析数据是否符合标准，反复调整校验相邻两定位点的导高拉出值，使其达到"受电弓始触点渡线接触线应与正线接触线等高或高出正线接触线 1 mm"的标准。

调整完毕对磨耗超标位置进行标记，在下次检修时对标记位置的导线磨耗进行观测，以确定上次线岔调整是否到位，若未达到预期效果，对线岔进行复调。

3）线岔区域漏水的处理

首先确认漏水的位置，是漏在定位点槽钢、绝缘子线夹、汇流排、电连接及线夹、跳线及线夹等位置。将漏水位置的设备进行表面清洁或打开设备进行清洁保养、打磨、涂抹导电膏等方式进行临时处理。处理完毕及时将漏水部位报相关部门，进入漏水处理程序，并对漏水处理完毕后的状态进行确认跟踪。

4. 线岔的检修质量标准

（1）道岔处在受电弓可能同时接触两支接触线范围内两支接触线应等高，在受电弓始触点渡线接触线应与正线接触线等高或高出正线接触线 1 mm。在冷滑试验中受电弓双向通过时应平滑无撞击，热滑试验中不应出现固定拉弧点。

（2）单开道岔悬挂点的拉出值距正线汇流排中心线一般为 200 mm，允许误差 ± 20 mm。

（3）交叉渡线道岔在交叉渡线处两线路中心的交叉点处，两支悬挂的汇流排中心线分别距交叉点 100 mm，允许误差 ± 20 mm。

（4）道岔处电连接线、接地线应完整无遗漏，安装牢固。

5. 线岔的常见故障

（1）线岔中定位点的绝缘子破损、表皮剥落、闪络放电痕迹。

（2）线岔中定位点的定位线夹卡滞现象。按照设计标准，线夹与汇流排之间有一定的活动余量，以保证铝合金汇流排能在温度变化情况下自由伸缩；用手沿线路方向推搡线夹，若能自由活动即为线夹状态正常。

（3）定位线夹腐蚀。一般线夹腐蚀都会导致线夹卡滞，而线夹腐蚀一般为潮湿或隧道漏水造成。

（4）线岔电连接散股、烧伤或腐蚀。

（5）电连接线夹松动。如果发现电连接线夹紧固不到位，按照规定用力矩扳手对螺栓进行紧固。

（6）渡线汇流排终端夹紧螺栓松动。这时可以用力矩扳手进行校验；同时检查导线是否有轴向位移，导线终端上扬角度是否合适，终端余长是否在 100 ~ 150 mm 范围内。

（7）导线有脱槽现象和拉弧痕迹。

（8）线岔始触点两导线的导高不匹配。用水平尺校验线岔始触点两导线的导高是否匹配（图 2-36）。

（9）交叉渡线道岔在交叉渡线处两线路中心的交叉点处，两支悬挂的汇流排中心线分别距交叉点的距离不达标。

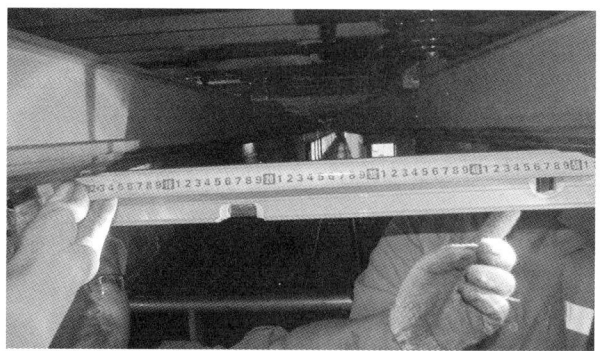

图 2-36 水平尺检调刚性线岔始触区

五、电连接的维护

刚性接触悬挂的电连接是用铜芯电缆通过铜铝过渡电连接线夹进行连接的,如图 2-37 所示。在汇流排上安装汇流排电连接线夹(图 2-38),铜铝过渡线夹安装在汇流排电连接线夹上,再与铜芯电缆相连接。每根电缆最大横截面积为 150 mm^2。

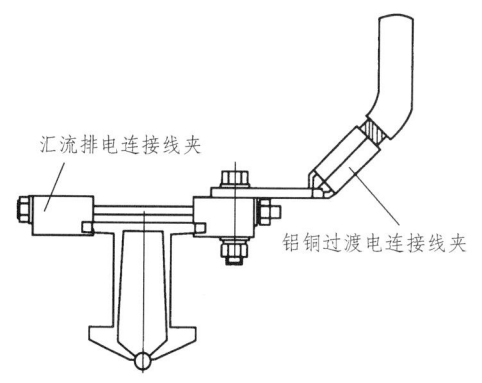

图 2-37 电连接示意图

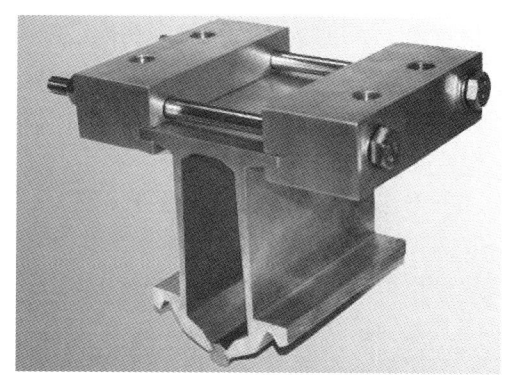

图 2-38 汇流排电连接线夹实物图

电连接应用在隔离开关馈线上网(图 2-39)、非绝缘锚段关节(图 2-40)、刚柔过渡(图 2-41)等处,电连接线夹如图 2-42 所示。

图 2-39 隔离开关馈线上网电连接

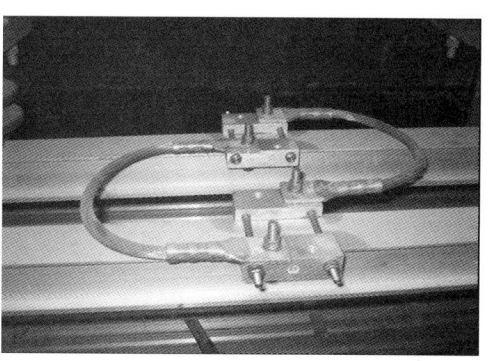

图 2-40 非绝缘锚段关节处电连接

图 2-41 刚柔过渡处电连接

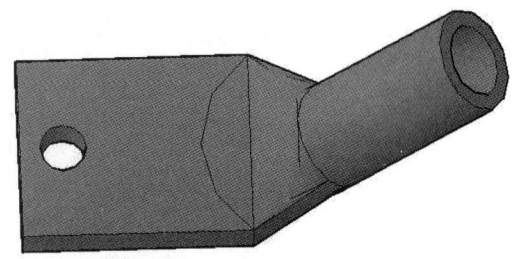

图 2-42 铜铝过渡电连接线夹

1. 电连接的安装要求

（1）对于切槽贯通式刚柔过渡处电连接的安装及调整，应在汇流排电连接线夹与悬挂点以及汇流排电连接线夹与汇流排电连接线夹之间的距离在现场应考虑环境温度因素，保证在温度变化时，电连接线及线夹不会与汇流排定位线夹相接触，以免影响汇流排温度变化时的伸缩。同时电缆的预留也应考虑温度变化的因素，必须留有一定的余量，保证不影响汇流排温度变化时的伸缩。

（2）采用 PVC 管保护 150 mm^2 软电缆时在软电缆进、出 PVC 管处，应用填充处和扎带进行填实保护，以防止 PVC 管划伤电缆。

（3）电连接线所用型号、材质、数量应符合设计要求，并预留足够的因温度变化使汇流排产生伸缩而需要的长度，弯曲方向与汇流排移动方向一致。电连接线不得有散股、断股现象。

（4）电连接线的安装位置允许偏差为 ±200 mm，在任何情况下均应满足绝缘距离要求。

（5）150 mm^2 电缆绝缘层剥开长度为 70 mm；400 mm^2 电缆绝缘层剥开长度为 90 mm。电缆导体不得被损伤。

（6）电连接线与接线端子压接应良好，握紧力不小于 6.9 kN。电连接线夹与电连接线接触良好，接触面涂电力复合脂，线夹安装应端正牢固，螺栓紧固力矩应符合要求。

（7）汇流排电连接线夹、汇流排接地线夹与汇流排的接触面、汇流排电连接线夹与铜铝过渡线夹的接触面都应均匀涂抹导电油脂。线夹安装端正牢固，螺栓紧固力矩应符合设计要求。

（8）汇流排接地线夹距悬挂点的距离一般不超过 500 mm，但不宜过近，以免影响汇流排正常伸缩。

（9）电连接电缆在隧道顶部应牢固不易脱落，转弯处弯曲自然、布线美观。

2. 电连接的检修

（1）检查电连接线夹螺栓螺母是否齐全、查看螺母外露是否一致，是否有松动现象、是否有烧伤情况。

（2）对于铜铝过渡线夹尤其要检查线夹本体铜铝交接处缝隙的深度，一般应先将铜铝交接处用砂纸进行打磨后观察其深度如果缝隙较深则立刻对线夹进行更换。

（3）对于刚性电连接线夹由于工务堵漏而造成线夹本体被泥浆、胶水等侵蚀时则必须将线夹本体进行清理，如侵蚀、腐蚀严重则必须更换线夹本体。

（4）检查发现上网电缆有被隧道漏水侵蚀时，则必须查明漏水点；影响范围严重时，则必须更换上网电缆。同时让工务部门迅速进行堵漏作业。

（5）检查电连接线是否有烧伤、断股、散股情况。

（6）电连接线受力不能过紧，有一定的弛度。

（7）电连接线夹必须正确安装，与电连接线及汇流排的连接应牢固可靠。

3. 电连接的检修标准

（1）刚柔过渡处的电连接线、接地线应完整无遗漏，无散股断股，安装牢固。刚柔过渡电连接的安装应符合设计，电连接线在柔性悬挂承力索上除需用线夹连接外，还需在线夹两端用直径为 1.5 mm 的铜线进行绑扎。绑扎应紧密，绑扎长度为 90～100 mm，电连接的长度应满足接触悬挂伸缩的需要。

（2）电连接线及线夹所用型号、材质和数量，应符合要求。并预留因温度变化使接触悬挂产生伸缩而需要的长度。

（3）电连接线的安装位置允许偏差为 ±200 mm，在任何情况下均应满足带电距离要求。

（4）对 150 mm^2 电缆绝缘层剥开长度为 70 mm；400 mm^2 电缆绝缘层剥开长度为 90 mm。电缆导体不得被损伤。

（5）电连接线与接线端子压接应良好，握紧力不小于 6.9 kN。电连接线夹与电连接线接触良好，接触面均匀涂抹薄层电力复合脂，线夹安装应端正牢固，螺栓紧固力矩应符合要求。

（6）刚柔过渡电连接线的长度，应满足接触悬挂伸缩的需要。

4. 电连接的常见故障

（1）隧道漏水腐蚀开关上网电缆绝缘层造成电缆短路。

（2）刚柔过渡处电连接线弛度过小受温度影响而造成铜铝过渡线夹断裂，电连接下坠打弓。

（3）隧道电连接线夹及电连接线受外物腐蚀导致受流不畅。

（4）电连接散股、烧伤、受外力变形、侵限等。

六、刚性分段绝缘器的维护

刚性接触网也可用分段绝缘器来进行电分段。在正线间的渡线上（即上下行线之间的连接线）安装分段绝缘器以实现电分段。

刚性悬挂分段绝缘器，主要由玻璃纤维绝缘棒和可以使受电弓在两边滑动的悬臂组成。滑动部分的悬臂为了能更好地消除发生在受电弓通过时的电弧。分段绝缘器安装在受电弓中心位置，两个尾部均应精确对准避免设备发生扭转。

1. 分段绝缘器的安装要求

分段绝缘器的安装，如图 2-43、图 2-44 所示。

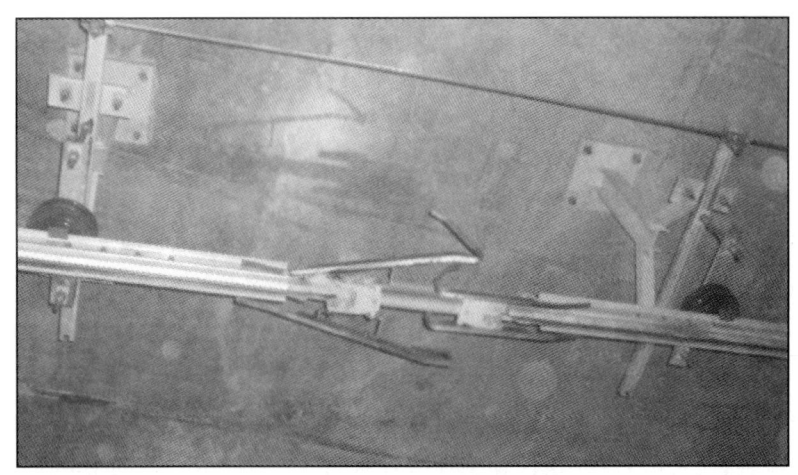

图 2-43 分段绝缘器安装实际效果图

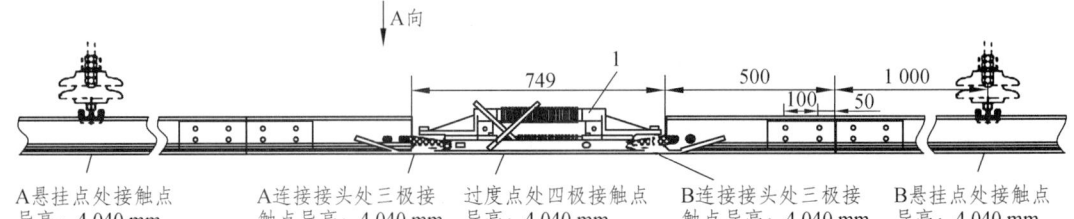

图 2-44 分段绝缘器安装示意图

（1）分段绝缘器上的两极靴枝（引弧棒）间距为 100 mm，允许误差 ±5 mm。

（2）分段绝缘器紧固件应齐全，连接牢固可靠，紧固螺栓的紧固力矩为 20 N·m。

（3）刚性悬挂分段绝缘器带电体距接地体或不同供电分段带电体之间、不同供电分段上运行的机车受电弓的距离符合要求：静态不小于 150 mm；动态不小于 100 mm。

（4）分段绝缘器中点应设置在受电弓的中心位置上（即拉出值为 0 mm），偏离受电弓中心线最大不应超过 50 mm。

（5）分段绝缘器比相邻两个定位点导高抬高 20 mm，主体平行轨平面。

（6）分段绝缘器在两个相邻悬挂定位点的中间位置，允许误差 ±50 mm。

2. 分段绝缘器的检调

1）作业准备

（1）作业人员：4 人。

（2）主要工具：常用工（器）具、水平尺、锉刀、砂皮、力矩扳手、激光测量仪、火花塞扳手、内六角扳手、放线小车、卷尺。

（3）安全用具：刚性接地棒、刚性验电器、安全带、安全帽。

（4）主要材料：无。

2）作业程序

（1）核对施工检修申请单与工作票是否符规定。

（2）要令申请，向行车调度员申请允许作业命令。
（3）行车调度员下达准许作业命令后进行验电接地。
（4）检查绝缘部件损坏情况和导滑板烧伤情况以及其他异常情况。
（5）用水平尺对分段绝缘器进行的纵向和横向水平检查。
（6）检查导滑板进出口处是否与导线等高。
（7）检查导线到导滑板是否平滑过渡。
（8）紧固螺栓按照产品要求进行复查紧固。
（9）工作结束，工作负责人对人员、工（器）具及材料进行清点。
（10）拆除接地线，作业人员撤离现场。消令登记。

3）质量标准

（1）分段绝缘器纵向和横向必须水平。
（2）受电弓滑行过分段绝缘器时候要平滑过渡。
（3）分段绝缘器上的所有螺栓应按产品要求紧固。
（4）绝缘部件完好，表面清洁，无裂纹、破损、老化现象。

3. 分段绝缘器的更换

1）作业准备

（1）作业人员：6人。
（2）主要工具：常用工（器）具、力矩扳手、水平尺、锉刀、砂皮、火花塞扳手、内六角扳手、放线小车、激光测量仪、卷尺。
（3）安全用具：刚性接地棒、刚性验电器、安全带、安全帽。
（4）主要材料：分段绝缘器、零配件和辅助件。

2）作业程序

（1）核对施工检修申请单与工作票是否符规定。
（2）要令申请，向行车调度员申请允许作业命令。
（3）行车调度员下达准许作业命令后进行验电接地。
（4）测量该处的导高以及拉出值。
（5）松动分段与汇流排、导线连接部件螺栓，拆除旧分段。
（6）安装新分段，注意线夹要卡在导线槽里，螺栓紧固力矩达到产品要求。
（7）安装导滑板和其他零配件。
（8）调整分段绝缘器；调整分段的纵向和横向水平；调整分段进出口处与导线等高；调整导线到导滑板接口平滑过渡；按照产品要求紧固螺栓。
（9）工作结束，工作负责人对人员、工（器）具及材料进行清点。拆除接地线，作业人员撤离现场。消令登记。

3）质量标准

（1）分段绝缘器纵向和横向必须水平。

（2）受电弓滑行过分段绝缘器时候要平滑过渡。
（3）分段绝缘器上的所有螺栓应按产品要求紧固。
（4）绝缘部件完好，表面清洁，无裂纹、破损、老化现象。

七、刚性接触网其他设备及工具

1. 接地挂环（图2-45、2-46）

直接安装在汇流排上，用于刚性悬挂停电检修接地时使用。接地挂环与汇流排直接接触的是铜制线夹（图2-47、2-48），这与铝合金制电连接线夹是不同的。

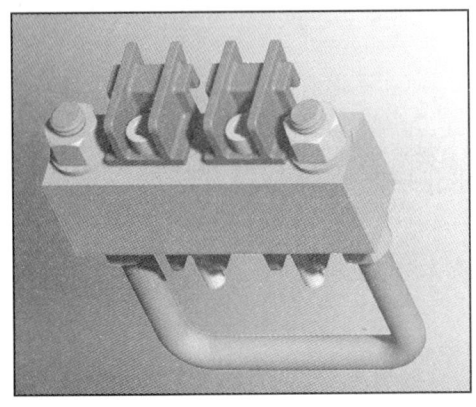

图2-45 接地挂环

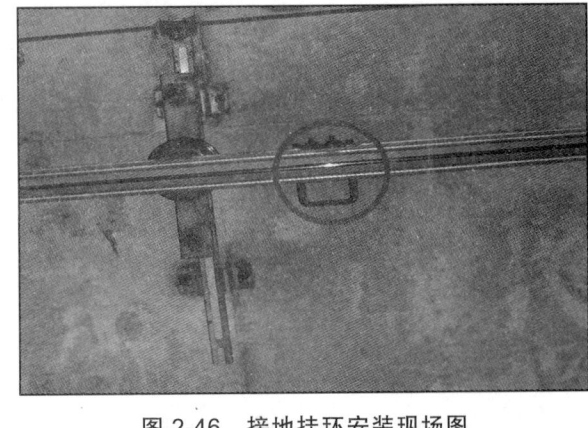

图2-46 接地挂环安装现场图

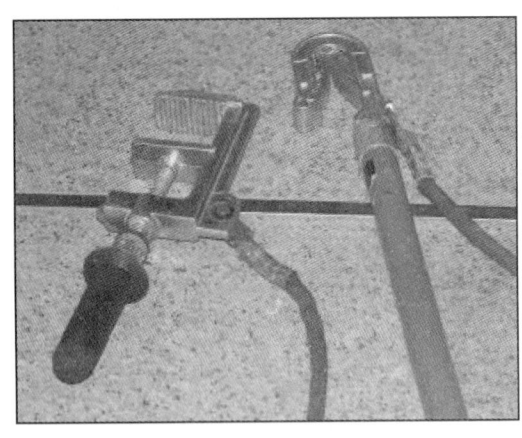

图2-47 接地棒及接地线夹

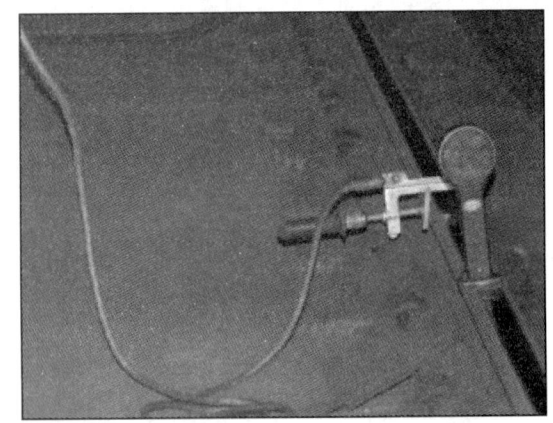

图2-48 接地线夹及红闪灯安装现场图

2. 针式绝缘子

刚性接触网最常用的绝缘部件是针式绝缘子，一般采用表面泄露距离不小于250 mm的瓷质绝缘子。

绝缘子下部为内胶装的M16内螺纹式不锈钢附件，上部为内胶装的M16外露螺杆，外露螺纹有效长度为55 mm，螺杆材质为不锈钢，如图2-49所示。

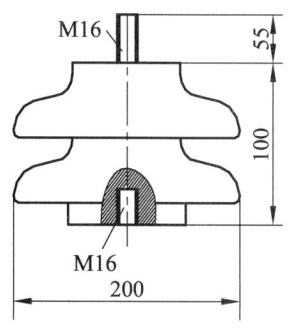

图 2-49 针式绝缘子

近年来,工程技术人员研发了一种新型刚性悬挂用弹性复合绝缘子(图 2-50)。它由不锈钢或铜材制成的汇流排定位线夹顶部制有筒体,该筒体内壁与芯棒之间紧密结合地制有橡胶弹性层,筒体外壁与伞裙护套内壁紧密结合,爬电距离≥250 mm。其具有安装、拆卸方便、快捷、重量轻、安全、可靠等特点,但也存在伞裙表面清灰较难等缺点。

图 2-50 弹性复合绝缘子

3. 汇流排定位线夹

汇流排定位线夹用于刚性悬挂汇流排的垂直悬吊安装。其中 B 型(图 2-51)用于门型及高净空支持定位装置,C、W 型(图 2-52、图 2-53)适用于腕臂类结构。

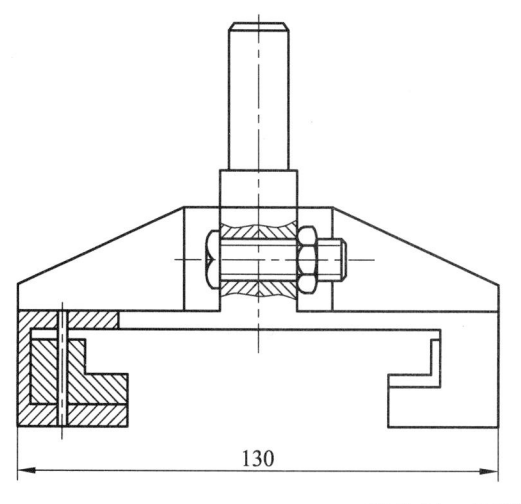

图 2-51 B 型汇流排定位线夹

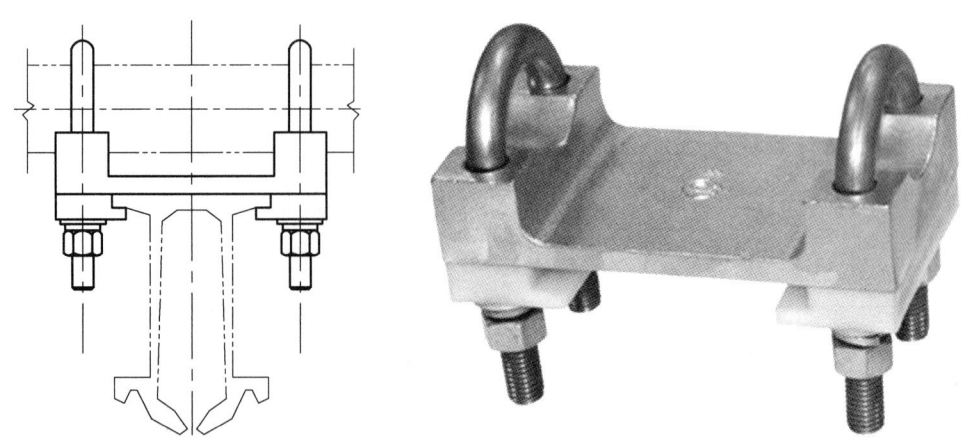

图 2-52 C 型汇流排定位线夹

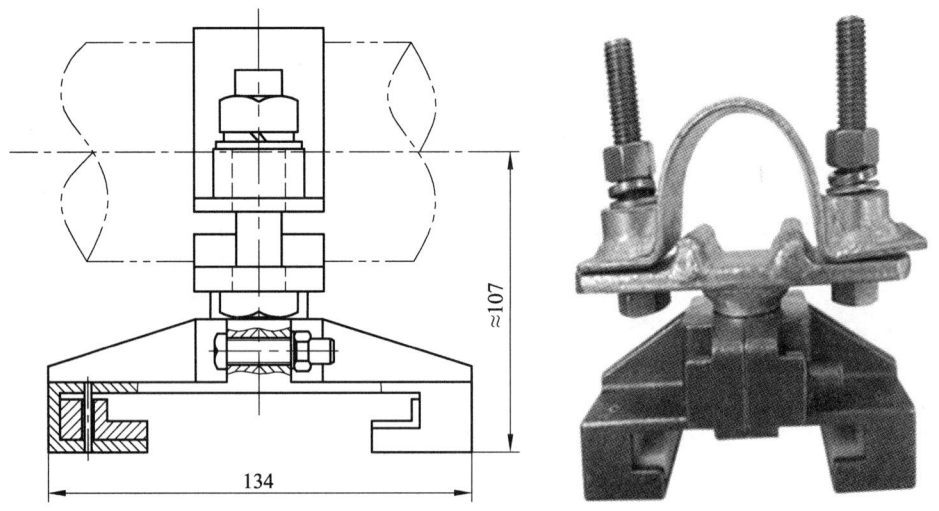

图 2-53 W 型汇流排定位线夹

弹性定位线夹（图 2-54）适用于 120 km/h 刚性悬挂汇流排的垂直悬吊安装。

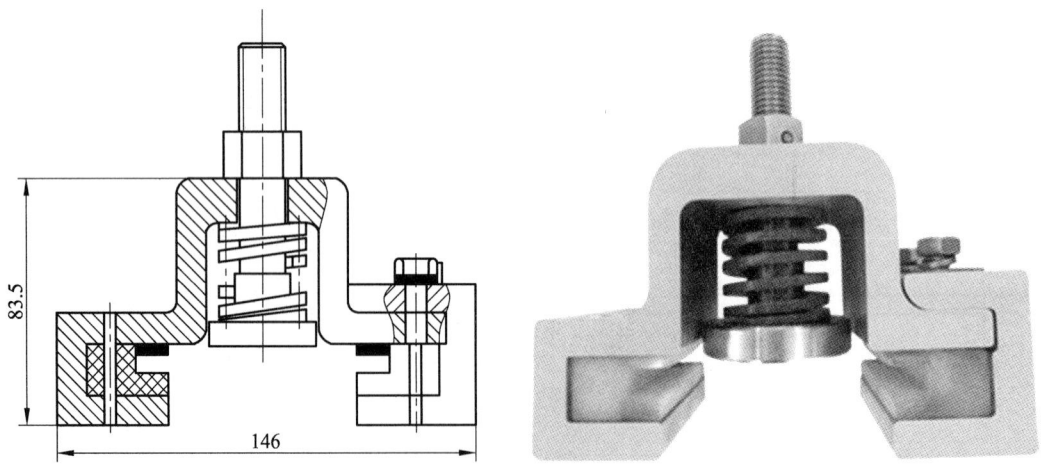

图 2-54 弹性定位线夹

4. 防护罩

防护罩直接安装在汇流排或刚柔过渡本体上,用于隧道洞口处刚性悬挂汇流排的防尘、防雨等或隧道内有严重漏水的区段。标准制造长度为 10 m。防护罩有 UPVC(硬聚氯乙烯塑料)及 GRP(玻璃钢)两种形式,目前后者使用较多(图 2-55)。

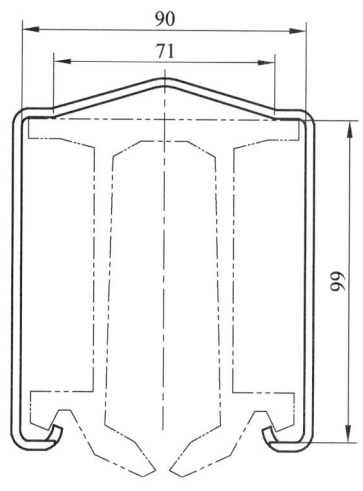

图 2-55　GRP 汇流排防护罩

5. 放线小车

放线小车(图 2-56)用于将接触线嵌入汇流排。刚性接触网放线时采用专用放线工具——放线小车进行,架线速度大约为 2km/h。放线小车放线示意图如图 2-57 所示。

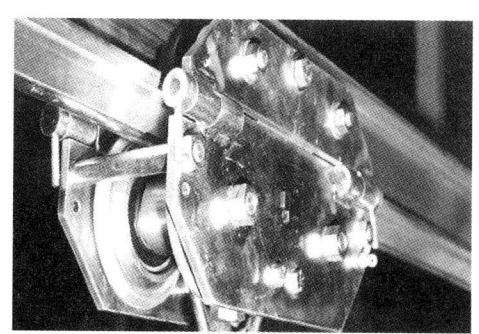 

图 2-56　放线小车

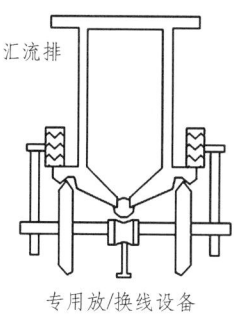 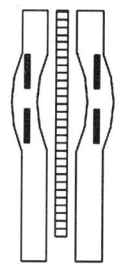

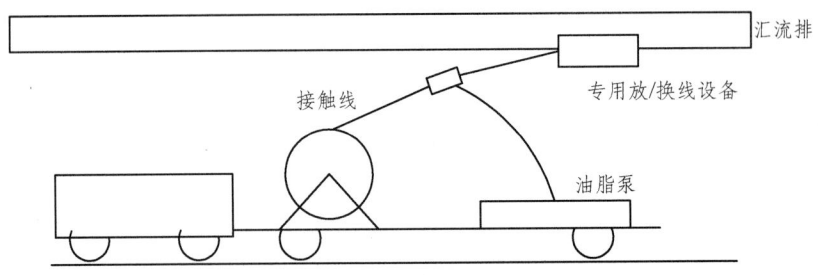

图 2-57 接触线安装和更换示意图

复习与思考

1. 刚性支持定位装置主要有哪些形式?它们的特点是什么?
2. 刚性支持定位装置常见故障有哪些?
3. 说明刚性支持定位装置检修质量标准。
4. T形结构和Ⅱ形结构汇流排有哪些区别?
5. 说明汇流排检修质量标准。
6. 汇流排常见故障有哪些?
7. 说明刚性中心锚结安装的技术要求。
8. 刚性中心锚结检修质量标准有哪些?
9. 说明刚性中心锚结的常见故障。
10. 说明更换刚性锚段关节定位点绝缘子的方法。
11. 刚性锚段关节的检修质量标准是什么?
12. 刚性锚段关节常见故障有哪些?
13. 刚性单开道岔形成的线岔主要由哪几部分组成?
14. 说明刚性线岔导线磨耗不正常的处理方法。
15. 说明刚性线岔区域漏水的处理方法。
16. 刚性线岔有哪些常见故障?
17. 刚性电连接检修包括哪些内容?
18. 说明刚性电连接的检修标准。
19. 刚性电连接有哪些常见故障?

第三章 接触轨设备的维护

【学习目标】
1．熟悉接触轨的类型与结构；
2．熟悉接触轨与架空式接触网的性能对比；
3．掌握接触轨本体的类型与材料；
4．掌握接触轨本体的维护检修内容；
5．熟悉接触轨中间接头、端部弯头、膨胀接头的作用与结构及维护重点；
6．熟悉接触轨绝缘支架、中心锚结、防护罩、电连接的作用与结构；
7．了解接触轨接地线的作用。

第一节 接触轨维护

一、接触轨的类型

接触轨通过集电靴将电能传输给车辆，接触轨安装于线路前进方向的左侧。根据集电靴从接触轨的取流方式不同，接触轨的类型可分为上磨式、下磨式和侧面接触式三种。

1．上接触式

上接触式，如图 3-1 所示。图 3-2 是北京城铁上接触式接触轨线路，接触轨装在专用绝缘子上，底朝下。取流时，受电靴自上压向接触轨。

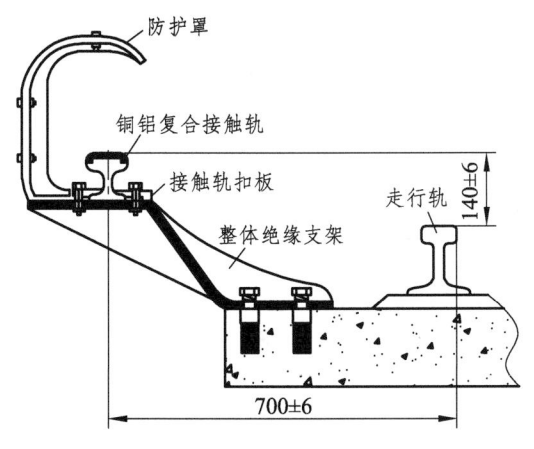 

图 3-1 上接触方式示意图　　　　图 3-2 北京地铁使用的上接触式接触轨

上接触式的接触力不由受流器（集电靴）的重量和磨耗情况决定，而只受弹簧支座特性的控制，并能减少在间隙和道岔等处的电流冲击。上接触式接触轨固定方便，但不易加防护罩。

2. 下接触式

图 3-3 为下接触方式示意图；图 3-4 为下接触接触轨实物图；图 3-5 为接触轨与受电靴接触受流情况。

下磨式的接触轨底朝上，紧固在绝缘子上，并且由固定在枕木上的弓形肩架予以支持。

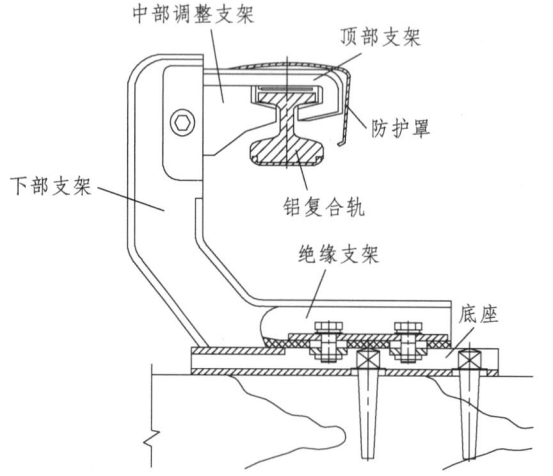

图 3-3 下接触方式示意图

图 3-4 下接触式接触轨实物图

1—防护罩；2—接触轨

图 3-5 下接触方式实例

1—集电靴；2—接触轨

下磨式的优点是可以加防护罩，对工作人员较为安全。这种方式安装较为复杂，费用较高，在经常冰冻和下雪而造成集电困难的地区使用较为普遍。

140

3. 侧面接触式

图 3-6 为侧接触轨示意图；图 3-7 为侧磨式接触轨实例。接触轨轨头端面朝向走行轨，取流靴从侧面受流，跨座式独轨车辆就采用侧面接触式取流，其取流靴装在转向架下部，重庆轻轨采用此受流方式。

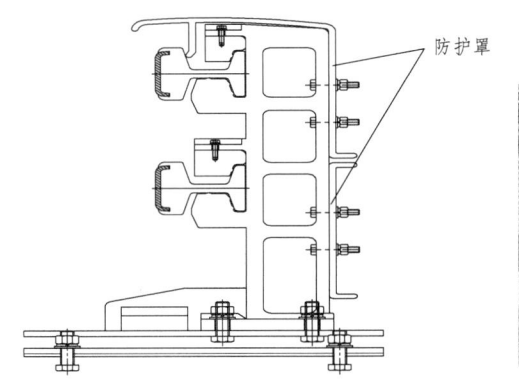

图 3-6 侧接触方式示意图

图 3-7 英国侧接触式接触轨线路

二、采用接触轨受流的优、缺点

法国、美国、英国一直采用易于安装的上接触设计。我国的北京地铁 1 号线、北京地铁 2 号线工程、北京地铁八通线工程等接触轨也属于上接触方式。而德国、俄罗斯、奥地利和欧洲其他国家主要采用下接触方式。我国投入运营的武汉地铁一期、广州地铁 4 号线也属于下接触方式，深圳市轨道交通二期龙岗线钢铝复合轨安装方式也属于下接触式。侧接触方式由于安装精度要求高，用得较少。

下部受流接触轨，与其他两种接触方式相比下部受流接触轨防护罩对带电接触轨的防护性能好，带电接触轨不容易被触碰到，能确保人身安全。另外，下部受流方式的遮挡雨雪条件也优于上部受流方式，能确保牵引网系统的安全可靠运行。

1. 采用接触轨受流的优点

（1）接触轨安装在轨道梁上，电动车辆取流靴与接触轨接触面大且对其磨损极小。采用接触轨式接触网的优点是工程易于安装，检修方便、维护简单，寿命长。由于其单位电阻值低，因此可减少牵引变电所的数量和投资，降低能耗。据粗略调查，北京地铁运营 30 年，接触轨端面磨耗仅 4~5 mm，基本上可以做到无维修或少维修，因而也就相应减少了维修费用。

对城市轨道交通而言，运输密度大，间隔小，在夜间停运很短的时间内进行定期检修比较困难。维修工作不均衡会造成劳动力组织的困难与浪费，因此基础设施的少维修化具有非常重要的意义。显然接触轨受流在这方面具有优势。另外对于运营维护来说，接触轨作业不需要专门的接触网作业车，这项也能够节约很大的成本投入。

（2）采用接触轨方式供电，即通过集电靴（钢铝复合材料）供电，用电时放下集电靴，不用时收起集电靴（犹如飞机的起落架）。

（3）采用接触轨供电，尽管建设阶段造价较高，但节省了架电杆、土方、用材、施工、维修等大量工程和费用，它的可靠性高，维修费用低，设计使用期长达30年，其经济效益不可估量。而且，接触轨供电具有免于维修、景观美丽、节能环保等优点。

（4）接触轨安装直接在地面进行，安装简便易行，相比接触网、刚性悬挂等地铁受流方式均更便于安装及维护。初期投资相对接触网、刚性悬挂略高，但就长期价值进行比对，具有后续维护量小、维护简便的优点。

（5）接触轨供电与公路交通相比，具有没有尾气、噪声小、拥有独立的通道和路线、便于集中管理、占地面积小、节能减排等优势，提高了土地使用率，大大节约了土地使用面积。

2. 采用接触轨受流的缺点

从技术角度来讲，由于集电靴在高速之下难以准确地抓紧带电轨，故采用接触轨供电的线路运行速度不能太高。理论上来讲，采用轨道供电系统列车的时速上限是160 km/h。广州地铁4号线采用直线电机车辆，最高运行速度为90 km/h，旅行速度不小于53 km/h。上海地铁16号线为全国首条120 km/h，DC 1 500 V接触轨线路。最高速度达128 km/h的接触轨牵引供电系统为美国旧金山的BART（湾区快轨），其供电电压为DC 1 000 V。此外，还存在接触轨的电流流失情况，由于带电轨道接近地面，虽然安装了整体绝缘支架，但是和架空接触网供电相比较仍会有较多的电流流失到地面，造成杂散电流的增多。还有接触轨的缝隙问题，在道岔处，接触轨必须留下空隙以容许其他路轨穿越其间。一般来说，列车拥有多于一个取流靴，所以空隙不会构成什么问题。但在某些情况下，列车仍有可能因为全部的取流靴都在空隙之中，无法取得电力而不能行动。当然这是在设计阶段各专业需要沟通解决的。

（1）在设备抢修时，因为接触轨靠近抢修现场，而停电进行作业不太现实，若在施工过程中，工具如果误碰接触轨，就可能造成人员伤亡、财产损失的恶性事件。总之采用接触轨供电后，在线路上进行的设备维护、施工、保养等作业，必须在接触轨停电的情况下方可进行。特别是运营时间内的设备抢修，对于行车组织非常麻烦，停电不合实际，不停电又存在一定的安全隐患。

（2）对于运营其他部门来讲，备用车司机、车辆检修人员进出折返线，因接触轨就在旁边，存在触电的可能性；当远动遥控道岔无法实现时，需要站务人员手摇道岔接发列车时，因不可能停电，所以也存在触电可能性。

（3）大风、雨雪天气，乘客的雨伞等金属物品吹落轨道，因为金属短路，造成跳闸（武汉发生过一次乘客雨伞触碰接触轨）等事件；而且对于乘客跳轨、物品落入轨道等事件，处理起来也相对较麻烦，因此安装屏蔽门的线路就不会存在此种现象。

三、接触轨的结构和材料

接触轨系统主要包括钢铝复合轨、膨胀接头、中心锚结（防爬器）、端部弯头、中间接头、绝缘支架、支架底座、上网电缆、电连接电缆、回流母排、均流线、避雷器、电动隔离开关和其他零件。在接触轨系统中，钢铝复合轨安装在支架上，轨与轨之间用鱼尾板（接触轨接头）机械连接，在道岔、平交道口、轨旁的紧急出口、电气断开点等需要断开钢铝复合轨的地方，安装端部弯头，以利于机车车辆的集电靴的平滑过渡，良好受流。锚段与锚段之间安装温度膨胀接头，并且在每个锚段的中间安装中心锚结，以补偿钢铝复合轨由于温度变化引起的纵向伸缩。为保证整个系统的安全，在钢铝复合轨上安装绝缘防护罩。

1. 钢铝复合导电轨

1）钢铝复合导电轨的功能

钢铝复合导电轨由轻质的导电铝轨本体和非常耐磨的不锈钢接触面构成，现应用的钢铝复合轨的主体由高强度耐腐蚀铝合金（6101-T6）挤压而成，受流接触面是连续的 6 mm 厚的不锈钢带。不锈钢带同导电铝轨机械复合，以确保它们之间的金属结合，从而保证铝轨和不锈钢带间的较小的接触电阻。

钢铝复合轨是接触轨的主要构成部件，其自身阻值很小，导电性能好，一般单独的钢铝复合轨为 15 m。接触轨就是由数量众多的钢铝复合轨连接而成的，在钢铝复合轨的连接处要涂抹适量的导电油脂，以改善接触轨断口处的导电性能，保证接触轨向电力机车输送高质量的动力电。

2）钢铝复合导电轨的结构

整体结构大部分与普通钢轨相似，有些形状虽比普通钢轨复杂，但一般也是由轨头、轨腰、轨底三部分组成。轨头部分与受电靴接触部分的材料一般为不锈钢，轨的主体材料为铝合金。不同厂家生产的钢铝复合导电轨在整体结构、钢铝结合形式、不锈钢带的厚度、截面积等方面都有所不同。典型的钢铝复合导电轨从整体结构上可以归纳为两大类，即 C 形和工字形。其中工字形结构使用的历史较长，也是目前采用较多的一种结构。钢带的结构有两大类，即多槽型（C 形轨）和单槽型（工字形轨）。从钢铝复合工艺上可分为钢铝共挤复合、机械复合、机械加焊接复合等三种形式。常见的钢铝复合导电轨不锈钢带的厚度一般为 2～6 mm。不锈钢含铬量一般为 17%～19%，并根据不同的系统需求设有不同的截面积，有 2 750 A、3 500 A、3 800 A、4 500 A、4 700 A 等多种规格。

（1）C 形钢铝复合导电轨。其整体结构为 C 形，如图 3-8（a）所示，轨头位于 C 形的左侧，轨底位于 C 形开口侧。轨底支撑面被 C 形开口分为两个 L 形支撑脚。两支撑脚的宽度总和约为整个轨底宽度的 1/3。轨头顶面为矩形平面，轨头内面中心沿纵向有一 V 形槽。我国对 C 形钢铝复合导电轨的使用首次出现在 DC 400 V 供电的上海的高速磁浮浦东机场线，2016 年通车的长沙中低速磁浮线路也使用该形式导电轨供电。

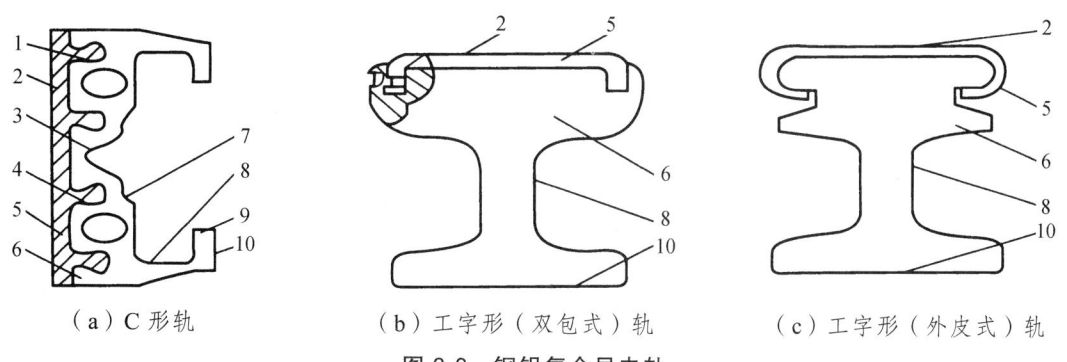

（a）C 形轨　　　（b）工字形（双包式）轨　　　（c）工字形（外皮式）轨

图 3-8　钢铝复合导电轨

1—沟槽；2—轨头；3—V 形槽；4—筋条；5—钢带本体；6—铝合金本体；7—两肩；
8—轨腰；9—L 形支撑脚；10—轨底

（2）工字形双包式钢铝复合导电轨。这种接触轨整体横断面形状与普通工字形钢轨类似。其中一种结构，如图3-8（b）所示。整体横断面形状南轨底、轨头及轨腰三部分构成，以铝合金为主体，轨头顶面与受电靴接触部包覆厚度为4~6 mm的钢带。钢带的结构与包覆工艺有关，不同制造厂家的结构有所不同。钢带及其包覆的差异性，也使整个轨头部分的结构各不相同。钢带的典型结构之一为浅槽形，槽底整个宽度与受电靴接触，是轨头的有效工作宽度，其厚度则取决于使用寿命周期内的腐蚀和磨损量。槽的壁板嵌入铝合金本体内壁包覆在铝合金本体上，外壁被铝合金本体所包覆，保证钢铝复合后，钢带不至于剥离或产生纵向和横向的滑移。由于壁板的两侧均与铝合金本体接触，从而增加了钢铝之间的接合面积，保证了钢铝间机械和电气连接的可靠性。壁板的内侧高度一般为10 mm左右，在壁板的高度中心沿横向钻有小孔，小孔的直径约为壁板内侧高度的一半，以保证孔在壁板的顶部不豁口，在壁板的根部不与槽底干涉。孔沿钢带的纵向均匀分布，孔距约为孔径的四倍。孔的作用为：在钢铝包覆的过程中，使壁板外侧的铝合金在压力的作用下挤入其内，如同在铝合金本体上形成了一个个圆柱形凸起，嵌入钢带的孔内，类似于无间隙的销轴连接。因此，钢带上的孔是钢铝可靠复合的关键结构。使铝嵌入孔内，也是钢铝复合过程中的一个重要环节。

（3）工字形外包式钢铝复合导电轨。这种接触轨的整体结构如图3-8（c）所示，其整个钢带均包在铝合金本体的外面。为了达到外包且能包得牢、不剥离，其钢带整体结构如两个J形对接起来，整体形成C形，J字的竖线作为钢带顶部，双钩作为钢带的侧壁，钩在铝合金本体轨头侧面的半圆弧凸起上。铝合金本体的侧面有能够容入钢带钩头部分的倒V形槽。V形槽又将铝合金本体头部侧面分为上下两部分，侧面的上部分为凸起的半圆弧，与钢带钩部内侧半圆弧的半径相同。铝合金本体顶面有宽度10 mm、深度0.5 mm、沿纵向开通的矩形槽，两个J形钢带在槽的中心线沿纵向形成对接焊缝。矩形槽可容纳焊接时的多余焊料，使焊缝的高度大于被对接钢带的厚度，既保证了焊接强度，又使钢带上形成一条嵌入铝合金本体的纵向筋条。

3）钢铝复合导电轨的技术参数

（1）钢铝复合导电轨的主要技术参数，见表3-1。

表3-1 钢铝复合导电轨的主要技术参数表

名　　　　称	钢 铝 复 合 接 触 轨
轨高/mm	105
轨底宽/mm	80
接触面宽/mm	65
总宽/mm	92
质量/（kg/m）	14.58
标准长度/m	15
20 ℃时的单位电阻/（Ω/km）	≤0.008 3
接触轨的弯曲半径： 当曲线半径大于等于100 m时 当曲线半径小于100 m时	可以在施工现场直接打弯 在工厂加工预弯

（2）钢铝复合导电轨的结构断面和外形。钢铝复合导电轨的结构断面，如图 3-9 所示；钢铝复合导电轨的结构外形，如图 3-10 所示。

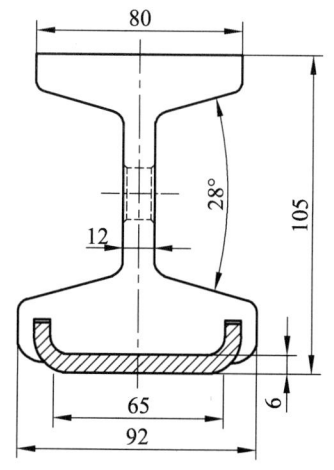

图 3-9　钢铝复合导电轨的结构断面

（尺寸单位：mm）

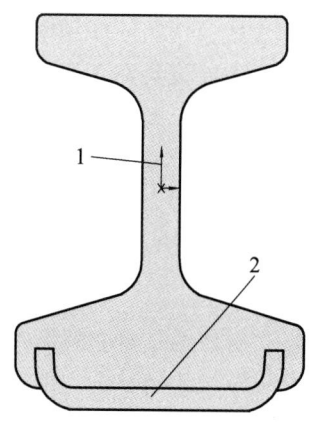

图 3-10　钢铝复合导电轨

1—铝复合轨；2—不锈钢带

四、接触轨的电压等级

目前世界上城市轨道交通中的直流牵引网电压等级繁多，接触轨系统的电压等级有 600 V、630 V、750 V、1 200 V 及 1 500 V 等。国外接触轨系统的标称电压一般在 1 000 V 以下，西班牙巴塞罗那采用过直流 1 500 V 及 1 200 V 接触轨。国际上接触轨电压等级的发展趋向是 IEC 标准中的直流 600 V、750 V。目前国内接触轨系统北京地铁、天津地铁、武汉轻轨等标称电压为 DC 750 V。深圳地铁 3 号线、广州地铁 4 号线、无锡地铁 1 号线等接触轨采用的电压等级是 DC 1 500 V。

五、接触轨的布置

1. 接触轨的布置原则

（1）在高架桥上，接触轨安装于列车行进方向的右侧。
（2）在地下区段，接触轨安装于列车行进方向的左侧。
（3）在道岔等特殊区段换边布置，车站布置在站台对面。

三轨在车站站台处布置在站台的对侧，使得三轨远离旅客，避免旅客跌落在线路上而发生电击事故。

2. 接触轨的跨距

接触轨跨距应根据授流方式、接触轨挠度、支持结构形式确定。钢铝复合轨的跨距一般不宜大于 5 m，膨胀接头处跨距以不大于 3 m 为宜，在膨胀接头、端部弯头、道岔及曲线处间距应相应减小。

3. 断轨设置

通过断轨的设置可对接触轨进行机械分段、也可进行电分段。

（1）机械分段主要设置在道岔，地下车站人防门、防淹门，车站换边等处。断轨采用接触轨自然断开方式，两断轨间用电缆进行电气连接，断口大小根据具体情况确定。

（2）电分段主要设置在正线有牵引变电所车站的进站端，正线间的渡线、折返线、停车线与正线间设电分段；断轨采用接触轨自然断开方式，两断轨间电气不连接，断口长度不大于 27 m。断轨处接触轨端部均设置端部弯头。断口出接触轨布置方式有大断口分段、小段口分段、短接触轨分段等方式。

4. 岔区的布置

道岔区段接触轨的布置应满足列车正常、安全行驶的要求，以保证列车在正线行驶时，集电靴不碰触岔线敷设的接触轨，列车由正线驶入岔线或由岔线驶入正线时，不碰触正线敷设的接触轨。另外在道岔转辙机 500 mm 范围内不敷设接触轨。因此，道岔区段接触轨的布置与接触轨的安装位置、车辆的外轮廓尺寸（集电靴处）和道岔的型号、转辙机的位置等因素有关。

六、接触轨的检修周期与工作内容

1. 检修周期

接触轨设备的检修周期为 12 个月。

2. 作业安全措施

（1）停电操作，具体安全措施见《工作票》。
（2）采取行车安全防护措施。

3. 作业人员

作业人员不少于 8 人（坐台、要令、地线、行车防护 4 人；工作领导人 1 人；作业人员 3 人）。

4. 作业程序

1）作业准备

（1）专业工程师、工作领导人及其所有作业人员一起召开施工预备会，会上使全体明白作业内容、相关安全措施、人员分工、个人需要携带的工（器）具、材料等，了解有关注意事项，解决具体问题。

（2）各人准备自己的工（器）具和材料，不明白、不安全事项要向工作领导人提出解决。

2）作业安装位置

作业安装位置，如图 3-11 所示。

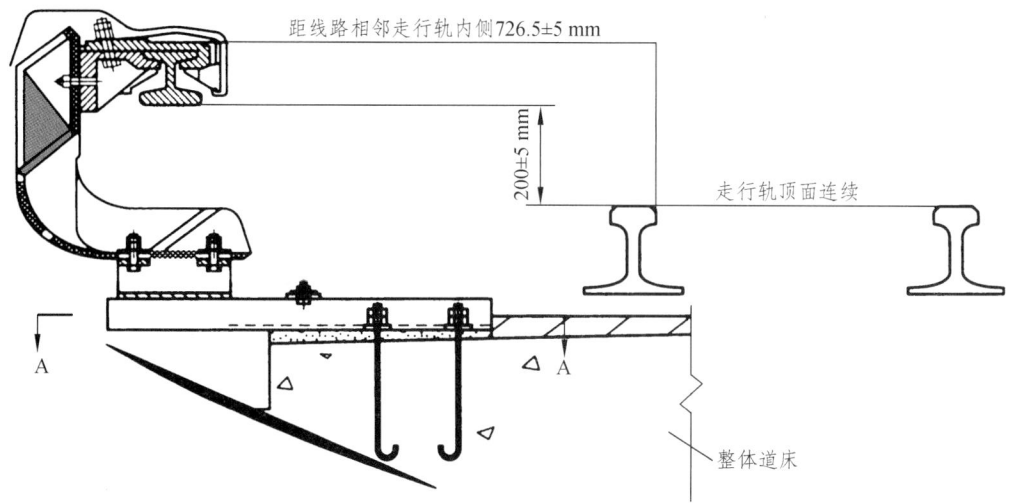

图 3-11 接触轨与走行轨相对位置图

3)检修作业的范围

(1)对接触轨及普通接头等进行全面详细检查,对不符合要求的进行维护处理。

(2)全面详细检查、测量各绝缘支架点处的接触轨受流面至轨面的垂直高度、接触轨受流面中心线至轨面中心线的水平距离,对不合要求的点进行维护处理,确保各参数符合要求。

(3)检查钢铝复合轨、普通接头等有无烧伤、变色现象。接触轨烧伤如图 3-12 所示。

图 3-12 接触轨烧伤现场图

(4)检查普通接头连接有无松动,导电油脂涂层是否均匀足够,接头处钢带接触面过渡是否平滑。

(5)检查不锈钢带受流面的磨损是否均匀。对以上各项不合要求处做好记录,及时整修和反馈。

4)检修作业的质量标准

(1)接触轨竖直方向中轴线应垂直于其所在处的轨道平面,垂直距离为 200 mm,允许偏差为 ± 5 mm;接触轨中心线距轨道中心的水平距离为 1 444 mm,允许偏差为 ± 5 mm。

（2）接触轨钢带的连接应平滑顺畅、无阶梯，其不平顺度要控制在 0.25 mm 范围之内，复合轨的连接缝隙应密贴，间隙小于 2 mm。

（3）接触轨检修时，严禁硬拉、硬扯或敲击整体绝缘支架。

（4）正线接触轨受流面在两相邻绝缘支架处相对高差不得大于 2.5 mm，困难条件下不大于 5 mm。

（5）连接螺栓紧固力矩满足设计要求及厂家使用说明书，如无特殊力矩要求按表 3-2 执行。

（6）各镀锌螺栓无变形，镀锌层和螺纹完好。

表 3-2　螺栓紧固力矩的现行国家标准

螺栓直径/mm	8	10	12	14	16	18	20	22	24
紧固力矩/(N·m)	13	25	44	70	70	85	130	180	230

七、接触轨的清扫

1. 作业安全措施

（1）停电操作，具体安全措施见《工作票》。

（2）做好行车安全防护措施。

2. 作业人员

不少于 6~30 人（坐台、要令、地线、行车防护 4 人；工作领导人 1 人；作业人员，不定）。

3. 作业程序

1）作业准备

（1）专业工程师、工作领导人及其所有作业人员一起召开施工预备会，全体明白作业内容、相关安全措施、人员分工、个人需要携带工（器）具及材料等，了解注意事项，解决具体问题。

（2）各人准备自己的工（器）具及材料，不明白、不安全事项要向工作领导人提出解决。

2）清扫作业

（1）检查接触轨和支架上因运行产生的白色粉状物。这种粉状物可能会形成对地的导电通路。先用蒸馏水清洗，再用压缩空气吹干。

（2）检查膨胀接头铜板上灰尘情况。用抹布擦除灰尘。

（3）检查接触轨因摩擦产生的铁屑。清除轨腰处因氧化产生的污物。如果铁屑太多，就用压缩空气吹去轨腰处的铁屑。

（4）检查支架处堆积的铁屑。先用蒸馏水清洗，再用压缩空气吹干，或者直接用压缩空气吹扫。支架上堆积的铁屑可能会在正负极之间形成导电的通路。如果电弧比较明显，须更换支架。铁屑会导致系统性能下降，可用压缩空气进行清理。

（5）检查膨胀接头处堆积的铁屑。铁屑会导致其性能降低，可用压缩空气清除，不必拆除保护罩。

3）作业结束

工作票中的作业任务完成后，由工作领导人宣布作业结束，作业人员、机具、材料撤至安全地带。离开清扫作业区域时，一定要彻底检查所有物品（包括工具、器具、材料）等等，不得遗留在轨行区上。然后拆除接地线，确认具备送电、行车条件后，通知要令人向电力调度员请求消除停电作业命令。几个作业组同时作业时，要分别向电力调度员请求消除停电作业命令。电力调度员经了解，确认完全达到送电、行车条件后，给予消除停电作业命令的时间，双方均按规定做好记录，整个停电作业方告结束。

八、接触轨的故障、原因及处理方法（表3-3）

表3-3 接触轨的故障、原因及处理方法

故障	可能的原因	处理方法
过热 注意：如果发生过热，周围的部件很可能因其燃烧和电弧而造成损坏。视损坏情况进行进一步的维修。	普通接头连接松动	松开普通接头，用金属刷清扫接触面。 彻底检查有电弧损伤的部件，如果没有异常，用金属刷清理接触面的毛刺并涂上一层导电油脂。重新安装普通接头并注意垫片的顺序。 螺栓紧固力矩 70 N·m
	过载	检查电气负荷。根据系统参数调整。
	电连接中间接头松动	拆开电连接中间接头，重新清理接触面，涂导电油脂，然后按安装说明重新安装
接触轨不锈钢接触面的不均匀磨损	受电靴与接触轨未对准	参照走行轨检查接触轨的接触面。接触轨的中心与最近的走行轨的内侧的水平距离应为（726.5±5）mm，垂直距离为（200±5）mm。调整相关的支架。如果接触轨和受电靴的角度不同，将会导致有效接触面减小，局部发生过热现象，并可能产生严重的电磨损。 检查支架表面。如果损坏就更换 检查支架的紧固件是否松动。按照供货商的规范重新调整和紧固螺栓
在轨间连接处产生微小的弯曲	普通接头紧固件松动	重新调整：拆开普通接头，清理干净，在接触面涂导电油脂 用 70 N·m 的力矩紧固螺栓、螺帽

第二节 接触轨其他设备的维护

接触轨系统设备状态的好坏直接关系到地铁的运营安全和效益，对其进行日常维修和定期检修是十分必要的。接触轨系统设备的维修工作，应贯彻执行"预防为主、修养并重"的方针，预防与整治相结合，全面安排维修计划。接触轨系统设备检修的主要内容有：钢铝复合轨（包括铝轨本体和不锈钢带）、中间接头（普通接头、电连接接头）、端部弯头、膨胀接头、绝缘支架、中心锚结（普通中心锚结、大坡度中心锚结）、防护罩、电连接和接地线等项目的检修。下面介绍接触轨系统其他设备的维护与维修工作。

一、中间接头的维护

中间接头用于固定、连接相邻接触轨并传导电流，按用途分为普通中间接头及电连接用中间接头。

1. 普通中间接头

1）普通中间接头的结构、作用

普通中间接头的结构，如图3-13所示。接触轨对接处，如图3-14所示。普通中间接头安装效果，如图3-15所示。普通中间接头的作用是用于固定连接相邻接触轨并传导电流。

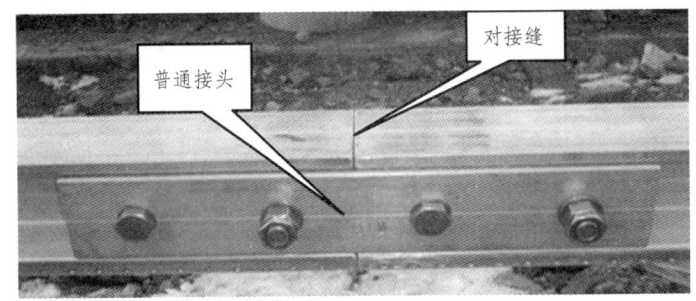
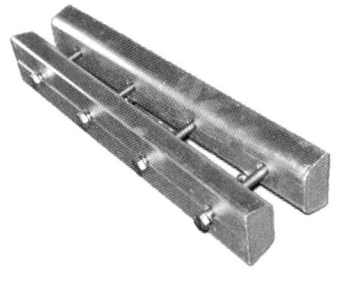

图3-13 普通中间接头的结构

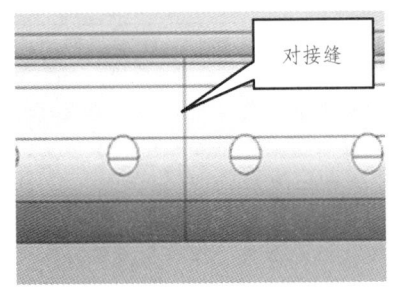

图3-14 接触轨对接处

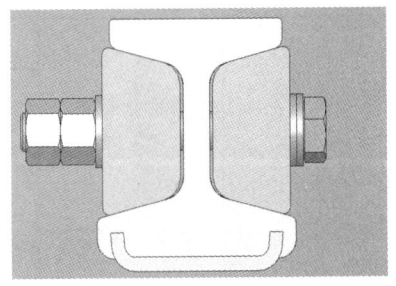

图3-15 普通中间接头的安装效果图

（1）每一段接触轨、端部弯头或膨胀接头都是通过一套普通接头连接的，接头的材质与接触轨的材质相同，均为6101（T6），普通接头本体毛坯采用挤压成型，表面强度高，粗糙度低，外形尺寸准确。加工时只需根据需要长度锯断，并打孔即可。因此，它具有足够的强度来满足固定的机械要求，同时它的截面积足够大，可以承载3 000 A电流。接头本体的轮廓与接触轨腰面紧密相贴，确保电流续接的要求，持续载流量达到4 142 A。

（2）每一套普通接头配有紧固件4套，每套包括螺栓、碟形弹垫各一个，螺母、平垫各两个。螺栓、螺母材质分别是0Cr18Ni9和1Cr18Ni9。普通接头的螺栓防松是采用双螺母防松的。

（3）普通中间接头本体上四个$\phi 17$孔，且对称分布，并预先在工厂加工好。因此，安装方便,无安装方向要求。具体结构如图 3-16 所示。

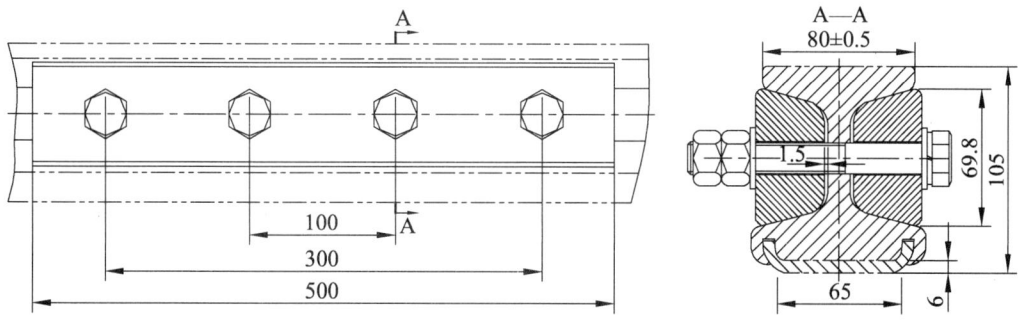

图 3-16 普通中间接头的结构尺寸

2)普通中间接头的维护处理

(1)对普通中间接头进行全面详细检查,对不符合要求的进行维护处理。

(2)全面详细检查、测量各绝缘支架点处的接触轨受流面至轨面的垂直高度、接触轨受流面中心线至轨面中心线的水平距离,对不符合要求的点进行维护处理,确保各参数符合要求。

(3)检查普通中间接头有无烧伤、变色现象。

(4)检查普通中间接头连接有无松动,导电油脂涂层是否均匀足够,接头处钢带接触面过渡是否平滑。

2. 电连接用中间接头

1)电连接用中间接头的结构和作用

(1)电连接有中间接头是连接供电电缆向接触轨供电的零件,它由两片铝合金零件组成,一块是普通接头本体,另一块在普通接头的本体上焊有 4 个电连接板,可以连接八根电缆。电连接用中间接头,如图 3-17 所示。电连接用中间接头材质与接触轨的材质相同,均为 6101(T6)。电连接用中间接头能安装在接触轨的任何位置,例如,牵引变电所出口、接头、弯头、电分段或道岔处。

图 3-17 电连接用中间接头

(2)电连接用中间接头本体及电连接板的截面积足够大,可以承载 3 000 A 电流,保证输送满负荷接触轨额定电流时不过热。接头本体的轮廓与接触轨腰面紧密接触,确保电流续接的要求。

（3）每一套电连接用中间接头配有紧固件4套，每套包括螺栓、碟形弹垫各一个，螺母、平垫各两个。螺栓、螺母材质分别是 0Cr18Ni9 和 1Cr18Ni9，规格为 M16。平垫材质为不锈钢 1Cr18Ni9，碟形弹垫材质是 1Cr18Ni9。电连接用中间接头螺栓防松，是通过采用蝶形垫和双螺母保证的。

（4）电连接用中间接头将保证最少连接8根电缆，同时考虑了接地挂环的安装，主要用于接触轨接地保护用。电连接用中间接头及接地挂环，如图 3-18 所示。

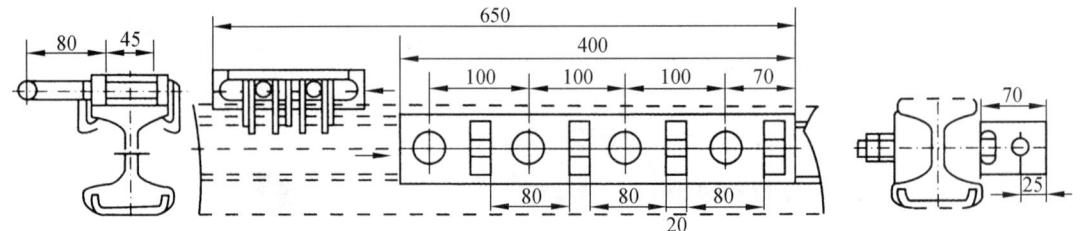

图 3-18 电连接用中间接头及接地挂环

（5）电连接板（图 3-19），本体材质与接触轨的材质相同，均为 6101（×6）。电连接板是用来连接柔性供电电缆的，注意接入电缆的长度要足够长，尤其对铝轨的纵向移动不应有所影响，也不能给铝轨的侧边造成任何应力。

图 3-19 电缆连接板

2）电连接用中间接头的维护

（1）检查电连接中间接头周围区域是否有变色现象，配合面的检查需要拆下线鼻子或者电连接中间接头。

（2）检查电缆的位置，因环境温度变化或者负载引起的接触轨的伸缩不应受到限制。

（3）检查是否有断裂和剥落现象，检查接线端子是否紧固。

（4）检查中间接头带电部分与接地体之间的最小净距离，应符合表 3-3 的规定。

表 3-3 接触轨带电部分和接地体之间的最小净距

标称电压/V	静态/mm	动态/mm	绝对最小动态/mm
750	25	25	25
1 500	150	100	60

3. 中间接头的维修方法（图 3-20）

（1）检查螺栓防松标记是否移动，如移动则把标记擦除，再按规定力矩紧固后重新用油漆画上防松标记。

（2）接触轨受流面过渡不平滑、有台阶时，应用砂轮机打磨接触轨，直至其两端接触轨过渡平滑。

（3）中间接头与接触轨的接触面有烧伤时，应进行打磨，严重时更换中间接头。

图 3-20 电连接中间接头安装电缆现场图

4. 中间接头的常见故障

中间接头的常见故障，见表 3-5。

表 3-5 中间接头的常见故障

故障	可能的原因	处理方法
过热	轨间的普通接头板松动	检查螺栓、螺帽、垫圈 拆开普通接头，用金属刷清理配合面 在普通接头和轨的配合面涂导电油脂，安装普通接头和螺栓。 使用防卡死润滑剂防止不锈钢螺栓卡死。 确保螺栓的紧固力矩为 70 N·m

二、端部弯头的维护

1. 端部弯头的结构和作用

（1）端部弯头按照正线和车场线分为两种：正线端部弯头长度为 5.2 m，端部弯头两端的高度差 126 mm；车场线端部弯头长度为 3.4 m，端部弯头两端的高度差 129 mm。端部弯头同接触轨之间采用普通接头连接。其作用是为了保证列车在额定速度运行时，受电靴能够平滑地接触和脱离复合轨。

（2）端部弯头采用两个绝缘支架进行支撑，与接触轨采用普通接头连接，可确保其接口处高度相同，无须进行打磨。由于端部弯头构造无任何方向性，它与接触轨的连接同接触轨之间的连接方式一样，可被安装在任何区段的末端。端部弯头预弯以后，采用铝合金做填充剂，进行气体保护金属极电弧焊，焊后进行接口表面的清洗处理，以免焊接后零件出现焊接裂纹和焊接应力。

（3）端部弯头可满足以下要求：

① 端部弯头的断口与接触轨之间密贴，没有高低差及由此产生的台阶伤及集电靴。

端部弯头与接触轨通过普通接头连接的部位没有坡度，因此能够保证端部弯头与接触轨之间密贴，而不会形成高低差，保证集电靴顺利通过；绝缘子和扣件在端部弯头进行至少一处的支承固定（正线弯头有2处支承固定），避免端部弯头两端的高度差及由此产生的台阶伤及集电靴。

② 端部弯头具有良好的耐电弧烧损、耐冲击特性。端部弯头在端部经过了预弯，具有自熄弧功能。接触轨系统的设计尽量缩短集电靴与接触轨的接触空当区域。

③ 端部弯头与接触轨通过电连接用中间接头固定连接。端部弯头无方向性，与接触轨有同样截面和形状，通过电连接用中间接头或普通中间接头能与任意成品接触轨断面相匹配，无须打磨。端部弯头与集电靴现场图如图3-21所示。

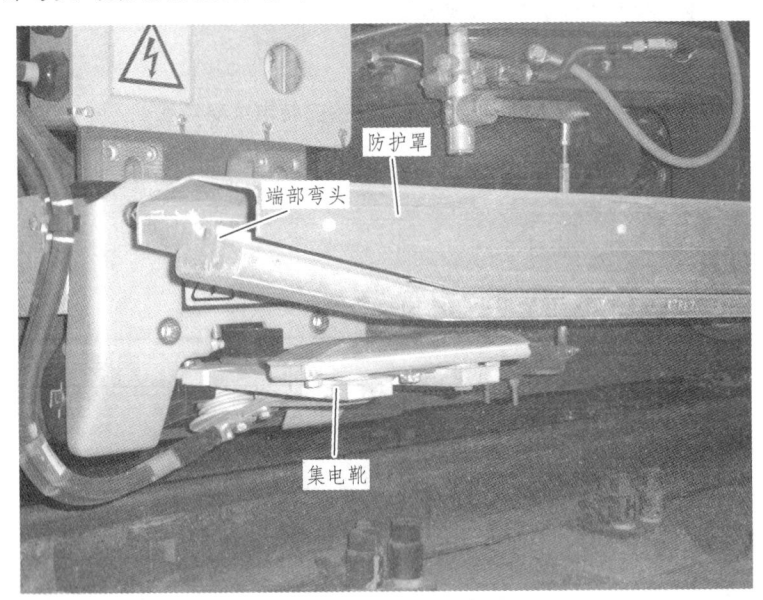

图 3-21　端部弯头与集电靴现场图

④ 端部弯头的坡度合理。

5.2 m 的高速端头的坡度为 1∶41。每一个端部都经过预弯，坡度更大些，这样能保证端部弯头具有更好的自熄弧特性。工厂加工端部弯头时用标尺严格检验坡度。

端部弯头的外形，如图 3-22 所示；端部弯头的结构，如图 3-23 所示；端部弯头的安装效果，如图 3-24 所示；端部弯头的安装实物图，如图 3-25 所示；端部弯头处设置接地挂环，如图 3-26 所示。

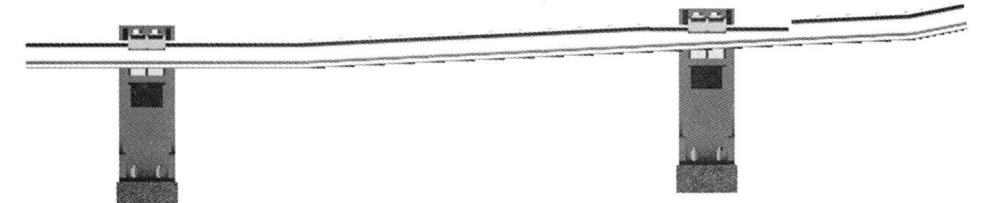

图 3-22 端部弯头外形

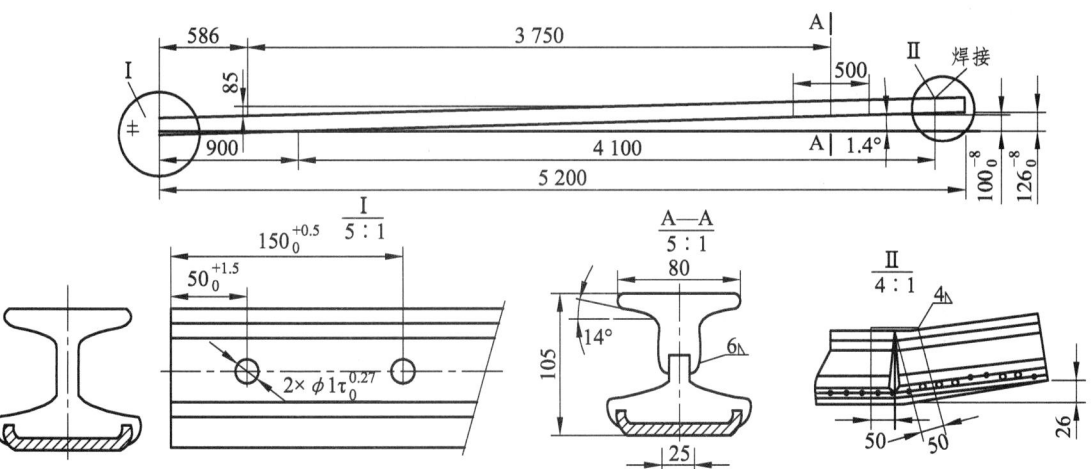

图 3-23 端部弯头的结构图

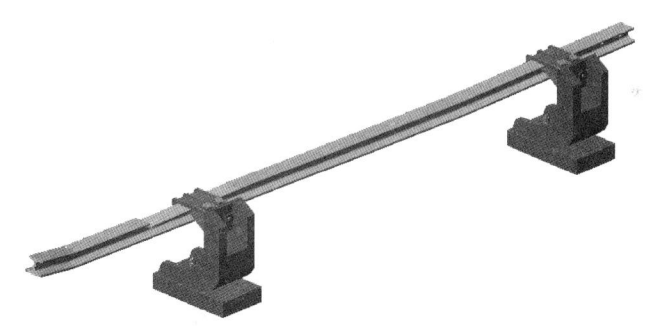

图 3-24 端部弯头的安装效果图

图 3-25 端部弯头的安装现场图

图 3-26　端部弯头处安装接地挂环现场图

2. 端部弯头的检修和维护

（1）检修和维护的周期：6 个月。

（2）检修和维护的范围：对端部弯头进行全面详细检查，对不合要求的内容进行维护处理。

（3）检修和维护的内容：

① 检查受流面是否有电弧烧伤痕迹。

② 测量检查端部弯头上弯状态是否符合要求，对不符合要求者进行调整。

③ 测量端部弯头末端、上弯始点绝缘支架处受流面与轨面的高度、与轨面中心线的水平距离，检查是否符合要求，对不符合要求者进行调整。

（4）检修和维护的质量标准：

① 端部弯头的断口与接触轨之间密贴，没有高低差及由此产生的台阶伤及集电靴。

② 端部弯头的抬升量应符合要求，5.2 m 的端部弯头的坡度为 1∶41；3.4 m 的端部弯头的坡度为 1∶22。

（5）端部弯头的维修方法：

① 用专用测量尺测量端部弯头的工作高度、偏移值，测量后并填写测量记录。

② 对端部弯头工作高度、接触轨偏移值、接触轨受流面与轨平面平行度进行调整。

③ 对端部弯头磨耗进行测量。

④ 端部弯头受流面出现熔珠、麻点、毛刺等凹凸不平现象时，可根据其严重程度用砂纸、锉刀、打磨机进行处理，使其表面恢复平整、顺滑，必要时在处理后涂抹一层薄的导电油脂。端部弯头处烧伤如图 3-27 所示。

3. 端部弯头的常见故障、原因和处理方法

端部弯头的常见故障、原因和处理方法，见表 3-6。

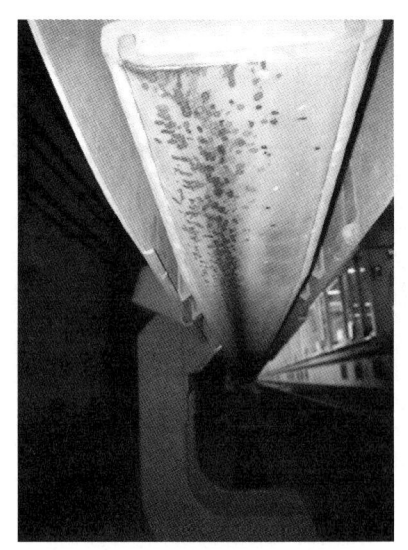

图 3-27　端部弯头处烧伤造成麻点现场图

表 3-6　端部弯头的故障原因及处理方法

故　障	可能的原因	处 理 方 法
接触轨过度弯曲	振动	检查绝缘支架底座固定螺钉，用正确的力矩紧固
		检查绝缘支架的紧固螺栓，用正确的力矩紧固螺栓
连接电缆松动		清理接触面，重涂导电油脂，重新按照正确的力矩紧固螺栓

三、膨胀接头的维护

1. 膨胀接头的结构、特点、作用

1）膨胀接头的结构、作用

由于环境温度的变化、电流引起的温升、日照和复合轨的移动等都会造成接触轨温度的变化，使接触轨因热胀冷缩而产生长度变化，因此在适当位置设置膨胀接头用来调节热胀冷缩现象。一般在隧道内 90 m、隧道外 75 m 设一个膨胀接头，确保接触轨的安全运行。

膨胀接头由两根长轨（左右滑轨）和一根短轨组成。为了保证集电靴顺利通过膨胀接头，长轨和短轨都要对角切掉 15°（长、短轨的接缝为斜角），这样可以使表面连续，间隙可以调整并且可以重合，以便使集电靴可以平滑地从一端过渡到另一端。左右滑轨的作用是让集电靴在膨胀点过渡时减小运行中产生的电弧。为了帮助电能转换，在设计上考虑了一个中间块用来协助集电靴。

长轨和短轨的连接靠锚固夹板（特殊的长普通接头）通过三个螺栓安装在左右滑轨及中间轨的两侧，锚固夹板与短轨为固定连接，而两根长轨在连接锚固夹板的位置开有长孔，这种锚固夹板是一种特殊的夹板，与左右滑轨的接触面比中间低 0.1~0.2 mm，而且三个螺栓的紧固力矩也不相同，中间螺栓的紧固力矩为 50 N·m，两边为 20 N·m。锚固夹板两边在螺栓紧固力矩的作用下，发生弹性变形，使其与左右滑轨密切相接，加上锚固夹板与左右滑轨及中间轨的接触面涂有导电脂，因此，具有良好的导电性能。当锚固夹板两边紧固力矩为 20 N·m 时，锚固夹板与左右滑轨的摩擦力 312 N。小于接触轨的膨胀力，可以保证膨胀接头的左右移动，并通过试验验证。为了弥补滑轨磨损造成紧固力下降，在滑轨外采用双蝶簧和双螺母的防松措施，保证了磨损后和在振动的情况下，夹板与滑轨之间始终保持适当的压紧力。

总之，膨胀接头这种结构可以满足膨胀接头两侧的接触轨因热胀冷缩而产生长度变化时，使其左右伸缩自如得到补偿，又具有良好的导电性能。这样既保证电流续接良好，又使左右滑轨随温度变化伸缩导向准确。

电流连接器主片、副片采用紫铜材质，导电性好；表面镀银，使得主、副片滑动时接点接触良好，导电性能提高。U 形螺栓上配有弹簧，弹簧在螺栓紧固力作用下压缩 6~11 mm，弹力为 480~500 N，主、副片之间的摩擦力为 124~130 N，这个力使主、副片既紧密相切，又能左右滑动。铜垫板、U 形螺栓垫板等导电零件也采用紫铜材质，表面镀银，既保证了电气连接的可靠性，又不会产生任何电化学腐蚀。

锚段长度。两组膨胀接头之间的温度伸缩补偿段称之为一个锚段。一般地面段锚段长度

为 75 m，地下隧道内锚段长度为 90 m，距洞口 500 m 范围内的隧道中设置的锚段按地面段考虑。

膨胀接头的外形，如图 3-28 所示；其结构如图 3-29 所示；其安装效果，如图 3-30~3-32 所示。

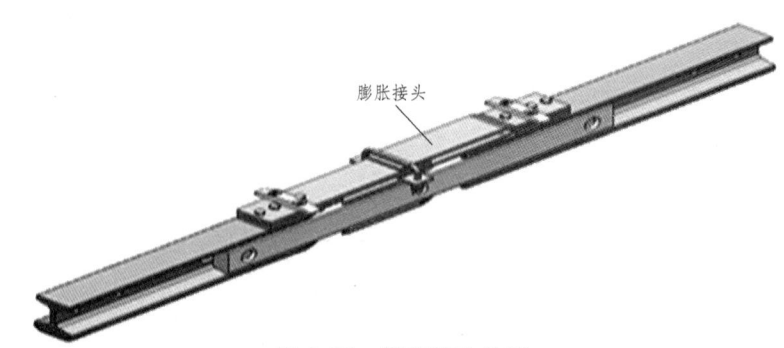

图 3-28 膨胀接头外形

图 3-29 膨胀接头实物图

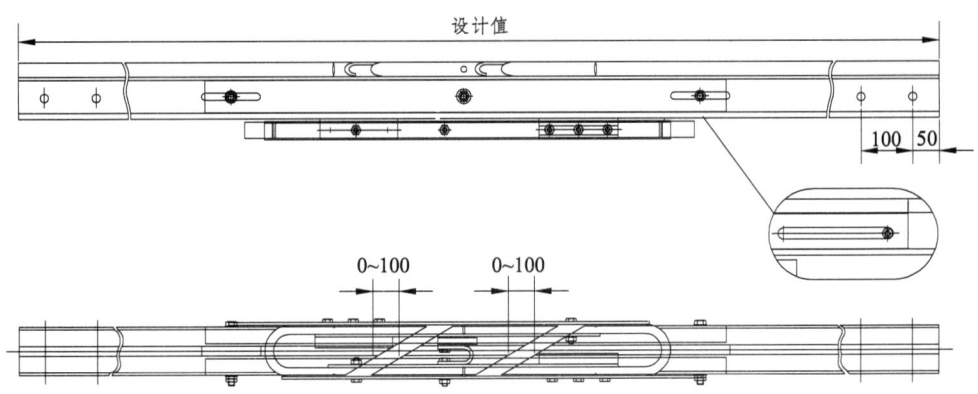

图 3-30 膨胀接头的结构图

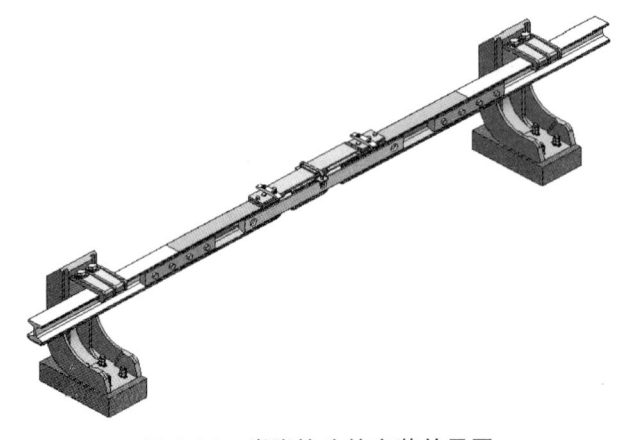

图 3-31 膨胀接头的安装效果图

(a)

(b)

图 3-32 膨胀接头的安装现场图

2)膨胀接头的特点

(1)接触轨的载流量为 3 000 A,膨胀接头的载流量为 5 623 A 大于 3 000 A 的 1.2 倍即 3 600 A,经试验验证载流量也大于 3 600 A。

(2)膨胀接头与铝接触轨的电气连接是镀银的铜垫板,这不但保证了最高的电气连接可靠性,又不会产生任何电化学腐蚀。膨胀接头用的紧固件都是不锈钢件,也不会产生任何电化学腐蚀。

（3）抗振防松性能好，便于装卸。

（4）膨胀接头长 1 975 mm，补偿量为 200 mm。在直线段，膨胀接头应尽量安装在两个支架装置的中心部位，最少膨胀接头的每一端距支架装置的距离不小于 400 mm。弯道段中设置膨胀接头，则会使绝缘支架及膨胀接头受到很大的张力。膨胀接头的滑动块会因为这一额外张力而加速磨损，绝缘支架也会很快磨损。所以一般不在弯道处设置膨胀接头。在特殊情况下，也会出现半径小于 300 m 的弯道必须设置膨胀接头的情况，此时膨胀接头依然能起到作用，可是会使膨胀接头张开及闭合的张力转移作用于绝缘支架上。

2. 膨胀接头的检修与维护

（1）检修与维护的周期：3~6 个月（曲线半径≤500 m 的膨胀接头 3 个月）。

（2）检修与维护的范围：对膨胀接头进行全面详细检查，对不合要求的内容进行维护处理。

（3）检修与维护的内容：

① 检查膨胀接头有无过热变色、烧伤现象。

② 检查膨胀接头的磨损是否均匀，补偿间隙过渡是否平滑。

③ 检查膨胀接头所有紧固件是否松动，所有螺栓紧固力矩是否满足要求。

④ 测量膨胀接头处受流面与轨面的高度及限界。

⑤ 测量膨胀接头补偿间隙的大小，可参考安装温度曲线，检查是否符合要求。

⑥ 检查膨胀接头与接触轨的连接是否平顺。

⑦ 检查膨胀接头的电气连接状况。

（4）检修与维护的质量标准：

① 膨胀接头的补偿间隙参考安装温度曲线。参见膨胀接头安装曲线图 3-33 和图 3-34。

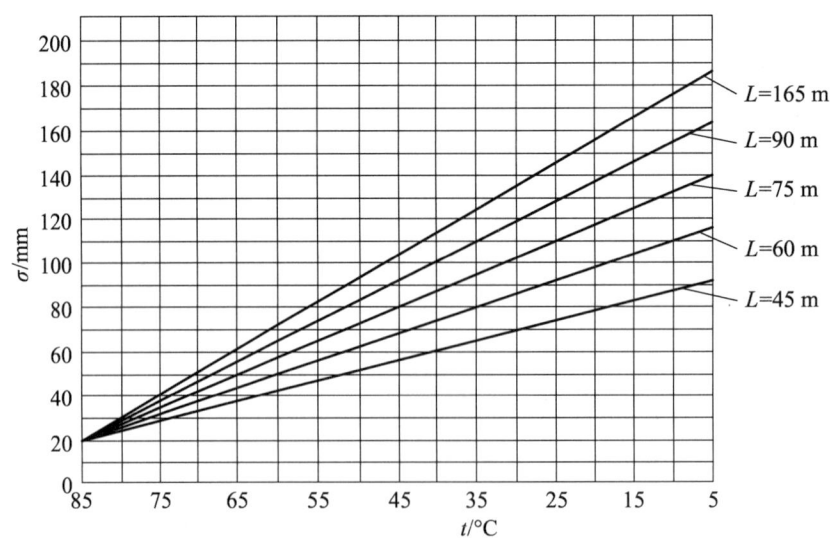

图 3-33 隧道内膨胀接头安装曲线

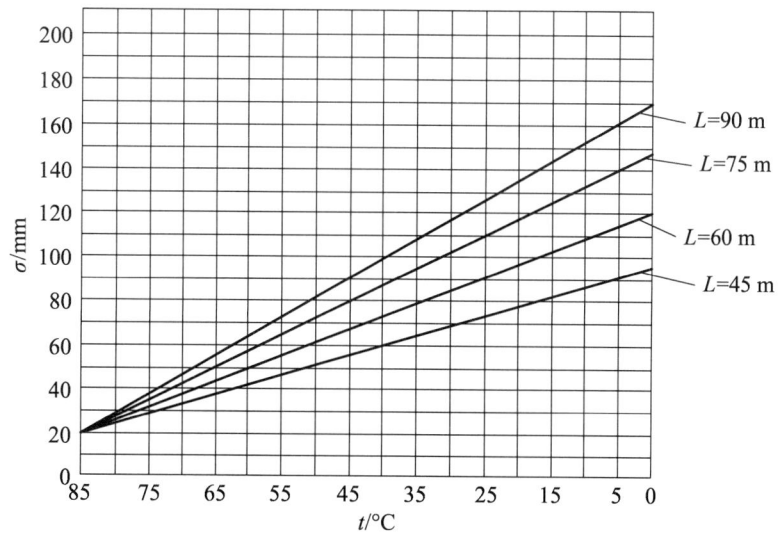

图 3-34 隧道外膨胀接头安装曲线

② 膨胀接头的各螺栓紧固力矩符合设计要求,其锚固夹板三个螺栓的紧固力矩不相同。紧固螺栓时,用扭矩扳手交替拧紧。中间螺栓的紧固力矩为 59 N·m,两边为 20 N·m。电流连接器与接触轨连接的 M10 螺栓紧固力矩为 25~31 N·m,U 形螺栓弹簧长度为 15~16 mm,在 M16、U 形螺栓与螺母连接处有红油漆标记。要保证膨胀接头在温度变化的情况下能伸缩自如,无卡滞现象。

(5) 膨胀接头的维修方法:

① 紧固件检查调整。首先检查各防松标记是否有变化,无变化时可不作调整;有变化时需把防松标记擦除,重新用力矩扳手按规定的力矩紧固,然后再用油漆画上防松标记。

② 补偿间隙测量。用专用工具或者直接测量膨胀接头的标记线,测量出补偿间隙值。用数字温度计测量已安装接触轨的温度,将温度感应点分别置于轨底、轨腹下部及钢带表面,记录读数并计算其平均值。对照膨胀接头安装曲线,判断实际曲线是否符合设计规定,一般膨胀接头一经施工完毕就无法直接进行调整。当膨胀接头的补偿间隙值不正确会危及接触轨系统安全运行时,可对该锚段中的一段轨进行局部更换或者在中间接头处进行特殊长度处理,以保证温度补偿的正确性及安全性。

③ 膨胀接头卡滞。膨胀接头卡滞时需检查卡滞是部件变形引起的,还是润滑不良引起的。如果是部件变形引起的则可局部更换部件;如果是润滑不良引起的则可把夹板拆卸下来,清洗干净后涂上一层薄的导电油脂,按规定力矩用力矩扳手紧固。

④ 施工温度安装间隙,参见表 3-7 和表 3-8。

表 3-7 膨胀接头隧道外施工温度安装间隙

施工轨温/°C	-5	-4	-3	-2	-1	0	1	2	3	4	5
预留间隙 δ/mm	74	73	72.6	72	71	70	69	68	67.6	67	66
施工轨温/°C	6	7	8	9	10	11	12	13	14	15	16
预留间隙 δ/mm	65	64	63	62.7	62	61	60	59	58.6	58	57

续表

施工轨温/°C	17	18	19	20	21	22	23	24	25	26	27
预留间隙 δ/mm	56	55	54	53.6	53	52	51	50	49	48.6	48
施工轨温/°C	28	29	30	31	32	33	34	35	36	37	38
预留间隙 δ/mm	47	46	45	44	43.7	43	42	41	40	39.6	39
施工轨温/°C	39	40	41	42	43	44	45	46	47	48	49
预留间隙 δ/mm	38	37	36	35	34.6	34	33	32	31	30.5	30
施工轨温/°C	50	51	52	53	54	55	56	57	58	59	60
预留间隙 δ/mm	29	28	27	26	25.6	25	24	23	22	21	20.6
施工轨温/°C	61	62	63	64	65	66	67	68	69	70	
预留间隙 δ/mm	20	19	18	17	16	15.6	15	14	13	12	

注：1. 膨胀接头隧道外安装距离 75 m，接触轨运行温度为 −5 °C～85 °C。
2. 最终安装间隙按设计部门所给的间隙为准。

表 3-8　膨胀接头隧道内施工温度安装间隙

施工轨温/°C	10	11	12	13	14	15	16	17	18	19	20
预留间隙 δ/mm	74	73	72	71	70	69	68	67	66	65	64
施工轨温/°C	21	22	23	24	25	26	27	28	29	30	31
预留间隙 δ/mm	63	62	61	60	59	58	57	56	55	54	53
施工轨温/°C	32	33	34	35	36	37	38	39	40	41	42
预留间隙 δ/mm	52	51	50	49	48	47	46	45	44	43	42
施工轨温/°C	43	44	45	46	47	48	49	50	51	52	53
预留间隙 δ/mm	41	40	39	38	37	36	35	34	33	32	31
施工轨温/°C	54	55	56	57	58	59	60	61	62	63	64
预留间隙 δ/mm	30	29	28	27	26	25	24	23	22	21	20
施工轨温/°C	65	66	67	68	69	70					
预留间隙 δ/mm	19	18	17	16	15	14					

注：1. 膨胀接头隧道内安装距离 90 m，接触轨运行温度为 10 °C～85 °C。
2. 最终安装间隙按设计部门所给的间隙为准。

3. 膨胀接头的故障、原因及处理方法

膨胀接头的故障、原因及处理方法，见表 3-9。

表 3-9　膨胀接头的故障、原因及处理方法

故　障	可能的原因	处　理　方　法
过热	轨间连接松动	重新调整普通接头
	电连接板接触不良	松开 U 形螺栓，调整电连接板主副板位置
过载		检查负载情况，根据设计要求调整

续表

故障	可能的原因	处 理 方 法
不锈钢带磨损不均匀	接触轨和受电靴对正不好	参考走行轨检查膨胀接头的接触面。膨胀接头中心与最近的走行轨的内侧的水平距离，接触面间的垂直距离应符合设计要求。如果轨和受电靴的接触面不平，将会减小有效接触面，产生过热，进而可能产生严重的电磨损
		检查支架的紧固件是否松动
在轨间的连接处产生微小的弯曲	轨间的连接松动	重新调整普通接头。使用金属刷清理配合面，并重涂导电油脂

四、绝缘支架的维护

1. 绝缘支架的类型、结构、作用、材质

绝缘支架是接触轨系统中支撑接触轨并起绝缘作用的装置，一般有绝缘子式、整体绝缘支架式、分体式绝缘支架。其中上部受流与下部受流的整体绝缘支架又不相同。

（1）绝缘子式绝缘支架。早期北京地铁1号线接触轨系统的绝缘支架采用绝缘子式，由三部分组成：瓷件，材料为电瓷，工作电压为1 000 V，抗弯载荷为800 kg；下座，材料为HT15-33灰铸铁；上帽，材料为HT15-33灰铸铁。另外瓷件与下座间还设有1~5层油毡纸垫片。

由于瓷制品易碎，不利于安装维护，随着科学技术的发展，出现了复合材料绝缘子和整体式绝缘支架型的绝缘支架。

复合材料绝缘子是用玻璃纤维增强不饱和聚酯膜塑料经高温模压制成型，颜色为灰色。安装技术与传统绝缘子基本相同。玻璃纤维增强不饱和聚酯膜塑料具有质轻、绝缘、强度高、吸水率低、变形小、耐候性良好等许多优点，且具有很强的可设计性，易于根据线路使用要求进行结构设计，使绝缘支撑具备良好的受力性能，满足各种负荷受力要求。绝缘子上部通过螺钉连接金属头和两个接触轨卡子将接触轨抱住定位；绝缘子下部通过带大垫圈的螺栓将下部绝缘子压盖固定在槽钢底座上，再将底座同道床或轨枕连接。绝缘子主体为圆柱形空心结构，带环状防污槽，下部为方形法兰盘。金属头嵌入绝缘体中，带防脱、防转动槽。接触轨卡子左右各一件，鸭嘴结构，外侧带2条竖肋，螺钉通过中间开孔同金属头连接。绝缘子压盖是带有孔边加强结构的固定孔的盖状结构，绝缘体柱状主体与压盖一体成型。

750 V 上接触式接触轨系统复合材料绝缘子的主要性能为：污耐受电压≥5 kV，工频干耐受电压≥40 kV，工频湿耐受电压≥20 kV，爬电距离≥180 mm，抗弯载荷≥20 kN，抗压载荷≥30 kN。外观如图3-35所示。

（2）整体绝缘支架式绝缘支架。接触轨整体绝缘支架由玻璃纤维增强材料（GFRP玻璃钢）采用SMC模压成型工艺制造。玻璃钢接触轨托架和绝缘支架设计通过各自接触面的齿槽啮合，经螺栓连接在一起的。齿槽啮合起垂直限位的作用，同时接触轨安装时可进行上下微调；接触轨托架与接触轨扣件也经螺栓连接成一整体，接触轨扣件设计成具有一定特殊结构，可防止接触轨扣件沿接触轨铺设方向左右摆动；绝缘支架的结构设计应使整体绝缘支架具有良好的受力性能，满足各种可能负荷出现的受力要求，绝缘支架的长孔，可使整体绝缘

支架在水平方向上有 30 mm 的调整余量，在垂直方向上有 40 mm 的调整余量，从而保证接触轨的相关安装距离。整体绝缘支架高度可根据安装要求设计。外观如图 3-36 所示。

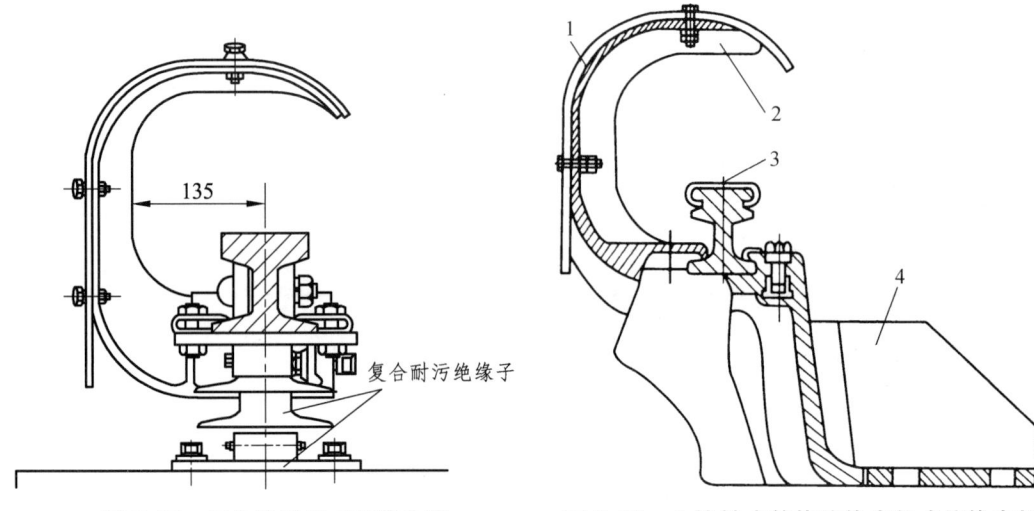

图 3-35　复合绝缘子式绝缘支架　　图 3-36　上接触式整体绝缘支架式绝缘支架

1—防护罩；2—防护罩支架；3—接触轨；4—整体绝缘支架

1 500 V 下部接触受流接触轨系统的整体绝缘支架由玻璃纤维增强树脂采用模压工艺制造。它主要包括以下部件：支架本体、接触轨托架、接触轨扣件（即卡爪），如图 3-37 所示。

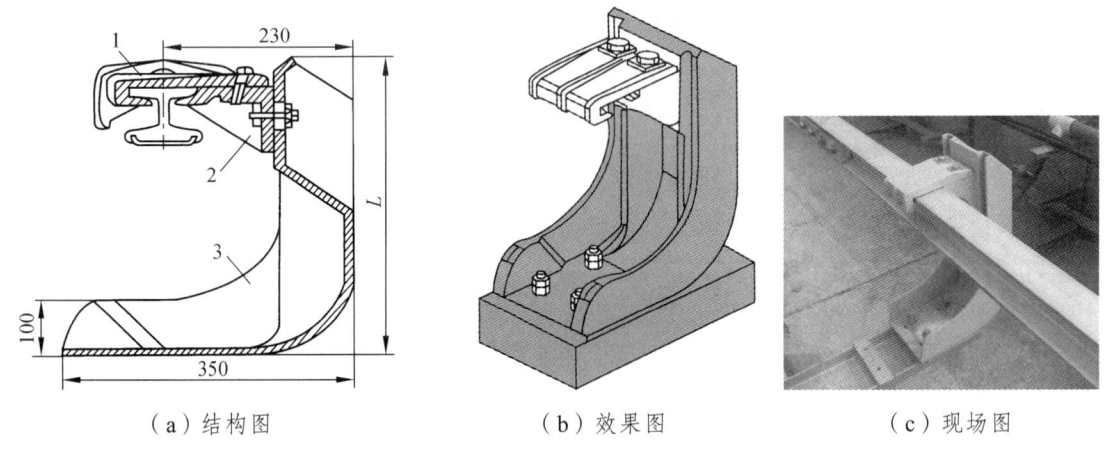

（a）结构图　　　　　　（b）效果图　　　　　　（c）现场图

图 3-37　下接触式整体绝缘支架式绝缘支架

1—卡爪；2—托架；3—支架本体

（3）接触轨分体式绝缘支架。2011 年北京鼎昌复合材料有限责任公司研制出一种新型分体式绝缘支架。其特征在于：包括下部托架、上部托架、压轨板和滑轨。下部托架、上部托架、压轨板和滑轨均用非金属材料制成，上部托架上设滑轨，压轨板设在水平面上，用于固定设置于滑轨上的接触轨。接触轨分体式绝缘支架高度可以在一定范围内调整，结构简单，调节方便。

2. 绝缘支架的检修与维护

（1）检修与维护的周期：12 个月。

（2）检修与维护的范围：对绝缘支架、支架底座进行全面详细检查，包括紧固螺栓、支架底座、绝缘支架及连接螺栓等，对松动、不符合要求的进行维护处理。

（3）检修与维护的内容：

① 检查绝缘支架紧固螺栓是否紧固，有无松动。

② 检查绝缘支架有无变色、表层剥落、裂纹及其他异常现象。

③ 检查绝缘支架底座有无镀锌层脱落、锈蚀现象。

④ 检查绝缘支架与接触轨的对正情况。

（4）检修与维护的质量标准：

① 整体绝缘支架无损伤变形等。紧固件齐全，安装牢固可靠，各连接螺栓的紧固力矩满足设计要求，卡爪及托架固定螺栓力矩均为 44 N·m。

② 整体绝缘支架纵向轴线垂直于线路中心线，横向轴线平行于线路中心线。

③ 整体绝缘支架以及接触轨托块的防滑齿完好，同时齿间正确啮合。

④ 接触轨托块和卡爪完好无损坏，其横向轴线应平行于线路中心线，以满足接触轨能顺线路方向顺畅滑动。

⑤ 各镀锌螺栓无变形，镀锌层和螺纹完好，预留调节余量满足设计要求，螺栓外露部分要涂防腐油。

（5）绝缘支架的维修方法：

① 绝缘支架倾斜时，观察判断倾斜的原因，如属于中锚绝缘支架受力不均等引起，宜把该锚段调顺，使中锚绝缘支架恢复正常；如支架出现裂纹应进行更换；如属于接触轨伸缩时接触轨扣件卡滞引起，则调整接触轨扣件，把绝缘支架调正。

② 绝缘支架有裂纹，影响使用时应更换。

③ 按规定清扫绝缘支架。

④ 紧固件检查调整。首先检查各防松标记是否有变化，无变化时可不作调整，有变化时需把防松标记擦除，重新用力矩扳手按规定的力矩紧固，然后再用油漆画上防松标记。

⑤ 锚固螺栓检查处理。底座螺栓基础出现异常，螺栓受力不能保证要求时，可按规定改移该支架。

3. 绝缘支架的常见故障、原因和处理方法

绝缘支架的常见故障、原因和处理方法，见表3-10。

表 3-10 绝缘支架的常见故障、原因和处理方法

故障	原因	处理方法
闪络击穿	雷电	恢复绝缘的，加强巡视，限速通过
	绝缘支架脏污	清除污物，加强巡视检查，更换零部件
扭曲变形	接触轨热胀冷缩产生伸缩运动	变形不严重，没有侵限，加强观察巡视，否则检修
破损裂纹	长期承受冲击力，或者支架本身材质问题	对破损、裂纹不影响承载的，且不是端部弯头处，不侵限的可不处理，必要时限速通过，否则应更换
	外力破坏	严重者更换

五、中心锚结的维护

1. 中心锚结的结构、作用

中心锚结也称为防爬器,一般设置在两膨胀接头之间(即一个锚段)的中部。正常情况下中心锚结设置一组,但在线路纵向坡度超过 20‰时选用特殊的中心锚结装置。中心锚结是接触轨锚段中部用于防止接触轨纵向移动的装置,可防止接触轨向两侧不均匀蹿动,保持膨胀区段的中点位置。中心锚结一般分为普通中心锚结和大坡度中心锚结。一般情况下中心锚结采用普通中心锚结。在线路纵向坡度超过一定数值时(如 20‰)采用大坡度中心锚结。

(1)普通中心锚结。一般设置在锚段的中部,安装在整体绝缘支架两侧,如图 3-38 所示。

普通中心锚结一般由两组普通防爬器组成。每套普通防爬器由一对梯形截面铝块组成,用两套紧固件连接,每套包括螺栓、碟形弹垫各一个,螺母、平垫各两个。普通防爬器的螺栓防松是通过采用碟形弹垫和双螺母保证的。普通防爬器每个铝块上都已钻好 2 个 $\varPhi 17$ mm 的孔,用不锈钢螺栓紧固在轨腰上。与接触轨连接采用两套 M16 不锈钢螺栓。普通防爬器的组件,如图 3-39 所示。普通防爬器的结构,如图 3-40 所示。普通防爬器单独安装效果,如图 3-41 所示。普通防爬器的安装位置,如图 3-42 所示,安装现场效果如图 3-43 所示。

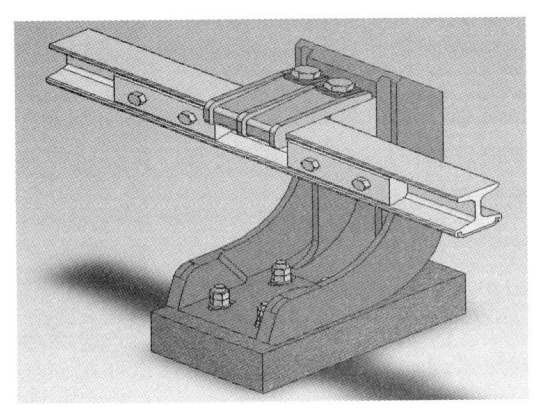

图 3-38 普通中心锚结

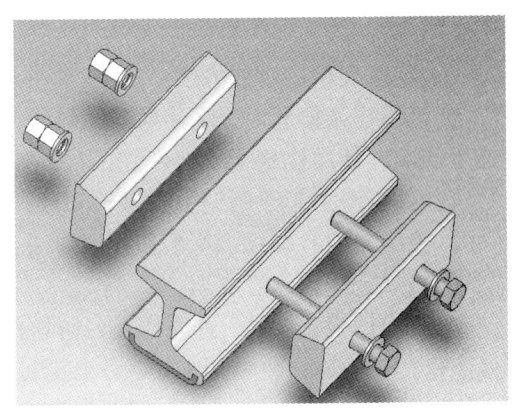

图 3-39 普通防爬器组件

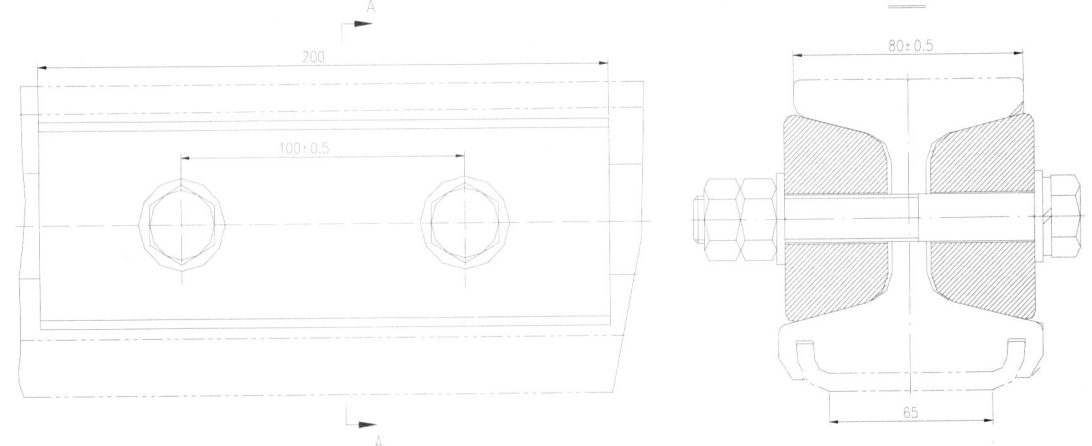

图 3-40 普通防爬器的结构

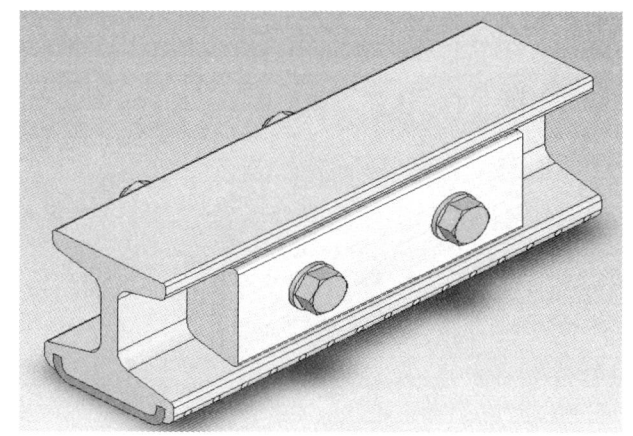

图 3-41 普通防爬器单独安装效果图

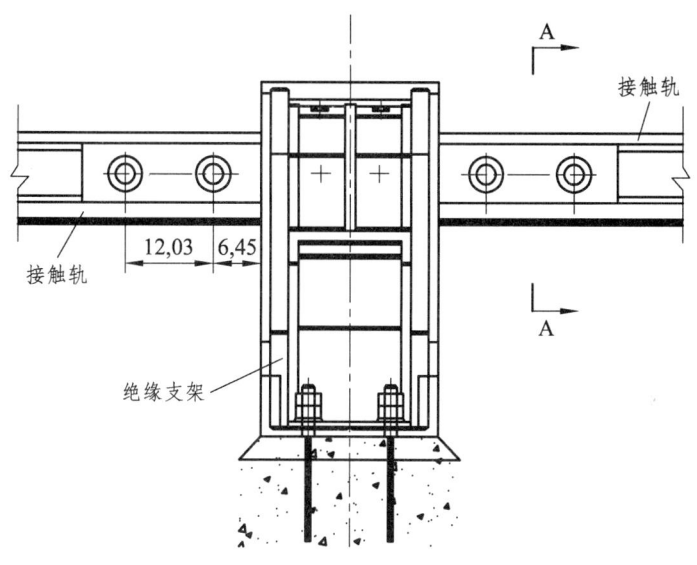

图 3-42 普通防爬器的安装位置

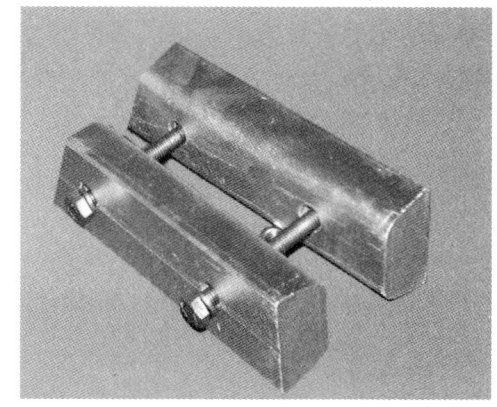

图 3-43 普通防爬器的安装现场图

（2）大坡度中心锚结。大坡度中心锚结一般有两种：斜拉绝缘子式和双组普通中心锚结式。斜拉绝缘子式，如图 3-44 所示。锚结用防爬器的结构，如图 3-45 所示。锚结防爬器的安装效果，如图 3-46 所示。锚结防爬器的组件，如图 3-47 所示。

图 3-44　斜拉绝缘子式大坡度中心锚结

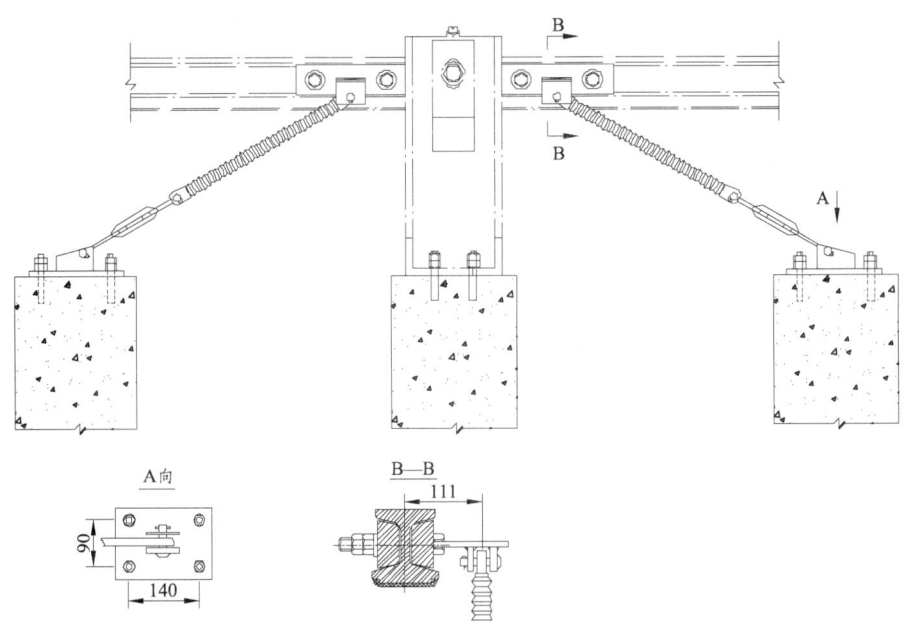

图 3-45　斜拉绝缘子式防爬器的结构

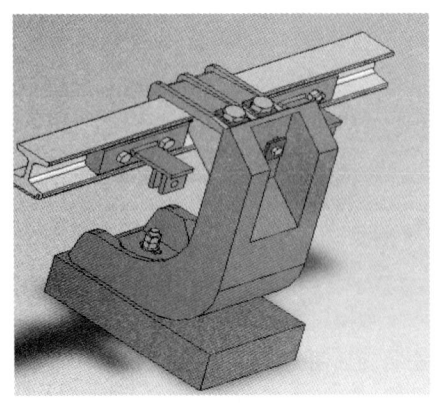

图 3-46　锚结防爬器安装效果

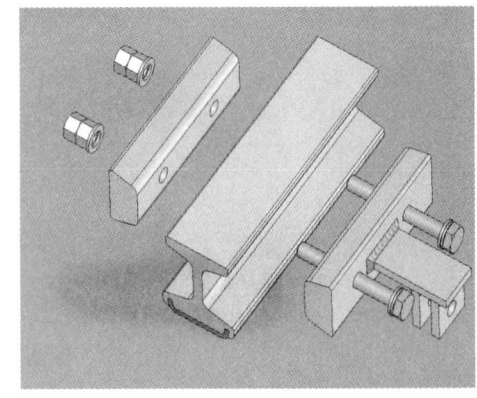

图 3-47　锚结防爬器组件

双组普通中心锚结式的大坡度中心锚结的结构形式与普通中心锚结的结构基本相同，由于两组普通中心锚结的间距较小，一般间距为 600~700 mm，因此中间两组防爬器一般为单孔形式的防爬器，如图 3-48 所示。

图 3-48 双中心锚结

2. 防爬器的检修与维护

（1）检修与维护的周期：12 个月。
（2）检修与维护的范围：对防爬器进行全面详细检查，对不合要求的内容进行维护处理。
（3）检修与维护的内容：
① 检查防爬器与接触轨的连接状态，有无导电油脂，紧固螺栓有无松动。
② 检查防爬器及绝缘支架接触面有无损伤。
③ 检查防爬器与绝缘支架的状态。
④ 检查防爬器及防护罩的安装状态。
（4）检修与维护的质量标准：
① 防爬器带电端至接地体的距离不允许小于 150 mm。
② 防爬器和绝缘支架无变形或破坏。
③ 防爬器螺栓间距为 100 mm，内侧螺栓距离绝缘支架边缘为 50 mm。
④ 防爬器的拉线与水平面的夹角的范围为 30°~45°。
（5）中心锚结的维修方法：
① 中锚拉线受力不均时调整拉线和螺栓，使其受力均匀。
② 普通中锚在两端受力不均时会导致中锚绝缘支架倾斜，这时应调整该锚段，使中锚绝缘支架端正，并核查该锚段有无绝缘支架卡滞现象，有则进行调整。
③ 紧固件检查调整。首先检查各防松标记是否变化，无变化时可不作调整，有变化时需把防松标记擦除，重新用力矩扳手按规定的力矩紧固，然后再用油漆画上防松标记。
④ 测量带电部分与接地体之间的最小净距及有无侵入限界，对不符合表 3-3 者进行调整。

六、防护罩的维护

1. 防护罩的结构、材质、作用

防护罩的作用是在尽可能地避免人员无意中触碰到带电设备,一般采用玻璃纤维增强树脂材质制造。上部受流防护罩示意图,如图 3-49 所示;下部受流的防护罩实物图,如图 3-50 所示。

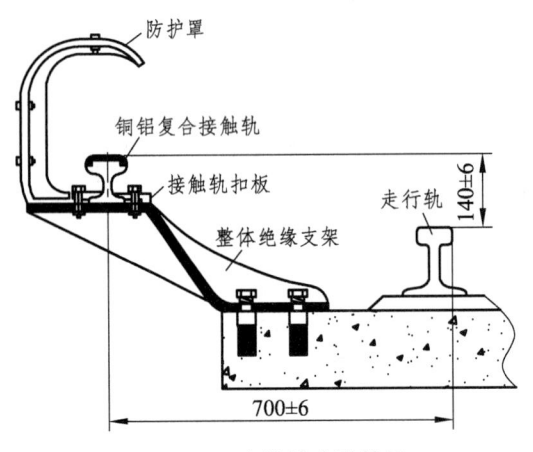

图 3-49 上接触式防护罩

图 3-50 下接触式防护罩

2. 防护罩的检修与维护

(1)检修与维护的周期:12 个月。

(2)检修与维护的范围:对防护罩支撑卡、防护罩(包括支架防护罩、电缆接线板防护罩、锚结防护罩)等进行全面详细检查。

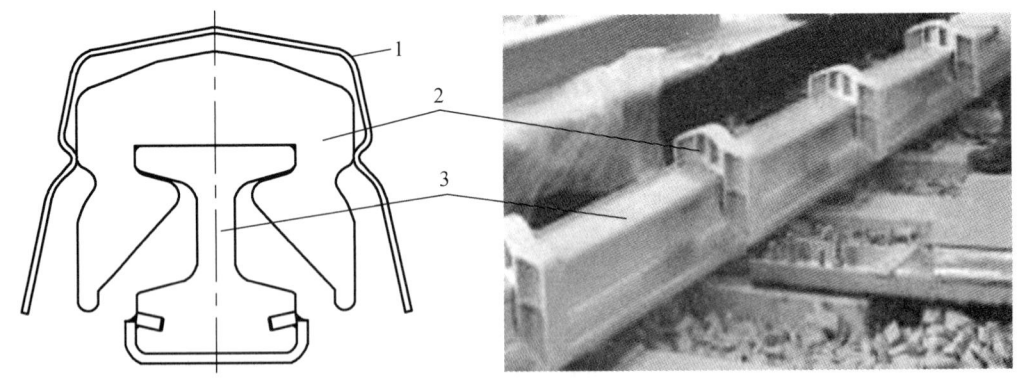

图 3-51 下接触式防护罩示意图

1—防护罩;2—支撑卡;3—接触轨

(3)检修与维护的内容:

① 检查防护罩有无变色、表层剥落、裂纹及其他异常现象。

② 检查防护罩上警示标志是否清晰、有无脱落。

③ 检查防护罩、支撑卡与接触轨的结合状态,特别是膨胀接头、防爬器、电缆接线板处

的防护罩，不影响接触轨的自由伸缩。

④ 对不合要求的防护罩进行更换。

（4）检修与维护的质量标准：

① 防护罩规格型号、各种电气性能和机械性能符合产品技术条件，无损伤。

② 防护罩选型正确，安装规范、牢固可靠。

③ 防护罩支撑卡布置合理，无损坏，防护罩支撑卡每隔 500 mm 布置一处。

④ 防护罩上的警示标志齐全、明显。

（5）防护罩的维修方法：

① 防护罩搭接或安装不良突起时，应重新搭接或安装，使防护罩紧扣在防护罩卡上，必要时局部更换尺寸差异较大的防护罩，同时应检查防护罩搭接或安装不良是否由于接触轨部件异常所引起。

② 标志不明显时用红油漆、毛笔和标志模板重新描画。

③ 清扫防护罩的积尘。

④ 如有漏水直接滴在防护罩上，应报相关部门堵漏，并做好跟踪工作。

3. 防护罩的故障、原因、处理方法

（1）故障现象与危害：

① 现象 —— 防护罩松脱、拱起。

② 危害 —— 可能侵限刮碰受电靴，严重时会出现靴轨故障。

（2）原因分析：

① 没搭扣牢固。在正常情况下，防护罩是紧紧扣在防护罩安装卡上、或者搭扣在其他防护罩上的。由于在检修时需拆开防护罩检查接触轨，一旦没有恢复到位，此时如有外力如风、车振动的作用，就会出现防护罩松脱或拱起。

② 变形或防护罩破损。防护罩搭扣部位出现大的变形甚至破损时，无法固定在防护罩支撑卡上、或者搭扣在其他防护罩上，此时如有外力如风、车振动的作用，就会造成松脱或拱起。

（3）处理方法：

① 以"先通后复"为原则，在运营时段没有侵限或侵限不严重的故障防护罩可暂不处理，但需加强观察巡视，必要时可要求列车限速通过。影响行车的故障如有可能，故障处理人员应先搭乘列车到达故障点附近安全处，准备好后利用行车间隔停电抢修；在运营时段，把故障防护罩拆卸后即可恢复通车。同时应检查附近相关设备有无损坏并作相应的处理，力争把故障影响时间减少到最短。

② 非运营时段的处理。如为没搭扣牢固引起，则把防护罩搭扣好即可；如为变形或破损造成，则需更换防护罩。

七、电连接的维护

1. 电连接的设置

接触轨同一供电分区相邻断轨之间设置电连接，用电缆将固定在断口两端接触轨上的电连接板进行电气连接（如图 3-52 所示）。温度伸缩接头处的电连接采用铜板或铜杆连接，包含在中间过渡预留伸缩缝接头部件中。

图 3-52　电连接现场图

2. 电连接的检修与维护

（1）检修与维护的周期：不宜大于 12 个月。

（2）检修与维护的范围：对接触轨的电连接及相关部件进行全面检查，对不符合要求的内容进行处理。

3. 电连接检修与维护的质量标准

（1）电连接的规格、数量、裕度、接线应符合设计要求。

（2）电缆应绝缘良好，无尖锐物体、重物挤压，无损伤、老化龟裂、过热变色、虫鼠害等异常现象，弯曲半径应符合设计要求。

（3）电缆接线端子应压接良好，电缆接线端子连接部位应采用绝缘热缩管套封。

（4）电连接、电连接线板及接触轨之间应安装密贴、连接牢固可靠、电气接触良好、导流良好，铜、铝过渡措施、安装位置、形式应符合设计要求，防腐、防松、紧固力矩应符合设计要求。

（5）电连接应接在接触轨的外侧，不得刮碰受电靴。

（6）电连接应固定可靠，布置规整，布线应符合设计要求。

（7）带电部分与接地体之间的最小净距应符合表 3-3 的规定，且不得侵入限界。

4. 电连接的检修与维护的内容

（1）检查电连接的规格、数量、裕度、接线和外观情况。

（2）检查电连接的连接、接触情况，对需涂油防腐的螺栓、螺母涂油。

（3）检查电连接布置、固定情况。

（4）对不符合技术要求的内容进行处理。

5. 电连接的维修方法

（1）检查电连接的规格、数量、裕度、接线。按设计要求，检查电连接的规格、数量和接线，对规格不正确、载流量不能满足要求者，予以更换；缺失时按设计要求的数量补齐电连接；对无法满足接触轨伸缩、土建结构伸缩要求，即裕度不够者进行调整或更换；对接线进行核查，保证接线正确。

（2）检查机械连接及电气接触。检查机械连接是否良好，检查防松标记是否有变化，如有变化则把旧标记清除，按规定力矩紧固连接螺栓，使其达到标准；检查各部件有无烧伤、严重氧化现象，检查示温片有无超温显示，对轻度烧伤者用砂布打磨，涂上导电油脂，重新安装，对烧伤严重者应予以更换。

八、支架底座接地装置的维护

在 DC 1 500 V 系统中，接触轨系统应设独立的接地线，所有不带电金属部分与接地线连接，接地线与牵引变电所内接地网相连，构成接触轨系统接地保护回路。支架底座接地线一般采用扁铜排或铜芯电缆，如图 3-53、3-54 所示。

图 3-53 接地扁铝现场图

图 3-54 接地铜绞线现场图

1. 支架底座接地线的绝缘距离

接触轨带电部分和接地体之间的最小净距,应符合表3-3的规定。

整体绝缘支架或绝缘子的泄漏距离：DC 750 V 系统应不小于 180 mm, DC 1500 V 系统应不小于 250 mm。

2. 支架底座接地线的安装

（1）计算接地扁铜需要加工钻孔的位置,进行加工预制；在接地扁铜回牵引变电所处,测量所需回变电所电缆长度并进行预制、接线端子压接。

（2）安装接地扁铜,并按设计扭矩要求拧紧安装紧固螺栓；按电缆敷设要求安装回变电所电缆,并将回变电所电缆联接到变电所接地母排上。

3. 支架底座接地线安装的技术要求：

（1）地线的规格、型号、材质、各部尺寸及连接方式符合设计规定；

（2）所有不带电金属底座均应与接地线可靠连接,接地线连接无断点、无遗漏。接地线采用扁铜或扁铝,与不带电金属底座连接的孔位按现场实测钻孔,接地线接头搭接长度符合设计要求,连接牢固可靠；

（3）接地线与牵引变电所接地网可靠连接,连接符合设计规定；

（4）电缆布置规整、弯曲半径符合要求,电缆中间无接头,电缆与接线端子压接紧固；

（5）电缆与钢轨的连接位置应符合设计要求,连接时将接触面打磨、除锈,连接应牢固可靠。

复习与思考

1. 接触轨有哪几种类型?各有什么特点?
2. 接触轨系统是由哪些设备组成的?各设备有什么作用?
3. 试述接触轨清扫作业程序。
4. 接触轨的常见故障有哪些?如何处理?
5. 中间接头有哪两种类型?分别说明它们的结构。中间接头的检修质量标准有哪些?
6. 端部弯头的维修方法有哪些?
7. 膨胀接头有什么作用?膨胀接头的维护内容有哪些?
8. 说明绝缘支架检修与维护的作业标准。
9. 试述中心锚结的作用。分别说明普通防爬器和锚结防爬器的结构。中心锚结检修与维护的方法有哪些?
10. 防护罩有什么作用?有哪些常见故障?如何处理?
11. 说明电连接和接地线的维修方法。
12. 进行接触轨步行巡视时的主要内容是什么?
13. 接触轨的大修和小修各包括哪些内容?

第四章　接触网运营管理

【学习目标】
1．熟悉接触网维修组织结构和职责、应配备的设备和技术资料；
2．掌握接触网作业方式及程序，能根据不同的具体情况正确判断作业方式并采取正确的作业程序；
3．熟悉接触网生产管理相关制度；
4．能熟练填写接触网检修台账；
5．能执行接触网安全工作规定和接触网事故抢修制度。

第一节　接触网维修组织

一、接触网维护组织的任务和内容

各城市轨道交通系统的运行管理模式、组织架构不尽相同，但设备维修的任务与原则、维修计划的编制及调整是大致相同的。

1. 接触网维护组织的方针

在城市轨道交通供电系统接触网的维护组织工作中应贯彻落实"质量第一、修养并重、预防为主"的方针，实行"三定、四化、记名检修"，并逐步向"定期检测、状态维修、限值管理、寿命管理"过渡。

1）"三定"

"三定"，就是定设备、定人（或班组）、定检修周期和范围。定设备是把电气设备的管理范围按工种划分清楚，明确分界点，以防止漏检漏修。定人（或班组）是把设备的保管、维护和检修任务落实到人（或班组），做到分工明确，各负其责，从而加强工作责任感，以利于提高质量，减少事故。定检修周期和范围是根据不同的设备和修程，确定其检修周和范围，以实现计划检修。

2）"四化"

"四化"，就是作业制度化、质量标准化、检修工艺化、检修机具和检测手段现代化。作业制度化是指检修作业和设备操作要按规定程序和安全制度执行。质量标准化是按技术要求精检细修，达到统一的质量标准。检修工艺化是坚持按工艺要求进行检修，保证质量，提高效率，降低成本。检修机具和检测手段现代化是利用现代科学技术及装备进行检修和测试，以适应现代技术不断发展的需要。

3）"记名检修"

"记名检修"，就是记录检修者和验收者的姓名，要求检修者根据设备的技术状态提出检修依据，采取针对性措施，按工艺检修，并做到修前有计划，修中有措施，修后有结语。

2. 接触网维护组织的任务和内容

城市轨道交通供电系统接触网的运行管理工作就是为了保证接触网持续地为用户提供合格的电能而采取的技术措施和组织措施。其工作内容包括正常运行、异常情况及事故处理、设备检修、运行分析、技术资料管理和人员培训等6个方面。

1）正常运行

正常运行工作即按规定周期对接触网进行监测，包括巡视、检测、全面检查和非常规检查四个方面的内容。

（1）巡视。按照规定的周期和项目，对接触网外观及电客车的取流情况进行检查，通过有关测量仪表和显示装置及时掌握设备的运行情况（如电压、电流、功率和温度等），以预防设备事故。凡遇高温、严寒、雷害、迷雾、台风和汛期时，要分别按重点检查项目进行特殊巡视。根据设备缺陷的等级，按职责范围加以消除或隔离，以保证供电的安全和质量。具体形式分为步行巡视和登乘电客车巡视。

（2）检测。接触网检测包括静态检测和动态检测两部分。静态检测是用测量仪器和工具等手段，在静止状态下测量接触网的技术状态。动态检测是用接触网检测车、巡检车、机车弓网动态检测装置等手段，在运行中测量接触网的技术状态。

在评价接触悬挂受流性能优劣时，一般要进行以下几个方面的静态特性和动态特性的测试。

① 接触线的高度，包括轨面以上接触线的高度变化曲线；
② 在运行中接触悬挂的弹性性能及受电弓的实际运行轨迹；
③ 沿跨距内接触线和受电弓间的接触压力；
④ 接触悬挂——受电弓振动系统的最大幅度；
⑤ 受电弓在高速运行中沿铅垂方向及顺线方向的振动及冲击值；
⑥ 接触悬挂和受电弓的接触状态，即离线次数及离线燃弧的持续时间；
⑦ 受电弓的静态特性和动态特性（在动态特性中包括抬升力和空气动力的测量）。

除此之外，为保证受电弓的均匀磨耗、安全运行和维护的需要，还应测量出以下若干项目。

① 接触线的拉出值及偏移值；
② 在线岔始触区两组接触线的高差；
③ 在锚段关节及道岔处接触线的相对位置；
④ 在定位点处定位管的侧斜度；
⑤ 接触线的磨耗；
⑥ 特殊硬点测量（分段绝缘器、膨胀元件等）；
⑦ 在流过最大持续电流时接触线的温升；

⑧ 在紧密运行状态下馈电区首末端接触网的电压水平等。

在以上测试过程中应同时记录测试状态，即测量中的运行速度、支柱号、区间以及测试的日期、时间等。

（3）全面检查。全面检查具有巡视检查和保养维护双重职能。巡视检查的内容包括无法或不易通过间接测量手段掌握设备运行状态的所有项目，如接触悬挂、附加悬挂、支持装置的内在质量，螺栓是否紧固等；保养维护的内容主要是巡视过程中必要的防腐处理、注油和零部件的紧固、更换等。全面检查可以在轨道作业车的作业平台、车梯或支柱上进行。

（4）非常规检查。非常规检查是指在特殊情况下所进行的状态检查。一般用于接触网发生故障后或在自然灾害（暴风、洪水、火灾、冰凌、极限温度等）出现后对相应接触网设备的状态变化、损伤、损坏情况进行检查。非常规检查的范围和手段根据检查的目的确定。根据监测结果，对设备的运行状态用三种量值来界定。

标准值：该值一般根据设计规定的技术条件及《接触网运行检修规程》规定的标准值来确定。安全值：该值一般根据技术条件规定的允许偏差范围来确定。

限界值：该值为一临界值，当设备运行状态超过安全值，但仍在限界值内运行时，其出故障的概率应小于事先规定的值。在没有充分依据的条件下，该值一般由运行实践来确定。

2）异常情况及事故处理

设备的异常状态是指设备在规定的外部条件下，部分或全部失去额定工作能力的状态，它是相对设备的正常工作状态而言的。

事故本身也是一种异常状态。事故通常是指异常状态中比较严重的或已经造成设备部分损坏、引起系统运行异常、中止或部分中止了对用户供电的状态。

在发生故障时，运行人员要迅速、准确地判断和处理。在事故处理中必须牢固树立"安全第一"的思想，遵循"先通后复"的原则。在事故抢修中，电力调度须与行车调度、环控调度密切配合，严格掌握供电和行车、环控的基本标准条件，根据设备的技术条件和现场具体情况，采取有效措施，适当调整运行方式，尽可能减少对行车的影响，及时安排抢修和处理时间，尽快恢复对接触网的供电和正常行车秩序，在允许的条件下保证环控设备的运行，保证城市轨道交通的服务质量。

3）设备检修

接触网检修分维修和大修两种修程。

（1）维修。维修是指在接触网系统的实际状态与安全运行状态之间出现不允许的误差或发生事故时，对接触网系统进行的必要的修复，以重新建立接触网系统的正常功能。维修分为维持性修理和故障修复。维持性修理主要是处理定期监测发现后未处理的缺陷，保持接触网的正常技术状态。维持性修理可以按计划进行。故障修复就是对导致接触网功能障碍的故障立即进行修复，或采取临时替代措施。故障修复是一种须立即投入施工的，无事先计划的维修方式。

（2）大修。大修系恢复性的彻底修理。主要是整锚段地更换接触网（含附加导线），并通过新设备、新技术的采用，改善接触网的技术状态，增强供电能力，适应运输发展需要。

4）运行分析

运行分析主要是针对设备运行、操作和异常的情况以及人员执行规章制度的情况进行分析总结，摸索规律，找出薄弱环节，及时发现问题，掌握运行规律，有针对性地制定保证运行安全的措施，以防事故发生，不断提高安全经济运行水平和管理水平。

5）人员培训

不断提高运行人员的技术和管理水平也是保证安全运行、提高供电质量的重要条件之一。为此，供电系统管理部门应对值班和检修人员加强安全和技术业务教育，积极开展事故预想活动（反事故演练），不断提高值班业务和维护、检修水平以及事故处理的能力。

6）技术资料管理

供电系统的运行检修工应具备管理部门制定的各项管理规程、安全工作规程，各种技术图样、技术资料，各种工作记录簿和指示图表的能力，以使工作有章可循，同时便于积累资料进行运行分析，提高工作质量和效益。

二、接触网设备分类和大修维护周期

1. 设备分类

根据对运营行车、人身和客服安全的重要等级对设备分类：A类设备、B类设备、C类设备。

A类设备：直接影响行车的系统设备定义为A类，此类设备采取定期维修策略，主要通过中、大修定期更换影响行车的系统设备。

B类设备：对不影响行车但影响客运服务质量的系统设备定义为B类，此类设备采取视情维修策略，主要结合日常维护及故障修完成设备维修。

C类设备：对运营行车及客运服务均无影响的系统设备定义为C类，此类设备采取故障修策略，主要通过故障更换方式维修。

2. 大修周期和内容

接触网大修是对接触网设备恢复性的彻底修理，主要是整锚段更换接触网、附加导线及零部件。原则上以锚段为单元进行大修，也可按设备类型和大修单元进行，或几个大修单元合并大修。具体到各设备分类，隔离开关以一个牵引变电所所有的开关为大修单元范围，避雷器以10台或一个车辆段所有避雷器为大修单元范围。避雷针以五根及以上为大修单元范围。大修标准按设备状态和大修周期作为判断标准，状态标志优于大修周期。

接触网大修应根据接触网设备运行年限或设备实际状态，确定接触网大修项目和范围。

接触网的大修周期是指接触网设备在设计正常运行气象环境条件下的规定。若接触网设备实际运行气象环境条件超出设计正常运行范围，应根据设备实际状态确定接触网大修周期。

接触网大修单元、周期、状态标志、工作内容见表 4-1。

表 4-1 柔性接触网大修单元、周期、状态标志、工作内容

序号	大修单元	设备分类	大修周期	状态标志	工作内容	备注
1	隔离开关	A 类	15 年必要时	1. 主刀闸磨损严重或达到使用寿命。 2. 主绝缘部件破损老化严重。 3. 操作机构二次电气零部件老化严重。 4. 机械部件锈蚀严重，失效	1. 更换（或更新）隔离开关刀闸。 2. 更换（或更新）隔离开关操作机构	
2	分段绝缘器	A 类	10 年必要时	1. 分段绝缘器主绝缘有烧伤痕迹或裂缝、绝缘测试不符要求。 2. 导流板烧伤严重或磨损超过规定。 3. 连接部件失效	整体更换（或更新）分段绝缘器	1. 如产品有明确规定的使用寿命，按出厂规定使用年限执行 2. 如只出现导流板不符合要求则小修及以下更换或更新
3	电缆	A 类	10～15 年必要时	1. 电连接电缆表皮腐蚀、开裂。 2. 电连接电缆绝缘测试不符合要。 3. 电连接线夹锈蚀紧固件松动	更换（或更新）电缆及线夹	电缆含上网及电连接电缆和附件
4	防雷系统	A 类	1. 避雷器（氧化锌、角隙）10 年 2. 避雷针（15～25 年） 3. 必要时	1. 大面积（超过 50%）避雷设备电气试验不合格或经现场评估需大修。 2. 接地系统出现严重锈蚀，接地电阻测试不符合要求	整体更换（或更换）新防雷系统	避雷器（氧化锌、角隙）、避雷针如产品有明确规定的，按出厂规定使用年限执行
5	接触悬挂	A 类	15～25 年必要时	1. 接触线整锚段平均磨耗大于 25%。 2. 接触线或其他线索出现损伤、锈蚀、裂纹、扭曲及其他缺陷，整锚段普遍腐蚀、磨耗、断股、损伤严重，不能满足通过的最大电流或规定的机械强度安全系数。 3. 棘轮出现腐蚀和破损、转动卡滞等，补偿绳普遍出现断股现象等	1. 整锚段更换（或更新）接触线、其他线索。 2. 更换（或更新）吊弦、线夹、电连接器、斜吊索。 3. 更换（或更新）鞍子、斜拉线、中心锚结。 4. 更换（或更新）补偿器	接触悬挂含接触线、承力索、架空地线、馈电线等线索及补偿装置、设备标识牌
6	支持及定位装置	A 类	15～25 年必要时	1. 上下部固定绳断股超过规定或机械强度安全系数小于规定，或普遍腐蚀和损伤严重，不能满足规定的机	更换（或更新）支撑及定位装置	1. 支持及定位装置含软横跨、硬横跨、腕臂、定位管、定位器、

续表

序号	大修单元	设备分类	大修周期	状态标志	工作内容	备注
6	支持及定位装置	A 类	15～25 年必要时	械强度。 2. 绝缘子表面裂缝、脱釉超过允许值。 3. 绝缘部件绝缘测试不符合要求。 4. 部件受力性能测试不能满足规定的安全系数。 5. 金属部件锈蚀严重不符合要求		瓷质绝缘部件等。 2. 出现个别部件不符合要求在小修及以下更换
7	支柱及基础	A 类	1. 钢支柱（格构式），15-25 年。 2. 钢支柱（H 型、圆形），30～40 年。 3. 混凝土支柱，15～25 年。 4. 基础根据评估情况确定。 5. 必要时	1. 顺线路方向和垂直线路方向倾斜超过标准，无法调整。 2. 钢柱弯曲变形超过允许标准。 3. 焊接部分有裂纹、开焊，普遍锈蚀严重。 4. 混凝土支柱横向裂纹宽度超过 0.2 mm，长度超过 1/3 圆周长，纵向裂纹宽度大于 1 mm，支柱弯曲度大于 2%。 5. 基础不符合要求或评估后需大修	1. 批量更换（或更新）支柱、拉线杆、接地线及附属零部件 2. 重建基础	支柱及基础含钢支柱、混凝土支柱、吊立柱、化学锚栓等
8	复合材料有机绝缘部件	A 类	10 年必要时	1. 有机绝缘部件老化变形，表面出现龟裂现象。 2. 绝缘性能下降绝缘测试不符合要求。 3. 金属与非金属材料连接部分机械性能达不到要求。	整体更换（或更新）有机绝缘部件	如产品有明确规定的，按出厂规定使用年限执行
9	杂散电流监测系统	B 类	20 年必要时	1. 参比电极电位漂移较大、不稳定，本体破裂、失效。 2. 监测传感器、转接器、终端处理器电路老化，信号采样失真，故障频发。 3. 箱体严重锈蚀、变形、密封失效、开裂。 4. 产品备件停产，损坏件修复成本大于新品	1. 整体更换参比电极。 2. 整体更换传感器、转接器、终端处理器、箱体	最近两年时间内设备故障率≥20%开展大修
10	均回流电缆	B 类	20 年必要时	1. 电缆绝缘层出现明显老化、破损现象，电缆锈蚀断裂严重，绝缘性能下降。 2. 与钢轨焊接端子大范围脱落	更换新电缆并进行焊接	

3. 技术标准

1）一般规定

接触网大修是对接触网设备恢复性的彻底修理，应根据日常运行中存在的问题，有针对性地采取技术设备先进、安全可靠的有效措施，着重解决一些薄弱环节、重大安全隐患，使大修后的接触网在供电能力、供电质量、技术水平及安全可靠性方面有较大的提高，满足线路运行的要求，做到少维修，逐步实现状态修的要求。

大修后的接触网必须与列车速度、线路质量相匹配，大修后的接触网要达到新建工程的技术标准，至少要保证一个大修期内的正常运行。

接触网大修需选用耐腐蚀、抗疲劳、高强度、轻型化的零部件和金具，主要受力件不得使用可锻铸铁件。采用新技术、新设备和新材料，使用先进的施工工法和工艺，解决影响供电和运营安全中存在的问题。

接触网大修技术标准应满足接触网维修规程中维修标准的要求，本规程未作规定的参照地铁设计规范、地下铁道工程验收规范有关规定执行。

2）具体技术标准

（1）隔离开关。

隔离开关应满足线路进行电气、机械分段的要求，其安装应符合安装说明书要求，刀闸载流量满足远期最大负荷的使用要求，刀闸触头设计合理，坚固耐用，动作灵活，便于检修和调整。

（2）分段绝缘器。

分段绝缘器应满足线路电气和机械性能的要求，具有较高的安全性、稳定性、可调性

（3）电缆。

上网电缆、回流电缆的根数和截面积，应根据大双边供电方式的远期最大负荷计算确定，且每个回路的电缆根数不得少于两根，应满足在正常运行方式下，一根电缆断线条件下远期最大负荷的运行要求。

电缆的相关电气参数宜按照相应电压等级下国家或国际标准的最高标准执行。

电缆应满足广州地铁的运行环境要求，具有较强的耐水、防潮、阻燃、防鼠性能，隧道外电缆还需具有防紫外线性能。

电缆应具有较好的抗拉、抗压、耐磨性能，绝缘良好，绝缘材料应选用较高等级的抗老化材料。

（4）接触悬挂。

为保证电客车的良好取流，应尽量减少接触线高度的变化，一般情况下隧道内接触网高度不应低于大修前该隧道区站接触网的原设计标准。

接触悬挂系统应保持良好的弹性，满足运行载流量要求。

（5）支持、定位、补偿装置及支柱、基础。

支持、定位、补偿装置及支柱、基础应满足接触网原设计要求，尽可能地采用当时先进的技术及新设备。

（6）线材、材料及零部件。

接触网零部件应优先采用选用耐腐蚀、抗疲劳、高强度、轻型化的零部件和金具，悬挂

零件轻型化,主要的受力件(如接头、下锚件等)不得使用可锻铸铁。

接触网大修时,一般情况下零部件(包括附加导线的金具)应随设备本体同时更新。特殊情况的个别零部件,经鉴定确认残余使用寿命期后可以不更新。

(7)绝缘、防雷、过电压和其他。

绝缘部件的爬距不应小于 250 mm,接触网大气及操作过电压保护应采用能量释放并不引起跳闸的防雷措施。净空尺寸:接触网带电体部分和结构体、车体之间的净距在任何困难情况下都不应违背下表 4-2 规定。

表 4-2 接触网带电部分和结构体、车体之间的最小净距

标称电压/V	静态/mm	动态/mm	绝对最小动态/mm
1 500	150	100	60

防雷系统设备选型应满足所保护接触网设备范围要求的最低性能要求,质量应符合有关标准的规定。

三、接触网维修管理机构及职责

1. 接触网管理机构

以某地铁企业为例,地铁接触网设备实行综合机部、供电车间、接触网工班三级管理,分别负责接触网系统的检修、维护、运行分析、事故恢复及改造施工。接触网大修、改造工程的审批归口分公司安全技术部及集团公司总工会管理。接触网组织管理机构见下图 4-1:

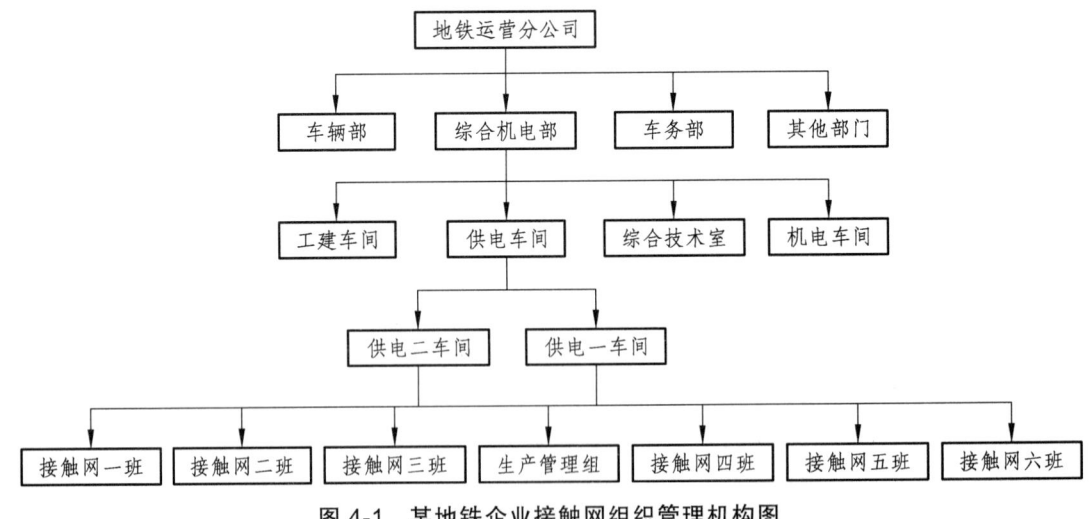

图 4-1 某地铁企业接触网组织管理机构图

综合接触网部分设分管副部长 1 名,下设综合技术室,综合技术室设备管理主管工程师 1 名,工程师或助理工程师 1~2 名;设安全管理主管工程师 1 名,安全员 1~2 名。

供电一车间接触网生产管理组负责接触网设备的技术管理工作。技术组设主管工程师 1 名,工程师 1~2 名,助理工程师 1~2 名,技术员 1~2 名。车间综合组设接触网专职安全员

1 名，负责接触网安全管理工作。

各接触网工班分区段负责设备的维护、检修。接触网工班实行工班长负责制，设正副班长各一名。主要负责对所辖设备的日常巡视、检查、维护、维修和当值期间全线设备的事故抢修工作及班组内的日常管理活动。

当值工班及备班共同负责事故抢修及恢复工作。

2. 各级人员职责

主任：主持分部行政管理全面工作。

副主任：全面管理分部日常安全生产工作。

技术组：负责分部辖下各线路的安全生产，为工班设备维护提供相应的技术支持，组织故障抢修及制定相关方案，以及分部物资、计划等工作。

技师组：负责分部辖下设备的现场技能支持，监督工班现场安全作业及设备检修质量，以及工班人员的设备维护技术技能的培训。

辅助职能人员：分部辅助职能人员包括材料员、文员，负责辅助分部安全生产工作，做好分部物料管理及相关文职工作。

生产调度组：负责分部日常计划的申报、协调分部生产工作及相关信息的上传下达。

工班：负责工班辖下接触网设备的日常检修及故障应急。

3. 工班介绍

1）工班架构

工班作为生产一线最小也是最重要的一个组织，负责接触网设备的现场检修工作及设备故障应急抢修，其承担的责任及工作的重要性不言而喻，特此单独介绍。接触网检修工班设置"两长五大员"，两长是指正、副工班长，五大员是指安全员、技术员、生活员、考勤员、材料员，两长可以兼职五大员。

2）工班人员职责

工班长：工班长为工班安全生产及设备检修质量第一责任人，全面负责工班人员的作业安全，以及工班辖下接触网设备的检修质量及统筹安排设备检修进度。

副工班长：协助工班长对工班日常运作的管理，工班长不再的情况下行使工班长的权利，约束、指导工班成员的日常生产工作。

安全员：协助工班长对班组的生产安全，负责班组安全检查工作，定期对劳保用品、绝缘工具及消防器材进行检查，发现问题及时解决。

技术员：根据接触网专业组编制的工作计划，编制检修工作计划，并负责组织实施。开展培训计划，提高班组成员的技能技术水平，检查班长成员的设备检修质量，接受班组的各项考核。

生活员：协助工班长完成对工班的宣传管理工作，协助工班长制定班组管理制度，并配合实施。定期组织政治学习，开展宣传鼓动工作，掌握思想动态，充分发挥班组的主观能动性。

材料员：协助工班长对班组工器具和材料的统一管理，做好工器具的使用、保养和班前维修工作。负责班组材料、工具、仪表、保管用品及各类备品的保管工作。

考勤员：协助工班长搞好工班日常考勤、工时统计，督察工班人员出勤情况。

其余班组成员：在工班长的安排下，配合五大员的相应工作，做好设备维护工作，确保工班辖下设备的稳定运行。

4. 说明

各地铁企业可能会根据自身情况调整设置接触网维修管理机构并分配职责，所以没有完全固定的结构模式，但大体功能内容不变，以上分析可作为学习参考。

四、接触网专业应配备的设备

1. 交通工具

为了检修接触网设备，尤其是发生事故时能迅速出动及抢修，接触网专业均应配备交通工具。一般都配备接触网作业车（含平板车一辆）1台。

2. 接触网检修工具

目前地铁接触网普遍采用停电检修作业方式和远离带电体检修方式。因此也相应地配备了许多工具，具体工具介绍详见本书第五章内容。

（1）登高类工具：接触网检修作业车、停电用作业梯车、竹体、挂梯、人字梯。

（2）受力类工具：手扳葫芦、紧线器、力矩扳手、活扳手、拉力绳等。

（3）测量类工具：接触网检测车、激光测距仪、绝缘测距仪、皮卷尺、游标卡尺、万用表、红外线温度测量仪、水平尺等。

（4）安全类工具：接地线、验电器、绝缘手套、绝缘靴、安全带等。

（5）通信类工具：无线群呼、对讲机。

（6）个人工具：扳手（250 mm）、螺丝刀、克丝钳、卷尺、手电筒、荧光衣、工具包。

（7）其他安装、辅助类工具：冲击钻、压接钳、扭面器、正弯器、滑轮、绳索、断线钳、充电照明灯等。

第二节　接触网作业方式及程序、计划

一、接触网检修作业方式

地铁接触网一般采用停电检修和远离带电体检修作业2种检修方式。

停电作业：在停电的接触网设备上进行的作业。

远离作业：在距离接触网带电体足够安全距离的设备上进行的作业。接触网1 m及以外作业工作票，用于距带电部分1 m及其以外的高空作业和较复杂的地面作业。

二、接触网检修作业程序

1. 接触网设备检修计划的制定

接触网专业技术组制定《接触网设备年度检修计划表》，按照设备检修周期和检修内容及要求，将接触网设备全年的检修工作计划细分至每月，形成月度检修任务下达到工班。

接触网工班根据《接触网设备年度检修计划表》中制定的月度工作任务，进行合理统筹安排月中每日接触网检修工作。并汇报给接触网专业技术组，由技术组审核后于每周三前向调度部提报下周中每日的检修作业计划，待调度部审核后发令实施。

遇有特殊检修任务或紧急情况下的设备缺陷或故障处理，由接触网专业组向调度部提报《检修作业日变更计划》或《抢修计划》。

2. 接触网设备检修作业的准备

（1）接触网工班工作票签发人在作业前24小时签发《接触网检修工作票》。
（2）接触网工班施工负责人审核《接触网检修工作票》。
（3）接触网工班向电力调度提报《接触网检修工作票》。
（4）出工前，由接触网工班施工负责人召开检修作业的预想会，向作业组全体成员宣读工作票内容，布置安全措施和检修分工。
（5）检修作业组准备好检修工具、材料及安全防护用品。
（6）检修作业组出动到达作业现场。

3. 设备检修作业的实施

（1）施工负责人向OCC（电调和行调）申请检修作业命令。
（2）作业组做好验电接地和安全防护工作。
（3）作业组进行设备的检修。
（4）设备检修质量复测。
（5）撤除地线和防护，线路出清。
（6）施工负责人向OCC（电调和行调）消除检修作业命令。
（7）检修作业结束。

4. 接触网施工组织流程

1）接触网施工作业前

填写工作票：发票人根据进场施工作业令签发停电作业工作票，并在工作前1个小时交工作领导人审核。

审核工作票：工作领导人对工作票内容有不同意见时要向发票人及时提出，经过认真分析，确认无误，方准作业。

传送工作票：待发票人与工作领导人都确认无误并签名确认后，由值班人员将填写好的工作票传送给电调审核。

开安全预想会：工作领导人组织开安全预想会，突出关键点，关键人，关键安全问题，布置安全措施（此项可在宣读工作票时同时进行）。

宣读工作票：每次开工前工作领导人要向作业组全体成员宣读工作票内容布置安全措施并分好工责任到人各负其责。每个作业组必须设有安全员、材料员、地线操作人员与监护人员以及要令人员和测量人员。

签认工作票：作业人员明确作业时间、地点、内容及安全措施以及自己的职责后，并在工作票签名确认。

人员及工器具、材料准备：根据作业内容，由材料员将当次作业的所有工器具、材料准备好并列出工器具及材料清单便于作业结束清点防止遗漏。

出车：联系好作业所需的交通工具，并把作业所需的工器具全部放到交通工具上，作业人员准备乘坐交通工具到作业地点。

2）接触网施工作业中

检修作业：请点人员到车站控制室向行调办理线路封锁手续（填写施工作业登记簿和在车站施工管理系统专用电脑登录，并输入各项信息），待行调发了封锁线路的命令后方可向电调办理停电手续。停电命令必须有值班电力调度批准的命令编号和批准时间。

配合作业：请点人员到车站控制室向电调报告配合人员已到达指定车站待令，待电调发停电命令接令后即可按规定开始验电接地，也必须有值班电力调度批准的命令编号和批准时间。地线全部挂好后即刻回复电调，已按要求把地线挂好。

验电接地：请点人员办理好封锁线路手续及停电命令后通知工作领导人，工作领导人通知验电接地人员进行验电接地。验电接地需一人操作一人监护，其安全等级分别不低于二级和三级。验电接地时必须先验电后挂接地线，验电时先将接地端与牵引轨连接并验声光，再将另一段轻靠汇流排导线，无声、光则表示已停电。待验明已停电后方可挂地线，挂地线时先将接地端与牵引轨连接，再将另一端与汇流排连接，接地端要连接牢固，接触良好。装设和拆除地线时，不得短接两根钢轨。装设接地线时，人体不得触及接地线。装设和拆除接地线时，操作人必须戴好安全帽和绝缘手套，借助于绝缘杆进行，绝缘手套、绝缘杆要保持清洁、干燥。接地线采用截面不小于 70 mm² 的裸铜软铰线，并不得有断股、散股和接头。挂好地线后要在地线杆上装设防护灯。

3）接触网施工作业后

拆除接地线：工作票中规定的作业任务完成后或到点后，先由材料员清点材料、工器具，确认所有的材料工器具都齐全后并撤出安全地带，方可通知拆地线人员拆除地线，拆地线时要戴绝缘手套，先拆与汇流排连接端，在拆接地端。

消令：作业人员、工器具、材料出清后，确认所检修的设备正常满足送电、行车条件后，工作领导人通知要令人员向值班电力调度员请求消除停电作业命令及向行调解除线路封锁手续。

工器具放置：作业回来后，根据材料单将工器具认真在清点一遍，做好清洁保养准确无误后放回原位。

后序工作：在作业结束回到值班室后工作领导人根据作业记录做好检修报表及台账的填写。

三、接触网检修生产计划

生产计划可简单分为：年度生产计划、月度生产计划、设备普查计划。

1. 年度检修生产计划（图 4-2）

根据设备的检修规程对部门管辖区段内的所有设备制定年度的检修计划。

运营事业总部2014年 三北线接触网设备检修计划

制表

设备序号	设备名称	设备数量	设备单位	计划时间（月）												工作地点
				1月	2月	3月	4月	5月	6月	7月	8月	9月	10月	11月	12月	
3	分段绝缘器	3	台	半年检						半年检						龙归存车线
4	分段绝缘器	2	台	半年检						半年检						嘉禾出入段线
5	分段绝缘器	4	台	半年检						半年检						同和存车线
6	分段绝缘器	1	台	半年检						半年检						广州东渡线
7	分段绝缘器	3	台	半年检						半年检						体育西折返线
8	隔离开关(含电动/手动)	6	台	半年检						半年检						机场南上下行线
9	隔离开关(含电动/手动)	8	台	半年检						半年检						高增上下行线
10	隔离开关(含电动/手动)	6	台	半年检						半年检						人和站上下行线
11	隔离开关(含电动/手动)	6	台	半年检						半年检						龙人区间所上下行线
12	隔离开关(含电动/手动)	2	台	半年检						半年检						龙归站上下行线/龙归折返线
13	隔离开关(含电动/手动)	6	台	半年检						半年检						嘉龙区间所上下行线

图 4-2　接触网年度检修计划

2. 月度检修生产计划（图 4-3）

按年度生产计划总体安排，制定某一个月的设备检修计划（具体到该月某一天做某项设备检修）

设备名称	检修内容	修程	单位	统计	数量	每月设备检修量												设备总量	设备检修进度%
				区域	数量	1	2	3	4	5	6	7	8	9	10	11	12		
接触悬挂	检修调整维护	1年检	处	JHD2	计划										100	76		522	0.00%
					完成														
				JHD4	计划				101	52									
					完成														
				JHD5	计划											32	36		
					完成														
				JHD6	计划						46								
					完成														
				JHC3	计划											41			
					完成														
				JHR3	计划										38				
					完成														
中心锚结	检修调整维护	1年检	个		计划													0	#DIV/0!
					完成														
分段绝缘器	检修调整维护	半年检	台	JHD2	计划			6	10					6	10			60	16.67%
					完成														
				JHD4	计划	10	2					10	2						
					完成	10													
				JHD5	计划			2						2					
					完成														

图 4-3　接触网月度检修计划示意图

3. 设备普查计划（图 4-4）

发生故障后，为了设备保障运营安全，对某项或多项设备进行全面的设备普查的计划；根据上级指示对设备进行大排查的计划。

三号线接触网隔离开关上网电缆普查计划						
站点	电动	手动	合计	普查完成情况	发现问题	备注
天客	2	2	4	5月30日晚完成手动，电动的5月31日完成		
华师	6	0	6	5月24日晚完成上行，下行6月1日完成		
体西	10	2	12	5月26日晚完成		
赤岗塔	6	0	6	5月26日晚完成		
客村	0	3	3	5月20日晚完成		
大塘	6	0	6	5月29日晚完成		
沥滘	6	0	6	5月29日晚完成		
大石	6	2	8	手动5月23日晚完成，电动5月28日完成		
汉溪	6	0	6	5月27日完成		
汉溪区间	6	0	6	5月22日晚完成上行，5月24日晚下行		
市桥	6	0	6	上行5月27日晚完成，下行5月30日晚完成		
番广	2	2	4	5月30日晚完成		
合计	62	11	73			

图 4-4 设备普查计划示意图

4.年度检修计划、月度检修计划、设备普查计划的特点及相互关系

（1）年度检修计划：年度检修计划要能体现出全年所有设备检修任务，体现设备总数，体现一年中每个月的任务量。年度检修计划要根据设备的检修修程编制，要统计出所有需要检修的设备，年度检修计划要综合考虑上一年设备检修周期、本年度特殊任务（设备大修、施工环境等）。

（2）月度检修生产计划：月度检修计划要与年度检修计划相统一，月度检修生产计划要体现该月要检修设备名称、所在位置、检修数量。月度检修生产计划还要根据设备检修进度进行合理安排,月度检修生产计划还要综合考虑除预防性的设备检修维护之外的检修任务(设备普查，配合其他专业的检修计划）。

（3）设备普查计划：设备普查计划不纳入年度检修生产计划之内，主要针对设备缺陷或设备故障排查，保障设备安全运营。设备普查计划在时间有严格要求，这就要结合月度检修生产计划、和人员配置情况，合理的安排，尽量不影响月度检修进度。

5.检修生产计划进度跟踪与控制

检修生产计划进度跟踪与控制主要通过检修计划完成率来跟踪控制。

（1）年度检修生产计划的完成率：体现全年总体设备检修任务的完成情况、完成百分比，通过年度检修生产计划的完成率可以掌握接本专业检修任务的总体完成情况。在年中和年底时对检修进度缓快程度进行跟踪、分析。对于进度慢的，在分部类进行协调确保年度检修生产任务的完成。

（2）月度检修生产计划完成率：体现该月设备检修任务完成情况，该数据要精细到具体设备和该设备的具体完数量。通过对该月的月度检修生产计划完成率分许，对下月月度检修生产计划进行适当调整，保检工班能及时补上滞后进度。

（3）设备普查计划完率：要体现设备普查计划的落实情况，对该数据要及时向负责人反馈，反馈内容包括普查进度，普查时发现和解决的问题。

四、施工计划

从施工角度，施工计划可以按施工作业所在地和对行车造成的影响进行分类；从施工计

划申报的角度,施工计划可以按计划的申报时间进行分类。

1. 施工计划按施工作业地点和性质分类

1)A 类

A1 类,影响正线、辅助线行车的施工为 A 类,其中开行工程列车、电客车的施工为 A1 类,不开行工程列车、电客车的施工为 A2 类,车站、主所、控制中心范围内影响行车设备设施的作业为 A3 类;

2)B 类

在车厂的施工为 B 类,其中开行电客车、工程列车的施工(不含车辆中心电客车、工程车的检修作业)为 B1 类,不开行电客车、工程列车但在车厂线路限界、影响接触网停电、在车厂线路限界外 3 米内种植乔木、搭建相关设施及影响车厂行车的施工为 B2 类,车厂内除 B1/B2 以外的施工作业为 B3 类(办公室、食堂等生活办公设备设施维修除外);

3)C 类

在车站、主所、控制中心范围内不影响行车的为 C 类,其中大面积影响客运、消防设备正常使用及需动火的作业(含外单位进入变电所、通讯设备房、信号设备房、环控电控室、照明配电室、蓄电池室、水泵房、其他气体灭火保护房内作业)为 C1 类,其他局部影响客运、消防设备正常使用,但经采取措施影响不大且动用简单设备设施(如动用 220V 及以下的电力、钻孔等,不违反安全规定)的施工为 C2 类。

2. 施工计划按申报时间分类

按申报时间可分为:月计划、周计划、日补充计划、临时补修计划。

月计划:属于正常修程内的 A1、A2、A3、B1、B2、C1 类作业应纳入月计划。月计划应结合公司月度设备检修计划编制。

周计划:因设备检修需要,对在月计划里未列入的进行补充或月计划中需调整变更 A1、A2、A3、B1、B2、C1 类作业的计划为周计划。

日补充计划:对在月计划和周计划里未列入的进行补充或月计划、周计划中需调整变更 A1、A2、A3、B1、B2、C1 类作业的计划,称为日补充计划。

临时补修计划:运营时间对设备进行临时抢修后,须在停运后继续设备维修的 A1、A2、A3、B1、B2、C1 类作业的计划为临时补修计划。

属于 B3/C2 类的作业,不需提报计划,施工作业负责人直接与车厂/车站联系,经车厂/车站同意后开始施工。B3/C2 类的作业,不需提报施工计划。

3. 施工计划编制原则

1)计划编制原则

(1)施工作业计划的安排应在确保安全的前提下,考虑均衡安排,避免集中作业;
(2)处理好列车的开行时间和密度、施工封锁等几方面的关系,避免抢时、争点现象;

（3）为方便施工单位作业，施工作业计划内各项作业应注明作业部门、施工日期、作业起止时间、作业内容、作业区域、安全事项及其他应说明的问题（列车编组、行车计划、配合部门及详细配合要求、联系电话等）；

（4）经济、合理地使用机车车辆，避免浪费资源。

2）计划编制优化要求

（1）结合作业条件、作业组织和施工资源情况整合作业计划，减少作业请点数量；

（2）结合施工作业缓急程度，计划安排时应明确请点优先顺序安排，确保重点作业时间；

（3）根据各类工程车作业的施工作业内容、作业范围、工作性质及配合条件等进行资源整合，通过整合减少工程车开行作业的数量；

（4）结合施工作业需求情况，提前划定具体的线路区域为挂地线"天窗"区域，使挂地线资源利用最大化。

安排月/周计划时如计划涉及在邻线或影响邻线管辖设备的作业，该作业必须在邻线月/周计划中体现。

安排日计划、临时补修计划时如涉及在邻线或影响邻线管辖设备的作业，本线 OOC 审核完毕后需将审核结果再发邻线 OCC 审核，邻线 OCC 审核完毕后，将审核结果发回本线 OCC，在审批过程中，如其中有一个 OCC 不同意，则视作不同意该项施工作业计划。

作业部门须将相关配合要求（方案）发配合部门、中心、总部征求意见，只有配合部门、中心、总部同意后，作业部门才能申报施工计划。如协调不成功，由各运营中心协调，如属于跨中心作业协调不成功，由线网管控中心组织相关中心、总部职能部门协调确定。

五、作业安排

1. 检修计划与施工计划关系

检修计划（图 4-5）：检修计划主要体现：设备名称、具体位置、数量、修程（年检/月检/周检）。

施工计划（图 4-6）：施工计划主要体现：施工作业内容、施工区域、施工防护措施及其他一些与施工相关的信息。

380016	机场南GK2113半年检	380014	L3B	JCW	JCW305	半年检	14-7-1 00:00	14-7-13 01:00	14-7-13 04:00
380017	机场南GK2131半年检	380014	L3B	JCW	JCW305	半年检	14-7-1 00:00	14-7-13 01:00	14-7-13 04:00
380018	高增折返线隔离开关定检		L3B	JCW			14-7-1 00:00	14-7-13 01:00	14-7-13 04:00
380019	高增手动GK3B8半年检	380018	L3B	JCW	JCW305	半年检	14-7-1 00:00	14-7-13 01:00	14-7-13 04:00
380020	高增手动GK3B7半年检	380018	L3B	JCW	JCW305	半年检	14-7-1 00:00	14-7-13 01:00	14-7-13 04:00
380021	高增－人和下行侧隔离开关定检		L3B	JCW				14-7-7 01:00	14-7-7 04:00
380022	高增GK2111半年检	380021	L3B	JCW	JCW305	半年检		14-7-7 01:00	14-7-7 04:00
380023	高增GK2113半年检	380021	L3B	JCW	JCW305	半年检		14-7-7 01:00	14-7-7 04:00
380024	高增GK2131半年检	380021	L3B	JCW	JCW305	半年检		14-7-7 01:00	14-7-7 04:00
379881	嘉禾望岗-白云大道北上行侧隔离开关定检		L3B	JCW				14-7-10 01:00	14-7-10 04:00
379882	白云大道北GK2121半年检	379881	L3B	JCW	JCW305	半年检		14-7-10 01:00	14-7-10 04:00
379883	白云大道北GK2124半年检	379881	L3B	JCW	JCW305	半年检		14-7-10 01:00	14-7-10 04:00
379884	白云大道北GK2141半年检	379881	L3B	JCW	JCW305	半年检		14-7-10 01:00	14-7-10 04:00

图 4-5 接触网检修详细计划示意图

2014年7月份三北三班A2类计划

日期	类别	单位	时间	工作内容	区段	停电范围	负责人	措施	请点	专业
7月3日	A2	接触网五分部	次日00:30-4:30	接触网综合检修及步巡（合并）	高增-机场南上下行线；高增折返线；机场南折返线2	JA2/JA3/JB2/JB3/JB4/JC1停电挂地线	郑卫东	封锁	高增请点	接触网
7月6日	A2	接触网五分部	次日00:30-4:30	接触网综合检修及步巡（合并）	机场南上下行线；机场南交叉渡线，机场南折返线1道	JA2/JB2/JB3停电挂地线	郑卫东	封锁	机场南请点	接触网
7月6日	A2	接触网五分部	次日02:00-4:30	接触网综合检修及隔离开关检修（合并）	永泰-嘉禾望岗3上下行线	JA7/JA8/JA9/JB8/JB9停电挂地线；将白云大道北214，212，211，213断路器拉出仓外。	郑卫东	封锁	白云大道北请点	接触网
7月12日	A2	接触网五分部	次日01:00-4:30	接触网综合检修及步巡（合并）	同和-永泰上行线	JB9/JB10停电挂地线；	郑卫东	封锁	永泰请点	接触网
7月12日	A2	接触网五分部	次日00:30-4:30	接触网隔离开关检修及步巡（合并）	高增-机场南上下行线；高增折返线；机场南折返线2道	JA2/JA3/JA4/JB2/JB3/JB4/JC1停电挂地线；将机场南.212.211.213断路器拉出仓外。	郑卫东	封锁	机场南请点	接触网
7月18日	A2	接触网五分部	次日00:30-4:30	接触网综合检修及步巡（合并）	人和-高增下行线	JA3/JA4停电挂地线；	郑卫东	封锁	人和请点	接触网
7月24日	A2	接触网五分部	次日02:00-4:30	接触网隔离开关检修及步巡（合并）	人和-机场南上下行线；高增折返线；机场南折返线1道，机场南交叉渡线	JA2/JA3/JA4/JB2/JB3/JB4/JB5/JC1停电挂地线，将高增214,212,211,213断路器拉出仓外。3B7,3B8s手动隔离开关	郑卫东	封锁	高增请点	接触网
7月27日	A2	接触网五分部	次日00:30-4:30	接触网综合检修及步巡	白云大道北-永泰上下行线	JB9/JA9/JB8停电挂地线；JB8停电	郑卫东	封锁	白云大道北请点	接触网
7月30日	A2	接触网五分部	次日00:30-4:30	接触网综合检修及步巡	高增-机场南上下行线；高增折返线；机场南折返线1道	JA2/JA3/JB2/JB3/JB4/JC1停电挂地线	郑卫东	封锁	机场南请点	接触网

图 4-6 施工计划示意图

检修计划对应设备（图 4-7）：施工计划对应作业区域，同一区域包含多台设备，所以同一施工作业计划内容里面可以体现多个检修计划。

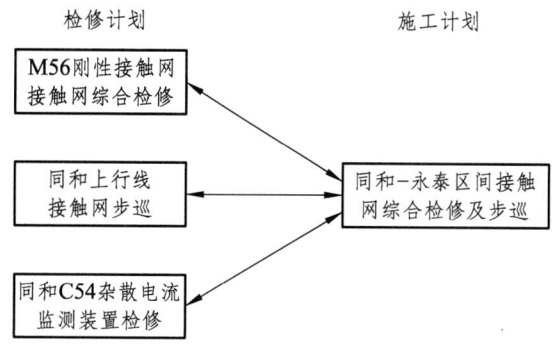

图 4-7 检修计划与施工计划对应图

2. 检修作业安排

施工单位、部门提报月计划时，应于工作开始前一个月 12 日前（含 12 日）将开车计划提交生产调控部，生产调控部收到各单位开车计划后在一个工作日内协调确定并下达。各施工单位、部门根据开车计划情况填写非开车作业计划，将填写好的《月/周施工计划申报单》GDYY/J-TY-010 于工作开始的前一个月 18 日前的最后一个工作日（含 18 日），向生产调控部提交。

作业部门只有等施工计划得到审批后,才能带着施工进场作业令去相应车站、车厂请销点;在车站、车厂请点完成后,作业人员才能下到线路进行施工作业。

根据设备检修需要,申请相应区域的施工作业计划。

(1)施工计划批准后,检修人员按时间去相应地点完成设备检修任务。

(2)若施工计划未得到批准(区间被电客车/其他工程车占用/停电状态不允许等情况),则可以更改时间再次申请同一区间作业。

检修计划对应设备;施工计划对应作业区域,同一区域包含多台设备,所以同一施工作业计划内容里面可以体现多个检修计划。

第三节 接触网生产管理

为了规范检修作业标准和日常组织活动,各接触网运营管理单位都制定了一系列生产管理制度,以保障正常生产和设备人身安全。有关的管理制度如下:

一、接触网交接班制度

接触网接班人员必须提前30分钟到岗。

(!)交班时间:某地铁企业交班时间为8:30—9:00、17:30—18:00;

(2)接班人员必须精神饱满,无酗酒或病态现象。否则不得接班。

(3)交班负责人应将当日主要作业及设备遗留问题、待办事项及上级有关指示,向接班负责人——交待清楚。

(4)处理事故(故障)期间不得交接班,待事故(故障)处理告一段落,再办理交班手续。

(5)接班人员应检查值班记录,至少熟悉上一个班次的安全生产情况。

(6)交接班时共同检查工具材料、照明设备、图纸和台账是否状态良好、齐全。双方签字确认。

(7)交班前应搞好清洁卫生,整理好工具、材料。

(8)接班人员到齐后,交班人员方可下班。

二、接触网开收工制度

(1)施工负责人出工前召集作业组员列队宣读工作票,检查作业组成员精神状态,布置工作任务,填写分工单。

(2)布置安全措施和技术交底,召开作业组安全分析会,对作业中的不安全因素制定针对性的预防措施。

(3)抽查作业组员的任务明确情况及安全措施掌握情况,没充分领会的单独进行交代。

(4)检查作业所需工具、材料是否状态良好、准备齐全,不合格料具严禁使用。

(5)确认设好地线和防护,安全措施完备的情况下方可开工。

（6）检修作业结束后，施工负责人检查设备状态，确认不影响送电和行车，方可通知人员料具撤离。

（7）确认人员全部撤离，地线拆除，线路出清后，方可消除施工作业命令，结束作业。

（8）集体作业必须坚持同去同回。

（9）施工负责人召开收工会，对安全情况及设备进行评议，并负责填写专项检修记录。

（10）出工和返回途中，人员不得坐车沿、车钩连接处，手脚不得伸出车外，料具放置稳固可靠。

三、接触网值班制度

（1）接触网值班为 24 h 值班，值班员应根据上级命令和当值工班长的安排进行工作。

（2）不得擅自离开，遇有特殊情况短时离开时，应经当值工班长批准。

（3）负责工具材料、台账保管及借还手续，不得丢失和损坏。并负责所有通信设备及红闪灯、测距仪、照明工具（工段）的充电。

（4）值班电话为专用电话，不得以任何形式干扰和占用电话。

（5）内容规范、字迹工整的填写值班日志。

（6）值班日志要保持整洁、完整。

（7）接到临时抢修通知，应迅速通知轮值工班长及有关人员，做好出动准备。

（8）值班人员不得做与工作无关的事。

（9）记录工作电话及私人电话，并负责传达到相关人员。

（10）负责回收工作票、施工作业令、倒闸作业令、停电命令票，并整理归档，督促相关人员填写记录。

（11）搞好库房清洁卫生及整理工作。

四、接触网工作票制度

工作票是接触网检修作业的书面依据。

（1）工作票的填写要字迹清楚、作业地点明确，安全措施完善。不得涂改和用铅笔写。

（2）工作票签发人和施工负责人必须由具有相应资格的人员担当。

（3）工作票签发人、施工负责人要共同审票。如有疑问，施工负责人及时向发票人提出，必要时重新填写工作票。确认无误后双方签名。

（4）临时抢修时不填写工作票，只填写《临时抢修计划申报单》传真到 OCC 或 DCC。在车场范围内但影响列车出入车厂的抢修需报 OCC 确认。

（5）简单的地面作业可以不开工作票，由有关负责人向施工负责人布置，说明作业的时间、内容安全措施、并记入值班日志。

（6）站名、年、月、日、及作业组成员、发票人、施工负责人姓名等不能简写，空格划"/"填满。

（7）工作票有效期不得超过 5 个工作日，作业结束后，工作票、分工单、命令票、施工作业令订在一起统一交由工班保管三个月。

（8）停电范围大于接地线范围，接地线范围大于作业范围。

五、接触网要令消令制度

施工负责人及小组负责人必须在作业前15分钟到达车站车控室。
（1）在车站车控室登陆轨行区施工作业系统，填写相应内容，申报轨行区施工命令。
（2）填写施工登记时严禁使用他人工号登陆。
（3）向电调申请命令时，应报清部门和本人姓名、作业内容、接地线位置、施工作业令号。
（4）无命令编号和批准时间、发令人编号的命令无效。
（I5）临时抢修或危及人身、设备安全的紧急情况，作业时可不开工作票，但必须有OCC调度员的命令方可作业。
（6）作业结束在确认人员、机具、材料撤离，设备无妨碍送电和行车的情况下，施工负责人方可向OCC（或车厂DCC）消除施工作业命令。
（7）接触网的检修作业不得晚消令。确需延时，应提前30分钟向OCC（或车厂DCC）申报，得到批准后方可延时作业。

六、接触网倒闸操作制度

（1）操作权由电调管辖的开关，倒闸前必须按电调命令填写《倒闸作业票》，操作人复诵，电调审查无误后，给出命令编号和批准时间、发令人后，方可执行倒闸作业。
（2）操作前确认开关编号和分合闸位置，刀闸状态良好。
（3）操作人戴好安全帽和绝缘手套，穿好绝缘靴。
（4）操作时站立位置适当，分合开关力求迅速、准确、平稳、一次开闭到底，中途不得发生停留和冲击。
（5）操作完毕，再次确认开关位置，无误后加锁，向OCC（电调）汇报。填写《隔离开关倒闸作业完成票》。
（6）在事故和危及人身安全的紧急情况下，可不经OCC（电调）批准，先行断开有条件断开的隔离开关，及时向OCC（电调）汇报，但合闸时必须有OCC（电调）的命令。
（7）倒闸作业由二人完成，一人操作，一人监护。
（8）隔离开关不得带负荷分合操作。

七、接触网作业防护制度

（1）占用股道影响行车或人身安全的作业应设置行车防护人员。
（2）防护人员要坚守岗位，传递信号、信息准确、及时。
（3）严格执行复诵制度，呼唤应答时报全名，不得简化称呼。
（4）施工作业人员必须穿荧光服，并根据作业性质及作业要求使用其他安全防护用品。
（5）接触网停电检修作业，接地线人员负责在该作业地段两端挂接地线，并设置红闪灯防护。
（6）站间线路施工、站内线路施工、跨越站内站间时，由施工负责人或指派的作业组成员在作业区外二端轨道上设置红闪灯防护,并知会相关车站。

(7)防护人员及红闪灯的设置不得影响邻线行车。

八、接触网验电接地线制度

(1)工前检查验电器及地线状态,要求连接可靠,音响正常。

(2)验电接地线人员接到验电接地命令后,应按照工作票注明的验电接地位置,先验电、后接地。

(3)验电时使用直流 1 500 V 的验电器。

(4)接地线截面积不小于 70 mm^2 裸铜软绞线,并不得有断股和接头,各部螺栓紧固无松动。

(5)地线应接在作业区两端以及与作业区相联通的所有来电导线上。

(6)接地线及验电器装设时,先将接地端(钢轨端)接好,再将另一端挂在导线上。拆除时程序相反。

(7)现场验电时必须再次检验音响是否正常。

(8)需要检修的设备已验明停电,立即接地线。

(9)地线装设应牢固可靠、接触良好。

(10)验电、接地线由两人完成,一人操作,一人做监护。

(11)验电、接地人员按规定穿戴好劳保用品。

九、接触网高空作业制度

(1)按规定穿戴好劳保用品。

(2)高空作业扎好安全带。不得扎在将要卸载的线索或梯车框架上。

(3)作业人员避开线索跑脱方向。

(4)使用专门工具传递料具,严禁高空抛掷传递。

(5)高空作业必须设专人监护。

(6)双线路区段作业,必须封锁邻线并要求邻线停电。

(7)梯车移动时必须上下呼唤应答、复诵。

(8)梯车推行速度不得超过 5 km/h,推扶梯车人员听从台上作业人员指挥。曲线及坡道作业采取可靠的防滑倾措施。

(9)登高作业中,选好攀登方向,手把牢靠,脚踩稳准。

(10)线索带张力作业时,必须打好防滑线夹。

(11)作业车行进、转动、升降中,严禁人员上下作业台。

(12)长大笨重料具必须平吊,不得肩扛上下。

十、接触网巡视检查制度

(1)梯车巡视每 2 月 1 次,步行巡视每 2 月 1 次,检测车检测 3 月一次。

(2)步行巡视不少于 2 人,其中 1 人必须为施工负责人。

（3）巡视人员穿荧光衣戴安全帽，带红闪灯、个人工具、无线群呼、记录用具，及部分小材料。

（4）步行巡视中不得攀登各类支架，或触及带电导体。

（5）重大缺陷立即上报电调、生产调度，通知工班准备抢修。地面部分的问题采取措施立即处理，其他问题做好记录。

（6）巡视人员按施工作业令范围进行，不得超越巡视范围。

（7）按下发的巡视重点逐项进行，以脱落、烧伤、电地距离、卡滞、偏磨、打碰弓为主。

第四节　接触网检修台账

检修记录是记录设备修前修后状态、检修人员互检人员信息的书面依据，必须认真填写。因此所有检修记录均不得有涂改乱画现象。对于空白处用斜杠划掉，每小格划一杠，斜杠从左下角至右上角。所有记录均应按下行顺序填写。统筹考虑全年，适当留足空白。填表单位统一填接触网某班。

一、工作票填写标准

（1）不得涂改、乱写乱画。

（2）消令（电调）时间和工作票结束时间一致。

（3）针对性安全、专项技术措施必须填写详尽。

（4）该填写的必须填写，其余空格用斜杠划掉，注意不得使用大斜杠。

（5）所有副票由发票人保存，工班仅保存主票，保存时间三个月。

（6）主票、分工单、作业命令、动火令、厂调命令、倒闸作业命令装订在一起保存。

（7）和工作票一起保存的票据也不得涂改。

（8）施工负责人在上班后第一时间内审查工作票并签字。

（9）对工作票有疑问或不同意见时及时和发票人沟通。

（10）车辆段作业、光达站作业、或双线只有单线作业时必须注明停电范围及有电范围。

（11）需停电设备填写供电臂。

（12）接地线位置填公里标。

（13）变更作业组员纪录由发票人或施工负责人填写并签名。

（14）最后一栏在交接工作票时由施工负责人和发票人现场签字确认。

（15）所有内容填入规定位置。

（16）当日白班开本班明晚作业工作票，周六白班开周日白班作业工作票。

二、停电作业命令票填写要求

（1）不得涂改，乱划。

（2）命令内容要准确详细，不得添加、减少。

（3）时间、日期要填写准确。

（4）所有内容填入规定位置。

接触网（轨）停电作业工作票见表4-3，接触网（轨）停电作业命令票见表4-4，隔开开关倒闸命令票见表4-5，隔离开关倒闸完成报告单见表4-6，隔离开关倒闸操作执行记录件表4-7。

表4-3 接触网（轨）停电作业工作票

接触网（轨）停电作业工作票

_____接触网工班　　作业令号：_____　　第　　号

作业地点				发票人	
工作内容				发票日期	
工作票有效期	自　年　月　日　时　分至　年　月　日　时　分止				
工作领导人	姓　名：		安全等级：		
作业组成员姓名及安全等级（安全等级填在括号内）	（　）	（　）	（　）	（　）	
	（　）	（　）	（　）	（　）	
	（　）	（　）	（　）	（　）	
	共计　　　　人				
需停电的设备					
装设接地线位置					
作业区防护措施	1.派_____人至_____车站(车厂)_____登记请点。2.验电、装拆地线时应与停电设备保持1米以上的安全距离，先验电后接地线，戴绝缘手套。3.在挂接地线处及作业组两端设置防护人员				
其他安全措施	1.高空作业扎好安全带，作业组成员戴好安全帽。2.作业前应检查工器具完好与否及材料齐备状况。3.作业中时刻注意接触网（轨）及检修机具的受力状况，发现问题，及时反映。4.作业组成员对所分配任务要清楚明了，作业中严守规章制度，坚持安全作业				
补充安全措施					
作业组成员变更记录					
工作票结束时间	年　　月　　日　　时　　分				
工作领导人（签字）			发票人（签字）		

表 4-4　接触网（轨）停电作业命令票

接触网（轨）停电作业命令票

_____接触网工班　　作业令号：_____　　第　　号

编号：

发 令 时 间：_____年_____月_____日_____时_____分
要求完成时间：_____年_____月_____日_____时_____分
命 令 内 容：_____
　　　　　　_____

批 准 时 间：_____年_____月_____日_____时_____分
发 令 人：_____　　　　　受 令 人：_____
消 令 时 间：_____年_____月_____日_____时_____分
消 令 人：_____　　　　　电 力 调 度：_____

表 4-5　隔开开关倒闸命令票

隔离开关倒闸命令票

作业令号：_____

第_____号
1. 把_____第_____号隔离开关_____（闭合或断开）
2. 再把_____第_____号隔离开关_____（闭合或断开）
发令人：_____　　　受令人：_____
批准时间：_____时_____分　　日期：_____年_____月_____日

表 4-6　隔离开关倒闸完成报告单

隔离开关倒闸完成报告单

作业令号：_____

第_____号
　　根据第_____号倒闸命令完成下列倒闸：
1. _____第_____号隔离开关已于____时____分_____发_____（闭合或断开）
2. _____第_____号隔离开关已于____时____分_____发_____（闭合或断开）
倒闸操作人：_____　　电力调度：_____
完成时间：_____时_____分　　日期：_____年_____月_____日

表 4-7　隔离开关倒闸操作执行记录

隔离开关倒闸操作执行记录

填写人：　　　　　　　　　　日期：　　　　　　　　　　编号

序号	开关位置	开关编号	命令编号	操作内容（闭合或断开）	操作人	发令时间	完成时间

备注：
1. 此表由工作领导人持有并填写，结合隔离开关倒闸命令票和隔离开关倒闸完成报告单使用；
2. 要令人须从电调处接完令并填写完隔离开关倒闸命令票后，才能向操作人发令操作并填写此执行记录；
3. 只有完成此执行记录规定的步骤后，才能向电调报告开关倒闸完成情况并填写隔离开关倒闸完成报告单。

三、工班值班日志及巡视记录填写要求

（1）当班人员填在车辆段除值班员以外人员。
（2）班次填白班/夜班。
（3）检修作业只填接触网作业。有一次以上作业时，在作业内容栏内另起一行填写。
（4）票编号、施工负责人、发票人、作业内容、作业完成情况。
（5）配合作业填写配合施工作业令号、配合专业、配合内容。
（6）班组管理填写：6S 整理、开会、学习、练兵、演练、技术比武、整理技术管理台账。
（7）加工制作零配件、QC 活动、安全分析等。
（8）实行新台账后，取消工班日志。

四、接触线磨耗损伤纪录填写要求

（1）按锚段顺序分上下行连续填写。
（2）左线、右线指两根线中的上行侧和下行侧接触线。
（3）平均磨耗、最大磨耗填写整个锚段的平均值及整个锚段中的最大值。

（4）测量点：定位线夹、电连接线夹、线岔线夹、中心锚结线夹、分段线夹、接头线夹。

（5）电联结线夹选磨耗较大的一只。

（6）分段测量两侧磨耗最大的点。

（7）接头、补强位置及状态：填写具体位置、补强方法、产生原因、处理后效果。

（8）测量周期一年。

五、导高、拉出值（之字值）检修记录表填写要求

（1）找出导高、拉出值变化较大的关键点，测量周期3个月。

（2）每次巡检到该点都必须测量。

（3）磨耗百分比需查导线磨耗换算表得出磨耗面积，除以150后得出。

（4）导高、拉出值要经计算后与实际现场数据相比较后处理。

六、支柱及软横跨、硬横梁检修纪录填写要求

（1）只记有缺陷的部分。

（2）限界标准值需查图纸。

（3）缺陷处理情况：填处理措施及处理后状态。

七、锚段关节检修纪录填写要求

（1）锚段号以终点锚段号为准。

（2）悬挂点号填写下一锚段起点号。

（3）电联结在开关上网电缆固定支架以上纳入关节检修中。

（4）关节数据测量必须精确。

（5）每处关节共留2页空白检修纪录（够全年用）。

（6）统一按锚段顺序填写。

（7）其他栏中填写线夹紧固、零部件、导线、等缺陷及处理情况。

八、下锚及补偿器检修记录填写要求

（1）每处补偿器占用一页。

（2）锚段号填补偿器所属股延号。

（3）A值填坠砣杆顶部与定滑轮间测量时最小距离。

（4）B值填坠砣底部与各个限制物间测量时的最小距离（综合考虑各类限制因素）。

（5）状态栏填写坠砣升降是否灵活、有无破损、有无其他限制等。

九、线岔检修记录填写要求

（1）按下行方向顺序，每处线岔占用一页（以年为周期预留）。

（2）定位号尽量按上行线或下行线悬挂点为主填写。
（3）始触点高差指 2 工作支 500 处高差。
（4）锚支抬高指一根工作支、一根非支 500 处高差。
（5）铰接处/抬升是否灵活指线岔处两根导线是否具备弹性，电缆是否卡住定位钩、或非支无法抬高/无法下落导致线岔处硬点的情况。

十、拉出值导高检修记录填写要求

（1）以锚段为单元，分上下行，按下行方向连续填写。
（2）标准值需查图纸、工程整改竣工资料。
（3）如果测量与检修分开，在检修完毕后，在检修人互检人后面空白页处注明检修日期。
（4）如果测量与检修同时进行，在测量日期处注明时间即可。

十一、分段绝缘器检修记录填写要求

（1）每处分段占用至少 4 页空白检修记录。
（2）每次检修使用一页。
（3）分段与轨面是否平行，须测量得知，误差 2 mm 内视为水平。
（4）驰度以相邻两定位点导高为参照（不计分段悬挂点导高）。
（5）绝缘间隙以实测为准。
（6）导流板磨耗情况需测量下沿高度，超过 1 mm 填实际残高，不足 1 mm 填良好。

十二、隔离开关检修记录填写要求

（1）每台开关占用一页空白检修记录。
（2）最小绝缘距离填写开关触头静止或动作瞬间与接地体之间的最小绝缘距离。
（3）合闸状态指动静触头中心线是否重合，是否存在合闸不到位或合闸过头现象。
（4）接地闸刀填整体检查情况。

十三、接触网附属防护设施、回（均）流系统设备检修记录填写要求

（1）悬挂点号填检修的起点号至终点号。
（2）各大项内存在多项缺陷时，应按顺序依次填写。
（3）只记录有缺陷的部分。

十四、接触悬挂、支撑定位装置检修记录填写要求

（1）以锚段为单元，分上下行，按下行方向连续填写。
（2）若存在检修顺序颠倒时应有预留空白纪录。

（3）不含锚段关节两转换柱。
（4）只记录有缺陷的部分。
（5）表头区间（车站）处：填写区间/车站及检修的起点悬挂号至终点悬挂号。
（6）各大项内存在多项缺陷时，应按下行顺序依次填写。

十五、避雷器、避雷针设备检修记录填写要求

（1）安装地点填杆号。
（2）外观状况指绝缘子外观脏污、破损。
（3）地线、引线、线夹指线夹紧固、绝缘距离、驰度、线索断股、散股等状态。
（4）放电间隙需填实测数据。
（5）接线端子及底座有无锈蚀、是否松动、有无断裂等。
（6）接地电阻在有接地极时测量。
（7）计数器动作情况及状态：填整体检查情况，包括引线、计数器、底座、PVC管等。

十六、接触网技术资料

接触网专业职工应熟悉管辖范围内接触网设备的技术状态，保存必要的台账和有关技术资料。

1. 接触网技术组应备齐的技术图纸和施工纪录

（1）管辖范围内的供电分段示意图。管辖范围内接触网平面布置图、装配图、安装曲线表、接触网磨耗换算表、平面布置单元图等。具体图纸内容介绍详见本书第六章内容。
（2）跨越接触网的架空管、线等有关资料。
（3）管辖范围内使用的隔离开关、避雷器、分段绝缘器等设备的出厂说明书。
（4）管辖范围内的有关隐蔽工程资料。
（5）设备和工具的实验纪录等资料。
（6）管辖范围内有关轨道电路资料。
（7）有关设备整改及大修资料。
（8）关键设备及系统的技术履历表。

2. 接触网工班应有的技术图纸及资料

（1）管辖范围内的供电分段示意图。管辖范围内接触网平面布置图、装配图、安装曲线表、接触网磨耗换算表、平面布置单元图等。具体图纸内容介绍详见本书第六章内容。
（2）跨越接触网的架空管、线等有关资料。
（3）管辖范围内使用的隔离开关、避雷器、分段绝缘器等设备的出厂说明书。
（4）管辖范围内有关轨道电路资料。
（5）工器具使用说明书。

3. 接触网工班应有的检修台账

（1）接触网工班值班日志。
（2）线岔检修记录。
（3）分段绝缘器检修记录。
（4）接触线拉出值（之字值）、导高检修记录。
（5）接触网检测车维保记录。
（6）接触网作业车、辅助作业车维保记录。
（7）接触线磨耗和损伤记录。
（8）接触线重点磨耗和损伤记录。
（9）支柱及硬横梁检修记录。
（10）锚段关节检修记录。
（11）补偿器检修记录。
（12）隔离开关检修记录。
（13）避雷器、放电间隙检修记录。
（14）接触悬挂、支撑装置和定位装置等检修记录。
（15）接触网停电作业工作票、分工单、接触网停电作业命令票、接触网倒闸作业命令票。
（16）接触网梯车、步行巡视记录。
（17）均、回流检修记录。
（18）梯车检查记录。

第五节　接触网安全工作规定

从事接触网工作的职工，必须牢固树立"安全第一、预防为主"的安全工作方针，在运行、检修工作中确保人身及设备安全。

一、一般规定

所有接触网设备，自第一次受电开始即认为带电设备，之后，接触网上的一切作业，均必须按本规程的各项规定严格执行。

为保证接触网运行和检修作业的安全，对从事接触网运行和检修工作的有关现职人员，要每年定期进行一次安全考试，成绩合格后，方能参加相应的接触网运行和检修工作。此外，对属于下列情况的人员要事先进行安全考试：

（1）开始参加接触网工作的人员；
（2）当职务或工作单位变更，但仍从事接触网运行和检修工作的人员；
（3）中断工作连续 6 个月以上而仍继续担任接触网运行和检修工作人员。

接触网工作人员安全等级规定如表 4-8 所示。

表 4-8　接触网工作人员安全等级规定

等级	承担工作范围	必须具备的规定
一	承担简单的工作（如推梯车、扶梯子、拉绳），在三级以上带领下的辅助性工作	1. 经过教育和学习，初步了解地下铁道作业的基本知识； 2. 了解接触网作业的规定和要求，能进行简单工作的实际操作
二	地面和不拆卸配件的高处作业（如清扫绝缘子、涂号码牌、验电、装设接地线等）	1. 参加接触网运行和检修 3 个月以上或经实际操作培训 3 个月以上； 2. 掌握接触网停电作业一般安全知识和技能； 3. 掌握接触网停电作业时接地线的规定和要求，熟悉地面、隧道内防护信号显示方法
三	各种高处作业、隔离开关倒闸作业、防护人员工作以及巡视。倒闸作业、停电作业、验电接地监护人。配合作业的工作领导人	1. 参加接触网运行和检修工作 1 年以上，具有技工学校或相当于技工学校学历（供电专业的人员），可以适当缩短； 2. 熟悉接触网停电作业的有关规定； 3. 具有接触网高处作业技能，能正确使用检修工具、材料和零部件； 4. 具有电客车运行的基本知识，熟悉作业区防护规定； 5. 能进行触电急救
四	各种停电作业的工作票签发人及工作领导人、工班长	1. 担当三级工作 1 年以上； 2. 熟悉本规程； 3. 能领导作业组进行各种情况下的停电作业
五	专业、责任工程师及以上行政或技术职务	1. 担当四级工作 1 年以上，对技术人员及工班长具有中等专业学校及以上学历（供电专业），可不受此限制； 2. 熟悉本规程，接触网设备操作使用说明及检修作业程序；接触网主要的检修工艺； 3. 能领导作业组进行各种停电项目作业

安全合格证（样式）

第一面

安全合格证

专业

姓名

职称

合格证号码：

发证日期

发证单位（盖章）

第二面

考试成绩					注意事项
日期	理论成绩	实做成绩	综合成绩	主考人	安全等级
					1. 本证只限本人使用; 2. 无主考签字者,无效; 3. 按此证安全等级安排工作。

在进行接触网作业时,必须戴安全帽,穿工作鞋,穿上有高可见度的安全背心,高空作业必须扎安全带。

接触网工每一年进行一次身体检查,对不适合接触网运行和检修工作的人员要及时调整。雷电时禁止在接触网上进行作业。

对接触网进行检修必须停电进行,停电作业时,除具备规定的工作票外,还必须有值班电力调度员批准的作业命令。除遇有危及人身或设备安全的紧急情况,电力调度发布的倒闸命令可以没有命令编号和批准时间外,接触网所有的作业命令,均必须有命令编号和批准时间。

停电作业时,作业人员(包括所持的机具、材料、零部件等)与周围带电设备的距离不得小于:

33～35 kV 为 1 000 mm;

10 kV 以下为 700 mm;

直流 1 500 V 为 700 mm。

接触网的巡视工作,要由具有施工负责人资格的人员担任。在巡视中不得攀登支柱并时刻注意避让列车。隧道巡视必须在接到行调已封闭区间命令后进行。

二、工作票

工作票是在接触网上进行作业的书面依据,要字迹清楚、正确,不得用铅笔书写和涂改。

工作票填写1式2份,1份由发票人保管,1份交给施工负责人。

事故抢修和遇有危及人身或设备安全的紧急情况下作业时,可以不开工作票,但必须有电力调度的命令。

地铁接触网使用二种工作票:

（1）停电接触网工作票。
（2）远离作业工作票。

发票人一般应在工作前1天将工作票交给施工负责人，使之有足够的时间熟悉工作票中内容及做好准备工作。

施工负责人对工作票内容有不同意见时要向发票人及时提出，经过认真分析，确认无误，方准作业。

每次开工前，施工负责人要向作业组全体成员宣读工作票内容，布置安全措施。作业结束后，施工负责人要及时收回工作票（附相应的命令票），交给工班专人统一保管不少于3个月。

工作票的有效期不得超过2个工作日。

工作票中规定的作业组成员，一般不应更换；若必须更换时，应经发票人同意，若发票人不在可经施工负责人同意，但施工负责人要更换时，仍须经发票人同意，并在工作票上签字。

施工负责人或1个作业组，同时只能接1张工作票。

对简单的地面作业项目不开工作票，但施工负责人在布置任务时应说明作业时间、地点、内容及安全措施，记入值班日志中。

三、作业人员的职责

停电作业的工作票签发人和施工负责人，须由具备相应资格的人员担当。同1张工作票的签发人和施工负责人必须由2人分别担当，不得相互兼任。

工作票签发人在安排工作时，要做好下列事项：
（1）所安排的作业项目是必要和可行的。
（2）所采取的安全措施是正确和完备的。
（3）所配备的施工负责人和作业组成员的人数和条件符合规定。

施工负责人要做好下列事项：
（1）作业地点、时间、作业组成员等、均应符合工作票提出的要求；
（2）作业地点所采取的安全设施正确而完备；
（3）时刻在场监督作业组成员的作业安全，如果必须短时离开作业地点时，要指定临时代理人，否则应停止作业，并将人员和机具撤至安全地带；

作业组成员要服从施工负责人的指挥、调动、遵章守纪，对不安全和有疑问的命令要果断及时地提出，坚持安全作业。

四、停电作业命令

每个作业组在停电作业前由施工负责人指定1名作业组成员作为要令人员，向电力调度申请停电。在申请的同时，要说明停电作业的范围、内容、时间和安全措施等。

电力调度员在发布停电作业命令前，要做好以下工作：
（1）将所有的停电作业申请进行综合安排，审查作业内容和安全措施，确定停电区段。

（2）通过行调，办理停电作业封闭线路的手续，对可能通过受电弓导通电流的分段部位采取封闭措施，防止各方面来电的可能；

（3）确认作业段所有的电动车已降下受电弓，断开有关馈电线断路器、接触网开关、作业区段的接触网已经停电，方可发布停电作业命令；

电力调度员发布停电作业命令时，受令人认真复诵，经确认无误后，方可给命令编号和批准时间，在发、受、停电命令时，发令人要将命令内容等记入"作业命令记录"中，受令人要填写"接触网停电作业命令票"。

工作票中规定的作业任务完成后，由工作负责人宣布作业结束，作业人员、机具、材料撤至安全地带，拆除接地线，确认具备送电、行车条件后，通知要令人向电力调度请求消除停电作业命令。几个作业组同时作业时，要分别向电力调度请求消除停电作业命令。电力调度员经了解，确认完全达到送电、行车条件后，给予消除停电作业命令的时间，双方均按规定做好记录，整个停电作业方告结束。

电力调度员在送电时须按下列顺序进行：
（1）确认整个供电臂所有的作业组均已消除停电作业命令；
（2）按照规定进行倒闸作业；
（3）通知列车调度员（OCC）接触网已送电，可以开行列车。

五、高空作业

（1）高空作业必须设专人监护，其监护要求如下：

停电作业时，每一监护人的监护范围，不超过二个跨距，在同一组软横跨上作业时不超过4条股道，在相邻线路同时进行作业时，要分别派监护人各自监护。

当停电成批清扫绝缘子时，可视具体情况设置监护人员。

（2）攀登支柱时要尽量避开设备，且与带电设备要保持规定的安全距离。

（3）接触网作业用的梯车和梯子必须符合下列要求：

① 结实、轻便、稳固；

② 梯车和梯子须按规定标准进行试验；

③ 用梯车进行作业时，工作台上的人员不得超过2名，所用的零件、工具等均不得放置在工作台台面上。

④ 推车人必须服从台上人员的指挥，梯车走行速度不得超过 5 km/h，并不得发生冲击和急剧起停车；

⑤ 施工负责人和推梯人员，要时刻注意和保持梯车的稳定状态,曲线和大风天气作业时,应采取防止倾倒措施；坡道作业采取用刹车等防滑移的措施；

⑥ 梯车、梯子作业完毕后，应存放在固定地点或安全可靠的地方，并加固以防止倾倒，侵入限界；

（4）接触网作业车规定：

① 作业车作业前，负责人要检查工作台与司机室之间的联系装置，该装置必须处于良好状态；

② 作业车作业时，作业人员应在工作台内进行，且活动门关闭良好。

③ 工作台端部承受负荷不大与 250 kg。
④ 作业平台升降、转动过程中严禁有人爬梯上下。
⑤ 作业中作业车司机应听从工作台上负责人的指挥，移动速度不得超过 10 km/h，且不得急剧起、停车。

六、验电、接地

作业组在接到停电作业命令后，须先验电接地，然后方可作业。

用验电器验电的顺序是：将验电器端头轻靠接触网导线，无响声则为已停电，验电器在使用前要验声。

当验明接触网已停电后，须在作业点的两端，及和作业地点相连可能来电的所有停电设备上装设接地线。在装设接地线时，将接地线的一端先行接地，再将接地线夹紧固在已停电的一根辅助线或一根接触网导线上。拆接地线顺序相反，先拆连接接触网导线端，然后再拆接地轨端。接地线要连接牢固，接触良好。装设接地线时，人体不得触及接地线。接地线采用截面不小于 70 mm² 的裸铜软铰线，并不得有断股、散股和接头。

验电和装设、拆除接地线，必须由二人进行；一人操作，一人监护。

七、倒闸作业

凡接触网人员进行隔离开关倒闸时，必须有电力调度的命令。对车厂控制中心有权操作的隔离开关，由车厂控制中心自行制定有关制度予以操作。

从事隔离开关倒闸作业人员，必须具备相应资格。

在进行隔离开关倒闸作业时，先由操作人向电力调度提出申请，电力调度审查后，发布倒闸作业命令，操作人受令复诵，电力调度确认无误后，方可给命令编号和批准时间。

每次倒闸作业发令人要将命令内容等记入"倒闸操作命令记录"中，受令人要填写"隔离开关倒闸命令票"。

各隔离开关的传动机构必须锁住，钥匙存放固定地点，专人保管并有标签注明开关号码。

相邻支柱的隔离开关及同一根支柱上有多台隔离开关，其钥匙不得相互通用。

倒闸人员接到倒闸命令后，要迅速进行倒闸。操作时要准确迅速，一次开闭到底，中途不得停留和发生冲击。

隔离开关操作倒闸作业必须两人进行，一人操作，一人监护。

倒闸作业完成后，操作人要立即填写"隔离开关倒闸完成报告单"；供电调度员要及时发布完成时间和编号并记入"倒闸操作命令记录"中，至此倒闸作业方告结束。

隔离开关操作安全要点：

（1）倒闸时操作人员必须戴好安全帽和绝缘手套。
（2）倒闸前确认开关编号，检查开关状态和开关接地装置是否良好。
（3）操作时要迅速果断，合闸终了时用力不可过猛，避免发生冲击；断开隔离开关主闸刀时由慢到快，当刀片一旦离开固定触头时应迅速操作，以便于能迅速消弧。
（4）倒闸后确认各部位技术状态是否良好。
（5）严禁在接地刀闸闭合的情况下强行闭合主刀闸。

（6）严禁带负荷进行隔离开关倒闸作业。

（7）遇有危及人身或设备安全的紧急情况，可以不经供电调度批准，先行操作断开断路器或隔离开关，并立即报告供电调度；但再闭合时必须有供电调度员的命令。

（8）严禁雷雨天气在室外进行隔离开关的倒闸作业。

八、作业区行车防护

在停电的线路上进行接触网检修作业时，除对有关区间、车站办理封锁手续外，还要在作业区两端以及可能来车方向采取设置红闪灯防护。

在有电区间巡视检查时，应在作业组前后分别设置防护人员，一但发现来车应及时通知作业组避让列车，其防护距离一般设在距作业组 50 m 之外。

防护人员在执行任务时，要思想集中，坚守岗位，履行职责，要认真、及时、准确地进行联系和显示各种信号。一旦中断联系，必须立即通知施工负责人，必要时停止作业。

九、事故抢修

各种事故的抢修，应根据不同事故发生的具体情况采取针对性的，有效的安全防护措施，在电力调度统一指挥下，迅速设法送电通车。在遇有接触网断线事故时，必须采取防护措施，使任何人在装设接地线以前不得进入距断线落下地点 10 m 范围以内。

事故抢修时，虽然事故的设备已经停电，但必须按停电作业的规定办理停电作业命令，经过验电接地后，方准接触故障的设备或进行抢修。

在事故抢修中，如与电力调度的直接通讯联系中断时，可设法通过列车调度、区间电话等方式进行联系，当一切电话中断时，在作业前必须采取下列措施做好施工地点的安全防护：

（1）与牵引变电所保持联系，断开有关的断路器和隔离开关；

（2）断开接触网有关隔离开关并加锁，必要时派人看守；

（3）在可能来电的空气间隙和绝缘器处派专人进行防护；

（4）按规定装设接地线；

（5）施工负责人要将事故有关情况，通过各种方式尽快报告给电力调度。

第六节　接触网事故抢修

由于接触网设备时刻处在震动、摩擦、温度等外界影响以及自身的不断老化过程中，难免会发生各种各样的事故，需要高度重视设备故障的修复工作。

接触网事故根据发生的性质可分为设备事故及人身事故。人身事故是指对接触网进行检修过程中所发生的人员伤亡事故。设备事故是指接触网设备及其附属设备遭到不同程度的破坏而影响行车的事故。

设备事故根据造成的后果，又可分为行车事故和供电事故，往往两种事故并存。根据发生的原因可分为事故的全部责任在于接触网管理部门的接触网故障事故和关系事故、自然灾害事故。

行车事故是指因接触网设备损坏而影响列车正常运行和使列车发生设备损坏、脱轨、火灾等。

供电事故是指因接触网设备损坏而造成变电所跳闸或中断接触网供电。

关系事故指车间以外的其他单位或部门造成的接触网设备或人身事故。

自然灾害事故是指由于气候、地质等原因造成的接触网事故。

根据损失程度可分为重大事故、大事故、一般事故和障碍。

一、接触网事故抢修组织

针对不同性质、种类的接触网故障,应该制定不同的应急抢修预案来指导和规范接触网系统的应急抢修工作。

所有从事接触网工作的人员要认真学习接触网抢修预案,并在抢修工作中严格遵守。

当接触网系统发生事故(包括列车颠覆、火灾等引发的接触网事故)影响或中断行车时,应该立即启动应急预案。

抢修预案内容主要包括:抢修的组织架构、抢修前的准备工作、抢修工作流程、抢修的安全注意事项、具体抢修方案、事故分析及事故演练等。

接触网事故:是指接触网设备技术状态改变,不能满足运营列车正常运行或中断行车的故障。停电作业命令:是 OCC 供电调度员(以下简称电调)允许对接触网故障设备进行修复的凭证。

接触网轮值工班:接触网发生事故时正常当值的工班。

接触网备班:接触网发生事故时正常休息的工班,接到车间生产调度的通知后,对轮值工班进行支援的工班。

接触网值班员:收集及传达接触网正常维修及事故抢修信息的人员。

1. 事故抢修准备

1)接触网抢修组织架构

(1)组长:由车间主任(主任助理)担任。副组长:由接触网主管工程师、接触网工班长担当。现场抢修指挥:由接触网轮值工班长担当。

(2)应急抢修组现场作业人员:由接触网轮值工班8人、接触网备班8人、接触网值班员1人组成。接触网轮值工班:由验电接地(监护)及设置防护4人(兼职)、安全员1人、现场联络1人、作业人员5人。

(3)接触网备班:人员设置同接触网轮值工班。

2)接触网应急抢修组成员的职责及技能要求

(1)组长:负责组织及协调接触网应急抢修的全过程,由车间主任或主管工程师担任。

(2)副组长:具体组织接触网设备故障的恢复工作,由主管工程师或工程师担任。

(3)现场抢修指挥:负责组织、实施事故现场的接触网修复工作,对修复工作中的安全及修复工作质量负责,由工班长及以上人员担任。

(4)接触网轮值工班:在规定的时间内出发,在现场抢修指挥的领导下,具体实施事故现场的接触网修复工作。

（5）接触网备班：在接到车间生产调度的通知后，及时赶到车辆段，在需要的情况下赶到事故现场支援，并服从现场抢修指挥的领导。

（6）接触网值班员：负责接触网事故修复全过程的信息上传下达工作。

（7）验电接地及设置防护、监护人员：负责抢修前工具、材料的准备工作；现场事故修复工作的验电接地、设置防护工作；验电接地、设置防护工作完成后，加入修复作业。

（8）安全员：负责抢修前图纸资料、通讯工具的准备工作、现场事故修复工作的安全事项及监督修复工作的质量及收集设备故障资料。

（9）作业人员：在现场抢修指挥的领导下，进行接触网的事故修复工作。

（10）现场联络员：负责办理封锁线路手续；向电调要令、消令；电调汇报事故修复工作的进度；向现场抢修指挥传达电调的指令。

（11）接触网应急抢修组名单及联系电话应经维修工程部审核批准并报电调备案，如有变化，应得到维修工程部许可并及时通知电调。为保证接触网备班人员及时到达车辆段：建议接触网备班在车辆集中住宿或选择最快捷的交通方式。

3）接触网应急抢修车辆配置与要求

（1）接触网维修作业车组，停放在车辆段轨道车库，由分公司车辆部做好日常维修保养，使之处于良好状态，保证有足够的燃料。并安排好值班人员，做到随时出动。

（2）接触网事故抢修人员运输车1辆，用于第一时间将接触网抢修人员送达现场。

（3）接触网事故抢修工具、材料车1辆，用于在第一时间将接触网事故抢修工具及材料送达现场。

（4）接触网维修作业车组司机及接触网事故抢修汽车司机在接触网事故抢修过程中要服从接触网现场抢修指挥的安排。

（5）接触网应急抢修组成员原则上在第一时间乘抢修汽车赶到事故现场，接触网维修作业车组应在最快时间到达接触网事故区域。

（6）接触网应急抢修工具及材料（见附表A、B）的要求。

（7）接触网应急抢修工具及材料应存放在接触网维修作业车组上的工具、材料箱内。

（8）接触网应急抢修工具及材料已准备于车辆段供电车间材料库。

（9）供电车间材料库接触网抢修用材料要与日常维修用材料分架、分区存放，单独造册登记。材料卡片用红色材料卡片，非抢修时不得动用。抢修使用后，应及时补充。

（10）抢修材料、工具入库前必须认真检查、验收，做到不合格的不得入库。部分材料可以组装配套存放，对较小的零部件可存放在抢修箱内。

（11）接触网轮值工班应备有材料库的钥匙，交接班时交接并清点抢修用料、工具。

（12）梯车存放于车站站台层或区间隧道联络通道。

（13）接触网抢修常用工具机械应符合附录C的标准。

（14）应备齐一下接触网抢修用通讯工具；无线集群对讲机8台，由轮值工班保管，做好日常保养工作。考虑到接触网事故抢修涉及部门多、作业范围分散、信息量大，为确保通信的可靠性，在无线集群对讲机的基础上，再配备一般对讲机6台，由轮值工班保管，做好日常保养工作。

2. 接触网事故应急处理指引

1）接触网故障现象

（1）接触网设备状态异常：接触网在运行中，发生的拉弧、异常响声（车辆受电弓状态异常，在列车运行时，可能会与接触网腕臂或定位管发生碰撞，发生连续的拉弧、异常响声）、接触线晃动幅度过大、接触网线索断线或下垂、腕臂/定位器及其他零部件脱落等但未发生接触网失压的故障情况。

（2）接触网瞬时失压：接触网设备由于状态异常或其他物体短接接触网带电部分引起的跳闸及电客车故障引起的接触网跳闸，在变电所直流断路器重合闸后成功恢复供电的故障情况

（3）接触网永久失压（自瞬时失压起1分钟后仍未恢复供电的情况）：一般由于电客车对地短路、接触网线索断线或下垂后对地短路、接触网绝缘子击穿、弓网缠绕后对地短路、其他物体短接接触网带电部分造成接触网永久接地等引起。

列车降弓异常：是指降弓过程中，车辆MMI显示受电弓状态打"？"。

2）处理原则

（1）发现接触网在运行中，发生拉弧、异常响声但未失压时：

司机：发现拉弧后，立即向行调汇报并注意观察前方接触网状态；若发现拉弧的同时伴有异常响声时，立即限速25 km/h行驶并报行调，同时注意观察前方接触网状态。

其他人员（含车站）：发现拉弧、异常响声时，立即向行调报告具体位置和发现情况。

OCC：

① 接到接触网拉弧的报告后，立即通知事发列车和后续列车司机注意观察前方接触网状态和车内监控信息；接到拉弧并伴有异常响声的报告时，立即通知事发列车和后续列车司机在事发区间限速25 km/h运行，并注意观察前方接触网状态和车内监控信息。

② 通知接触网抢修人员检查故障地段设备。

③ 组织开启故障区段隧道应急照明和工作照明。

④ 如再次发现故障区段拉弧及异常响声时，故障地点限速25 km/h运行，待接触网专业检查后按其意见处理。

⑤ 如故障区段再未发现拉弧、异常响声时，恢复正常运行，事发列车在到达终点站后调整回厂检查。

（2）列车进出站过程中，在接触网多个腕臂处，发生连续的拉弧、异常响声时：

发现人员：立即向车站报告具体位置和发现情况，并在原地继续观察后续列车通过时的接触网和受电弓状态。

车站：如发现列车进站时，接触网发生连续的拉弧、异常响声时，立即扣停列车。

OCC：

① 车站报已扣停列车时，立即通知司机降弓清客等待救援；车站未扣停时，立即通知事发列车司机限速25 km/h运行，到达下一站后，降弓清客等待救援，并将事发列车推至就近的备用线或存车线。如事发列车降弓异常时，该区段停运，立即安排接触网、车辆专业人员现场检查，并按其要求执行。

② 通知后续列车清客后限速 25 km/h 进入事发区间，注意运行前方接触网运行状态和列车运行的监控信息。

③ 命令接触网抢修人员出动检查设备状态。

④ 如后续列车进出事发车站时接触网再次发生连续的拉弧、异常响声或受电弓状态异常，OCC 立即扣停列车，命令接触网抢修人员确认接触网设备状态，待其现场检查或处理后按其要求执行。

⑤ 如后续列车在事发区间未发现异常情况，自后续第二列车起恢复正常运行，将故障列车救援回厂检查。

⑥ 通知全线车站安排人员观察列车进出车站时（至少连续观察 3 趟车），接触网是否发生连续的非正常拉弧、异常响声和受电弓状态。一旦发现异常及时向 OCC 汇报，由 OCC 通知接触网人员、车辆人员察看状态并提出处理意见。

（3）发现接触线晃动幅度过大、接触网线索断线或下垂、腕臂/定位器及其他零部件脱落，但接触网未失压时：

司机：发现后，立即紧急停车，报行调。

其他人员（含车站）：发现时，立即向行调报告具体位置和发现情况。

OCC：

① 接报后，立即扣停列车并进行行车调整。

② 如接触线晃动幅度过大、接触网线索断线或下垂时，停止该供电臂供电后，启动列车区间清客程序。如列车上乘客较多，工作人员到位后，命令现场负责人组织打开适当数量的车门，并安排人员把守，增加客室通风。

③ 如发现列车前方腕臂/定位器及其他零部件脱落时，组织列车退行至后方站。

④ 通知接触网、车辆抢修人员出动抢修。

⑤ 组织开启隧道应急照明和工作照明。

（4）接触网瞬时失压（有时伴有拉弧、响声）时：

司机：发现瞬间失压后立即向行调报告，同时注意观察运行前方接触网状态和列车内部监控信息；发现瞬间失压并伴有拉弧或响声时立即限速 25 km/h 运行，并向行调报告。

OCC：

① 行调接电调通报或司机反应瞬间失压后，立即通知正在该供电臂运行的列车注意观察运行前方接触网运行状态和列车内部监控信息；

如司机报瞬时失压并伴有拉弧、响声或只报发现拉弧、响声，立即通知事发列车司机和后续进入该供电臂的首列车司机限速 25 km/h 运行，并确认运行前方接触网状态和列车内部监控信息。

如该故障区段再次发生瞬间失压时，后续进入事发区段的首列车须清客后，限速 25 km/h 运行。

② 通知车辆、变电、接触网抢修人员出动检查电客车、接触网和变电设备状态。

上述列车在运行时：

① 如发现接触线晃动幅度过大、接触网线索断线或下垂、腕臂/定位器及其他零部件脱落；再次发生瞬时失压，并发现前方接触网发生拉弧、异常响声等异常时，司机立即紧急停车，报 OCC。由 OCC 组织按 1.2.3 处理（发生拉弧、异常响声时，按接触线晃动幅度过大、

接触网线索断线或下垂方法处理）。

② 如再次发生瞬间失压，且无法确定接触网状态时，该区段限速 25 km/h 运行，待接触网专业检查后，按其意见处理。

③ 后续进入该供电臂的首列车在对该供电臂检查完后未发现异常，该供电臂恢复正常运行。在终点站将事发时在该供电臂运行的列车调整回厂检查。

（5）接触网永久失压（自瞬时失压起 1 min 后仍未恢复供电）：

① 司机若发现接触网永久失压，立即停车并降下受电弓，向行调报告。

② 行调接电调通报后，立即通知在该供电臂运行的所有列车停车、降下受电弓。

③ OCC 通知变电、接触网抢修人员出动抢修。列车降弓异常时，还须通知车辆专业抢修人员出动。

④ 确认列车降弓异常或该供电臂线路绝缘测试不能满足送电要求时，该供电臂停运，OCC 立即启动相应的清客程序，进行行车调整，并组织接触网人员抢修。

⑤ 如降弓正常、线路绝缘测试满足送电要求，属于变电所内部故障时由电调采取越区供电的方式对该供电臂送电。

⑥ 确认接触网、变电所没有故障后对该供电臂送电，由行调逐一命令该供电臂上的电客车升弓，哪列车升弓造成跳闸，则立即降弓等待救援。

3）抢修组织原则

（1）第一时间由 OCC 组织司机或车站人员对故障情况进行初步认定。

（2）确认接触网故障或弓网故障后，由维修工程部担任抢险救援主导部门，并指派人员担任抢险救援现场负责人。车辆部等部门须按维修工程部指挥积极配合进行故障抢修。

（3）维修工程部接触网专业按照"先通后复"的事故抢修处理原则，制定抢修方案，最短时间内恢复送电通车。

二、事故抢修流程（图 4-8）

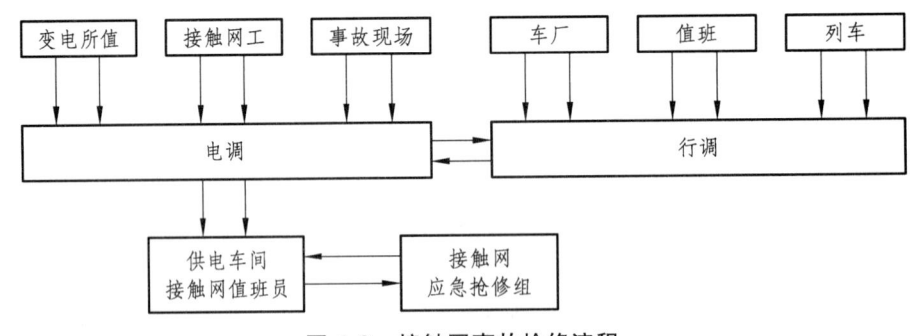

图 4-8 接触网事故抢修流程

（1）接触网事故信息传输网络。

（2）接触网员工接到事故消息后，应按表一中步骤及内容执行。

（3）接触网员工到达事故现场后，应按表二中步骤及内容执行。

（4）有关配合抢修及事故信息通报要求。

事故抢修中有上级领导到现场时，现场抢修指挥要主动向领导汇报事故情况并听取上级领导的指示。但应急抢修组必须坚持集中"统一指挥，逐级负责"的原则，即应急抢修组成员统一服从现场抢修指挥的安排，现场抢修指挥服从电调指挥，防止多头领导造成混乱。

列车发生颠覆、冲撞、脱线等需要接触网应急抢修组配合抢修时，接触网应急抢修组接到配合事故救援通知时，应按规定的程序立即带足必需的工具、材料赶赴现场。接到事故消息后处理流程如表4-8所示。

接触网应急抢修组到达事故现场后，立即与分公司级的事故抢修负责人取得联系，了解需要配合的具体情况，进行设备调查，提出配合起复的具体方案，并取得同意后迅速实施。

在配合救援中需要拆除接触网时，在满足要求的前提下应选择工作量最小、容易恢复的方案。

接触网配合作业须取得电调命令，即电调是接触网停送电命令唯一（直接）发布人，整个救援过程中，来自其他部门有关接触网已停电的命令，不能作为接触网已经停电，允许作业的依据。

表 4-8 接到事故消息后处理流程

步骤	人员	行 动 内 容
		接触网值班员接到准备抢修通知后：
1	接触网值班员	（1）拉抢修铃； （2）立即通知接触网调度，要求安排抢修车，准备出动事故抢修； （3）通知备班工班长； （4）通知主管工程师； （5）记录关键时间及事故信息（事故时间、地点、事故种类等）
2	当值工班长	（1）立即了解事故信息； （2）负责抢修所需图纸资料； （3）负责通信工具的准备及分配； （4）负责调度驻站人员并明确指示所需开展的工作； （5）集合应急抢修组成员，清点人数，组织成员按分工做抢修准备
3	应急抢修组成员	按分工准备好抢修用工具、材料、个人劳动防护用品
4	驻站人员	（1）根据工班长的指令以最快的速度赶赴指定地点； （2）及时向工班长反馈现场信息
5	接触网主管工程师	（1）通知专业组工程师、车间安全员； （2）赶赴事故现场
		接触网值班员接到抢修出动通知后：
1	接触网值班员	（1）拉响紧急事故铃（持续响铃），通知当值工班工班长出动； （2）立即通知接触网调度，要求安排抢修车，准备出动事故抢修； （3）立即通知接触网备班工班长； （4）通知主管工程师； （5）参加抢修工作，记录关键时间及事故信息（事故时间、地点、事故种类等）
2	当值工班长	（1）集合抢修组成员，检查抢修用工具、材料、通讯工具、图纸资料及个人劳动防护用品准备情况并简要通报事故概况； （2）准备妥当后，立即组织人员携带工具、材料等上抢修汽车或接触网维修作业车组；

续表

步骤	人员	行动内容
		接触网值班员接到抢修出动通知后：
2	当值工班长	（3）抢修途中，当值工班长要及时与OCC行调进行沟通，汇报到达的时间、人数及抢修负责人姓名、工号及联系方式等相关信息后，了解抢修相关要求、安排及故障或事故的详细情况
3	应急抢修组	接触网当值工班接到事故抢修出动通知后，按分工准备好抢修用工具、材料、个人劳动防护用品。白天8 min，夜间10 min之内必须出动
5	驻站人员	（1）根据工班长的指令以最快的速度赶赴指定地点，并向工班长汇报到达的时间； （2）及时向工班长反馈现场信息
6	备班人员	接到抢修通知后，及时赶到尚双塘车辆段或者黄兴车辆段，带齐二次抢修物资或现场指挥指定的其他物资赶到事故现场支援
7	OCC行车调度	尽快协调出清接触网故障设备所在的线路，根据事故现场需求调动接触网作业车组到达现场

表4-9 到达现场后处理流程

步骤	人员	行动内容
1	现场抢修指挥（由当值工班长担任）	若行车中断，组织应急抢修组成员从车站站台设立的"故障/事故处理点"进入轨行区，并执行以下步骤： （1）接触网故障点的查找。 （2）进入现场检查设备损坏情况。如发现接触网故障导致其他系统设备破坏，必须及时向OCC行调汇报详细情况，由行调协调处理。 （3）制定一套快速、高效及安全的事故抢修方案，以尽快恢复列车运作为原则。 （4）向组长汇报设备损坏情况及抢修方案，经组长的批准后，将事故抢修方案知会应急抢修组成员。按规定向电调办理停电作业手续。 （5）明确电力调度停电命令以下达，线路已封锁，验电接地及防护措施已完成。 （6）开始组织实施抢修方案
2	验电接地及设置防护人员	在得到现场抢修指挥准许作业的命令后，按规定验电接地及设置防护，完成后通知现场抢修指挥，然后加入抢修作业
3	抢修作业人员	在得到现场抢修指挥准许作业的命令后，实施事故抢修工作
4	接触网备班人员	按照现场抢修指挥的安排，参加抢修作业
5	安全员	（1）收集故障设备资料。 （2）监督抢修作业安全措施实施情况，及时制止抢修作业中的不安全行为

三、事故抢修安全注意事项

事故抢修中由于参加抢修作业人员精神高度紧张，携带的工具材料较多，很容易发生各种疏漏甚至人身伤害，因此各供电单位都制定了严密的安全控制措施，现就长沙地铁规定的抢修安全注意事项阐述如下：

1. 应该严格遵守的安全措施

（1）在接触网事故抢修中要严格执行行车、高空作业、电气安全作业的有关规定和防护措施，防止扩大事故范围和发生意外的人身伤亡事故。

（2）所有从事接触网抢修工作的人员，必须持有安全合格证。

（3）在进行接触网抢修作业时，抢修组所有成员必须戴安全帽，穿工作鞋，穿荧光衣，高空作业必须扎安全带。

（4）事故抢修前，虽然事故的设备已经停电，但必须按以下的规定办理停电作业手续、经过验电接地、对事故抢修地段设置行车防护后，方准对接触网故障的设备进行抢修。

2. 必须办理停电作业手续

（1）抢修作业前，现场联络员向电调申请停电。在申请的同时，要说明停电作业的范围、内容、时间和安全措施等。

（2）电调发布停电作业命令时，受令人认真复诵，经确认无误后，方可给命令编号和批准时间。

（3）受令人要填写"接触网停电作业命令票"。

（4）现场抢修指挥在抢修作业前，要向作业人员宣布停电范围，划清设备带电界限。

（5）对可能来电的部位和抢修作业地段，要设置可靠足够的接地线。

（6）抢修过程中，人员必须（包括工具、材料）与带电设备保持足够的安全距离。

3. 严格执行验电接地

（1）事故抢修组在接到停电作业命令后，须先验电接地，然后方可作业。

（2）用验电器验电的顺序是：将验电器端头轻靠接触网导线，无响声则为已停电，验电器在使用前要验声。

（3）当验明接触网已停电后，须在作业点的两端，及和作业地点相连可能来电的所有停电设备上装设接地线。

（4）在装设接地线时，将接地线的一端先行接地，再将接地线紧固在已停电的一根辅助馈线或一根接触网导线上。拆接地线顺序相反，先拆连接馈线或导线端，然后再拆接地轨端。接地线要连接牢固，接触良好。

（5）装设接地线时，人体不得触及接地线。接地线采用截面不小于 $70\ mm^2$ 的裸铜软绞线，并不得有断股、散股和接头。

（6）验电和装设、拆除接地线，必须由二人进行；一人作业，一人监护。

4. 必须设置作业区行车防护

（1）接触网抢修作业时，除对有关区间、车站办理封锁手续外，还要对作业区采取防护措施。

（2）一般情况下，应在作业区段两端设置红闪灯，如有必要，应急抢修组应在可能来车方向设置防护人员，一旦发现来车应显示红色信号，令其停车或采取其他避让措施。

（3）防护人员在执行任务时，要思想集中，坚守岗位，履行职责，要认真、及时、准确地进行联系和显示各种信号。

（4）一旦中断联系，必须立即通知施工负责人，必要时停止作业。

5. 必须设置高空作业监护人员

（1）高空作业每一监护人的监护范围，不超过二个跨距，在同一组硬横梁上作业时不超过4条股道，在相邻线路同时进行作业时，要分别派监护人各自监护。

（2）高空作业要使用专门的用具传递工具、零部件和材料等，不得抛掷传递。

四、事故抢修应急处理预案

接触网是地铁的重要行车设备，使用条件苛刻又无备用，接触网一旦遭到破坏，将直接中断行车，必须立即组织抢修。从事接触网工作的人员必须做到常备不懈，及时出动，迅速抢修，尽快恢复供电行车。

电调在接触网应急抢修工作中行使调度指挥权，所有参与接触网应急抢修工作的人员必须在电调的指挥下实施应急抢修工作。

接触网事故抢修必须遵循"先通后复，先通一线"的基本原则，以最快的速度设法先行供电，疏通线路，然后在规定的时间内恢复设备正常的技术状态。

接触网事故抢修作业一般使用接触网作业车组，梯车做辅助使用。

分公司车务部统一各专业事故抢修时进入车站的入口，以免与事故疏散人流相冲突。进入故障设备的地铁线路前应到车站控制室办理相关手续，按车站指定进入。

1. 事故抢修中的临时措施

为了缩短抢修时间，尽快恢复供电、行车，一般应采取过渡措施，但事后要最快地恢复设备正常状态，例如：一般应采取以下临时修复措施，但事后要尽快地恢复设备正常状态；在事故抢修工作中，所有对接触网故障作出的临时性修复措施，必须由接触网工程师及以上职别的人员确认。

（1）吊弦间距可增加一倍，承力索上可暂不装吊弦线夹。

（2）绝缘子局部破损，破损面积不超过规定，擦净后有把握送上电或绝缘子局部破损但能送电可暂不更换。

（3）当个别定位装置或腕臂损坏时，只要接触线布置符合行车要求，承力索可暂不固定。

（4）软横跨/硬横梁的固定绳均允许有接头。

（5）接触线和承力索的接头数量及间距可以适当超出规定标准。

（6）区间中间支柱折断：可用轻型临时支柱代替，但必须打拉线。

（7）转换支柱折断：可利用金属支柱，视受压或受拉决定其倾斜方向，受拉的打拉线，受压的可在支柱外侧顶住，两悬挂间不能保证规定的绝缘距离时，可暂不作绝缘锚段关节用。

（8）锚段关节处支柱折断或接触网损坏：也可采取两个锚段合并，取消一个中心锚结的方法临时供电。

（9）在直线上，或曲线上个别悬挂点或定位点损坏时，只要接触线不超出受电弓工作范围时，可将悬挂和定位装置甩开，绑扎牢固、不侵入限界，调整好接触悬挂，可暂时送电开通。

（10）对短时间难以修复的事故，可将隧道内接触网吊起或断开使列车降弓通过，或在列车尾部加车推进疏散列车。

（11）隧道内埋入杆件破坏：在直线上，或曲线上个别悬挂点或定位点损坏时，只要接触线不超过受电弓工作范围，可将悬挂点和定位装置甩开，绑扎牢固、不侵入限界，调整好接触悬挂，可暂时送电开通。

（12）车辆段支柱破坏：可用临时支柱代替，根据支柱受力情况，打好临时拉线。

（13）隔离开关损坏：隔离开关损坏时，经过电调批准可暂不恢复，必要时可合上相应的联络开关或对常闭的隔离开关可甩开开关，用电连接线将分段绝缘器导通，但必须保证变电所的保护装置能够可靠动作。对常开隔离开关，甩开引线绑扎牢固即可送电。

（14）承力索或接触线断线破坏严重，不需换线，可临时将线索绷紧、吊起，降弓通过，对载流承力索和接触线须做分流线。馈线可比照上述做法

2. 接触网设备故障的查找及判断

1）接触网故障的查找原则

现场抢修指挥应根据电调提供的信息（跳闸时短路电流及保护动作的种类、列车运行情况）分析事故性质，有目的地查找故障点。也可向车站、机车司机、及其他人员了解情况，问明地点，有目的查找故障地点。

根据设备运行情况，地理环境，天气情况分析、判断故障点：雨雾天则考虑接触网、机车绝缘件击穿。季节变换时，则应考虑补偿装置、定位坡度、线岔、锚段关节等。

2）接触网故障的判断

永久接地：变电所断路器跳闸，重合闸和强送电均不成功，可能由于接触网或供电线断线接地、绝缘子击穿、隔离开关引线脱落或断线、较严重的弓网故障、电客车故障等。

断续接地：变电所断路器跳闸重合成功，过一段时间又跳闸，可能是接触网或电力机车绝缘部件闪络、列车超限、树木与接触网放电、接触网与接地部分距不够、接触网断线但未落地、弓网故障等。

短时接地：变电所跳闸后重合成功，一般是绝缘部件瞬时闪络、电击人或动物等。

查找故障应根据季节、设备所处的环境有针对性地进行，例如隧道漏水时易发生绝缘闪络故障，应重点查找隧道及污秽严重的处所。

五、事故抢修后续工作

（1）接触网事故抢修完毕后相关人员职责如表 4-10 所示。

表 4-10　接触网事故抢修完毕后相关人员行动内容

步骤	人　员	行　动　内　容
1	安全员	对接触网故障区段进行必要的巡视及测试
2	接触网工程师	对接触网故障作出的临时性修复措施进行确认（如有）
3	现场抢修指挥	确认抢修方案已完成
4	验电接地及设置防护、监护人员	接现场抢修指挥的命令，按规定拆除接地线及防护，完成后通知现场抢修指挥
5	现场抢修指挥	确认作业人员、机具、材料撤至安全地带，所有接地线已拆除，确认具备送电、行车条件后，通知现场联络员向电调及行调消令
6	现场联络员	向电调办理消令手续、通过车站控制室值班人员向行调消除线路封锁命令，并做好记录；通知接触网值班员抢修工作已完成
7	电调	确认完全达到送电、行车条件后，给予消除停电作业命令的时间，并做好记录
8	应急抢修组	送电后，确认列车运行正常，接触网设备正常供电后，抢应急抢修组人员方可撤离

（2）事故调查与分析。

事故抢修和恢复过程中，抢修小组要注意收集并妥善保存损坏的各种设备、线索、零部件等，以便进行事故分析。

事故抢修结束后，应急抢修组要如实填写《应急抢修记录》（见附录 D），车间要认真组织调查分析，逐级上报事故调查报告。

事故分析应按下列内容进行：

① 事故概况。
② 设备损坏情况及涉及范围。
③ 事故抢修流程（以时间为顺序）。
④ 事故原因。
⑤ 经验：缩短事故抢修时间，减少对运营影响的好方法。
⑥ 教训：总结抢修中存在的问题。
⑦ 今后应采取的措施及其他。

事故分析应该本着"四不放过"的原则进行，着重查找主观上的原因。对延误时机、工作不得力致使事故扩大，延长抢修时间，造成严重损失者要给予严肃处理；对于认真执行规定在事故抢修中做出突出贡献的给予表彰或奖励。

（3）接触网事故抢修演练。

接触网运营部门应该加强抢修队伍的事故预想和人员培训。接触网专业每半年组织全体员工进行一次轮训，讲解事故抢修知识，学习有关规定、命令，分析典型案例，总结经验教训，研究制定改进措施，不断提高组织、指挥事故抢修的能力。使每个员工掌握各类事故的抢修方法。发生事故时做到人员齐、工具材料齐、出动快、修复快。

接触网管理人员应该不断加强日常事故演练。长沙地铁接触网专业目前每两个月组织一次抢修演练（包括按时集合、整装出动和按照分工带足工具、材料等）。

事故抢修演练的重点是提高职工的四个能力：① 应变能力；② 综合分析、判断能力；③ 组织指挥能力；④ 实际操作能力。

本章拓展资料

刚性接触悬挂、汇流排、定位支持装置维修记录

设备地点：_____ 锚段_____ 测量仪器_____

项目 \ 悬挂点					
导高标准值	数据				
导高实测值	数据				
导高修后值	数据				
标准拉出值	数据				
实测拉出值	数据				
修后拉出值	数据				
绝缘子表面状态是否良好	良好				
绝缘子清扫量	数字				
绝缘子破损程度	无或	面积			
接触线状态或末端余长	良好	终端则	填长度		
汇流排表面状态或防护罩状态	良好	或实际	情况		
相邻汇流排连接端口状态	良好				
相邻汇流排连接端口紧固情况	良好	或实际	情况		
汇流排横断面中轴线是否垂直相应轨道平面	是	或否			
汇流排终端距相邻悬挂点距离	数据	无则	斜杠		
埋入杆件的螺纹、镀锌层是否完好。	是	或否	否则	在综合	台账	体现
化学锚固螺栓、底座孔填充是否完好	是	或否			
支持装置各紧固件是否齐全、稳固	是	或否			
槽钢底座是否水平安装，悬吊槽钢、绝缘横撑轨道平面是否平行	是	或否			
悬垂吊柱及T型头螺栓应铅垂状态、倾斜度是否完好	是	或否			
槽钢底座、悬吊槽钢、绝缘横撑、悬垂吊柱、T型头螺栓等构件是否完好	是	或否			
螺栓外露长度	>15				
T型头螺栓状态是否完好	是	或否			
带电体距接地体的静态绝缘距离	>150				
测量人：					
检修人：					
互检人：					
检修日期：					

工班长签名：_____ 技术人员签名：_____

刚性悬挂锚段关节和线岔维修记录

锚段关节编号/形式：＿＿＿＿＿　M100-102/绝缘、非绝缘　　设备位置：＿＿＿＿＿　　检修周期：＿＿＿＿一年

日期 年/月/日	悬挂点号	项别	转换（定位）点		汇流排端到相邻悬挂点长度/mm	过渡转换处状况		绝缘状况		电联接及其他零部件		检修人	互检人
			高差/mm	水平距离/mm		修前	修后	修前	修后	修前	修后		
			实测数据	实测数据	实测数据								
		修前											
		修后				良好 或拉弧、烧伤（如实描述）	良好				良好		
		修前											
		修后											
		修前											
		修后											
		修前											
		修后											
		修前											
		修后											
		修前											
		修后											
		修前											
		修后											

工班长签名：＿＿＿＿＿　　　　　　　　　　　　　　　　　技术人员签名：＿＿＿＿＿

刚性悬挂分段绝缘器维修记录

绝缘器编号/型式：___F厦渡1/___　　设备地点：___　　检修周期：___一年___

日期(年/月/日)	项别	绝缘状况 主绝缘	绝缘状况 绝缘棒	导滑板状态 滑触过渡情况	导滑板状态 磨损情况	两极靴之间的绝缘距离/mm	对线路中心的偏移/mm	相邻悬挂点的距离是否相等(±200 mm)	与轨面平行及紧固部件等状况	检修人	互检人
	修前	良好或实际情况		良好或实际情况	不更换写正常更换按实际情况	数据	数据	数据	良好或实际情况		
	修后	良好		良好	良好	数据	数据		良好		
	修前							两短汇流排缝			
	修后							隙与定位线夹的距离			
	修前										
	修后										
	修前										
	修后										
	修前										
	修后										

工班长签名：___　　技术人员签名：___

刚性悬挂膨胀元件维修记录

膨胀元件编号：_____ 安装位置：_____ 区间_____ 检修周期：_____ 一年

M001-M003

维修日期 (年/月/日)	项别	转换（始触）点		过渡转换处状况	拉出值		长孔中的滑动表面是否平滑	温度/℃	G 值/mm		跨距值	电联接及其他零部件	检修人	互检人
		高差/mm	水平距离/mm		进弓侧	出弓侧			标准值	实测值				
	修前	数据	数据	良好或实际情况	数据	数据	是或否	实测	查表	数据	数据	良好或实际情况		
	修后			良好			是					良好		
	修前													
	修后													
	修前													
	修后													
	修前													
	修后													
	修前													
	修后													

工班长签名：_____ 技术人员签名：_____

隔离开关检修记录

隔离开关编号/型式：_____ 沥溶2××/电动或手动_____ 检修周期：半年_____ （单位：mm）

项别	主刀闸状态			接地刀闸		操作机构状态		电联接及连接电缆状态	距各部分距离情况	远动、手动电动、当地动作情况	检修人签名	互检人签名
检修日期（年/月/日）	分合闸状态	密贴程度	传动状态	状态	联动机构状态	元器件状态	连接情况					
修前	良好或实际情况	良好或实际情况	良好或实际情况			良好或实际情况	良好或实际情况	良好或实际情况	良好或实际情况	良好或实际动作情况		
修后	良好	良好	良好			良好	良好	良好	良好	良好		
修前												
修后												
修前												
修后												
修前												
修后												
修前												
修后												

工班长签名：_____ 技术人员签名：_____

刚性接触网架空地线检查记录

设备位置：_____　　检修周期：一年　　　　　　　　　　　　　　　　　　　　（单位：mm）

区间	一个耐张段内补强股数	架空地线及其相连金具距接触网带电体距离	电联接线夹及螺栓紧固情况	架空地线下锚处底座及地线托架是否安装稳固	检修日期（年/月/日）	检修人	互检人
锚段号	线索有无损伤及散股						
Xxxxxx	无或实际情况	实际数量	>150	良好或实际情况	是或实际情况	2014/12/19	

工班长签名：_____　　　　　　　　　　　　　技术人员签名：_____

接触网附属防护设施检修记录

设施名称：_____　设施位置：_____　检修周期：_____　（单位：mm）

检修日期(年/月/日)	项别	限界门			终端标识牌		警示牌		检修人签名	互检人签名
		吊板状况	支柱状况	标示牌状况	状况	与带电体的距离	状况	连接部件状况		
	修前				实际情况	>150	实际情况	实际情况		
	修后				良好	>150	良好	良好		
	修前									
	修后									
	修前									
	修后									
	修前									
	修后									

工班长签名：_____　　　技术人员签名：_____

杂散电流防护及监测装置检修记录

设备位置：_____ 区间_____ 检修周期：_____ 一年 （单位：mm）

检修日期（年/月/日）	设备编号	项别	杂散电流监测设备					单向导通装置					检修人签名	互检人签名
			电缆与钢轨的连接状况	电源状况	信号、指示状态	底座、箱门状态	电缆与钢轨的连接状况	电源状况	隔离开关状态	智能测距传感器状态	绝缘部件状况	底座、柜门及电缆紧固状态		
		修前	良好或实际情况	良好或实际情况	良好或实际情况	良好或实际情况								
		修后	良好	良好	良好	良好							不能	相同
		修前												
		修后												
		修前												
		修后												
		修前												
		修后												

工班长签名：_____ 技术人员签名：_____

回（均）流系统设备检修记录

设备位置：_____ 区间_____ 检修周期：_____ 一年 （单位：mm）

检修日期（年/月/日）	设备编号	项别	回（均）流箱					回（均）流电缆			检修人签名	互检人签名
			电缆连接状况	柜门、底座、绝缘部件状况	螺栓锈蚀情况	螺栓紧固情况	电缆与牵引轨的连接状况	电缆与母排的连接状况	外观状况			
		修前	良好或实际情况	良好或实际情况	良好或实际情况	良好或实际情况	良好或实际情况	良好或实际情况	良好或实际情况		
		修后	良好	良好	良好	良好	良好	良好	良好		
		修前									
		修后									

工班长签名：_____ 技术人员签名：_____

接触网设备巡视记录

线别：_____ 工班：_____ 作业令号：_____

号线		接触网设备及附属设备	
巡视类型	步巡□ 车巡□ 登乘□ 热滑□		
巡视地点	巡视内容	出车厂线、入车厂线	
作业令时间	自 年 月 日 时 分 至 年 月 日 时 分	消点时间	年 月 日 时 分
请点时间	年 月 日 时 分	巡视区间	
巡视人员名单	姓名		
	共计 人		
巡视情况记录	在作业区内检查以下内容：按实际情况填写	问题处理及信息反馈情况	按实际情况填写
备注			

工作领导人签字：_____ 工班长：_____ 审核：_____

柔性接触悬挂、定位支持装置检修记录

设备位置：_____　　L-xx 道　　锚段编号：_____　x-xxx-xxx　　测量仪器：_____　（单位：mm）

检修日期(年/月/日)	悬挂点号	接触线状况	承力索状况	辅助馈线、架空地线状况	悬挂点结构高度是否符合设计要求	吊弦、吊索、电联接器及各种线夹、零部件的状况	定位支持装置状况	绝缘子		检修人签名	互检人签名
								状况	清扫数量		
		良好或实际情况	良好或实际情况没承力索则填斜杠	良好或实际情况无此设备则填斜杠	良好或实际情况无此设备则填斜杠	良好或实际情况	良好或实际情况	良好或实际情况	X		

工班长签名：_____　　　技术人员签名：_____

柔性接触网磨耗、导高、拉出（之字）值检修记录

设备位置：_____ 锚段编号：_____ 测量仪器：_____ （单位：mm）

检修日期(年/月/日)	悬挂点号	悬挂点磨耗		导线高度（H）			接触线坡度	拉出（之字）值（a）			跨中偏移值	测量人签名	互检人签名
		左线	右线	标准值	实测值	修后值		标准值	实测值	修后值			

工班长签名：_____ 技术人员签名：_____

232

柔性悬挂线岔检修记录

线岔编号形式: __xxxxx/单开、菱形__ 　　设备位置: _____　　检修周期: __半年__　　（单位：mm）

检修日期（年/月/日）	悬挂号	拉出值		两工作支相距500 mm处的高差（0～10 mm）	非工作支500 mm处的抬高量（≥50 mm）	限制管间隙（1～3 mm）	限制管、电联接器等零部件的状态（良好或实际情况）	检修人签名	互检人签名
		单开则	填斜杆						
	标准值								
	修前								
	修后								
	修前								
	修后								

工班长签名: _____　　技术人员签名: _____

柔性悬挂锚段关节检修记录

锚段关节编号/形式：_____ 设备位置：_____ 检修周期：_____ 年 （单位：mm）

检修日期(日/月)	悬挂号	项别	承力索高度		接触线高度		拉出值		锚支500处的抬高量(≥50 mm)		转换柱处第二、三根接触线				跨中过渡段平行/过渡情况		绝缘部件状态		电联接、其他零部件状态		检修人	互检人
											水平距离		垂直距离									
			标准值	实测值	标准值	实测值	标准值	实测值	修前	修后	修前	修后	修前	修后	修前	修后	修前	修后	修前	修后		
	起点里程侧	修前													不平行	平行	破损	良好	破损	良好		
		修后																				
	终点里程侧	修前																				
		修后																				

工班长签名：_____ 技术人员签名：_____

柔性分段绝缘器检修记录

分段绝缘器编号/型式：_____ /单线、双线_____ 检修周期：半年_____ （单位：mm）

检修日期（年/月/日）	项别	绝缘状况		导滑板状态		绝缘间隙（左/右）	对线路中心的偏移值	分段绝缘器与接触线的接头状况	与轨面平行状况	吊索、调节螺栓等其他零部件状况	检修人签名	互检人签名
		主绝缘体	绝缘棒	滑触过渡情况	磨耗后厚度（>2 mm）							
	修前	不合工艺要求	不合工艺要求	不平滑	实际情况		实际	良好或实际情况	平行或实际情况	良好或实际情况		
	修后	良好	良好	平滑				良好	平行	良好		
	修前											
	修后											

工班长签名：_____ 技术人员签名：_____

隔离开关检修记录

隔离开关编号/型式：_____　　检修周期：_____　半年　　（单位：mm）

检修日期(年/月/日)	项别	主刀闸 分合状态（触点状态、分闸状态、合闸状态）	接地刀闸 联动机构状态 状态（无则填斜杠）	机构箱内设备 端子排、线缆状态	机构箱内设备 电动机构电路接触和机械配合情况	绝缘子状态	操作连杆、活动关节及其附件状况	上网电缆及接地电缆状态	远动、手动、当地电动位动作情况	检修人签名	互检人签名
Ⅰ	修前	良好或实际情况	良好或实际情况	良好或实际情况	良好或实际情况	良好或实际情况	良好或实际情况	良好或实际情况	良好或实际情况		
	修后	良好	良好	良好	良好	良好	良好	良好	良好		
	修前										
	修后										

工班长签名：_____　　技术人员签名：_____

柔性悬挂下锚及补偿器检修记录

锚段编号：_____ 设备位置：_____ 中锚至起（落）锚的距离：_____ 无刚填斜杠 m 检修周期：_____ （单位：mm）

检修日期（年/月/日）	项别	检修温度/°C	A值 标准值	A值 实测值	坠砣 B值（>200 mm）	坠砣 数量（个）及状态	上、下活动状况	断线间隙 动节棘轮（25±⁰₅ mm）国产棘轮 7~15 mm	补偿绳匝数 小圈	补偿绳匝数 大圈	补偿绳状况 小圈	补偿绳状况 大圈	下锚预制终端、棘轮平衡轮、调节棘轮平衡板、下锚绝缘子螺栓及其他零部件情况	检修人签名	互检人签名
	修前	数据	数据	数据	数据	个数、良好或实际	良好或实际情况	数据	数据	数据	良好或实际情况	良好或实际情况	良好或实际情况		
xx/xx	修后						良好				良好	良好	良好		
	修前														
	修后														

工班长签名：_____ 技术人员签名：_____

避雷器设备检修记录

设备类型：氧化锌避雷器　　　设备位置：　　　　　　检修周期：半年　　　　（单位：mm）

设备编号	检修日期（年/月/日）	项别	外绝缘状态	底座、引线状况	实验参数	角隙距离（角隙避雷器）		接地电阻（Ω）及其他部件状况	检修人签名	互检人签名	测量人签名
						高压侧	低压侧				
		修前	良好或实际情况	良好或实际情况	数据			数据、良好或实际情况			
		修后	良好	良好							
		修前						数据、良好			
		修后									

工班长签名：　　　　　　　　　　　　　　　技术人员签名：

软、硬横跨检修记录

软、硬横跨编号/型式：_____ 检修周期：_____一年_____ （单位：mm）

检修日期（年/月/日）	设备编号	项别	横向承力索状况	上部固定绳状况	下部固定绳状况	最短吊弦处横向承力索与上部固定绳的距离	绝缘部件状况	楔形线夹及回头状况	吊弦和各种线夹、零部件的状况	检修人签名	互检人签名
		修前	良好或实际情况	良好或实际情况	良好或实际情况	\	良好或实际情况	良好或实际情况	良好或实际情况		
		修后	\	良好	良好	软横跨则填数据	良好	良好	良好		
		修前	\								
		修后									

工班长签名：_____ 技术人员签名：_____

239

中心锚结检修记录

中心锚结段/悬挂点：_____ 检修周期：一年 （单位：mm）

检修日期（年/月/日）	设备锚段锚号	项别	中锚底座 状况	中锚底座 螺栓紧固情况	线索 状况	线索 受力情况	调节螺栓 状况	调节螺栓 调节余量	中心锚结悬挂点参数 导高	中心锚结悬挂点参数 承力索高度	中心锚结悬挂点参数 结构高度	中锚线夹 状况	中锚线夹 螺栓紧固情况	绝缘部件状况（数量）	连接部件状况	检修人签名	互检人签名
		修前	良好或实际	良好或实际			良好实际										
		修后	良好	紧固	良好	均匀	良好					良好	紧固	良好	良好		
		修前															
		修后															

工班长签名：_____ 技术人员签名：_____

支柱检修记录

设备位置：_____ 类型：_____ 检修周期：_____ （单位：mm）

支柱编号	项别	支柱基础状况	支柱本体状况				拉线（杆）状况			检修人签名	测量人签名
检修日期（年/月/日）			裂缝	变形	破损	侧面限界	受力	外观	连接部件		
	修前	良好或实际情况	无或实际	无或实际	破损	数据	不均匀	破损	破损		
	修后	良好	无	无		数据	均匀	良好	良好		
	修前										
	修后										

工班长签名：_____ 技术人员签名：_____

接触网附属防护设施检修记录

设施名称：_____　　设施位置：_____　　检修周期：____年____（单位：mm）

检修日期(年/月/日)	项别	限界门			终端标识牌		警示牌		检修人签名	互检人签名
		吊板状况	支柱状况	标示牌状况	与带电体的距离	状况	状况	连接部件状况		
	修前	良好或实际情况	良好或实际情况	良好或实际情况		有故障则描述	有故障则描述			
	修后	良好	良好	良好						
	修前									
	修后									

工班长签名：_____　　技术人员签名：_____

回（均）流系统设备检修记录

设备编号：_____　　设备位置：_____　　检修周期：一年　　（单位：mm）

设备编号	检修日期(年/月/日)	项别	回（均）流箱				回（均）流电缆			检修人签名	互检人签名
			电缆连接状况	柜门、底座、绝缘部件状况	螺栓锈蚀情况	螺栓紧固情况	电缆与牵引机的连接状况	电缆与母排的连接状况	外观状况		
		修前	良好或实际情况	良好或实际情况	良好或实际情况	良好或实际情况	良好或实际情况	良好或实际情况	良好或实际情况		
		修后	良好	良好	良好	良好	良好	良好	良好		
		修前									
		修后									

工班长签名：_____　　技术人员签名：_____

243

杂散电流防护及监测装置检修记录

设备编号：_____ 设备类型：_____ 设备位置：_____ 检修周期：_____ （单位：mm）

检修日期(年/月/日)	设备编号	项别	杂散电流监测设备					单向导通装置					检修人签名	互检人签名
			电缆与钢轨的连接状况	电源状况	信号、指示状态	底座、箱门状态	电缆与钢轨的连接状况	电源状况	隔离开关状态	智能测距传感器状态	绝缘部件状况	底座、柜门及电缆紧固状态		
		修前	良好或实际情况	良好或实际情况	良好或实际情况	良好或实际情况	良好或实际情况	实际情况	良好或实际情况	良好或实际情况	良好或实际情况	良好或实际情况		
		修后	良好	良好	良好	良好	良好	正常	良好	良好	良好	良好	不能	相同
		修前												
		修后												

工班长签名：_____ 技术人员签名：_____

避雷针设备检修记录

设备类型：　　　　　　　设备位置：　　　　　　　检修周期：五年　　　　　　　（单位：mm）

设备编号	检修日期（年/月/日）	项别	避雷针			引线、接地状况	连接部分紧固状况	与接触网其他设备的绝缘情况	接地电阻（Ω）、地线、及其他部件状况	检修人签名	互检人签名	测量人签名
			底座状况	抱箍紧固情况	螺栓紧固情况							
		修前			良好或实际情况	良好或实际情况	良好或实际情况	良好或实际情况	数据，具体情况			
		修后			良好	良好	良好	良好	接地电阻<10Ω，良好			
		修前										
		修后										

工班长签名：　　　　　　　　　　　　　　　　技术人员签名：

综合检修记录

_____年 (单位：mm)

设备位置	设备名称	检修日期(日/月)	项别	检修内容	检修人签名	互检人签名
	支持定位装置 分段绝缘器 隔离开关等		接触网综合检修及xxx检（合并）	根据每天作业工作量以及完成量的实际情况填写。		

工班长签名：_____ 技术人员签名：_____

246

接触轨登乘巡视记录

巡检日期： ___年___月___日　　　　车号：

序号	巡检路线	巡检项目及内容	巡检标准	状况 是	状况 否	巡检情况及备注
1		接触轨	是否有异物侵入接触轨限界，障碍集电靴运行，危及供电安全。			
2		接触轨防护罩	接触轨防护罩状态是否良好。			
3		端部弯头	端部弯头运行状态是否良好。			
4		避雷器	避雷器运行状态是否良好。			
5		电连接及上网电缆	状态是否良好。			
6		杂散电流综合监测系统及均流回流电缆。	杂散电流综合监测系统及均流回流电缆。状态是否良好。			
7		整体绝缘支架及接地扁铜	整体绝缘支架及接地扁铜状态是否良好。			

时间： ___时___分 至 ___时___分　　　　巡检人：

注：在状况栏相应的选项打勾"√"

247

接触轨锚段关节和线岔维修记录

设备地点：_____　　锚段关节号：_____　　_____年

锚段号	悬挂点号	维修 日	维修 月	项别	支架 导高/mm	支架 拉出值/mm	相邻锚段对应 导高/mm	相邻锚段对应 拉出值/mm	高差/mm	水平距离/mm	过渡转换处状况	电联接及其他零部件	其他	检修人	互检人
				修前											
				修后											
				修前											
				修后											
				修前											
				修后											
				修前											
				修后											

248

接触轨端部弯头检修记录

设备位置：_____ 设备编号：_____

检修日期(年/月/日)	项别	接触轨导高/mm			拉出值/mm			钢带授流面状况	绝缘支架(含卡抓、托架)状况	检修人	互检人
		标准值	实测值	修后值	标准值	实测值	修后值				
	修前										
	修后										
	修前										
	修后										
	修前										
	修后										
	修前										
	修后										

备注：

工班长签名：_____ 技术人员签名：_____

接触轨膨胀接头检修记录

设备位置：_____ 设备编号：_____

检修日期（年/月/日）	接触轨温度	项别	补偿间隙		电联接铜排及附件状况		钢带接流面工作情况	螺栓力矩	检修人	互检人
			南侧	北侧	电联接铜排活动情况	弹簧调整余值/mm				
		修前								
		修后								
		修前								
		修后								
		修前								
		修后								

备注：

说明：补偿间隙南北侧是以目前四号线的走向划分；南侧指靠金州侧，北侧指靠万胜围侧

工班长签名：_____ 技术人员签名：_____

接触轨中心锚节检修记录

设备类型：_____ 设备地点：_____ 设备编号：_____

检修日期 （年/月/日）	项别	接触轨工作高度/mm		接触轨偏移值/mm		绝缘棒状况	斜拉线受力状况	绝缘支架（含卡抓、托架）状况	检修人	互检人
		标准值	实测值	标准值	实测值					
	修前									
	修后									
	修前									
	修后									
	修前									
	修后									

备注：

工班长签名：_____ 技术人员签名：_____

第五章 接触网常用工具、仪表的认知

【学习目标】

1. 熟悉接触网常用工器具的种类;
2. 了解激光接触网测量仪的功能;
3. 了解扳手类、钳子类、剪切类、紧线类工具的功能及特点;
4. 了解滑轮类、直弯类、梯子类、登高类、放线类工具的类型及特点。

一、测量类工具

1. 多功能激光接触网测量仪(又称激光道尺,图 5-1)

"多功能激光接触网检测仪"是电气化铁路接触网机械参数测量的专用仪器。该仪器采用先进可见光半导体激光器,不论白天、夜晚、刮风、有雾天气都可以对接触网的导高、拉出值、定位器坡度、锚段关节、线岔及超高、轨距等 14 个参数进行快速测量。它具有体积小、重量轻、安全可靠、显示直观等优点,是电气化铁路必备的先进测量设备。地铁接触网中主要是用来测量导高和拉出值。

图 5-1 多功能激光接触网测量仪

2. 数显式腕臂定位角度测量仪(图 5-2)

数显式腕臂定位角度测量仪是一种数字显示的角度测量仪器,比一般刻度指示式角度尺读数更方便准确。主要用于接触网支柱,腕臂安装,和定位器调整等角度的测量和设定,它也可以用作一般的水平尺,快速测量被测物的水平和垂直度。具有背光、数据锁定、角度机械锁定、自动关机等功能。

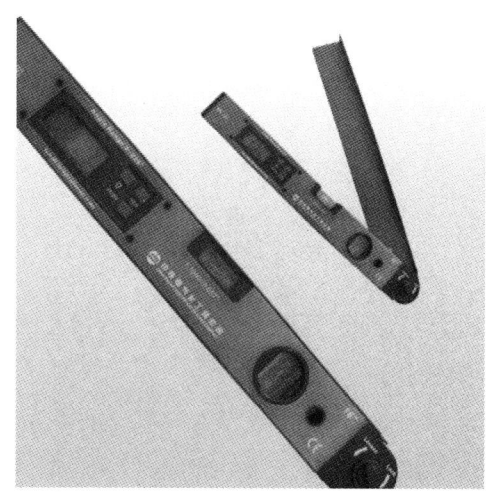

图 5-2 数显式腕臂定位角度测量仪

3. 数显式腕臂定位测斜尺（图 5-3）

数显测斜尺具有绝对角度与相对角度测量、角度锁定、偏角补偿、多工作面等功能，角度尺有三种角度测量模式：角度测量模式，百分比模式，相对角度模式；可根据实际测量需要，使用不同的测量模式。使用方法简便，只需将该测斜尺贴合到测量对象上，即可定量化显示实际测量角度，这种测量方式替换了传统水泡式测量方法，提高了测量精度。

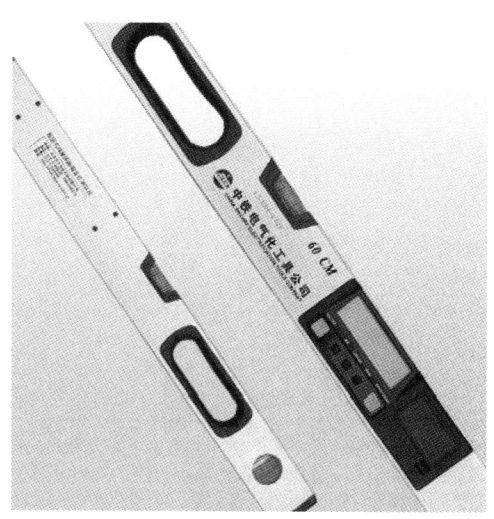

图 5-3 数显式腕臂定位测斜尺

4. 全站仪（图 5-4）

全站仪，即全站型电子测距仪，是一种集光、机、电为一体的高技术测量仪器，集水平角、垂直角、距离（斜距、平距）、高差测量功能于一体。只需一次安置就可完成该测站全部测量工作，故称为全站仪。

图 5-4　全站仪

5. 经纬仪（图 5-5）

经纬仪是测量水平角和竖直角的仪器，根据测角原理设计而成。目前常用的电子经纬仪部分采用光栅增量式数字角度测量系统，使用微型计算机技术进行测量、计算、显示、存储等多项功能。因此可用于较高精度的角度坐标测量和定向准直测量场合，主要应用于接触网电力变电的测量。

图 5-5　经纬仪

6. 水准仪（图 5-6）

水准仪是建立水平视线测定地面两点间高度差的仪器。根据水准测量原理测量地面点间高差。

图 5-6 水准仪

二、扳手类工具（表 5-1）

表 5-1 扳手类工具

序号	名称	图片	特点
1	尖尾棘轮扳手		可快速扭转，快速脱落，紧固、拆卸螺栓效率高
2	预制式扭力扳手		配合相应套筒使用，可预先设定扭矩，达到预设扭矩后即空转，保证每次工作质量准确一致
3	指针式扭力扳手		配合相应套筒使用，扭紧时可表示出扭矩数值
4	棘轮/扭矩数显两用扳手		力矩采用数字显示方式，精度高

三、钳类工具（表 5-2）

用途：用于各种铜铝导线压接。

表 5-2　钳类工具

序号	名称	图片	特点
1	整体液压压接钳		液压传动、省时省力
2	分体液压压接钳		轻便
3	液压剪切、压接两用		短线快速、切口面平
4	手动式导线压接钳		压接压力大
5	机械式导线压接钳		机械传动、压力传动进度可靠、压力便于控制，易维护

四、剪切类工具（表 5-3）

表 5-3　剪切类工具

序号	名称	图片	特点
1	断线钳		剪切速度快
2	链条式断线剪		用于各种绞线剪切
3	齿式线缆剪		利用机械变速增力原理，剪线效果好
4	电缆（绝缘导线）剥刀		用于电缆外绝缘层剥切
5	高枝剪		采用3节伸缩铝管，可根据树木高低随意调节，铝合金重量轻，操作轻便

五、紧线类工具（表 5-4）

用途：用于施工中拉紧导线。

表 5-4　紧线类工具

序号	名称	图片	特点
1	铝合金导线紧线器		
2	蛙式紧线器		轻便
3	棘轮紧线器		伸缩长度大
4	多功能紧线器		伸缩长度大
5	链条手扳葫芦		型号多样、适用范围广

六、滑轮类工具（表 5-5）

表 5-5　滑轮类工具

序号	名称	图片	特点
1	起重滑轮		用于吊装、起重作业，能承受较大负荷
2	座挂两用滑轮		可作为挂钩使用，又可作为大绳滑轮使用
3	放线滑轮		可直接固定在横担上，用于 240 mm^2 以下导线延放
4	可调式地线滑轮		展放地线、利用丝杆调节

七、直弯类工具（表 5-6）

表 5-6　直弯类工具

序号	名称	图片	特点
1	三轮导线直弯器		
2	五轮导线直弯器		利用品字排列的滑轮，沿导线滚动对接触线进行校直。精度高，不伤线面，可人工调节校直力
3	七轮导线直弯器		
4	液压直弯器		使用简单方便

续表

序号	名称	图片	特点
5	接触线煨弯器	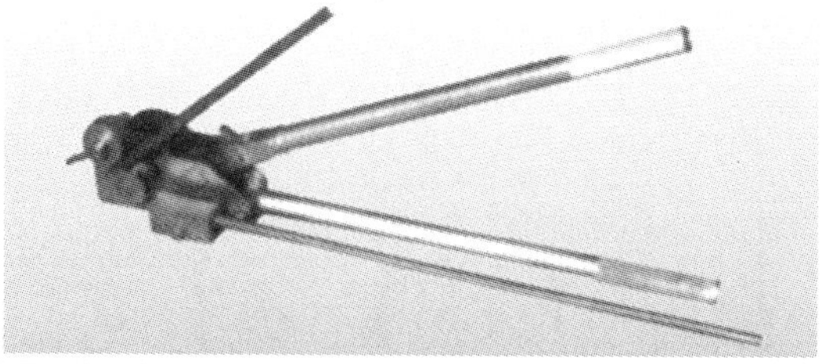	可以煨制任意角度，保证不扭曲线面，不伤线。设计了增力机构，操作有力，使用简便
6	导线扭（拧）面器	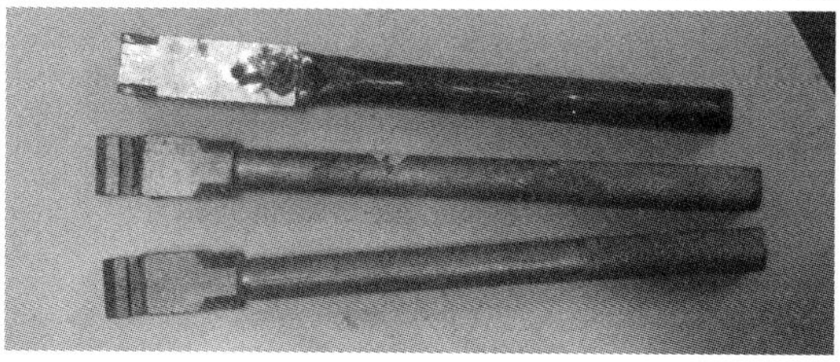	可以将不正的线面扭正，确保不出现线夹打弯现象
7	液压管弯机	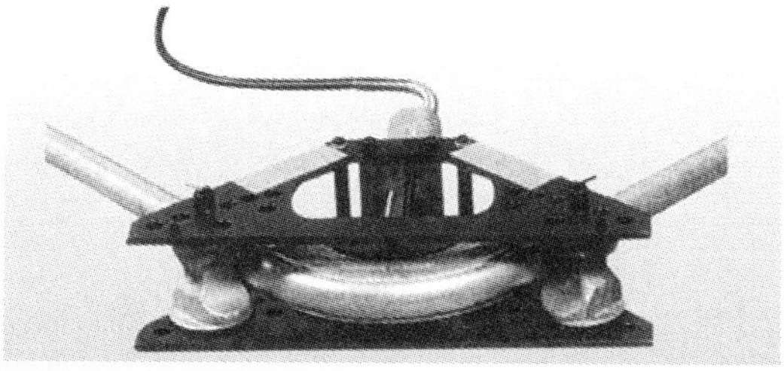	

八、梯子类工具（表5-7）

表5-7 梯子类工具

序号	名称	图片	特点
1	绝缘梯车		1.梯身及梯底架均可快速分解，便于搬迁。 2.带有防倾制动器，既防倾倒，又便于在斜道上作业。 3.工作台可以调节高度，调节范围500 mm。 4.车轮用稀土尼龙材料加工，强度高运转无噪音，绝缘性能好。其中有一车轮，镶嵌着钢环，解决安全接地问题

续表

序号	名称	图片	特点
2	绝缘伸缩梯		又叫挂梯,一段有挂钩,可直接挂在承力索上,进行登高作业
3	铝合金直马梯		可做马梯直梯两用

九、登高类工具(表 5-8)

表 5-8 登高类工具

序号	名称	图片	特点
1	H 型钢柱专用脚扣	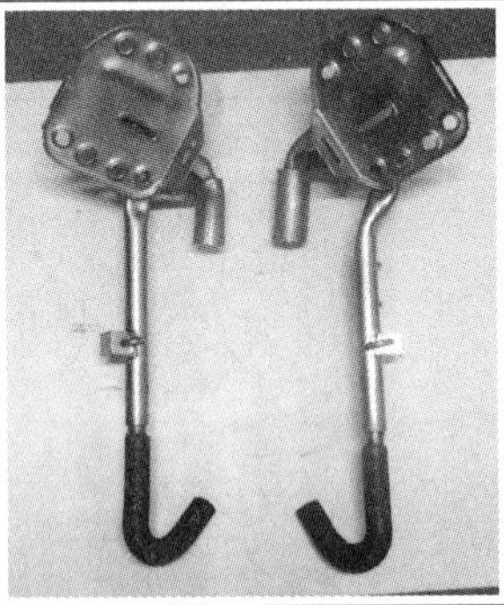	H 型钢柱攀爬工具
2	可变式圆杆脚扣		圆柱攀爬工具

十、支柱整正工具（表 5-9）

表 5-9　支柱整正工具

序号	名称	图片	特点
1	圆形整杆器	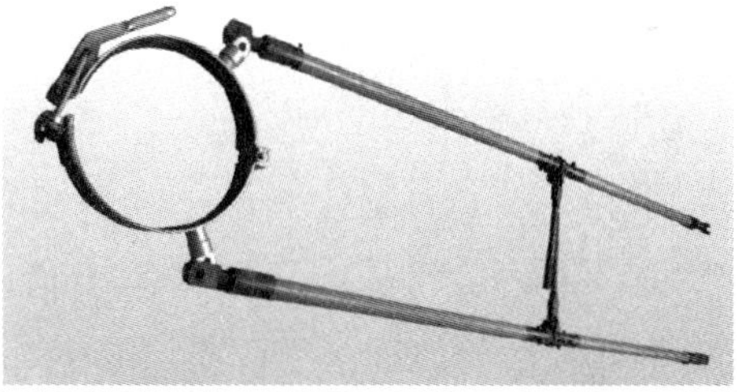	用于圆柱形支柱整正
2	方形整杆器		用于方形支柱整正

十一、放线类工具（表 5-10）

表 5-10　放线类工具

序号	名称	图片	特点
1	线缆盘支架	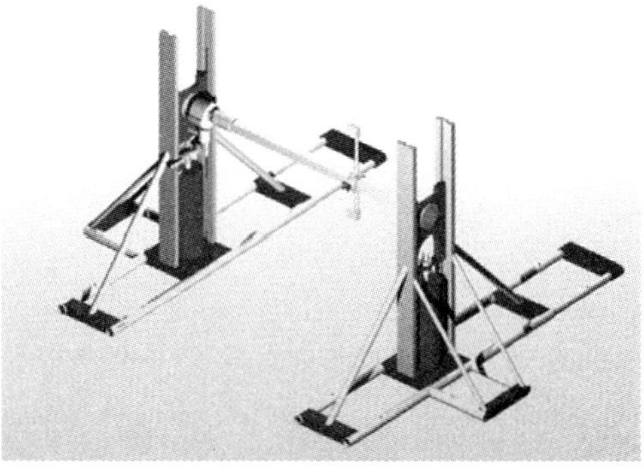	人力放线架，双侧采用导轨形式，底盘可拉伸，稳定性高，可控制线盘转动速度，节省人力
2	张力放线架		配合作业车使用，采用组合形式，保证张力恒定

续表

序号	名称	图片	特点
3	刚性接触网放线小车		放线小车通过自身的定位轮、导轮、中间顶位装置以及外力辅助作用下将接触线镶入汇流排钳口中，由汇流排自身钳口张力夹持接触线

第六章　接触网平面图识图

【学习目标】

1. 掌握各种柔性、刚性、接触轨式接触网平面图例；
2. 掌握接触网平面图的组成及读图一般规则；
3. 能完成典型的接触网平面图识图作业。

一、接触网平面图图例

接触网平面布置图是由表示接触网设备与结构的各种图例组成的，要读懂接触网平面图首先必须熟悉接触网平面图图例内容。表 6-1 为柔性接触网图例，表 6-2 为刚性接触网图例，表 6-3 为接触轨式接触网图例。

表 6-1　柔性接触网图例

图 例	名 称	图 例	名 称
	承力索、接触线		单接触线无补偿下锚
	双承力索全补偿下锚		架空地线终锚
	双接触线全补偿下锚		辅助馈线终锚
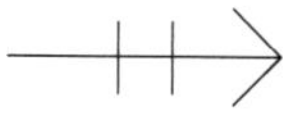	双承力索无补偿下锚		辅助馈线对向下锚
	双接触线无补偿下锚		架空地线对向下锚
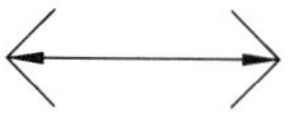	单承力索单接触线并联全补偿下锚	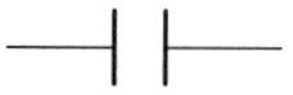	分段绝缘器
	单承力索单接触线并联无补偿下锚	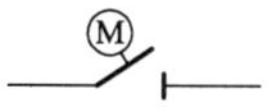	常开电动隔离开关
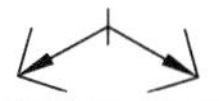	中心锚结	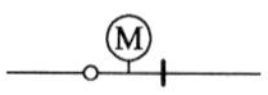	常闭电动隔离开关
	避雷器		放电间隙

表 6-2　刚性接触网图例

图 例	名 称	图 例	名 称
	电连接线		刚性悬挂汇流排
	柔性悬挂点		刚性悬挂一般悬挂点

续表

图例	名称	图例	名称
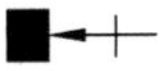 ■←	柔性悬挂接触线隧道内下锚	 ●	刚性悬挂关键悬挂点
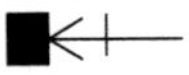 ■←	柔性悬挂承力索隧道内下锚	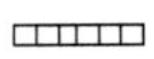 ⎕⎕⎕⎕⎕	贯通式刚柔过渡结构
— · — · —	线路中心线	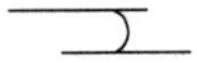	刚性悬挂电连接
—— ——	架空地线	 ∨	中心锚节
○——	地线肩架	 —⊦⊦—	分段绝缘器
 ○—→	架空地线下锚		

表 6-3 接触轨式接触网图例

图例	名称	图例	名称
—— ——	接触轨	●	普通接头
⫼	电连接中间接接头	 ▭	膨胀接头
 ╲	端部弯头	△	接触轨支座
 ⊱⊰⊱	（中心锚结）防爬器		

二、接触网平面图识图

1. 接触网平面图的作用

平面图可以表示出整个接触网的平面布置情况，如线路走向、下锚位置、锚段关节、悬挂点、跨距、悬挂编号、隧道类型等相关信息。平面图是定位安装、施工放线、日常检修等作业的重要依据。

2. 接触网平面图的组成

（1）平面布置图：其中标注出跨距、锚段长度、悬挂编号、公里标等。
（2）表格栏：包括有隧道类型、悬挂点编号、地线安装、各种安装图号等。
（3）数量统计表：包括汇流排、接触线、架空地线、悬挂点等数量统计。
（4）说明：主要是对设计依据、净空要求、图例符号、特殊设计、量程规定等的说明。
（5）图标：图标包括图纸名称、设计单位、设计人员、设计日期、设计比例等内容。

3. 读图的一般规则

接触网平面图有一定的规律可循，首先读图时要看准名称、图号，编写说明，看图时先看定位点位置及编号，找到相应的悬挂点或锚段关节，一般是从左到右，从上行到下行。一般还将上、下行按双、单号进行区分。找到相应的悬挂点后就可以从图中及其上下相对应的表格中读出其相应的导高、拉出值、隧道类型、设备情况等相关信息。柔性悬挂接触网平面布置图如图 6-1 所示，刚性悬挂接触网平面布置图如图 6-2 所示，一个完整锚段的悬挂接触轨示意图如图 6-3 所示。

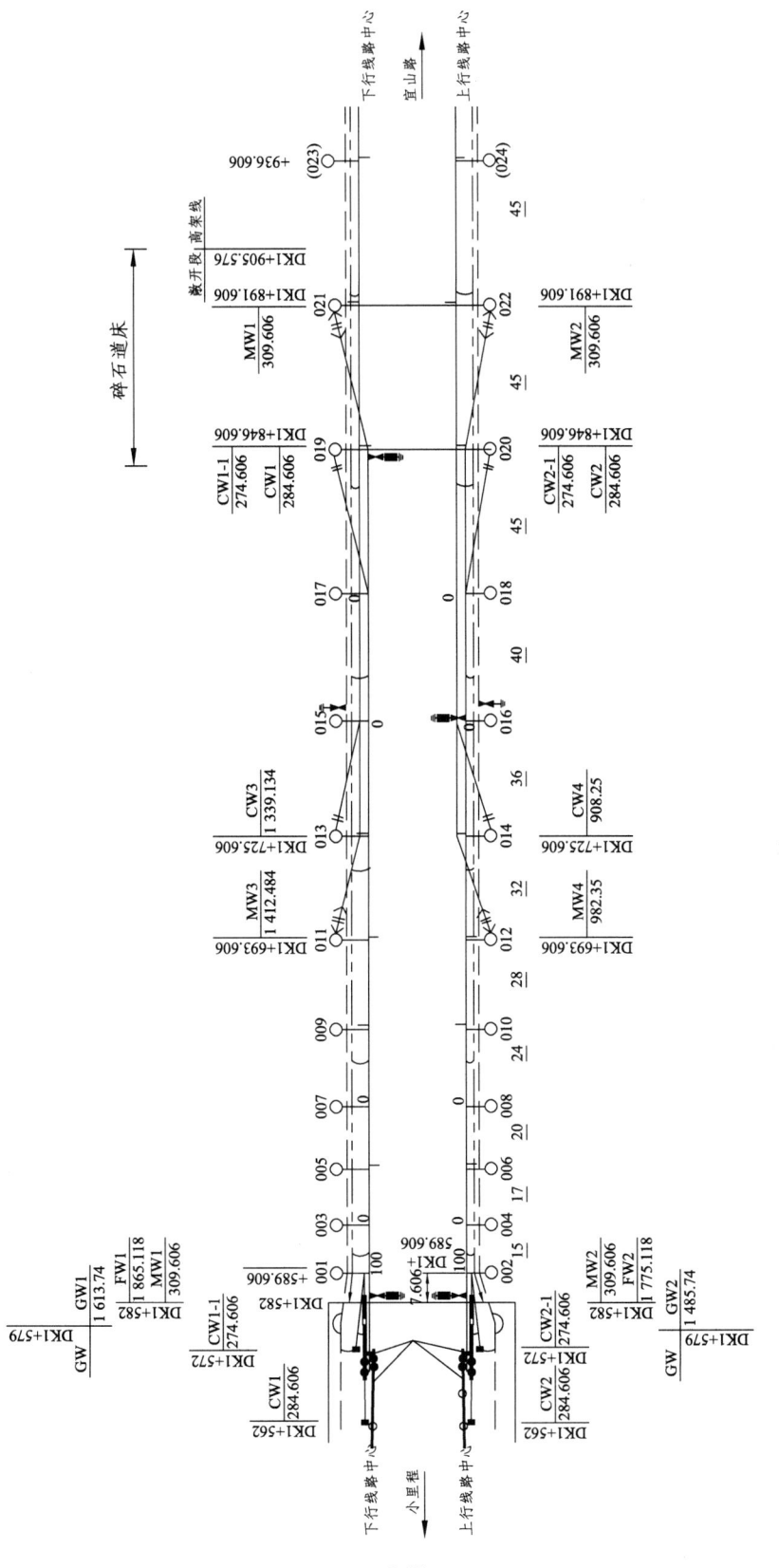

图 6-1 柔性悬挂接触网平面布置图

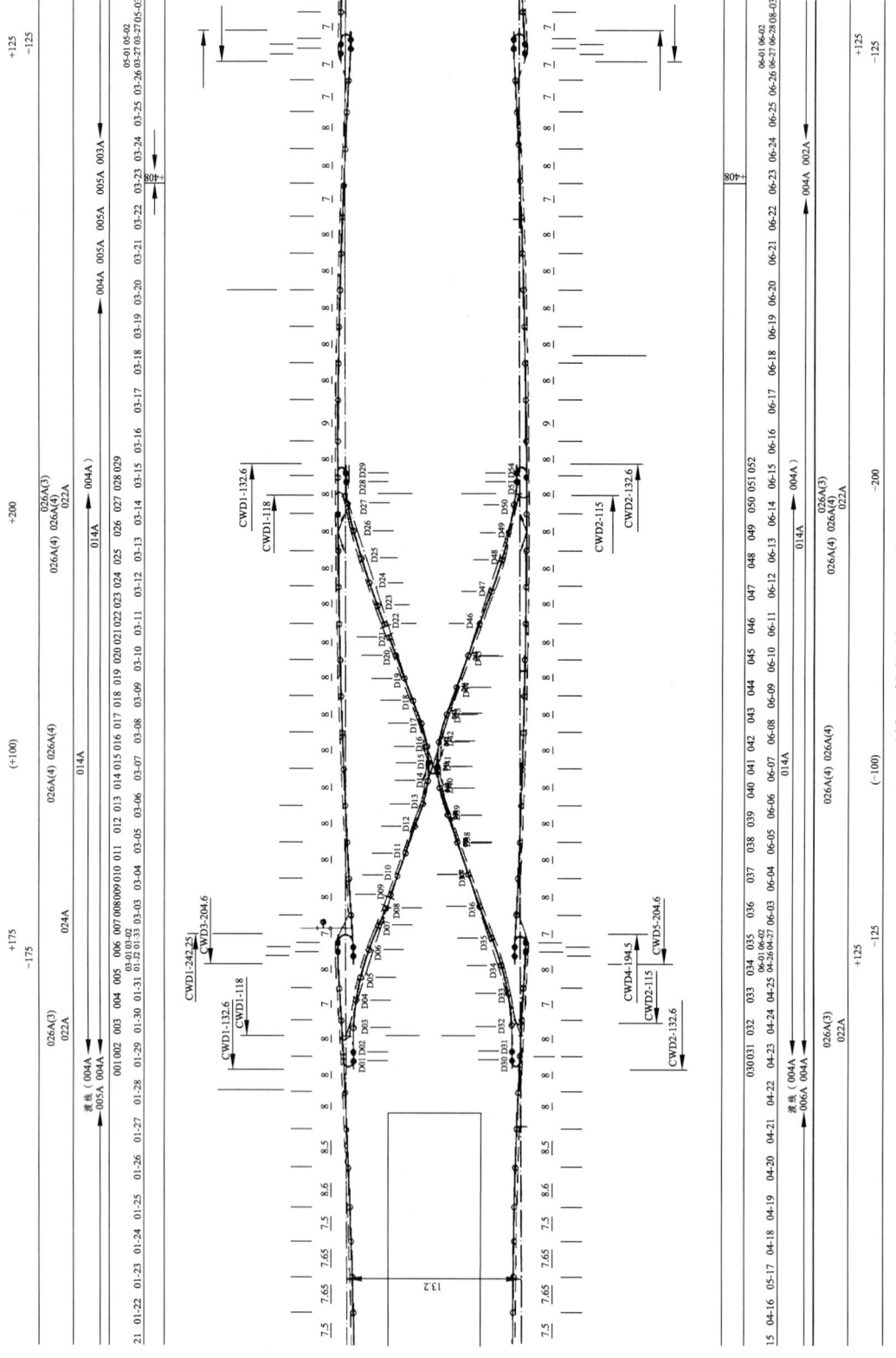

图 6-2 刚性悬挂接触网平面布置图

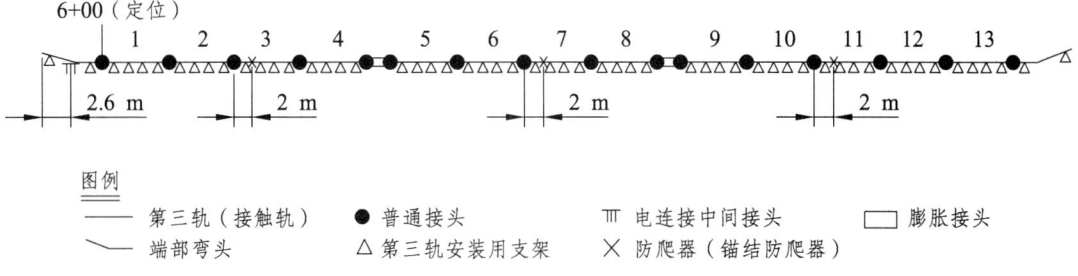

图 6-3 一个完整锚段接触轨示意图

知识拓展　城市轨道交通供电接触网类型的比较

城市轨道交通用的牵引供电模式主要有三大类型：第三轨，架空柔性接触网和架空刚性接触网。

一、接触网三种类型简介

1. 第三轨

由前可知，第三轨由接触导电轨、端部弯头、防爬器、隔离开关和防护罩等组成，并用绝缘子支撑。与之相配合，车辆采用集电靴受流。

一般地，根据车辆集电靴与导电轨的接触受流方式的不同，车辆接触受流方式分为上接触式、侧接触式和下接触式，对应的第三轨也就称为"上接触式第三轨""下接触式第三轨"和"侧接触式第三轨"。

1）上接触式

上接触式接触轨直接放在支持绝缘子上，安装于走行轨的一侧，车辆的集电靴从接触轨上表面取流。接触轨的上方和一侧有防护罩保护，对人员接近和冰雪侵扰有一定防护作用。

上接触式接触轨的结构简单，造价低廉，其导电轨直接放置于支持瓷绝缘子上，导电轨重量对结构的稳定有利，日常检查也一目了然，维护工作量小，机械故障的可能性也小。

上接触式的主要优点是结构稳定可靠、维护方便、造价低，但由于导电面几乎全部暴露在外，在人身安全防护、美观、耐候性等方面低于下接触和侧接触式。正是由于这一缺点，英国的有关部门在60年代后期决定除既有线路外，在新建的城市轨道交通线路中不再使用这一方式，如1987年8月开通的英国伦敦港口住宅区轻轨（DLR）线路，就改用了侧接触式接触轨。

2）下接触式

下接触式接触轨向下安装在特殊的防护罩的内侧，防护罩集防护和支持功能为一体，安装在走行轨的一侧。接触轨的上方和两侧都被防护罩屏蔽，车辆的集电靴从接触轨下表面取流。其优点是相对安全、美观、耐候性较好。

在某些特殊的情况下（如乘客掉下站台、车辆在区间发生停车故障、需要紧急疏散乘客、车辆维修工作人员疏忽等），由于暴露在外的导电面相对隐蔽，对可能产生的人身安全问题有一定的防护效果。

下接触式接触轨的主要缺点是比上接触式接触轨的运营维护工作量大，相应费用较高。

下接触式接触轨向下安装在防护罩的内侧，接触轨重量对于整体结构起不到稳定作用，因此对防护罩的结构有特殊要求，否则其变形可能会引起接触轨的变形，进而影响到车辆的受流。在检查维护时，必须打开防护罩才能观察到接触轨机械连接和电气接续部件的状态。

3）侧接触式

侧接触式接触轨类似于上接触式接触轨，都是安装在瓷绝缘子的上部，主要区别是接触轨外形不同，对着车辆受流器的侧立面较为平直。主要优缺点也与上部受流方式基本相同。

与上述两种受流方式相比，侧面受流方式有两个较突出的优点：一是接触轨的终端弯头向侧面外弯，不占下部空间，离积雪较远，也不占上部空间，容易处理与车体的距离关系；在线间距较宽的道岔区，它可以顺道岔导曲线延伸，缩短道岔区的无电区长度。二是它所受到的受流器侧向压力较为稳定，不会因为受流器脱轨而对接触轨和支架产生过大的侧向推力，运行更加安全可靠。

侧接触式接触轨主要在德国、英国等少数国家采用，我国目前没有运营经验和车辆受流器的生产运用经验。重庆城市交通单轨线路采用的侧面受流刚性接触网与侧接触式接触轨不是同一概念，这种侧面受流刚性接触网型式自日本引进，电压采用 DC 1 500 V。

4）导电（接触）轨使用的材料

常用的导电（接触）轨材料分为低碳钢和不锈钢－铝合金复合材料两种类型。

（1）低碳钢接触轨。

北京地铁的上接触式接触轨使用我国自行生产的 JU-52 型渗铝低碳钢接触轨（钢号为 0.5Al），单位重量 51.36 kg/m，单位长度电阻为 1.91×10^{-5} Ω/m（+15 ℃），标准制造轨长 12.5 m 的接触轨在隧道外焊接成 50~75 m 长度的轨节（在隧道内轨节长度可以加倍），轨节之间做成轨缝式膨胀接头，构造简单，维护简便，运行 30 年来上表面仅磨耗 3~5 mm，约占接触轨截面的 6%，运行反映良好。

（2）不锈钢-铝合金复合接触轨。

简称"钢铝复合接触轨"或"复合接触轨"。由于低碳钢接触轨电阻率高，压降大，20 世纪 70 年代以来，国外开始研究导电性能优越的铜接触轨和使用耐磨性好的钢材与导电性好的铝合金材料构成复合接触轨来取代低碳钢接触轨。由于铜接触轨的使用受到了成本和资源的限制，因此，成本相对低廉，资源相对充裕的钢铝复合接触轨得到了较广泛的应用。

复合接触轨采用 6 mm 厚的高硬度不锈钢带与铝合金轨体压合。目前采用这种复合接触轨的城市有巴塞罗那、旧金山、底特律、温哥华、多伦多、曼谷、哥本哈根等城市。以载流量 3500 A 的复合接触轨为例，单位重量 11.16 kg/m；复合接触轨截面积约 3705 mm²（其中，铝合金轨体截面积 3485 mm²，不锈钢截面积 220 mm²）；单位长度电阻 0.91×10^{-5} Ω/m（+20 ℃）；标准轨长可为 9 m 或 10 m，通过专用鱼尾板连接成 120 m 的轨节，轨节之间用专用膨胀接头连接。据报道，温哥华地铁使用的钢铝复合接触轨在运行 5 年后实测平均磨耗 0.04 mm/年，据此推算其使用寿命约为 40~50 年。

与低碳钢接触轨相比，钢铝复合接触轨具有下列优势：

① 重量轻、截面小、易于施工安装；

② 电阻值低、电压降及牵引网电能损耗均有所下降；

③ 接触面光滑、耐磨耗，可减少由于受流器与接触轨之间的不平顺产生的电弧。

但是，钢铝复合接触轨除了自身造价高于低碳钢接触轨外，还要求每一轨间用螺栓连接的接头缝隙不大于 0.1 mm，这是很高的安装精度，对施工和管理提出了较高的要求；另外，如果采用有机聚合材料的绝缘子，则需要根据运用情况考虑材料的抗污秽、抗漏电痕迹和抗老化等性能的要求。

5）运用的特点

目前，第三轨系统结构简单，使用寿命长，在安装、维护上的费用和工作量要低于架空接触网（相同电压下），受天气的影响也小得多（除了上接触式外），并且能够较好地适应小尺寸隧道。另外，还有一个有争论的优点在于对视觉的影响上，一些人认为接触网暴露在地面上的部分影响了城市景观。

由于第三轨系统距地面很近，无法做到全方位的人员接近防护是一个主要的缺点。电力操作规程所规定的断电标志（打开断路器，有明显的断路点，挂地线）在第三轨系统实行存在困难，对日常维护或紧急情况下的旅客疏散造成困难。也正是由于距地面很近的原因，设备在国内还存在易窃易损的可能。另外，第三轨系统在运行轨道岔处必须留出间隙，在某些环境下会出现列车中断运行的情况，需要使用跳线电缆临时搭接或其他列车救援。再者，由于直流电场的吸附作用和距地面很近的原因，第三轨系统中的绝缘器件容易被污染，加之自然风和雨水无法对绝缘器件产生自洁作用，需要经常清扫，否则极易发生绝缘闪络事故，影响行车。

由于接触轨的不连续性，受流器在滑入接触轨时会受到冲击，当列车速度过高时，冲击力较大，严重时会损坏受流器，因此，采用接触轨受流方式时列车的最高运行速度较低。根据英国的研究，采用第三轨的列车运行极限速度为 160 km/h。在国内，采用第三轨的北京地铁列车运行极限速度为 90 km/h，目前国内的上海地铁 16 号线，为采用设计最高行车速度达每小时 120 km 的接触轨供电轨道交通线路。

接触轨系统的结构简单、刚性固定、维护工作量小，故障率低，最常见故障为支持绝缘子污秽、裂纹或损坏，无需配备专用的接触轨系统抢修机械。由于接触轨系统的零部件种类少，作业面也低，因此，抢修作业程序也较为简单，通常是停电后，在确定损坏的绝缘子位置后，即可进行更换。

2. 柔性架空接触网

二次世界大战前，架空的电气化线路设计开始使用。第一条从伦敦利物浦大街到圣菲尔德的线路全部完工于 1948 年，采用 DC 1 500 V 电压。随后的七十年代开始，DC 1 500 V 架空接触网占了新建城市轨道交通的 70%以上，而采用接触轨的城市轨道交通不足 30%。

在早期的城市轨道交通中，供电系统的整流设备大多数采用水银整流器，其反向冲击电压水平仅能满足 750 V 电压的要求，初期的电力半导体器件也很难达到 1 500 V 电压的要求。到了七十年代，高电压的电力半导体器件制造技术已经成熟，这样就为采用 1 500 V 电压等级创造了条件。同样，架空接触网也是受到机械工业的影响，早期的发展受到一定程度的制约，此时接触轨由于安装相对简单、实用、易于实现而被许多国家采用。随着技术的不断进步，接触网从设备的安全可靠、降低造价到易安装、易维护、少故障等方面都有了本质上的飞跃，九十年代以后包括我国在内的很多国家和地区纷纷提出了针对架空接触网的"少维修、无维修"的口号，加上其相对接触轨而言在人身安全方面的优越条件，后期修建的地下铁道多数采用了 DC 1 500 V 架空接触网方式。

1）柔性架空接触网悬挂种类

柔性架空接触网在电气化铁道中得到了广泛的应用，适用于城市轨道交通的架空式接触网的悬挂类型大致可分为两大类：半补偿弹性简单悬挂方式，全补偿简单链形悬挂方式。

（1）半补偿弹性简单悬挂。

半补偿弹性简单悬挂接触网由支柱（基础）、支持装置、定位装置、接触线（吊索）、补偿装置等组成。

半补偿弹性简单悬挂接触网结构简单，导线的弹性均匀性较差，弓网关系不易匹配，不适用于较高速度行车，因此在城市轨道交通中的车辆段场所的停车线、出库线、月修线、不落轮镟库线、静调线、吹扫线等场地使用较多。半补偿简单悬挂接触网在单股道线路上是通过腕臂上的三角形吊弦悬挂一根接触线，在库内的各种线上是通过各个悬挂点上的三角形吊弦悬挂一根接触线，在多股道线路上则通过软横跨下部定位绳上的滑轮三角形吊弦悬挂一根接触线。

（2）全补偿简单链形悬挂接触网。

正线柔性全补偿简单链形悬挂接触网在技术上是成熟的，经济上是相对合理的，目前还没有更理想的形式来取代。全补偿简单链形悬挂接触网的弹性均匀，受流质量好，稳定性较好，弓网关系匹配也较好，适用于较高速度行车，但其结构占用的空间较大，在隧道内使用时需要增加一定的土建工程量（其结构高度根据隧道结构的不同大约是在 235~375 mm）。

全补偿简单链形悬挂接触网是由支柱（基础）、支持装置、定位装置、接触悬挂、补偿装置等组成。

① 支柱及基础。

在隧道外接触网悬挂通过支持装置：支柱及基础固定。按其在接触网中的作用可分为中间支柱、锚柱、道岔定位支柱、硬横跨支柱等几种。目前，在城市轨道接触网系统中采用 H 型，圆型钢支柱。

② 支持装置。

由水平腕臂、斜腕臂、绝缘子等组成，其作用支持接触网悬挂，并将力传给支柱和建筑物。

③ 定位装置。

定位装置包括定位管和定位器。其功用是固定接触线的位置，使接触线在受电弓滑板运行轨迹范围内，保证接触线与受电弓不脱离，并将接触线的水平负荷传给支柱，定位器有直管定位器、弯管定位器。

④ 补偿装置又称补偿器。

补偿装置（补偿器），由补偿滑轮、补偿绳、杠杆、坠砣杆和坠砣组成。

它设在锚段两端，能自动补偿接触线或承力索内的张力，它是自动调整接触线或承力索张力的补偿器及其制动装置的总称，由滑轮和坠砣组成。其作用是温度变化时，线索受温度影响而伸长或缩短，由于补偿器坠砣的重量作用，可使线索沿线路方向移动而自动调整线索张力，使张力恒定不变，并借以保持线的驰度满足技术要求在隧道内接触网悬挂通过底座，支持装置（腕臂、绝缘子），定位装置（定位器）固定。在 DC 1 500 V 供电方式中，接触网系统在正线股道上一般采用双接触线，单或双承力索（TJ-150），0~4 根辅助馈线（TJ-150），

1根架空地线（TJ-120）（接触悬挂类型及导线组成见表1）。在隧道中，为了进一步降低隧道的工程造价，充分利用隧道顶部的空间，许多城市在隧道内的接触网悬挂方式上还采用了结构占用空间较小的弹性支座有补偿简单悬挂（国外公司的专利技术）。

表 1 柔性接触悬挂类型及导线组成

区段	悬挂类型	导线组成（承力索+接触线+架空地线）
出入段线（地面）	简单链型悬挂	2根承力索+2根接触线+单架空地线 2 JT150+2 CTAH120+1 JT120
试车线	简单链型悬挂	2根承力索+2根接触线+单架空地线 2 JT150+2 CTAH120+1 JT120
车场线	带补偿弹性简单悬挂	单接触线+单架空地线 1 CTAH120+1 JT120

2）接触网的主要设备及其特点

为了保证工作人员的作业方便及人身安全，将接触网在电的方面分成独立的区段。绝缘器两端的接触线当开关闭合时都能带电；当隔离开关打开时，独立的区段中则没有电，便于在该独立区段中进行停电作业。

（1）双沟式银铜接触线。

目前，在城市轨道交通供电系统架空柔性接触网里大都采用银铜合金接触线，截面积120 mm^{2}或150 mm^2（也有采用镁铜合金接触线的案例）。此种含0.1%银合金的接触线具有：一是耐温好，大幅度提高了接触网系统的抗退火、抗短路能力（接触网系统能承受最大不退火短路电流为40 000 A，20 ms，末端不退火短路电流为15 000 A，60 ms），克服了铜接触线软化现象；二是抗拉强度好，额定张应力也高于同类铜接触线，在接触线截面积磨损20%后，其额定张应力仍然维持在正常的架设张应力范围之内；使用寿命长，大大提高了运营的可靠性。

（2）分段绝缘器。

为均匀分配接触网负荷和故障维修处理的需要，接触网需分成若干个供电区域，设置分段绝缘器。分段绝缘器可分：隧道外单线和隧道内双线，前者在车辆段内的各个电分段的线路上，后者用于正线需要电分段的线路上。

（3）隔离开关。

隔离开关与分段绝缘器配合使用，使接触网达到灵活供电。按其功能可分带接地刀闸和不带接地刀闸的隔离开关。按其操作系统分手动和电动。

（4）避雷器。

在雷击地区为有效保护接触网和整个牵引供电系统的正常供电，通常在车辆段、地面正线和隧道口装有阀式避雷器和羊角避雷器。

3. 刚性接触网悬挂

刚性悬挂接触网系统的应用从发明至今已有100多年的历史了。1895年，在美国巴尔的摩第一条电气化铁路中首次应用了架空刚性悬挂接触网系统。1961年，日本营团地铁日比谷线采用了"T"型刚性悬挂接触网系统作为接触网悬挂形式。1983年，在法国巴黎RATPA线采用了作为架空刚性悬挂主要型式之一的"Π"型架空刚性悬挂系统被成功应用。刚性悬挂接触网结构比较简单,由悬挂装置、绝缘子、汇流排等组成。刚性悬挂方式相当于安置在隧道顶部的接触轨。因此,刚性悬挂方式同时具有接触轨和接触网所具有的优点,在上个世纪70年代后期被许多国外的城市所采用。

我国自从1997年至2000年4月间,由中铁电气化局集团有限公司上海地铁工程公司总承,在广州地铁1号线坑口站——花地湾站进行了约135 m的"Π"型铝合金汇流排刚性悬挂接触网试验段后,这种安装形式被正式引入我国,并在广州地铁2号线隧道段全面采用。自2003年06月28日广州地铁2号线正式对外运营以来,整个系统的良好性能表现,使刚性悬挂这一架空接触网安装形式在我国的轨道交通领域的广泛推广使用打下了基础。目前,国内现有及在建的城市轨道交通线路中,采用"Π"型汇流排刚性接触网系统的就有广州地铁地2号线、广州地铁3号线、南京地铁南北线工程、上海轨道交通9号线、深圳地铁5号线等。

"Π"型刚性悬挂接触网特点

1)结构简单,施工方便

"Π"型刚性悬挂汇流排当量截面积为1 200 mm^2,相当于柔性8根150 mm^{2}硬铜绞线。其下嵌入传统柔性悬挂接触导线后,即等于同于柔性悬挂承力索、接触导线和架空馈电线的作用。因而刚性悬挂的结构形式相对于传统的柔性悬挂接触网来讲更简单、更紧凑,方便施工。

2)安全可靠、易于维护

首先,刚性悬挂接触网处于无张力自然悬挂状态,它依靠铝合金汇流排的刚性来保持接触导线的位置恒定,不需要像柔性悬挂设置重力下锚张力装置,悬挂结构变得更加简单,节约了有限了隧道空间,且对土建结构的承力要求较柔性悬小得多,系统的安全性及稳定性均较柔性悬挂要好。

其次,由于刚性悬挂接触网不存在张力作用,完成消除了突发断线之忧。而且,所有刚性悬挂提高了运营安全可靠性,同时也增加了系统的可维护性,使维护变得更容易。

再次,由于刚性悬挂接触网的安全可靠性决定了其正式投入运行后,日常维护和事故抢修工作量比柔性接触系统要少得多,事故平均恢复时间较柔性悬挂短得多,能最大限度地保证正常的运营。

第四,刚性悬挂接触网系统正线采用绝缘锚段关节进行电分段,无需再单独采用分段绝缘器,从而减少投资,且最大限度地保证了正线接触网系统的相对连续性,提高接触网系统安全性、可靠性。

3)国产化高、节约投资

在广州地铁一号线刚性悬挂示范段的开通并投入运营,标志着由中铁电气化局集团有限公司与广州地铁总公司进行联合研制的国产化架空刚性悬挂接触网系统的试验成功,实现了汇流排及其附件的国产化、主要零部件的国产化、绝缘子国产化。至此,除刚性分段绝缘器外,其他设备都已实现国产化,可以大大降低建设成本。

4)形式特殊、要求较高

由于刚性悬挂采用硬质铝合金材质,施工过程中的一个小小的失误都可能造成难以恢复的永久性缺陷，例如不小心造成汇流排永久变形，有可能在锚段中间形成无法修正的缺陷，它不可能像柔性悬挂那样可以通过系统本身的匹配关系进行弥补。因此，在刚性悬挂施工过程中对系统关键点的控制的人员、技术、设备就显得尤为重要，它将决定整个项目工程的竣工质量。

设计对刚性悬挂系统性能要求很高，对施工安装的精度要求更高，这就要求施工单位做更多大量的、精确的、细致的调整工作。

5）灵活方便、性能优良

刚性接触网可根据需要，在特殊的地方设计为可移动的形式。如在地铁车辆段检修库、隧道段人防门、防淹门等地方，在需要检修或关闭人防门、防淹门时移去上部刚性悬挂，待检修完成或打开人防门、防淹门后再移回这部分刚性悬挂，恢复正常工作状态，这一特点的优越性是显而易见的。刚性接触悬挂类型及导线组成见表2。

表2 刚性接触悬挂类型及导线组成

不同区段		悬挂类型	导线组成
地下段	正线	架空"Π"型刚性悬挂	1根汇流排+1根接触线+单架空地线 1×PAC110+1×CTAH120+1×JT120
	渡线、存车线、折返线、联络线	架空"Π"型刚性悬挂	1根汇流排+1根接触线+单架空地线 1×PAC110+1×CTAH120+1×JT120

根据采用刚性悬挂接触网系统的国家以及我国广州地铁二号线的刚性接触网系统的运营经验得知，刚性悬挂接触网在柔性悬挂相对薄弱的环节上具有绝对的优势，如经过细心调整，机车受电弓在通过刚性悬挂关节时可以完全消除拉弧现象，可以有效地防止因机车通过关节时拉弧引起的对接触导线的损伤，而这一点在柔性悬挂接触网系统中几乎是不可能实现的。

二、三类接触网的优缺点

刚性架空接触网与接触轨一样具有结构简单、事故影响范围小、运营维护工作量小等优点，但由于其作业面较高，运营维护仍须配备专用的维护检修车辆。

三种供电制式的比较，柔性架空接触网适合列车高速运行。但是由于城市轨道交通所特有的"短区间多站点"的特性，运营速度并非决定性因素，一般达到80 km/h即可。由于带电部分高出运行轨面4 m以上，安全性好，并且可以按照电力操作规程的规定，确保有明显断电标志（降下车辆的受电弓，与带电的接触网脱离），便于紧急情况下的处置。

另外，由于在高空架设，自然风和雨水能够对绝缘子产生自洁作用，相对减少了绝缘子的清洁工作量。

但是，柔性架空接触网结构复杂，零部件多，且有断线之虞；接触线磨耗快，换线周期短；在隧道内，张力补偿下锚要求高，在地面或高架桥上会对城市景观造成一定影响。柔性简单链形架空接触网的接触导线和承力索均带张力，接触网发生短路故障时存在断线隐患，其支持部件除承受各类线索的垂直荷载外，还要承受线索张力引起的各类水平荷载及断线冲击荷载，部件发生故障的几率相对较大。一旦发生断线事故，影响范围较大，同时由于检修作业为高空作业，需要的人员多，抢修和恢复比较困难，需要专用检修设备。

表3是对DC 750 V，接触轨（第三轨）供电方式和DC 1 500 V，架空接触网供电方式比较的汇总。

表3 各种接触网特点对比表

供电电压	DC 750 V/1 500 V			DC 1 500 V		
接触网类型	接触轨（钢铝复合接触轨）			架空接触网		
接触/悬挂方式	上接触	下接触	侧接触	刚性	柔性 旋转腕臂链形悬挂	柔性 弹性底座简单悬挂
适合安装位置	地下、地面、高架桥面的钢轨侧面			地下钢轨上方隧道顶部	地下钢轨上方隧道顶部、地面、桥面钢轨上方支柱等支持结构	
车辆受电方式	集电靴			受电弓		
允许速度/（km/h）	80~120			80~120		140
供电安全性	高	高	高	高	高	高
供电可靠度	高	高	高	高	高	高
正常情况下的全方位人身防护	实施难度相当大	实施难度相当大	实施难度相当大	可以做到	可以做到	可以做到
维修工作量	较小			较小	较大	
使用寿命（年）	40	40	40	20	20	20
接触网造价/（万元/km）	160（2010年）			120（2010年）	150（2010年）	
是否要求增加隧道净空	无	无	无	无	与隧道截面形状有关	无
对突发事件旅客疏散的影响	有	有	有	无	无	无
对城市景观影响	无	无	无	/	有	/
变电所间距	小			大		
变电所总价	大			低		
能源损耗	中			中		
车辆购置费	中			中		
综合造价	高			基本相当		
使用单位	北京地铁、天津地铁	武汉地铁、无锡地铁、青岛地铁、广州地铁、昆明地铁	国内无	广州地铁、上海地铁、南京地铁、苏州地铁、沈阳地铁、贵阳地铁、兰州地铁、南昌地铁、郑州地铁、西安地铁、长沙地铁等		

根据资料,架空接触网和接触轨(第三轨)二者对土建建筑及限界,以及直接工程投资、运营维护的要求如下:

1. 设备选型及安装方式不同

架空接触网安装机车上部,接触轨安装在机车底部侧面,二者安装支持结构、隔离开关、分段设备等技术参数及构造截然不同。

2. 电分段布置不同

架空接触网电分段布置在有牵引变电所的车站一端附近;接触轨电分段布置在有牵引变电所的车站两端,即在线路惰性侧布置电分段。

3. 限界要求不同

架空接触网安装在机车顶部,占用结构净空约为接触线上方 450 mm 安装净空;接触轨安装在机车底部侧面,占用结构净空约为 500 mm×500 mm 的安装净空。

架空接触网隔离开关安装行车方向右侧线路边缘的侧墙或立柱上,三台隔离开关占用安装净空为 5 000 mm(长)×4 500 mm(高)×600 mm(厚度);接触轨隔离开关采用隔离开关柜,需要安装在车站两端设备房内,所需设备房的面积约为 35 m^2,同时还要敷设相应的电缆。

4. 直接工程投资

架空柔性悬挂接触网直接工程投资约为 150 万元/km;架空刚性悬挂接触网直接工程投资约为 120 万元/km;接触轨(钢铝复合轨)的工程投资约为 160 万元/km。

5. 运营维护

接触轨(第三轨)的运营维护主要集中在清洗、更换支持绝缘子,调整和处理接触轨(第三轨)的不平顺和弯头、防爬器上,检查和防止零部件、电缆的被盗,绝缘防护罩的损坏,以及线路两侧防护栅栏的被盗和损坏等;

架空悬挂接触网的运营维护主要集中在清洗、更换支持绝缘子,调整和处理接触悬挂,检查和更换磨耗到位的接触线等。

在供电线路的大修周期上,架空悬挂接触网(刚性悬挂除外)的大修周期明显要短于接触轨(第三轨)。

因此,有的资料认为,上述两种供电制式从运营维护来看,其所需的运营维护费用基本相当,只是维护工作的侧重点有所不同而已。

附 录

附录一 柔性接触网运行检修规程

1 本规程规定了城市轨道交通柔性接触网运行设备的检查、维护、修理的周期及标准。

2 本规程适用于直流1 500 V架空柔性接触网的运行和检修。

3 本规程除采用了城市轨道交通牵引供电接触网系统技术规格书、接触网工程质量评定验收标准和施工设计图纸外,还遵守以下标准:《地下铁道工程施工及验收规范》《铁路电力牵引供电工程质量检验评定标准》《铁路电力牵引供电设计规范》《铁路电力牵引供电施工规范》。

4 定义

4.1 接触网:沿轨道线路上空架设,向电客车供给电能的特殊形式的输电线路。

4.2 简单悬挂:由一根接触线直接通过绝缘子悬挂到支持装置或绝缘腕臂上的悬挂方式。

4.3 链形悬挂:接触线通过吊弦悬挂到承力索上的悬挂方式。

4.4 接触线:是接触悬挂中与受电弓直接接触的、带有特殊沟槽形式的传导电流的导线。

4.5 承力索:是接触悬挂中用来承受接触悬挂重量的缆索。

4.6 补偿装置:是自动调整接触线和承力索张力的补偿器及其断线制动装置的总称。

4.7 辅助馈线:当接触导线和承力索的总截面积不能满足输电要求时,为了加大导电总截面积而架设的一组平行输电导线。

4.8 回流线:电力机车从接触导线取流后,专供牵引电流流回到变电所的输电导线。

4.9 牵引轨:用来流回牵引电流的钢轨。

4.10 线岔:装于道岔的上空、由两支汇交的接触线用限制管连接并固定的装置。

4.11 分段绝缘器:用以实现电分段的专用绝缘装置。

4.12 接触网支柱:用来承受接触悬挂及支持设备负荷的专用电杆。

4.13 限界门:为了保证车辆、行人及货物的安全,避免触电事故,在电气化铁道区段的道口设置的一种限高标志,用于限制货物、车辆和行人携带的杆件等的高度。

4.14 隔离开关:是用来在接触网无负荷情况下切断或闭合供电回路的电气设备。

4.15 中心锚结:为防止锚段两端负荷失去平衡而向一端滑动和缩小事故范围、使接触线不发生纵向滑动的装置。

4.16 硬横跨:又称硬横梁,是横跨多股道线路的一种悬挂支持装置。

4.17 步巡:步行对运行中的接触网设备的工作状态进行外观检查,及时发现缺陷,以便安排检修,确保供电安全。

4.18 车巡:接触网不停电的情况下,乘工程车或电客车对接触悬挂及其支撑装置和定位装置的工作状态进行外观检查。

4.19 正线巡检：接触网停电的情况下，在工程车上对接触悬挂及其支撑装置和定位装置的工作状态进行外观检查。

4.20 动态检测：利用网轨检测车检测装置在运行中测量接触网的动态技术参数，并通过计算机系统进行分析接触网悬挂的动态性能。

5 运行和管理

5.1 职责和分工

5.1.1 统一领导和分级管理

接触网的运行和检修工作实行统一领导、分级管理的原则，充分发挥各级组织的作用。

5.1.1.1 运营事业总部：制定接触网运行和检修工作原则，制定有关规章；审批运营事业总部管的科研、基建、大修改造计划，并组织验收和鉴定。

5.1.1.2 维修中心：贯彻执行运营事业总部有关规章和命令，审批维修中心管的科研、维修、改造计划，并组织验收和鉴定。

5.1.1.3 接触网分部：贯彻执行运营事业总部、维修中心、供电部有关规章和命令，制定有关办法、制度和措施，编写大修改造计划，编制接触网年度日常保养、小修计划，督促、检查接触网的运行和检修工作。

5.1.1.4 接触网工班：贯彻执行上级有关的各项规章和命令；全面的质量良好的完成接触网的运行和检修任务。

5.1.2 接管和运行

5.1.2.1 接触网工程竣工后，应按规定对工程认真进行检查，经验收合格后方可投入运行。

5.1.2.2 在接触网工程交接的同时，运营和施工单位之间要交接图纸、记录，说明书等开通时必须的竣工资料。

5.1.2.3 接触网投入运行前，接管部门要做好运行组织准备工作，配齐并训练运行检修人员，组织学习有关规章制度，熟悉即将接管的设备；备齐维修和抢修用的工具、材料、零部件、交通机具、通讯工具及安全用具；配合有关部门共同做好地铁接触网安全知识的宣传教育工作。

5.1.2.4 为保持接触网与线路的相对位置，对施工时标出的接触网设计的轨面标准高度线，接触网分部与工建专业相关分部在开通前要进行复查共同确认，以后，每年复测1次，双方均应做出记录，共同签认存档；该线要用红色油漆划在支柱内缘或隧道边墙悬挂点的下方，并标出接触网距轨面的标准高度、拉出值（或之字值）、支柱（或隧道边墙）的侧面限界及线路和外轨超高。

5.1.2.5 接触网分部要在接触网投入运行时建立起正常的生产秩序，申明各项制度并具体落实；备齐技术文件和资料；建立各项原始记录和报表，并按时填报，在接触网投入运行后陆续建立起台账和技术履历。

5.1.2.6 接触网工作要有安全等级不低于三级的接触网工昼夜值班。值班人员要认真填写"接触网工班值班日志"，及时传达和执行电力调度、维修调度的命令。

5.1.2.7 分部接触网专业应备有下列技术资料：管内供电分区图和管内的供电分段模拟图（含电子版）；管内的接触网平面布置图、装配图、安装图、安装曲线和接触网磨耗换算表；跨越接触网的架空电线路有关记录；隔离开关、避雷器、绝缘器等主要设备、零部件、金具、器材的技术规格书、出厂使用说明书；有关的隐蔽工程记录；有关设备大修竣工报告；设备小修记录；管内的设备台账和技术履历；有关的轨道电路及杂散电流资料。

5.1.2.8 属下列情况者，须经运营事业总部审批：变更接触线距轨面高度；拆除或长期停用接触网时；变更接触线、承力索、馈电线的材质和截面时；变更接触网的悬挂形式和绝缘水平时；变更接触网分段和开关的操作方式时；新设备、零部件、器材的挂网试运行。

5.1.2.9 接触网正常运行气象条件：户外环境温度变化范围为：-5~+40℃，在 1m/s 的风速下，太阳辐射能为 1.05 mW/mm^2；隧道内环境温度变化范围为：+10~+35℃。临近隧道口 500 m 的隧道采用：-5~+40℃的温度变化范围；隧道内列车停车时车顶空调冷凝器周围温度为 55℃；户外的接触网设备（高架桥、地面区段、车辆段）当任何方向风速达 35 m/s 时，能正常运行。

5.1.3 巡视检测

5.1.3.1 为贯彻"修养并重，预防为主"的方针，要定期巡视、检查、检测接触网设备的技术状态和检查客车的取流情况。

5.1.3.2 接触网设备的巡视工作，应由工班长或安全等级不低于三级的接触网工进行。

5.1.3.3 步行巡视：昼间巡视地面部分，每周不少于 2 次，夜间巡视隧道内，每月不少于 4 次；主要巡视有无侵入限界，障碍受电弓运行，各种线索和零件烧损、折断，补偿器的动作情况和下部地线（包括牵引轨的连接电缆）的连接状况，馈线电缆出口是否密封以及隧道过顶管线、隧道渗漏水有无影响接触网，危及行车安全等现象。夜间巡视地面部分，每月不少于 1 次，主要观察有无过热变色和闪络放电等现象。

5.1.3.4 动态检测：每月不少于 1 次，利用网轨检测车对接触网技术状态的测量，主要测量正线接触网导线高度、坡度、拉出值、之字值、定位器坡度、冲击力（即硬点）、接触压力，接触网电压。

5.1.3.5 车巡：隧道内巡查，每月不少于 4 次。利用工程车巡视检查，主要巡视检查有无侵其他异物入限界，障碍受电弓运行，各种线索和零件烧损、折断、松脱，补偿器动作情况和接触悬挂及支撑定位装置的状态。

5.1.3.6 工班长每月对管内设备至少步行和乘工程车巡视各 1 次。分部专业技术人员每季对管内设备至少步行 1 次。各分部主任、副主任每半年对管内的设备至少步行巡视 1 次。各分部主任、副主任、技术人员每月至少进行 1 次车巡，至少跟班作业 1 次；至少两周登乘 1 次。

5.1.3.7 地面段在遇有大风、大雨、大雾等恶劣天气时，要适当增加巡视次数。

5.1.3.8 在巡视检查过程中，对危及安全的缺陷要及时处理。每次巡视检查和缺陷处理的主要情况，都要及时认真填写"接触网巡视和缺陷处理记录"。

5.1.4 事故抢修

5.1.4.1 对接触网的事故抢修工作，要加强领导，统一指挥，保证安全，争取时间，最大限度地减少对运营的影响。工程部、分部要在平时组织事故抢修演练，提高抢修的组织工作和修复工作水平。要时刻做好事故抢修出动的准备工作，建立严密的抢修制度、纪律，制订科学的应急措施，备齐抢修用的材料、零部件、工具和交通机具、通讯工具。夜间和节假日应安排足够的抢修人员，一旦发生事故抢修要立即出动抢修。

5.1.4.2 日常运行中接触网的抢修用材料、零部件及工器具要妥善保管，专材专用，每次抢修后及时补充。

5.2 检修

5.2.1 修程

5.2.1.1 接触网的定期检修分为小修和大修二种修程。

5.2.1.2 小修系维持性的修理，主要是指设备停电后主要是集中处理定期检测后发现的缺陷，对接触网进行参数测试、调整接触网的张力、驰度、补偿装置等；清扫绝缘部件、螺栓涂油；对磨损的接触线、锈蚀承力索、馈电线及架空地线进行整修、补强或局部更换，以保持接触网的正常工作状态，更换或整修损坏的零部件，使设备满足安全供电的要求。

5.2.1.3 大修系恢复性的彻底修理，接触网设备大修主要是整锚段更换接触网和附加导线。接触网大修的目的在于改善接触网的技术状况，增强供电能力，适应运营的发展需要。特殊情况下，可以安排局部大修。凡是大修更新的设备及其零部件等，均应符合新建工程的技术标准。

5.2.2 周期和范围

5.2.2.1 接触网检修工作，要进行综合安排，对测量和检查出来的缺陷除危及安全者须及时整修外，应尽量将各种调整、修换的工作有机地结合起来进行，提高检修效率。

5.2.2.2 接触网日常保养、小修、大修项目、周期和范围内容规定：见附表 1-1 至附表 1-33。

附表 1-1 接触网设备日常保养项目、周期与工作内容

序号	项目	工作内容	周期
1	步巡	1．观察有无其他异物侵入限界、障碍受电弓运行	1周
		2．观察各种线索、零部件等有无烧伤、断股、损坏、松脱	
		3．观察补偿器的动作情况和下部地线、支柱拉线状况	
		4．观察有无过热变色和闪络放电现象等	
		5．观察有无因塌方、落物、其他施工作业等损伤接触网危及供电和行车安全的现象	
		6．观察区间 33 kV、直流电缆有无外力损坏，绑扎是否牢固	
		7．检查测防端子、回流、均流线连接情况，单向导通及杂散电流监测系统工作情况	
		8．观察接触网终点标等标志的状态	
		9．观察隧道内渗漏水等情况，有无影响供电设备	
		10．观察避雷器的动作情况，瓷瓶有无闪络放电现象等	
		11．做好记录，对存在的问题，要及时整改，有渗漏水要及时反馈	
2	车巡	1．观察接触悬挂的状态（线索、零部件等有无断股、损坏、松脱）	1周
		2．观察支撑装置的状态是否正常	
		3．观察定位器（管）的状态是否正常	
		4．观察零部件受力状态、有无松脱	
		5．观察有无其他异物侵入限界、障碍受电弓运行	
		6．做好记录，对存在的问题，要及时上报并作整改	

续附表

序号	项目	工作内容	周期
3	登乘	1．观察有无其他异物侵入限界、障碍受电弓运行 2．观察接触悬挂的状态（线索、零部件等有无松脱） 3．观察支撑装置的状态是否正常 4．观察定位器（管）的状态是否正常 5．观察有无危害接触网及供电安全的情况 6．做好记录，对存在的问题，要及时上报并作整改	1周
4	热滑	1．观察接触线硬点及受电弓拉弧情况 2．观察定位拉出值、之字值是否正常 3．观察接触悬挂、定位装置的稳定状态 4．观察有无危害接触网及供电安全的情况 5．观察弓网关系，受电弓取流情况 6．做好记录，对存在的问题，要及时上报并作整改	3个月
5	动态测量	1．测量接触网导线高度、坡度 2．测量拉出值、之字值 3．测量定位器坡度，冲击力（即硬点） 4．测量接触压力，接触网电压 5．做好记录及数据分析，对存在问题，要及时处理	1个月

附表1-2 接触网设备小修项目、周期与工作内容

序号	项目	工作内容	周期
1	接触线高度	1．测量悬挂点处接触线的高度 2．测量跨距中接触线的最低高度 3．测量接触线的坡度 4．检查接触线是否有缺陷如硬点、损伤等 5．以上各项不合要求者进行调整	12个月
2	接触线拉出值、之字值	1．测量拉出值 2．测量之字值 3．测量曲线区段跨中接触线对受电弓的最大偏移值 4．以上各项不合要求者进行调整	12个月
3	正线巡检	1．检查承力索、馈线、架空地线腐蚀、断股，各螺栓、线夹紧固情况，金具涂油、锈蚀情况，检查有无异松脱侵限 2．观察有无过热变色和闪络放电现象等 3．检查接触线、吊弦、吊索、电联接线、均压线、中心锚结、避雷器及其零部件等有无烧伤、和损坏	6个月

续附表

序号	项目	工作内容	周期
3	正线巡检	4．检查支持装置、定位装置、下锚装置、线岔、锚段关节、分段绝缘器、软横跨及其零部件的状态是否连接良好	6个月
		5．检查绝缘部件是否清洁、有无破损	
		6．检查接触网终点标等标志的状态	
		7．以上各项不合要求者进行处理	
4	接触线磨耗测量（重点测量）	1．测量接触线接头线夹两侧接触线磨耗	12个月
		2．测量跨桥定位线夹两侧接触线磨耗	
		3．测量其他可能磨耗严重的点	
		4．以上各点磨耗超过规定者进行补强	
5	接触线磨耗（全面测量）	1．测量每个电连接线夹两侧接触线磨耗	5年
		2．测量每个定位线夹两侧接触线磨耗	
		3．测量各种接头线夹处接触线磨耗	
		4．测量跨中接触线磨耗	
		5．其他可能磨耗严重的点	
		6．局部磨耗大于33%应局部切换	
6	绝缘部件清扫（污秽重点区段）	1．对隧道口、地面站、桥底绝缘子清扫，清扫整个瓷表面包括弧槽	6个月
		2．发现瓷体损伤、破损要及时更换	
7	绝缘部件全面清扫	对绝缘子全面清扫，清扫整个瓷表面包括弧槽	12个月
		2．发现瓷体损伤、破损要及时更换	
8	测量支柱的侧面限界	1．测量支柱侧面限界	12个月
		2．核对轨面标准线，线路超高	
		3．以上不符合要求者要进行处理	
9	接触悬挂	1．检查接触线和承力索的位置、腐蚀、断股、损伤情况	12个月
		2．检查接触线和承力索的接头、补强以及线面情况等	
		3．检查吊弦、吊索、电联器以及中心锚结状况	
		4．检查接触悬挂的结构高度	
		5．检查各种线夹、零部件的状况等	
		6．以上不合要求者进行调整	
10	锚段关节	1．测量转换柱处的水平、垂直距离、定位拉出值	6个月
		2．检查跨中水平间距及接触线是否等高	
		3．测量悬挂点处承力索、接触线的高度	
		4．检查过渡情况	
		5．测量转换柱至下锚侧锚支500 mm处的抬高	

续附表

序号	项目	工作内容	周期
10	锚段关节	6．检查绝缘棒状况	6个月
		7．检查接触线、承力索状况	
		8．检查电联接器状况等	
		9．以上不合要求者调整	
11	中心锚结	1．检查中锚辅助绳的受力、腐蚀、损伤等	12个月
		2．检查中锚线夹的安装、紧固状况	
		3．检查中锚下锚状况	
		4．检查中锚处导高、结构高度及承力索高度等	
		5．清扫绝缘部件、螺栓涂油	
		6．以上不合要求者整改	
12	线岔	1．测量线岔定位点拉出值	6个月
		2．测量500 mm处两工作支的参数	
		3．测量500 mm处非工作支抬高的参数	
		4．检查限制管及其零部件状态	
		5．检查电联接状态及螺栓涂油情况	
		6．以上不合要求者调整	
13	分段绝缘器	1．检查分段绝缘器距轨面的高度、与轨面平行状况	6个月
		2．检查分段绝缘器与线路中心的相对位置	
		3．检查分段绝缘器与接触线的接头状况	
		4．检查承力索辅助绳与绝缘棒的连接情况	
		5．测量分段绝缘器导流板磨耗情况、测量角隙	
		6．检查导滑板、接头过渡情况	
		7．检查绝缘部件的绝缘状况，清扫绝缘部件	
		8．检查电联接线及标志	
		9．检查其他零部件的状况及螺栓涂油情况等	
		10．以上不合要求者调整	
14	补偿器	1．检查补偿张力、坠砣，测量检修时的温度	6个月
		2．检查补偿装置的灵活性	
		3．检查补偿绳状况，补偿绳匝数（小圈、大圈）	
		4．检查断线制动装置状况，测量断线制动间隙	
		5．检查"a""b"值	
		6．检查补偿滑轮、平衡板、调节螺栓的状况等	
		7．以上不合要求者调整	
15	硬锚装置	1．检查调节螺栓	12个月
		2．检查下锚底座	

续附表

序号	项目	工作内容	周期
15	硬锚装置	3．检查线索终锚结头	12个月
		4．清扫下锚绝缘子	
		5．以上不合要求者整改	
16	软、硬横跨	1．检查横向承力索和上、下部定位绳的状况	6（12）个月
		2．检查上、下部定位绳的张力和弛度	
		3．检查最短吊弦处横向承力索与上部固绳的距离	
		4．检查吊弦和各种线夹、零部件的状况等	
		5．清扫绝缘子	
		6．以上不合要求者整改	
17	支撑、定位装置	1．检查腕臂装置的状况包括底座	12个月
		2．检查定位器管的状况	
		3．检查各零部件包括螺栓、线夹等	
		4．检查活动关节部位及螺栓涂油情况	
		5．以上不合规定者调整	
18	隔离开关	1．检查主刀闸、触头状况	6个月
		2．检查接地刀闸及其联动机构状况	
		3．检查绝缘子状况	
		4．检查操作机构状况、电动机构箱电路接触和机械配合情况	
		5．检查操作连杆及其附件状况	
		6．检查各活动关节的状况及各种操作方式开关动作情况	
		7．检查电连接及接地状况	
		8．检查标识牌	
		9．检查涂油情况	
		10．以上不合规定者检修调整	
19	避雷器（氧化锌、角隙）	1．清洁绝缘子、检查绝缘子有无损伤和放电痕迹	6个月（测量接地电阻周期为24个月）
		2．检查避雷器安装位置及状况	
		3．检查底座、引线状况	
		4．检查各连接部分紧固状况	
		5．检查接地和测量接地电阻	
		6．对氧化锌避雷器做预防性试验（按有关标准进行），对试验不合格的，要进行更换	
		7．角隙避雷器的放电间隙要符合要求，校核动作计算器计数是否准确（每年雷雨季节前）	
		8．以上不合要求者处理	

续附表

序号	项目	工作内容	周期
20	避雷针	1．检查底座安装是否牢固、涂油，对金属件除锈补漆 2．检查接地引线连接是否可靠，安装正确，接地是否良好，与接触网其他底座应绝缘 3．测量接地电阻	5年（测量接地电阻周期为24个月）
21	馈电线、架空地线	1．检查线索损伤、腐蚀、断股及接头等情况 2．检查线索的工作状态 3．检查各底座情况 4．检查线夹、螺栓等零部件 5．检查各连接部分的连接情况 6．清扫绝缘子 7．以上不合要求者整改	6个月
22	支柱	1．检查支柱状况（破损、裂缝、变形、锈蚀及测量倾斜度等） 2．检查支柱基础情况 3．检查限界情况 4．检查拉线状况 5．检查支柱编号、悬挂点编号 6．以上不合规定者整改	12个月
23	限界门	1．检查吊板状况、距路面高度、分布及悬吊情况等 2．检查框柱上的黑白相间的漆条是否合要求 3．检查揭示牌的状况 4．检查各部件的状况并涂油 5．以上不合要求者整改	12个月
24	保安装置及标志	1．检查接触网带电部分正上方桥面两侧细孔网栅的状况包括位置、尺寸及网孔大小等 2．检查细孔网栅距接触网带电部距离 3．检查接地状况 4．检查"高压危险"警告牌及标志的状况安装、油漆及字迹和清扫等 6．检查"接触网终点"牌的状况安装、油漆与字迹的状况和清扫等 7．以上不合规定者整改	12个月
25	杂散电流防护及监测装置	1．检查接线是否正确、牢固及连接良好 2．检查装置电源是否正常、电路是否正常 3．检查连接螺栓、柜门、安装底座、电缆固定是否牢固、安全 4．信号反馈、指示是否正确 5．以上不合要求者要进行调整	12个月

续附表

序号	项目	工作内容	周期
26	回流电缆	1．检查负回流电缆与牵引轨的连接情况（机械和电气连接） 2．检查负回流电缆与回流排的连接情况（机械和电气连接），以及连接件的锈蚀情况 3．检查回流电缆外表老化程度 4．以上不合要求者整改	12个月
27	回流箱	1．检查回电缆与回流排的连接情况 2．打扫清洁卫生、螺栓涂油 3．检查负极柜的锈蚀情况和标识 4．以上不合要求者整改	12个月
28	钢绞线	1．检查损伤、锈蚀、断股情况等 2．检查受力、回头等状况 3．涂防腐油	3年
29	接触线、承力索的张力和弛度	1．检查接触线、承力索的张力 2．测量接触线、承力索的弛度 3．以上不合要求者要进行调整	4年

附表1-3 接触网设备大修项目、周期与工作内容

序号	项目	工作内容	周期
1	接触线	1．局部或整锚段更换接触线 2．更换吊弦及其线夹、电连接器、斜吊索 3．部分更换补偿器和定位器	按规定的磨耗限度； 若整锚段平均磨耗大于25%应整锚段更换
2	承力索	1．局部或整锚段更换承力索 2．更换鞍子、斜拉线、中心锚结 3．部分更换补偿器和支撑装置 4．部分更换绝缘子、吊弦及其线夹、电连接器	一般15～25年，若局部腐蚀严重、磨耗和损伤不能满足通过的最大电流或规定的机械强度安全系数，可加补强线或局部更换，若是普遍腐蚀严重、磨耗和损伤应整锚段更换
3	馈线和架空地线	1．局部或整锚段更换馈线和架空地线 2．更换防风线夹、绝缘子和支撑部件	一般15～25年，若局部腐蚀严重、磨耗和损伤不能满足通过的最大电流或规定的机械强度安全系数，可加补强线或局部更换，若是普遍腐蚀严重、磨耗和损伤应整锚段更换
4	支柱	1．批量更换支柱 2．更换拉线杆 3．更换接地线 4．更换附属零部件	1．钢支柱一般15～25年，若向线路侧和受力方向倾斜无法处理应更换，若焊接部分有裂纹、开焊，主角钢弯曲超过5‰，副角钢弯曲超过两根应更换 2．“H型”钢支柱一般30～40年 3．环形等径预应力混凝土支柱一般15～25年。 若横向裂纹宽度超过0.2 mm，长度超过1/3圆周长；或纵向裂纹宽度大于1 mm应更换

附表1-3 接触网设备大修项目、周期与工作内容

序号	项目	工作内容	周期
5	软横跨	1．更换横向承力索 2．更换上、下部定位索 3．部分绝缘子	一般15～25年，若有断股或机械强度安全系数小于规定应更换
6	隔离开关	1．更换隔离开关 2．更换电连接器、接地线 3．更换操作机构，操作连杆及其附件	一般操作次数不超过1万次，可根据实际情况调整周期

5.2.2.3 鉴于接触网是动态设备，运行条件随时可能发生变化以及我们对地铁的运行缺少经验，在今后的实际运行中，经调查研究、技术鉴定，从运行检修的实际出发，可以修改和调整日常保养、小修、大修的周期和范围内容，并同时报有关部门核备。

5.3 检修计划

5.3.1 年度小修计划由接触网分部技术组编制，并报有关部门审批后，下达工班执行。

5.3.2 年度大修计划由接触网分部编制，并按件名逐项填写"接触网大修申请书"，经维修中心审查于前一年度7月中旬以前报运营事业总部审定后列入年度计划。

5.3.3 根据运营事业总部审定的大修计划，由施工单位或设计单位提出设计文件，经运营事业总部批准后开工。

5.4 检查验收

5.4.1 接触网小修应建立下列各项记录：接触线（磨耗）及承力索、架空地线、馈线检查记录；接触悬挂、定位支持装置检修记录；补偿器检修记录；防雷设备检修记录；分段绝缘器检修记录；隔离开关检修记录；受电弓检查记录；线岔检修记录；综合检修记录；锚段关节检修记录。

接触网小修完毕时，要由检修或测量人员认真填写上述各项记录。工班长或技术人员对管内接触网小修任务完成情况及其质量要每月检查一次，并在小修记录上签字。

5.4.2 接触网大修竣工后，要由施工单位负责填写"接触网竣工验收报告"，由批准计划部门组织验收。验收合格后，由验收负责人在竣工验收报告上签字并作质量评定。

5.5 接触网维修技术标准

5.5.1 承力索和接触线

5.5.1.1 承力索和接触线的材质和截面积必须满足下列要求：承力索和接触线中通过的最大电流不得超过其允许的载流量；机械强度安全系数符合规定。

5.5.1.2 承力索和接触线的张力和弛度应符合安装曲线规定的数值。弛度误差不大于下列数值：简单悬挂为15%；全补偿链形悬挂为10%；当弛度误差不足15 mm者按15 mm掌握。

5.5.1.3 承力索和接触线中心锚节处和补偿器处的张力差不得超过10%。

地面线路，直线地段承力索应位于两接触线中心线的正上方，其偏差不得超过±75 mm，曲线地段承力索与两接触线中心线的连线应垂直于轨面连线，允许向曲线内侧偏差不超过50 mm，但不得偏向曲线外侧；隧道内，直线地段承力索应位于两接触线中心线的正上方，

其偏差不得超过 ± 10 mm，曲线地段承力索与两接触线中心线的连线应垂直于轨面连线，允许向曲线内侧偏差不超过 5 mm，但不得偏向曲线外侧。

5.5.1.4 接触线距轨面高度应符合规定，允许的误差为 ± 15 mm。如接触线距轨面高度不符合规定时，若净空允许，结构高度满足规定，接触线高度可按不大于 1/200 的坡度变化，但在接触线高度改变开始和结束的第一个转换跨距内坡度不允许超过最大允许坡度的一半，隧道内接触线距轨面高度在任何情况下不小于 4 000 mm，结构高度满足系统最低设计标准要求。

5.5.1.5 接触线在直线地段要布置成"之"字形，曲线地段布置成受拉状态，在腕臂设定温度下，静态情况：其"之"字值和拉出值要符合规定，误差不得大于 ± 20 mm。一般直线段"之"字值不大于 ± 200 mm，曲线段拉出值不大于 250 mm。双接触线测量读数时，以靠定位器侧的接触线为准。动态情况：一般直线段"之"字值不大于 ± 250 mm，曲线段拉出值不大于 300 mm。

5.5.1.6 接触线在水平面内改变方向时，其偏角一般不大于 10°，困难情况下，不应大于 12°。

5.5.1.7 链型悬挂两接触线之间的水平间隙为 40 mm，其所在的平面要与轨平面平行，以保证受电弓良好地取流和接触线磨耗均匀。

5.5.1.8 接触线磨耗和损伤按附表 1-4 规定整修或更换。

附表 1-4 接触网磨耗和损伤表

磨损类别	CTHA－120 （12 000 kN）	整 修 方 法
局部磨耗和损伤/mm^2	25%< S <33%	当安全系数小于 2.2 时或允许通过的电流不能满足要求时加补强线
	S > 33%	安全系数小于 2.0 时应局部切断后做接头
平均磨耗/mm^2	S > 25%	整个锚段大修更换

注：加电气补强线时，要使补强线处于工作状态即与受电弓接触。

5.5.1.9 接触线的接头和分段绝缘器、线夹等零部件应保证受电弓平滑过渡，其对受电弓的垂直冲击力应小于 30 g；水平冲击力应小于 40 g。

5.5.1.10 一个锚段内接触线接头和补强线段的总数以及承力索接头和补强的总数均不得超过下列规定（不包括电分段、下锚接头）：锚段长度在 800 m 及以下时为 4 个；锚段长度在 800 m 以上时为 8 个；接头距悬挂点应不小于 2 m，两接头之间的距离应不小于 80 m。

5.5.2 吊弦和吊索

5.5.2.1 吊弦采用整体吊弦，分为隧道外用的直吊弦和隧道内用的"n"型吊弦。吊弦的长度和布置要符合规定，吊弦在无偏移温度时，吊弦都应保持铅垂状态。

5.5.2.2 直吊弦的长度不小于 240 mm，其下端套上吊弦嵌环与接触线夹连接，"n"型吊弦的长度不得小于 80 mm。其长度允许偏差为设计长度的 ± 5 mm，顺线路方向，吊弦位置允许偏差为 ± 50 mm。

5.5.2.3 简单悬挂的吊索用复合塑料绳或 35 mm^2 的软青铜绞线制成，其长度应符合规定。在无偏温度下，两端的长度应相等，相差不超过 ± 100 mm。吊弦鞍子的安装要正确，其开口朝正下方，接触线线夹的安装要正确、坚固，不得沿接触线滑动。

5.5.2.4 简单悬挂的吊索用 25 mm² 的软青铜绞线制成，安装应以水平腕臂为中心两侧平均分配，两端受力均衡，其长度在符合规定，在无温偏时，相差不超过 ± 100 mm。

5.5.2.5 简单悬挂同一吊索两端线夹处导线高差应小于 20 mm。

5.5.3 软横跨、硬横跨

5.5.3.1 软横跨分为两绳式和三绳式两种。软横跨的装配和安装要符合规定。横向承力索用钢绞线制成，上、下定位绳用镉铜合金绞线制成。软横跨横向承力索和上下部定位绳应布置在同一个铅垂面内，横向承力索的驰度应符合规定，吊线（弦）应保持铅垂状态，其截面积要符合规定，最短吊弦的长度为 400 mm，误差不大于 50 mm。

5.5.3.2 横向承力索和上下部定位绳均不得有接头、断股和补强。双承力索的横担应水平。横向承力索的安全系数不得小于 4.0；上、下部定位绳的安全系数不得小于 3.0。

5.5.3.3 上、下部定位绳要水平，允许有平缓的负驰度，其数值为：5 股道及以下不超过 100 毫米，5 股道以上不超过 200 mm。下部定位绳距接触线的距离不小于 250 mm。

5.5.3.4 硬横跨各段之间及其与支柱应连接牢固，硬横梁应呈水平状态，硬横梁两端允许高差 30 mm，硬横梁的挠度不应大于梁跨的 0.5%。

5.5.3.5 每组硬横跨的支柱中心连线一般垂直于多数股线路中心线。

5.5.4 线岔

5.5.4.1 线岔定位点拉出值应符合规定，两定位器开口为 75 mm。在线岔的交叉点处，正线或重要的接触线要在下方，侧线上下活动间隙为 1～3 mm。线岔的限制管型号要符合要求，安装要正确，螺栓、垫片应齐全、坚固，接触线能自由伸缩无卡滞。

5.5.4.2 由正线与侧线组成道岔时，两工作支在相距 500 mm 处侧线接触线应高于正线接触线 5～10 毫米，两支接触线中有一支为非工作支时，相距 500 毫米处非工作支接触线应高于工作支接触线不小于 50 mm。

5.5.4.3 由侧线与侧线组成道岔时，两工作支在相距 500 mm 处应等高，允许误差不超过 10 毫米，两支接触线中有一支为非工作时，在相距 500 mm 处非工作支接触线应高于工作支接触线不小于 50 mm。

5.5.5 电联接线（器）

5.5.5.1 电联接器的安装位置要符合设计规定，允许偏差不应大于 ± 0.5 m，在任何情况下均应满足带电距离的要求。

5.5.5.2 电联接器的安装形式要符合设计规定，并预留因坡度变化而产生的位移长度，多股道的电联接器水平投影在无偏移温度时应是一条直线，并垂直于正线或重要线路。

电联接器的材质、型号和所使用的线夹型号要符合设计规定，线夹应安装牢固并保持铅垂状态，接触良好，线夹内无杂物，所使用的各种绞线不得散股、断股。

5.5.6 定位器（管）

5.5.6.1 定位器应保证接触线之字值、拉出值及工作面的正确性，以及定位点处两条接触线相距 40 mm，并具有一定的弹性；当温度变化时，接触线自由伸缩，使受电弓有良好的取流状态。

5.5.6.2 定位器（管）的型号和安装符合设计规定支持器的方向要安装正确，支持器处定位管的伸出长度应为 20～150 mm。

5.5.6.3 简单悬挂的定位器在无偏移温度时应垂直于线路；链形悬挂定位管在无偏移温度时，应垂直于线路两定位线夹在接触线上安装于定位管正下方两边各 100 mm 处；温度变化时，水平方向的偏角应于接触线在定位点的伸缩相适应，其偏角最大不超过 18°。

5.5.6.4 定位环的安装要正确，距定位管根部的长度一般为 200 mm，困难时不得小于 40 毫米，定位装置各管口要有管帽，各定位拉线的规格、安装要符合设计规定。

5.5.6.5 地面段链型悬挂反定位管的坡度为 1/17；定位管"V"型拉线应顺直固定在承力索钩头鞍子两侧各 2 m 处。正定位管或反定位器的坡度应保证接触导线面至定位环中心高度为 150 mm。安装在非补偿简单悬挂软横跨的定位器坡度应保持导线接触面至定位绳高度为 225 mm。

5.5.7 支撑装置

5.5.7.1 简单悬挂的平腕臂要水平安装，其端部允许抬高不超过 100 mm，在无偏移温度时应垂直于线路中心，允许偏差不大于计算偏移值的 10%。全补偿链形悬挂的腕臂在无偏移的温度时，应垂直于线路中心线，允许偏差不大于计算偏差值的 10%。

5.5.7.2 腕臂的各部件均应组装正确；绞接处要转动灵活，腕臂无永久弯曲、变形，顶部非受力部分不小于 200 mm；顶端封帽要密封良好。

5.5.7.3 腕臂底座、拉杆（或压管）底座、定位肩架应于支柱密贴、平整，底座角钢（槽钢）应水平安装。

5.5.7.4 隧道内埋入杆件应无断裂、变形和锈蚀，其周围水泥填充物无辐射性裂纹和脱落。

5.5.7.5 腕臂及隧道内的埋杆件不得严重锈蚀，锌层脱落处要补漆。

5.5.7.6 隧道内（站内）定位支柱要铅垂安装，其型号和位置要符合设计规定。
隧道内腕臂的型号和安装要符合设计规定，管端口封帽要密封良好。

5.5.8 补偿器

5.5.8.1 补偿器坠砣块要叠码整齐，其缺口方向正确，每块坠砣都要涂漆，其总重量符合规定标准，相差不超过 2.5%，限制、制动部件要作用良好。

5.5.8.2 运行中补偿器的 A 值（上部坠砣导环至限制管顶端支架的距离）要符合安装曲线的要求，在极限温度下，不得小于 200 mm；B 值（下部坠砣导至限制管底端支架的距离）在极限温度下，不得小于 200 mm。

5.5.8.3 补偿滑轮（包括棘轮）要转动灵活，坠砣导环与限制管之间要滑动灵活，棘轮轴应注黄油防腐，以确保坠砣升降自如。限制管要呈铅垂状态，其长度和安装要符合规定。棘轮与舌簧间的间隙（棘轮的齿与舌簧的齿距离）为 25 mm，允许偏差+0～-5 mm，补偿绳的长度要保证补偿坠砣在极限温度范围内自由伸缩，补偿不得有接头和断股。

5.5.9 支柱及接地

5.5.9.1 接触网所有支柱的内缘与邻近线路的中心距离要符合规定，允许误差 ± 50 mm。侧面限界最小不得小于 2 300 mm，不允许有负误差。

5.5.9.2 环形等径预应力混凝土支柱，其表面光洁平整，无混凝土脱落和露筋现象；其横向裂纹宽度小于 0.2 mm，长度小于 1/3 圆周长；其纵向裂纹宽度大于 0.2 mm，不超过 1 mm 的支柱要及时修补，纵向裂纹宽度大于 1 mm 的支柱应更换。支柱弯曲度不大于 2‰，杆顶封堵严密。

5.5.9.3 金属支柱及硬横梁应在安装前进行彻底的防腐处理，各焊接部分不得有裂纹、开焊，钢支柱主角钢弯曲不超过 5‰，副角钢弯曲不得超过两根。钢支柱漆面剥落超过支柱总面积的 10%时要补漆。基础面要高出地面 100～200 mm，基础外缘外露 400 mm 以上时要进行培土，每边培土的宽度为 500 mm，培土边坡与水平面成 45°；钢筋混凝土支柱培土标准也可照此办理，基础根部不许有积水、泥土、碎石和灰渣等物。

5.5.9.4 接触网各种支柱，不许向线路侧、受力方向倾斜，支柱受力后的倾斜标准：顺线路方向应直立，允许偏差不应大于支柱高度的 0.5%，但锚柱端部应向拉线侧倾斜 0～100 mm。横线路方向：直线上和曲线外侧的支柱及软横跨支柱应中心直立至外缘垂直于地线；曲线内侧的支柱、两侧悬挂的支柱、安装隔离开关支柱，以及位于直线上并与相邻锚柱同侧的转换柱，均应直立，允许偏差不应大于支柱高度的 0.5%；

5.5.9.5 馈线、架空地线等附加悬挂支柱的中间柱应直立，允许偏差应不大于支柱高度的 0.5%；

5.5.9.6 馈线、架空地线等附加悬挂支柱的终端柱，转角柱的柱顶应向拉线侧倾斜 0～150 mm。

5.5.9.7 每组软横跨的支柱中心线应垂直于车站正线或设计指定的线路，允许偏差不得大于 3°，单根支柱应垂直于邻轨道中心线，允许偏差不得大于 3°。

5.5.9.8 接触网及其支撑架构上非带电的金属物均须接地，接地线的截面应符合规定，连线要紧固，接触良好，并有防锈防腐措施。

5.5.9.9 凡距接触网（或架空地线）带电部分的距离不足 5 m 的所有金属结构物，均须接地。

5.5.9.10 回流轨之间以及回流轨与负极轨之间的连接电缆，其截面积应符合规定，两端的连接要紧固，接触良好，并有防腐措施。

5.5.10 拉线

5.5.10.1 锚柱拉线一般平行于线路设置，特殊情况下锚柱拉线（杆）可设在锚支的延长线上，在任何情况下严禁侵入基本建筑限界；当受地形限制时，应符合设计要求。

5.5.10.2 锚柱拉杆与地面成的夹角为 45°，最大不得超过 60°；锚柱拉杆应涂防漆或防腐剂，锚柱拉杆与拉线（杆）应在一条直线上。锚板的埋深应符合设计要求，允许偏差不于 0～+200 mm。

5.5.10.3 拉线杆露出地面的长度为 300 mm，UT 型线夹螺栓外露长度不应小于 20 mm，最大不大于全长的 1/2。

5.5.11 隔离开关及避雷器

5.5.11.1 隔离开关应接触良好，转动灵活，引线截面段与隔离开关的额定电流以及所连接的接触网当量截面相适应，引线不得有接头。

5.5.11.2 有接地装置的开关主刀闸与接地刀闸的机械联锁须正确可靠。

5.5.11.3 运行中的隔离开关，每年要用 2 500 V 的兆欧表测量 1 次绝缘电阻，并与最近的前 1 次测量结果比较，不应有显著降低。新安装的隔离开关，在投入运行前，要按规定进行交流耐压试验。

5.5.11.4 隔离开关合闸时闸刀要水平，其中心线应与静触头的中心线相吻合；合闸时应接触良好，以 0.05 mm×10 mm 的塞尺检查刀闸的接触点，应塞不进去。开关在打开时，刀口距接地体、洞壁最小距离不应小于 150 mm。双极开关同步，触头接触良好，无回弹现象，分、合顺利，角度符合产品技术要求。

5.5.11.5 避雷器的引线和各部螺栓要紧固，动作计数器要完好，其外面的聚合橡胶不许有裂纹、破损、老化和放电痕迹。其接地电阻应不大于 5 Ω。每年雷雨季节前要按有关规定对避雷器和动作计数器进行预防性试验。

5.5.12 绝缘部件

5.5.12.1 绝缘子不得有裂纹，瓷体无破损、烧伤，其瓷釉剥落面积不大于 300 mm²。绝缘子裙边，陶瓷、玻璃钢绝缘材料与接地体间的距离应符合规定。

5.5.12.2 在运输、装卸和安装绝缘子时应避免发生冲撞，不得锤击与瓷体连接的铁帽和金属体同时也不得对其进行机械加工和热处理。绝缘子铁帽和金属件应无锈蚀。

5.5.12.3 陶瓷、玻璃钢绝缘器的主绝缘不得有烧伤、破损和裂纹，其放电痕迹不得超过有效绝缘长度的 20%。

5.5.12.4 接触网绝缘子的泄漏距离不少于 250 mm。其绝缘部件机械强度的安全系数，抗垃、抗弯强度应不小于 2.5。

5.5.12.5 分段绝缘器的组装要正确，各部件的连接需牢固与接触网在一个平面内，导流板与接触导线连接处应平滑，且与轨面平行。各接头需平滑顺直，不得有刮弓现象。

5.5.12.6 全补偿链形悬挂承力索绝缘棒应在分段绝缘器件的正上方；简单悬挂的分段绝缘器安装位置在吊索一侧，分段绝缘器应设置在受电弓的中心位置。

5.5.12.7 接触网设备和车辆在任何困难情况下都不应违背下列净空尺寸，见附表 1-5。

附表 1-5 净空尺寸表

序号	项 目		最小设计值/mm	困难情况下经主管工程师同意/mm
1	带电金属体到车辆动态包络线		115	100
2	带电金属体到"地"的静态值	混凝土	150	150
		金属	150	150
3	带电金属体到"地"的动态态值	混凝土	100	80
		金属	100	80
4	受电弓动态包络线到土建结构接地体及其连接件		150	100
5	受电弓动态包络线到公共带电金属体	轨道横截面的垂直方向	50	50
		轨道横截面的水平方向	150	100
6	受电弓动态包络线到定位器和任何直接与接触线相连的连接件	轨道横截面的垂直方向	15	15
		轨道横截面的水平方向	150	100

注：1. "静态值"的净空尺寸是指接触网不受受电弓抬升力的作用，或长期承受受电弓抬升力的作用，这两种情况下的净空尺寸。
2. "动态值"的净空尺寸是指接触网承受行驶列车的受电弓抬升力作用时的净空尺寸。

5.5.13 馈电线和架空地线

5.5.13.1 馈电线、架空地线的截面积要符合设计要求，连接电缆要符合设计要和其机械强度安全系数应不小于3.0。

5.5.13.2 馈电线、架空地线的张力和弛度要符合有关规定标准,冬季不至线,夏季须有足够的线间距离。

5.5.13.3 馈电线、架空地线应用硬铜绞线,其绞线断股、损伤面积不超过其截面积的5%且载流量不超过允许直时,可将断股处磨平用材质的铜线扎紧,当断股、烧伤面积维5%~20%时要进补强,当断股、烧损面积超过20%时须更换线,切断做接头。

5.5.13.4 一个锚段内馈电线和架空地线的接头、断股和补强线段的总数分别不得超过下列规定:锚段长度在800 m及以下为4个;锚段长度大于800 m时为8个。

5.5.13.5 馈电线、架空地线的安装要符合设计要求,馈电线与接地体之间的距离要符合规定。

5.5.14 锚段关节和中心锚结

5.5.14.1 地面段绝缘锚段关节两支不同电分段的接触线及承力索的空气绝缘净距离静态值水平距离符合要求,工作支比非工作支抬高应符合要求,高铝陶瓷绝缘棒不应与受电弓发生摩擦。

5.5.14.2 地面段非绝缘锚段关节两转换支柱处承力索高度、位置及接触导线导线高度、拉出值符合设计要求,两支接触导线的立面交叉点应在两转换跨距1/3处。两工作支水平距离符合要求,工作支比非工作支抬高符合要求。

5.5.14.3 隧道内绝缘锚段关节两支不同电分段的接触线及承力索的空气绝缘净距离静态值符合要求,工作支比非工作支抬高符合要求,高铝陶瓷绝缘棒不应与受电弓发生摩擦。隧道内绝缘锚段关节除应符合以上要求外,还应符合以下规定:两根转换柱之间两支悬挂的线间距(承力索的线间距、第二根与第三根接触线的线间距)符合设计要求;转换柱处工作支、非工作支接触线导高、拉出值及其误差满足设计要求,非工作支接触线的绝缘棒应比工作支接触线高25 mm以上;接头线夹观察孔内接触线燕尾槽无金属粉末、无裂纹、无滑移、无变形;接头线夹无裂缝、松动和滑移;绝缘棒无裂缝、变形、破损,金属与非金属接合良好;加固装置的尼龙绳无破损、外表无开裂、松脱,尼龙绳的绝缘性能良好。加固装置应保持三角形结构形状,尼龙绳受力状态良好,无下垂现象;各零部件状态良好;非工作支最后一跨的线索与相邻工作支线索应采用均压电缆连接,该均压电连接应设在下锚点与转换柱间距5~10 m的地方;在工作支与非工作支相距500 mm处,非工作支接触线应高于工作支接触线不小于50 mm,锚段关节过渡平滑。

5.5.14.4 隧道内非绝缘锚段关节两转换支柱处承力索高度、位置及接触导线导线高度、拉出值符合设计要求,两支接触导线的立面交叉点应在两转换跨距1/3处。

5.5.14.5 中心锚结所在的跨距内承力索、接触线不得有接头和补强,两端中锚辅助绳受力均匀,不得出现弛度,两边的长度和张力力求相等。中心锚结线夹处导线高度比正常导高高10~20 mm,中心锚结线夹处接触线应平顺无负弛度。

5.5.15 保安装置及标志

5.5.15.1 跨越接触网的跨线桥、天桥,和接触网带电部分正上方桥面的面侧装置安全挡板或细孔网栅(网孔不大于40 mm×40 mm)。安全挡板或细孔不应低于2 m,宽度距接触网带电部分每边应不小于1.5 m。跨线桥,天桥的扶梯边缘与接触网带电部分的距离小于5 m时,在扶梯上也要装设安全挡板或细孔网栅。

5.5.15.2 在车辆平交道口铁路俩侧的公路上，应装设限界门。限界门的装设位置，在沿公路中心线距最近铁路线路中心不小于 12 m 的地方，限界门的宽度不得小于公路路面的宽度，限界门的吊板要平齐，吊板下缘距地面的高度为 4.5 m。限界门框柱涂以黑、白相间漆条，漆条宽度未 200 mm，并按有关规定。

5.5.15.3 在机动车辆经常通过的地方和其他认为有必要的地方，接触网支柱及拉线下部要有保护桩。

在接触网悬挂接触网终点标。该标志涉在接触网锚段支柱距受电弓中心线 400 mm 的地方。

5.5.16 零件及其他

5.5.16.1 接触网、供电线、馈电线和架空地线的承力的零件，其机械强度安全系数不得小于 3.0，接触网零件要安装牢固，凡用螺母紧固者应有防松措施（例如弹簧垫圈等），零件上的各个螺栓均应受力均匀，其紧固力矩符合规定，应涂油的螺栓必须涂油；调节螺丝的丝扣外露部分不得小于 50 mm。线索紧固零件在温度变化时不得使线索往复弯曲，以防疲劳。

5.5.16.2 各种钢绞线要按规定涂油，以防锈蚀，由于锈蚀产生断股或虽未断股但降低机械强度不能满足规定的安全系数或降低的机械强度超过 15%时，要更换。

5.5.16.3 接触网、馈电线和架空地线各导线连接部位的机械强度不得低于被连接导线机械强度的 90%。其允许的载流量要与被连接导线的允许载流量相一致。

5.5.16.4 各种绞线接头，终端接头。承力索、馈电线和架空地线的接头和终端接头利用预制好的接头缠带缠绕在各线上而成。要求缠带与导线、缠带之间要密贴，并按其螺旋方向全部缠完。其制作工艺要符合要求。钢绞线、软横跨上、下部定位绳的回头用锲形线夹连接固定时，绞线回头外露长度为 100 mm 允许偏差 ±10 mm。其受力方向要正确，制作工艺符合要求。各种绞线端头必须用聚氯乙烯绑带包扎好，其包括宽度为 40 mm 左右。

5.5.16.5 接触线接头，终端回头。接触线接头，采用对接式接头线夹：对接式接触线接头线夹适用于同型号两接触线连接处和绝缘锚段关节玻璃纤维绝缘棒与接触线连接处；接触线接头线夹的中心点位于两接触线端头（或接触线端头与玻璃纤维绝缘棒端头）的交合点上；两接触线端头（或接触线端头与玻璃纤维绝缘棒）尽可能密贴，连接缝不大于 1 mm；接触线接头线夹无裂纹，安装平直端正、无偏斜，螺栓紧固；接触线接头线夹起始滑动荷重不低于 40 kN；接触线接头线夹用于工作支两接触线连接处，应保证受电弓过渡平滑，导流良好；接触线接头线夹用于绝缘锚段关节玻璃纤维绝缘棒与接触线连接处。应保证任何运行条件下玻璃纤维绝缘棒不与受电弓接触；工作支接触线接头线夹处导线高度，应与相邻定位点处接触线高度相等；工作支接触线接头距悬挂点应不小于 2 m，两接头之间的距离应不小于 80 m（事故抢修不受此限制）。

接触线终端回头，采用锯齿形楔型线夹（舌簧上带锯齿）连接固定。要求受力方向正确，舌簧锯齿面与接触线接触，回头部分与本线成 90°回头长度 75 mm，转角处的圆弧与舌簧密贴，制作工艺符合要求。

5.6 接触网大修技术标准

5.6.1 大修是恢复性的彻底修理，应根据日常运行中存在的问题，有针对性地采取技术设备先进、安全可靠的有效措施，着重解决一些薄弱环节、重大安全隐患，使大修后的接触网在供电能力、供电质量、技术水平及安全可靠性方面有较大的提高,做到少维修。

5.6.2 大修后的接触网要达到新建工程的技术标准,至少要保证一个大修期内的正常运行。

5.6.3 为保证电客车的良好取流,应尽量减少接触线高度的变化,一般情况下隧道内接触网高度不应低于大修前该隧道区站接触网的原设计标准。

5.6.4 锚段长度不宜超过 1 500 m,接触线无扭面、硬弯,跨中和定位点处接触线的弹性偏差不超过 15%。

5.6.5 接触线、承力索不应有接头。

5.6.6 接触网零部件应优先采用耐腐蚀、强度高的零部件,悬挂零件轻型化,主要受力件不得使用可锻铸铁件。

5.6.7 绝缘部件的爬距不应小于 250 mm,接触网大气及操作过电压保护应采用能量释放并不引起跳闸的防雷措施。

5.6.8 净空尺寸:接触网设备和车辆在任何困难情况下都不应违背附表 1-5 净空尺寸。
以上接触网大修技术标准未做规定的项目应符合"接触网维修技术标准"的规定。

6 执行记录

6.1 执行纪录包括:接触网工班值班日志;接触网巡视和缺陷处理记录;接触网大修申请书;接触线(磨耗)及承力索、架空地线、馈线检查记录;接触悬挂、定位支持装置检修记录;补偿器检修记录;防雷设备检修记录;分段绝缘器检修记录;隔离开关检修记录;受电弓检查记录;线岔检修记录;综合检修记录;锚段关节检修记录;接触网大修竣工验收报告。

附录二 刚性接触网运行检修规程

1 总则

1.1 接触网是城市轨道交通供电系统的重要组成部分,也是重要的行车设备。为保证刚性接触网安全可靠地向电动客车供电,特制定本规程。

1.2 本规程根据刚性悬挂接触网周期修结合状态修制定。

1.3 本标准规定了刚性接触网运行设备的巡视、检测、检修、大修内容和周期。

1.4 本规程适用于直流 1 500 V 刚性接触网设备的维修。

2 设备维修形式

2.1 刚性接触网设备维修分巡视、检测、检修、大修四个修程。

2.2 巡视分为步行巡视、车梯巡视、登电客车巡视三种。

2.3 检测分为接触网接触线磨耗检测、导高和拉出值检测两种。

2.4 检修分定期检修、临时检修两种。

2.5 检修有保养、检调、更换三种形式。是对接触网设备进行清扫、除锈、涂油、检查、调整、零部件更换等,以保持和恢复接触网正常的技术状态。

2.6 年、季、月度维修计划由各接触网维修部门编制,经上级部门审批同意后,由维修部门负责执行。

2.7 大修见接触网大修规程。

3 巡视

3.1 巡视分为车梯巡检、登电客车巡视两种。

3.1.1 车梯巡视

3.1.1.1 车梯巡视周期：根据气候、突发事件、设备运行情况而定

3.1.1.2 车梯巡检的主要内容：接触线磨耗、汇流排烧伤或磨损面积情况；绝缘子外观检查；螺栓是否有松动、脱落和锈蚀情况；隧道漏水情况；接触线单支悬吊槽钢、垂直悬吊安装底座、电连接线及线夹、中心锚结、线岔、分段绝缘器、锚段关节及其零部件的状态连接良好；检查接触网标志牌清晰。

3.1.2 登电客车巡视

3.1.2.1 在遇到牵引变电所连续出现两次及以上故障跳闸情况，接触网检修人员进行登乘电客车巡视，排查接触网异常及故障情况。

3.1.2.2 在接到客运及行车人员反映接触网设备有异常情况，接触网检修人员进行登乘电客车巡视，排查接触网异常及故障情况。

3.1.2.3 接触网上有异物倾入时，接触网检修人员进行登乘电客车巡视，排查接触网异常及故障情况。

4 检测

4.1 检测分为接触线磨耗检测、导高和拉出值检测两种。

4.1.1 接触线磨耗检测

4.1.1.1 检查周期：12个月一次

4.1.1.2 检查方法。对以下各种情况进行选点检测：停车时受电弓位置、锚段关节、中心锚结、分段绝缘器、线岔两侧和刚柔过渡处，导高最低点、线路和隧道沉降处等部位进行选点进行重点检测。

检测点应作出特殊标记，检测接触线磨损宽度，根据线材情况计算出磨耗面积（计算公式见附件），平均磨耗不允许超过截面积50%。

4.1.2 导高和拉出值检测

4.1.2.1 检查周期：12个月一次

4.1.2.2 检测标准：全线路导高控制在（4 040±5）mm 范围内；拉出值误差为（250±10）mm。

5 检修

5.1 检修分定期检修、临时检修两种。

5.2 检修有保养、检调、更换三种形式。是对接触网设备进行清扫、除锈、涂油、检查、调整、零部件更换等，以保持和恢复接触网的正常技术状态。

5.3 定期检修的内容是螺栓检查和紧固、绝缘子检查和清扫、接触线检查、刚柔过渡检查、汇流排检查、汇流排接头检查、定位点检调、标示牌检查、隔离开关检修、分段绝缘器检修、电连接检修、线岔检修、中心锚结检修、锚段关节检修、冷滑检查等。

5.4 临时检修的项目为巡视、检测、检修中发现影响电客车运行的较大缺陷。

5.4.1 螺栓检查和紧固

5.4.1.1 检查周期：24个月一次

5.4.1.2 检查方法：检查受力螺栓和螺帽是否存在松动情况，使用力矩扳手对受力螺栓进行紧固检查。

5.4.1.3 检查内容：对汇流排接头螺栓进行力矩紧固（16 N·m）；对汇流排定位线夹螺栓进行紧固；对接地线夹螺栓进行紧固；对中锚处固定螺栓、调节螺栓进行紧固。

5.4.2 绝缘子检查和清扫

5.4.2.1 检查周期：12个月一次

5.4.2.2 检查内容：表面无污渍；无破损和闪络、放电现象；清扫时用清洁布进行清扫；经防污处理的绝缘子无需清扫。

5.4.3 接触线检查

5.4.3.1 检查周期：12个月一次

5.4.3.2 检查内容：检查接触线无拉弧、放电现象；随温度变化接触线与汇流排可有相对位移情况；接触线无脱出汇流排夹槽情况。

5.4.4 刚柔过渡检查

5.4.4.1 检查周期：3个月一次

5.4.4.2 检查内容：防护罩对露天汇流排覆盖完全，安装稳固；柔性接触线与刚性接触线衔接处导高相等；刚柔过渡处两侧定位点拉出值相等；接触线在切槽式汇流排上无位移。

5.4.5 汇流排检查

5.4.5.1 检查周期：12个月一次

5.4.5.2 检查内容：汇流排表面光洁，无缺损、无毛刺、无污迹、无腐蚀，无裂纹，无变形；汇流排夹槽与接触线要密贴，且接触线与汇流排随温度变化可有相对位移；汇流排截面中心线与轨面连线垂直，偏斜不大于1°。

5.4.6 汇流排接头检查

5.4.6.1 检查周期：12个月一次

5.4.6.2 检查内容：汇流排截面缝隙的宽度不大于 1 mm；接头螺栓的紧固力矩为16 N·m。

5.4.7 定位点检调

5.4.7.1 检查周期：12个月一次

5.4.7.2 检查内容：单支悬吊槽钢无锈蚀；单支悬吊槽钢上连接件紧固；T型螺栓要有调节余量，外露不小于15 mm；预埋锚栓于竖直状态；单支悬吊槽钢应平行与轨道平面，倾斜不大于1°；汇流排与汇流排线夹随温度变化可有相对位移，确保汇流排的热胀冷缩。

5.4.8 标识牌检查

5.4.8.1 检查周期：12个月一次

5.4.8.2 检查内容：终端标识牌清晰，安装位置符合规范、牢固；锚段/定位点标识牌字迹清晰；接地标志牌字迹清晰。

5.4.9 隔离开关检修

5.4.9.1 检查周期：6个月一次

5.4.9.2 检查内容：合闸后静、动刀片整齐，刀片无烧伤、腐蚀等痕迹；用 0.05 mm × 10 mm 的塞尺检查刀片，其塞入深度在接触表面10%以下；合闸过程中消弧角轻微撞击后保持 5 mm 的间隙，分闸后保持 150 mm 的距离；绝缘子外表面清洁，无烧伤、破损、老化现象；开口销安装正确、连杆动作通畅；电动操作机构接线可靠、各部件运转良好；开关箱内外无积灰，无油污；刀头涂抹专用油脂；操作机构箱的大小齿轮每年进行一次加油（黑牛油）；操作机构箱的大齿轮的固定螺母应按 8 N·m 力矩进行紧固；操作机构箱的大小齿轮配合松紧适当，不可过紧或过松；联系总调所进行远动、就地分合闸操作，现场确认开关是否到位。

5.4.10 分段绝缘器检修

5.4.10.1 检查周期：3 个月一次

5.4.10.2 检查内容：分段绝缘器比相邻定位点导高抬高 20 mm，主体平行轨平面；受电弓平滑过渡，双向通过均无打弓现象；紧固件应齐全，连接牢固可靠，螺母和螺杆的旋紧扭矩符合设计要求；对导板上的碳粉、尘埃、油污进行清扫；绝缘部件表面清洁，无破损、老化现象。

5.4.11 电连接检修

5.4.11.1 检查周期：12 个月一次

5.4.11.2 检查内容：电连接无散股、断股；电连接线夹与汇流排的连接牢固可靠；电连接弯头处与金属卡子接触处必须加装绝缘套；电连接与隧道墙体有碰触时，隧道墙体应无漏水现象。

5.4.12 线岔检修

5.4.12.1 检查周期：6 个月一次

5.4.12.2 检查内容：受电弓始触点渡线接触线应与正线接触线等高；弓网过渡平滑，无固定拉弧点。

5.4.13 中心锚结检修

5.4.13.1 检查周期：12 个月一次

5.4.13.2 检查内容：应在汇流排中心线的正上方，基座中心偏离汇流排中心不大于 ±30 mm；线夹无裂纹、折断现象，与汇流排连接牢固；接触线无负弛度；绝缘部件表面清洁，无破损、老化现象；带电端至接地体距离不小于 150 mm；中心锚结两端受力一致；中心锚结与汇流排夹角≤45 度。

5.4.14 锚段关节检修

5.4.14.1 检查周期：6 个月一次

5.4.14.2 检查内容：锚段关节处无固定拉弧点；受电弓双向通过均无撞击现象；锚段关节非工作支不得低于工作支,受电弓可平滑通过；非绝缘锚段关节两支悬挂间距离为 200 mm，绝缘锚段关节两支悬挂间距离为 300 mm，允许误差±20 mm；接触线在锚段末端汇流排外余长为 100～150 mm。

5.4.15 冷滑检查

5.4.15.1 检查周期：6 个月一次

5.4.15.2 检查内容：冷滑检测是检修人员通过近距离观察受电弓与接触线的配合情况，在 35～45 km/h 速度下进行，冷滑检测的主要内容：查看受电弓无碰撞。线岔、锚段关节、定位点处以及中心锚结、刚柔过渡、分段绝缘器过渡平顺，接触无硬点；检查受电弓在拉出值位置内无破损；无异物侵入限界。

注：规程中除特别注明外，按附表 2-1 螺栓力矩紧固。

附表 2-1 螺栓力矩对应表

公称直径	Q235A钢紧固力矩/(N·m)	允许紧固力矩误差范围/(N·m)	不锈钢螺栓紧固力矩/(N·m)	允许紧固力矩误差范围/(N·m)
M8	7	7~9	13	13~16
M10	13	13~16	25	25~32
M12	25	25~30	44	44~56
M14	40	40~50	70	70~80
M16	60	60~70		
M18	80	80~90		
M20	120	120~135		
M22	160	160~180		
M24	200	200~220		

注：以摩擦系数 μ = 0.12 为基础。

附录三 接触轨（第三轨）运行检修规程

1 总则

1.1 本规程规定了城市轨道交通各线接触轨运行设备的检查、维护、修理的周期及标准。

1.2 本规程适用于城市轨道交通车辆段和正线 DC 1 500 V 接触轨的运行和检修。

2 引用标准

本规程引用了城市轨道交通各线牵引供电接触轨系统技术规格书，接触轨工程质量验收标准和施工设计图纸。还遵循了以下标准：《铁路电力牵引供电设计规范》、《铁路电力牵引供电施工规范》。

3 定义

3.1 接触轨系统：DC 1 500 V 接触轨系统是城市轨道交通重要的供电设备，由钢铝复合轨及附件、端部弯头、膨胀接头、整体绝缘支架、防爬器（中心锚结）、接地扁铝等部分组成。接触轨系统安装在走行轨旁，将电能从牵引变电所供给运营列车。运营列车通过其集电靴与接触轨钢带表面接触而获得电能。

3.2 接触轨：由不锈钢带通过机械方法与铝合金型材料结合而成的钢铝复合轨。其特点是阻抗小、耐磨耗、抗腐蚀、重量轻。标准制造长度为 15 m。

3.3 整体绝缘支架：用于支撑接触轨并与大地绝缘的设备。包括卡爪、托架、底座及扣件等。

3.4 膨胀接头：用以自动调整接触轨的因温度引起的膨胀伸缩，防止由于温度变化产生的纵向应力作用于接触轨支撑件上。

3.5 端部弯头：为了保证集电靴顺利平滑通过接触轨断轨处而按照一定斜度进行预弯的接触轨。

3.6 中心锚结（防爬器）：用于绝缘支架两端，防止接触轨向两侧不均匀窜动。一般设置在两膨胀接头之间（即一个锚段）的中部。在线路纵向坡度小于20‰的情况下中心锚结设置单中锚，在线路纵向坡度超过20‰且小于40‰时中心锚结设置双中锚，在线路纵向坡度超过40‰时中心锚结设置三中锚。

3.7　普通中间接头：每一段接触轨通过一套普通接头连接，接头材质与接触轨材质相同。

3.8　电连接中间接头：连接供电电缆向接触轨供电的零件，它由两片铝合金零件组成。

3.9　接地扁铜（铝）：将所有绝缘支架底座连接并引回变电所接地网。

3.10　牵引轨：用来回流牵引电流的钢轨。

3.11　均流线：连接上下行牵引轨，用于平衡两边电势差的电缆线。

3.12　隔离开关：是用来在接触网无负荷情况下切断或闭合供电回路的电气设备。

3.13　回流线：电力机车从接触导线取流后，专供牵引电流流回变电所的输电导线。

4　运行和管理

4.1　职责和分工

4.1.1　统一领导和分级管理

接触轨的运行和检修工作实行统一领导、分级管理的原则，充分发挥各级组织的作用。

4.1.1.1　地铁公司：制定接触轨运行和检修工作原则，制定有关规章；审批运营事业总部管的科研、基建、大修改造计划，并组织验收和鉴定。

4.1.1.2　维修中心：贯彻执行地铁公司有关规章和命令，审批维修中心管的科研、维修、改造计划，并组织验收和鉴定。

4.1.1.3　供电部：贯彻执行地铁公司、维修中心有关规章和命令，制定有关办法、制度和措施，编写大修改造计划等。

4.1.1.4　接触网分部：编制接触轨年度日常保养、小修计划，督促、检查接触轨的运行和检修工作等。

4.1.1.5　接触网工班：贯彻执行上级有关的各项规章和命令；全面的质量良好的完成接触轨的运行和检修任务。

4.1.2　接管和运行

4.1.2.1　接触轨工程竣工后，应按规定对工程认真进行检查，经验收合格后方可投入运行。

4.1.2.2　在接触轨工程交接的同时，运营和施工单位之间要交接图纸、记录，说明书等开通时必须的竣工资料。

4.1.2.3　接触轨投入运行前，接管部门要做好运行组织准备工作，配齐并训练运行检修人员，组织学习有关规章制度，熟悉即将接管的设备；备齐维修和抢修用的工具、材料、零部件、交通机具、通讯工具及安全用具；配合有关部门共同做好地铁接触轨安全知识的宣传教育工作。

4.1.2.4　接触网分部要在接触网（轨）投入运行时建立起正常的生产秩序，申明各项制度并具体落实；备齐技术文件和资料；建立各项原始记录和报表，并按时填报，在接触网（轨）投入运行后陆续建立起台账和技术履历。

4.1.2.5　接触网当班人员要认真填写"接触网工班值班日志"，及时传达和执行电力调度、值班主任助理的命令。

4.1.2.6　接触网分部应备有下列技术资料：

（1）管内供电分区图和管内的供电分段模拟图（含电子版）。

（2）管内的接触轨平面布置图、装配图、安装图。

（3）隔离开关、避雷器、绝缘器等主要设备、零部件、金具、器材的技术规格书、出厂使用说明书。

（4）有关的隐蔽工程记录。

（5）有关设备大修竣工报告。

（6）管内的设备台账和技术履历。

（7）有关的轨道电路及杂散电流资料。

4.1.3 巡视检测

4.1.3.1 为贯彻"修养并重，预防为主"的方针，要定期巡视、检查、检测接触网（轨）设备的技术状态。

4.1.3.2 接触轨设备的巡视工作，应由工班长或安全等级不低于三级的接触网工进行。

4.1.3.3 步行巡视：每月不少于 2 次。观察的主要内容：有无侵入限界，妨碍电动车组运行的障碍；各零部件等无烧伤和损坏；绝缘部件无破损和闪络；回流接续线及接地线的连接良好；应无其他东西危及行车和供电安全的现象；

4.1.3.4 工班长每月对管内设备至少步行巡视各 1 次。分部专业技术人员每季对管内设备至少步行 1 次。各分部主任、副主任每半年对管内的设备至少步行巡视 1 次。各分部主任、副主任、技术人员每月至少跟班作业 1 次。

4.1.3.5 巡视检查发现的缺陷纳入检修计划，对危及安全的缺陷应及时处理，其余的尽量纳入接触轨维修中，一并整修。

4.1.4 事故抢修

对接触轨的事故抢修工作，要加强领导，统一指挥，保证安全，争取时间，最大限度地减少对运营的影响。接触网专业要在平时组织事故抢修演练，提高抢修的组织工作和修复工作水平。要时刻做好事故抢修出动的准备工作，建立严密的抢修制度、纪律，制定科学的应急措施，备齐抢修用的材料、零部件、工具和交通工具。节假日应安排足够的抢修人员，一旦发生事故抢修要立即出动抢修。

5 检修标准

5.1 钢铝复合轨及附件

5.1.1 检修周期：12 个月

5.1.2 检修范围：对钢铝复合轨及附件进行全面详细检查，对不合要求的内容进行维护处理。

5.1.3 检修内容

5.1.3.1 对接触轨及普通接头（鱼尾板）等进行全面详细检查，对不符合要求的进行维护处理。

5.1.3.2 全面详细检查、测量定位点的接触轨受流面至轨面的高度、至轨面中心线的限界及与轨面的平行度，对不合要求的点进行维护处理，确保各参数符合要求。

5.1.3.3 检查钢铝复合轨、鱼尾板等有无烧伤、变色现象。

5.1.3.4 检查普通接头连接有无松动，导电油脂涂层是否均匀足够，接头处钢带接触面过渡是否平滑。

5.1.3.5 检查有无侵限及障碍集电靴运行的异物。

5.1.3.6 测量检查跨距中心处接触轨受流面至轨面的高度。

5.1.3.7 检查不锈钢带受流面的磨损是否均匀。对以上各项不合要求处做好记录,及时整修和反馈。

5.1.4 技术标准:

5.1.4.1 接触轨受流面至轨面的垂直距离为 200 mm,接触轨受流面中心距离线路中心的水平距离为 1510 mm,允许偏差为 ±5 mm;偏斜度应控制在设计规定的角度之内。

5.1.4.2 接触轨钢带的连接应平滑顺畅、无阶梯,其不平顺度应控制在 0.5 mm 范围之内,复合轨的连接缝隙应密贴。

5.1.4.3 接触轨紧固件齐全,安装牢固可靠。

5.1.4.4 接触轨检修时,严禁硬拉、硬扯或敲击整体绝缘支架。

5.1.4.5 正线接触轨受流面在两相邻绝缘支架处相对高差不得大于 2.5 mm,困难条件下不大于 5 mm。

5.1.4.6 连接螺栓紧固力矩满足设计要求及厂家使用说明书,如无特殊力矩要求,按现行国家标准执行(见附表 2-1)。

附表 2-1 螺栓紧固力矩对照表

螺栓直径/mm	8	10	12	14	16	18	20	22	24
紧固力矩/(N·m)	13	25	44	70	70	85	130	180	230

5.1.4.7 钢铝复合轨的各电气接触面涂抹的电力复合脂应均匀。

5.1.4.8 各镀锌螺栓无变形,镀锌层和螺纹完好。

5.2 端部弯头

5.2.1 检修周期:6 个月

5.2.2 范围:对端部弯头进行全面详细检查,对不合要求的内容进行维护处理。

5.2.3 检修内容

5.2.3.1 检查受流面是否有电弧烧伤痕迹。

5.2.3.2 检查接头是否松动,导电油脂是否均匀足够。

5.2.3.3 检查端部弯头末端的摆动情况。

5.2.3.4 测量检查端部弯头上弯状态是否符合要求,不符者进行调整。

5.2.3.5 测量端部弯头末端、上弯始点、绝缘支架处受流面与轨面的高度、坡度及与轨面中心线的距离,检查是否符合要求,不符者进行调整。

5.2.4 技术标准:

5.2.4.1 端部弯头的断口与接触轨之间密贴,没有高低差及由此产生的台阶损伤集电靴。

5.2.4.2 端部弯头具有良好的耐电弧烧损、耐冲击特性。5.2m 的端部弯头的坡度为 1:40,3.4m 的端部弯头的坡度为 1:30。每一个端部弯头的端部都经过预弯,坡度更大一些,这样能保证端部弯头具有更好的自熄弧特性。

5.2.4.3 端部弯头末端绝缘支架处,接触轨接触面距轨面高度为(285±5)mm(坡度 1:40)或(265±5)mm(坡度 1:30)。

5.3 膨胀接头

5.3.1 检修周期：12个月

5.3.2 检修范围：对膨胀接头进行全面详细检查，对不合要求的内容进行维护处理。

5.3.3 检修内容

5.3.3.1 检查膨胀接头有无过热变色、烧伤现象。

5.3.3.2 检查膨胀接头的磨损是否均匀，补偿间隙过渡是否平滑。

5.3.3.3 检查膨胀接头所有紧固件是否松动。

5.3.3.4 测量膨胀接头处受流面与轨面的高度、坡度及限界。

5.3.3.5 测量膨胀接头补偿间隙的大小，与温度曲线核对，检查是否符合要求。

5.3.3.6 检查膨胀接头的电气连接状况。

5.3.4 技术标准

5.3.4.1 膨胀接头长度为 1 775 ~ 1 975 mm，最大补偿量为 200 mm。

5.3.4.2 膨胀接头应安装在两个支架装置的中心部位，膨胀接头的每一端距支架装置的距离应相等，且不小于 400 mm。

5.3.4.3 膨胀接头锚固夹板两侧面均匀涂抹导电膏。紧固螺栓时，中间 M16 螺栓紧固力矩为 59 N·m，两边 M16 螺栓紧固力矩为 20 N·m；锚固夹板侧面与左右滑轨侧面紧密相贴，组成膨胀接头的三块轨覆不锈钢带一面应平齐。

5.3.4.4 电流连接器与接触轨连接的 M10 螺栓紧固力矩为 25 ~ 31 N·m，U 螺栓弹簧长度为 14 ~ 16 mm，在 M16、U 螺栓与螺母连接处有红油漆标记。

5.3.4.5 膨胀接头间隙调整应与接触轨温度相适应，补偿间隙 α 值应符合设计规定（附表 2-2）。伸缩预留值允许偏差为 ± 5 mm。膨胀接头的补偿间隙满足设计要求，其与钢铝复合轨的连接应平顺，无硬弯。

附表 2-2 膨胀接头安装温度补偿表

L 值/m	温度/°C								
	85	80	75	70	65	60	55	50	45
90	10	15	20	25	30	35	40	45	50
75	10	14	18	22	27	31	35	39	43
L 值/m	温度/°C								
	40	35	30	25	20	15	10	5	0
90	55	60	65	69	74	79	84	/	/
75	47	51	55	60	64	68	72	76	80

5.3.4.6 膨胀接头的各螺栓紧固力矩符合设计要求，要保证膨胀接头在温度变化的情况下能伸缩自如，无卡滞现象。

5.4 整体绝缘支架

5.4.1 检修周期：12个月

5.4.2 检修范围：对绝缘支架、支架底座进行全面详细检查，包括膨胀锚栓、支架底座、绝缘支架及连接螺栓等，对不符合要求的进行维护处理。

5.4.3 检修内容

5.4.3.1 检查预埋膨胀锚栓是否紧固，有无松动，填充水泥层有无裂纹、松脱现象。

5.4.3.2 检查绝缘支架紧固螺栓是否紧固，有无松动。

5.4.3.3 检查绝缘支架有无变色、表层剥落、裂纹及其他异常现象。

5.4.3.4 检查支架底座有无镀锌层脱落、锈蚀现象。

5.4.3.5 检查支架和接触轨的对正情况。

5.4.4 技术标准

5.4.4.1 整体绝缘支架型号、各种电气性能和机械性能以及安装形式符合设计要求和产品技术条件，整体绝缘支架合格，整体绝缘支架外观检查应完好，安装端正，无损伤变形等。

5.4.4.2 整体绝缘支架卡爪和托架固定螺栓安装完整，无损伤、无锈蚀，紧固力矩 44 N·m。

5.4.4.3 整体底座螺栓螺纹安装完好、端正、牢固，无损伤、无锈蚀，连接螺栓紧固力矩为 70 N·m。

5.4.4.4 整体绝缘支架纵向轴线垂直于线路中心线，横向轴线平行于线路中心线。

5.4.4.5 整体绝缘支架以及钢铝复合轨托架的防滑齿完好，同时齿间正确咬合。

5.4.4.6 钢铝复合轨托架和扣件合格、完好无损坏，其横向轴线应平行于线路中心线，以满足钢铝复合轨能顺线路方向顺畅滑动。

5.4.4.7 整体绝缘支架安装位置及限界满足要求；跨距调整幅度允许误差为 ±0.3 m，困难时不得大于 5.3 m。

5.4.4.8 各镀锌螺栓无变形，镀锌层和螺纹完好，预留调节余量满足设计要求，螺栓外露部分要涂防腐油。

5.4.4.9 整体绝缘支架底座与混凝土接触面应涂防腐油。支架底座混凝土用混凝土 C20 填充密实，抹面应平整，无缝隙、无裂纹。

5.4.4.10 检查防爬器距绝缘卡块间距是否符合要求，防爬器及绝缘支架接触面有无损伤，受挤压变形等现象。

5.5 中心锚结（防爬器）

5.5.1 检修周期：12 个月

5.5.2 检修范围：对中心锚结进行全面详细检查，对不合要求的内容进行维护处理。

5.5.3 检修内容

5.5.3.1 检查防爬器与接触轨的连接状态，紧固螺栓无有松动。

5.5.4 技术标准

5.5.4.1 中心锚结处绝缘支架和接触轨受力后无明显变形。

5.5.4.2 中心锚结的卡块与绝缘支架的间隙应符合安装使用说明书的要求。两连接板接触面应清洁，并涂导电膏，中心锚结螺栓紧固力矩为 70 N·m。

5.6 电连接

5.6.1 检修周期：12 个月

5.6.2 检修范围：对轨间电连接进行全面详细的检查，不符合要求者进行整修处理。

5.6.3 检修内容

5.6.3.1 检查电缆接线板周围有无过热变色现象。
5.6.3.2 检查电缆接线板与接触轨的连接状态。
5.6.3.3 检查电缆接线端子与电缆接线板的连接是否牢固可靠。
5.6.3.4 检查电缆接线端子的压接处有无松动及异常。
5.6.3.5 检查电缆的弯曲走向是否符合要求，电缆接线端子及电缆不应向走行轨中心倾斜。
5.6.3.6 检查电缆表面有无损伤，电缆固定是否稳固，电缆绝缘层有无老化变色及表皮剥落现象。

5.6.4 技术标准

5.6.4.1 电连接电缆及接线端子所用型号、材质、数量应符合要求，同时要求电连接电缆要预留能保障复合轨正常伸缩的余量；

5.6.4.2 电连接电缆的安装位置应符合要求，在任何情况下均应满足带电距离要求；

5.6.4.3 150 mm^2 软电缆绝缘层剥开长度为 70 mm，400 mm^2 电缆剥开长度为 90 mm，电缆导体不得被损伤，电缆保护层不得损坏。

5.6.4.4 电连接电缆与接线端子压接良好，握紧力不小于设计规定值，电气接触面涂电力复合脂，螺栓紧固力矩复合设计要求及设计标准。

5.6.4.5 轨间电连接以及第三轨与柔性接触网间的电连接应完整无遗漏。

5.6.4.6 电连接电缆的固定应符合相关标准，一般情况下直线布置每隔 800 mm 固定一处，在拐弯、水沟等处应就实际情况固定，固定应牢固可靠；电缆弯曲半径满足相关规范，且弯曲自然，布线美观。

5.7 接地扁铝

5.7.1 检修周期：12 个月

5.7.2 检修范围：对各种接地设备进行全面详细检查，对不符合要求的内容进行维护处理。

5.7.3 检修内容

5.7.3.1 检查接地扁铝与支架底座间、接地扁铝接头处接触是否良好，螺栓是否紧固。

5.7.3.2 检查接地扁铝无有裂纹、过热变色、烧伤痕迹，沿线布置平顺。

5.7.3.3 检查接地跳线与底座及接地扁铝的连接是否牢固可靠，接地跳线的固定是否稳固。

5.7.4 技术标准

5.7.4.1 任何独立的金属底座都应牢固的与接地扁铝相连，进行接地。

5.7.4.2 接地扁铝的规格应符合要求，接地扁铝间连接以及接地扁铝与底座间的连接应牢固可靠，无虚接。接地扁铝间的连接应尽可能在绝缘支架处，安装紧固，螺栓、垫圈齐全，与支架底座接触良好。接地扁铝间的连接重合长度不得小于 150 mm，安装孔直径为 12 mm，孔中心位于接地扁铝中轴线上，孔间距 90 mm。

5.7.4.3 接地扁铝应连续不间断，且应与变电所接地母排相连。

5.7.4.4 接地电缆敷设美观、弯曲自然、固定牢固、可靠。电缆与接地扁铝接触良好，连接牢固、可靠。

5.8 防护罩

5.8.1 检修周期：12个月

5.8.2 检修范围：对防护罩支撑卡、防护罩（包括支架防护罩、电缆接线板防护罩、中锚防护罩）等进行全面详细检查，对不合要求的内容进行维护处理。

5.8.3 检修内容

5.8.3.1 检查防护罩有无变色、表层剥落、裂纹及其他异常现象。

5.8.3.2 检查防护罩上警示标志是否清晰、有无脱落。

5.8.3.3 检查防护罩、支撑卡与接触轨的结合状态，特别是膨胀接头、中心锚结、电缆接线板处的防护罩，不障碍接触轨的自由伸缩。

5.8.3.4 对不合要求的防护罩进行更换，不合要求者进行维护处理。

5.8.4 技术标准

5.8.4.1 防护罩规格型号、各种电气性能和机械性能符合产品技术条件，防护罩合格，无损伤。

5.8.4.2 防护罩选型正确，安装规范、牢固可靠。

5.8.4.3 防护罩支撑卡布置合理，无损坏防，防护罩支撑卡每隔500 mm布置一处，在特殊防护罩处严格按照设计要求布置，防护罩支撑卡无损坏。

5.8.4.4 防护罩上的"高压危险"等警示标志齐全、明显。

5.9 隔离开关

5.9.1 周期：6个月

5.9.2 范围：开关刀口、底座绝缘子、传动机构、电动箱等进行全面检查，核对数据及清洁设备灰尘。

5.9.3 技术标准

5.9.3.1 隔离开关的本体外观应无明显的损坏，绝缘子应完好、清洁。

5.9.3.2 隔离开关的1 500 V直流电缆连接正确规整。

5.9.3.3 电动隔离开关的电源和控制回路接线正确，在允许电压波动范围内能正确、可靠动作。有连锁要求的开关，连锁关系正确可靠。机构的分、合闸指示与开关的实际分、合位置一致。

5.9.3.4 现场手动操作应和遥控电动操作动作一致。

5.9.3.5 隔离开关合闸时闸刀要水平，其中心线应与静触头的中心线相吻合；合闸时应接触良好，以0.05 mm×10 mm的塞尺检查刀闸的接触点，应塞不进去。开关在打开时，刀口距接地体、洞壁最小距离不应小于150 mm。双极开关同步，触头接触良好，无回弹现象，分、合顺利，角度符合产品技术要求。

5.9.3.6 隔离开关触头带电部分至顶部建筑物距离不得小于150 mm。

5.9.3.7 隔离开关底座和操作机构底座应接地良好。

5.9.3.8 隔离开关底座和操作机构底座应呈水平状态，安装牢固，电动操作机构箱应密封良好，门锁和钥匙完好齐全。

5.9.3.9 隔离开关中心线应铅垂，传动杆垂直与操作机构轴线一致，偏差不大于2°，连接应牢固，无松动现象，铰接处活动灵活，并涂有中性凡士林。

5.9.3.10 设备接线端子与隔离开关连接接触面应涂电力复合脂。

5.9.3.11 运行中的隔离开关，每年要用2 500 V的兆欧表测量1次绝缘电阻，并与最近的前 1 次测量结果比较，不应有显著降低。新安装的隔离开关，在投入运行前，要按规定进行交流耐压试验。

5.9.3.12　隔离开关应接触良好，转动灵活，引线截面段与隔离开关的额定电流以及所连接的接触网当量截面相适应，引线不得有接头。

5.10　清扫

5.10.1　周期：12 个月，污秽较严的工区段，根据实际情况制定清扫周期。

5.10.2　范围：对接触轨及附件、膨胀接头、绝缘支架等进行全面清扫。

5.10.3　内容

5.10.3.1　检查接触轨上的白色粉状物、污物、尘屑等，定期（周期 12 个月）清扫干净。

5.10.3.2　检查膨胀接头上的积尘、铁屑情况，定期（周期 6 个月）清扫干净。

5.10.3.3　检查绝缘支架、中心锚结绝缘棒上的积尘、污物、铁屑等情况，定期（周期 12 个月）清扫干净。

5.11　磨耗测量

5.11.1　周期：12 个月，磨耗严重点测量周期为 12 个月，全面测量周期为 3 年。

5.11.2　范围：对磨耗严重地点进行测量（周期 12 个月），全面测量钢带磨耗（周期 3 年）。

5.11.3　内容：检查不锈钢带受流面的磨损是否均匀，测量不锈钢带的磨耗，重点测量接头处、膨胀接头处、中心锚结处、端部弯头始端及其他磨耗严重的点。

6　执行记录

6.1　执行记录主要有：接触轨登乘巡视记录、接触轨端部弯头检修记录、接触轨检修记录、接触轨膨胀接头检修记录、接触轨中心锚结检修记录、接触网巡视和缺陷处理记录、综合检修记录、接触网工班值班日志、隔离开关检修记录、防雷设备检修记录等。

参考文献

[1] 王艳荣. 城市轨道交通接触网维护[M]. 北京：人民交通出版社，2012.
[2] 吴积钦. 受电弓与接触网系统[M]. 成都：西南交通大学出版社，2010.
[3] 李伟. 接触网[M]. 北京：中国铁道出版社，2011.
[4] 张灵芝，龙剑，严兴喜. 接触网设备检修与维护[M]. 成都：西南交通大学出版社，2016.
[5] 王靖满，黄书明. 城市轨道交通供电系统技术[M]. 上海：上海科学普及出版社，2011.
[6] 宋奇吼，周玉华. 城市轨道交通接触网检修工[M]. 北京：中国铁道出版社，2015.
[7] 人力资源和社会保障部教材办公室. 接触网检修工[M]. 北京：中国劳动社会保障出版社，2013.
[8] 吉鹏霄，张桂林. 电气化铁路接触网[M]. 北京：化学工业出版社，2011.
[9] 孙放心. 广州地铁四号线直线电机车辆集电靴系统分析[M]. 株洲：电力机车与城轨车辆，2009.